아베의 개헌

아베의 개헌

동북아 평화를 위협하는 자위대 합헌화(제9조 가헌론) 저지를 위하여

이경주 지음

아베의 개헌
동북아 평화를 위협하는 자위대 합헌화(제9조 가헌론)저지를 위하여

초판 1쇄 인쇄 2020년 4월 25일
초판 1쇄 발행 2020년 4월 30일

지은이 이경주
펴낸곳 논형
펴낸이 소재두
등록번호 제2003-000019호
등록일자 2003년 3월 5일
주소 서울시 영등포구 당산로 29길 5-1 502호
전화 02-887-3561
팩스 02-887-6690
ISBN 978-89-6357-431-8 94360
값 29,000원

이 도서의 국립중앙도서관 출판예정도서목록(CIP)은 서지정보유통지원시스템 홈페이지(http://seoji.nl.go.kr)와 국가자료공동목록시스템(http://www.nl.go.kr/kolisnet)에서 이용하실 수 있습니다. (CIP제어번호: CIP2020016994)

들어가는 말

아베 신조 일본수상은 2017년 5월 3일 헌법기념일을 맞이하여 우익단체인 일본회의가 주최하는 집회에 보낸 영상 메시지에서 "2020년을 신헌법 시행의 해로 삼겠다"고 공언하였다. 그리고 2017년 9월에 있었던 자민당 총재선거에서는 자위대를 헌법에 명기하는 개헌(이른바 가헌론=비무장평화주의를 규정한 현행 헌법 제9조를 유지하지만 제9조의2(또는 제9조 제3항)를 덧붙여 자위대를 헌법에 명문화)을 하겠다고 내세웠다. 1946년 11월 3일에 제정되고 1947년 5월 3일부터 시행된 일본국 헌법은 우여곡절에도 불구하고 74년간 한 글자도 고치지 않고 유지되어 현재에 이르고 있는데, 이러한 헌법의 근간을 흔들겠다는 것이다.

우리나라와 달리 일본에서는 정부 스스로 개헌안을 발의할 수 없고 국회(중 · 참의원 각각)에서 2/3의 찬성을 얻어야 발의할 수 있고 국민투표에서 과반수 찬성을 얻어야 하는데, 2017년 10월 22일에 있었던 제48회 중의원 총선거에서는 아베가 총재로 있는 자민당이 중의원 의석의 과반수를 넘는 284석을 획득하였다. 그리고 연립여당 공명당 등을 합하면 374석을 확보, 중의원 개헌 발의선인 2/3의 개헌세력을 확보하였다.

그리고 2019년 7월 21일에 있었던 제25회 참의원 총선거에서는 연립여당 등 개헌세력이 참의원 개헌 발의선인 164석에 불과 4석 모자라는 160석을 확보하였다. 개헌에 호의적인 여론이 조성되기만 한다면 개헌대열에 합류할 의원들도 나타날 것인 바 조만간의 개헌도 그리 어려운 얘기만은 아닐 것이다. 위기가 아닐 수 없다.

2020년 원포인트 개헌이 어렵더라도, 자민당에 필적할 야당세력이 미약한 일본의 정치현실, 개헌을 당의 목표로 삼고 있는 자민당 일당독주가 계속된다면 일본의 헌법개악 책동은 계속될 것이다.

물론 아베 개헌이 좀비화 되었다는 분석도 있을 수 있다. 그러나 명문개헌이 어렵더라도 입법 · 행정 · 사법권 행사를 통한 군사주의적 국가화와 사회개악은 계속될 것이다. 그것이 한반도를 비롯한 동북아 평화에 미치는 악영향을 고려한다면 아베 개헌에 대한 경각심은 변함이 없을 것이다.

그럼에도 불구하고 한국 사회의 여론은 강 건너 불구경이다. "일본국 헌법의 개정은 일본의 일인데 왜 우리가 관심을 가져야 하는가, 기분은 나쁘지만 어쩔 수 없는 일 아닌가?", "70여 년 동안 개헌은 못했지만 우리보다 많은 방위비를 쓰는 자위대가 존재하는 등 일본의 개헌은 시간문제가 아닌가, 보통의 국가라면 군대를 갖는 것이 당연한 것 아닌가?"

그러나 그렇지 않다. 제2차 세계대전 이후 만들어진 일본국 헌법은 다른 나라 헌법과 다르기 때문이다. 다른 나라 헌법은 그 나라의 국민들이 국가권력을 견제하고 감시하기 위하여 헌법을 만들었지만, 현행 일본국 헌법은 아시아의 국가와 민중들에게 다시는 전쟁을 하지 않겠다고 약속한 문서이다. 그 문서에 자위대가 명시되게 되면 헌법위반상태인 자위대는 면죄부를 받을 것이고 미군의 후방지원을 위한 해외파견의 날개를 달 것이다.

더군다나 2015년에는 '안보관련법'('중요영향사태법', '존립위기사태법', '선박검사법', 자위대법 개정안 등)이 일본판 동물국회의 난장판 속에서 강행 통과되었다. 우선 '중요영향사태법'에 따르면, 일본에 대한 직접적인 무력공격이 아니더라도 무력공격으로 이어질 수 있는 위험성이 있는 경우에도 이를 중요영향사태로 파악하여 현재 전투행위가 벌어지지 않는 곳이면 미군 등에 대한 후방지원을 할 수 있도록 하였다. 예를 들어 휴전선에서 미국과 북한간의 무력충돌이 발생한 경우, 무력충돌지점으로부터 떨어져 있어 현재 전투행위가 벌어지지 않는 부산에 상륙하여 자위대가 미군의 후방지원을 할 수 있다는 이야기이다. 후방지원의 내용도 확대되어 탄약보급 및 발진 준비 중인 전투기 등에 대한 급유까지 가능해졌다. 사실상 병참 등을 위하여 상륙할 수 있다는 얘기이다.

'존립위기사태법'에 따르면, 일본이 아닌 일본과 밀접한 관계에 있는 나라에 무력공격이 발생한 경우 몇가지 조건이 붙기는 하지만 '필요최소한의 실력'(자위력)을 미국과 함께 행사할 수 있다. 한반도 주변 공해상에서 북한을 경계하고 있는 미국의 함선을 일본의 해상자위대가 호위하다가 북한과 충돌이 발생할 경우, 일본 자위대는 미군과 더불어 응전할 수 있도록 하고 있다. 후방지원 또는 미군함정 호위라는 말을 쓰고 있지만 미군에 대한 사실상의 병참을 하고 있거나 미군과 대열을 함께 하고 있는 일본 자위대를 총체전의 양상을 띠고 있는 현대의 무력분쟁에서 상대방이 순순히 놓아 둘리 만무하며, 이유와 명분을 붙여 응전을 시작할 경우, 한반도 또는 한반도를 둘러싼 지역에서의 분쟁에 일본 자위대가 총질까지 할 수 있는 최악의 시나리오이다. 강건너 불구경 할 처지가 아니게 되었다.

자위대는 연간 약 50조원의 방위를 쓰는 약 23만 여명(현원은 약 22만명)규모의 실력조직이다. 보기에 따라서는 자위대가 아니라 일본군이다. 그러나 비무장평화주의를 규정한 현행 일본국 헌법 때문에 일본군이라고 말하지 못하고 자위대라고 하고 있고, 국방비라고 말하지 못하고 방위비라고 하고 있다. 일본 정부의 표현에 의하면 군대가 아니라 필요최소한의 실력인 것이다. 필요최소한의 실력이라고 하였기 때문에 자위대가 움직이기 위해서는 변명이 필요하다. 해외에 나가는 경우도 전투행위를 하지 못하고 후방지원만을 한다든지, 필요최소한의 실력이기 때문에 방위비는 GNP의 1%를 넘길 수 없다든지(1986년 나카소네 내각에서 일단 폐기), 비핵 3원칙을 지켜야 한다든지, 외부로부터의 무력공격이 있는 경우에도 선제적 공격을 하지 못하고 다른 적당한 수단이 없는 경우에 한하여 자위의 조치로 실력행사가 가능하다라든지 하는 등의 많은 제약이 따른다. 이러한 제약은 비무장평화주의를 지키기 위한 70여 년간의 밀당(밀고 당기기), 일본 민중과 일본 정부, 아시아 국가 및 민중과 일본 정부 사이의 밀당의 산물이고 지금도 계속되고 있다. 1970~80년대 한국의 민주화운동에 일본의 시민사회가 연대하여 주었듯이 한국의 시민사회도 이제 관심과 연대의 손을 내밀어야 할 때이다. 70여 년을 버티었으니 조만간 그렇게 가고야 말 간단한 시간의 문제만은 아닌 것으로 보인다.

분단된 우리 나라가 군대를 가지고 있고, 200여 년 전 헌법을 만든 나라가 군대를 가지고 있다고 하여 군대를 갖는 것이 이른바 보통 국가의 모습도 아닐 것이다. 제2차 세계대전을 거치면서 많은 나라가 다양한 형태로 평화주의에 대하여 규정하고 있고, 특히 전범국가의 경우 독일은 독일 나름의 전쟁책임 처리문제의 우여곡절(분할 점령과 점령정책의 사전합의 등)에 기초한 모습으로 평화주의(주권제약 및 문민통제)를 규정하고 있고, 일본은 일본 나름의 전쟁책임 처리의 일본적 우여곡절(미군에 의한 단독점령 그리고 그와 연계된 천황의 존치 등)로 인하여 비무장의 형태로 평화주의를 규정하고 있는 것이다.

그런데 아베는 과감히도 일본국 헌법 제9조를 새로운 방편으로 개악하려고 하고 있다. 과감하게 시한을 정하여 이를 시도하고 있다. 이러한 과감성에 동의를 얻기 위하여 동원되는 것은 한반도이다. 동북아의 안보불안을 대의명분으로 삼고 있다.

우선은 이유야 어찌되었든 유감스럽게도 북한의 미사일 실험은 절대적 호재이다. 냉전이 끝났으니 비무장 평화헌법을 지켜야 한다고 하지만, 보아라 '불량국가(Rouge State)' 북한의 위협이 상존하고 있다고 선전하고 있다. 북한의 일거수일투족은 일본 정부와 보수 언론의 밥이다.

최근 들어서는 한국도 이들 개헌세력의 밥이다. 한국도 이제는 믿을 수 없는 국가인 것이다. 군사정권과 야합하여 체결한 1965년 한일협정으로 강제동원 문제 등을 봉인하였다고 생각했는데, 급기야 한국의 사법부는 강제동원이 위법하였다고 배상하라고 판결하였다. 한국의 사법부의 독립은 이제 국제법을 위반하는 한국, 신뢰하기 힘든 한국으로 치부되고 있다. 나아가 피해자를 도외시하고 정부 간에 일방적으로 맺은 '위안부 합의'에 대해 피해자 중심주의에 반하는 등 절차적인 문제와 실체적인 문제 등을 들어 재교섭도 요구하지 않지만 그렇다고 이행도 하지 않는 등 사실상의 폐기 또는 유보를 선언하였다. 그러자 일본 정부는 한국 정부의 국제법 위반으로 낙인찍고 있다. 식민지 지배에 대하여 법적인 책임은 모르겠지만 도의적인 책임을 인정한다며 그간 벌여왔던 반성외교(고노담화, 무라야마 담화 등)조차도 완전 내팽겨치고 한국은 믿을 수 없는 나라라고 힐난하고 있다. 혐한외교의 시대가 막을 올 린 것이다.

이러한 불량국가 때리기, 혐한외교의 중간 역은 동북아의 안보불안이고 그 종착역은 개헌이다. 그 중심에 일본 역대 최장수 총리 아베가 있다.

아베의 개헌이란 일본국 헌법 제9조에 자위대를 명기하는 것을 말한다. 그 방식은 제9조 제1항과 제2항을 남겨둔 채 제9조의2 또는 제9조 제3항을 만들어 자위대를 합헌화하려는 것이다. 자위대는 그간 위헌이지만 자위대법이라는 법률에 근거하여 존재한다는 어정쩡한 위치에 있었다. 자위대는 전력이 아니라 필요최소한의 실력이라는 기존의 일본 정부 견해를 헌법에 명기하려는 것인데, 일단 자위대를 헌법에 근거한 존재로 만든 다음, 전력포기를 규정한 제9조 제2항을 삭제하려는 다단계 개헌론이라고 할 것이다.

그 배경에는 제9조와 자위대에 대한 일본국민들의 모순된 인식의 틈새가 있다. 일본국민들의 제9조에 대한 헌법의식은 부침은 있지만 대체로 개정할 필요가 없다는 것인데, 자위대에 대해서는 국민들의 다수가 용인하고 있다. 이에 대한 헌법학계의 다수의견은 위헌이지만, 위헌심사를 담당하는 일본의 최고재판소가 위헌판결을 회피하면서 위헌이지만 국회에서 다수결로 성립한 자위대법에 근거하여 존재하는 기묘한 현상이 계속되어 왔다. 이른바 '위헌 합법'이라는 어정쩡한 상태인 것이다.

국회에서 개헌 세력이 다수를 차지하고 있을때, 제9조 제2항 삭제에 소극적인 공명당과 같은 연합세력을 완벽하게 끌어들이고, 모순된 인식의 국민들을 뒤흔들어 반드시 개헌을 하고야 말겠다는 실현가능성을 매우 중시한 원포인트 개헌론이다.

아베의 개헌에 대하여 최대의 경각심을 가져야 할 때인 것이다. 아베는 개헌뿐만 아니라 혐한외교, 무역제재 등 다양한 방법으로 한일관계를 악화시키고 있어 아베와 관련한 책들이 최근 서점가에 유행처럼 많이 나돌고 있다. 『아베는 누구인가』(길윤형), 『아베 그는 왜 한국을 무너뜨리려 하는가』(호사카 유지)등등. 아마도 이렇게 일본 정치인을 직접 제목으로 언급하며 일본관련서가 나온 적도 많지 않았을 것이다. 이 책도 원래는

『동북아 평화와 일본국 헌법 개악저지』 또는 비교헌법서적의 하나로 『일본국 헌법과 제9조』정도를 생각하고 있었다. 그러나 단순한 비교헌법의 틀 내로 묶어두거나 동북아 평화라는 국제관계 서적의 틀에 넣어 두기에는 아베 정권의 개헌 책동이 심상치 않고 한국 사회에 미치는 영향이 중차대하여 다소 도전적인 제목인 『아베의 개헌』으로 탈바꿈하였다.

필자는 1990년대 초반 일본의 히토쓰바시(一橋) 대학에 유학하여 헌법학 박사학위를 받고 1997년에 귀국하였는데, 학위 논문이 1946년 일본국 헌법의 제정과 관련된 것이어서 귀국 후에도 일본국 헌법의 개헌 책동과 관련된 글들을 쓸 기회가 많았다. 같은 맥아더 사령부 하에서 비슷한 시기에 한국 헌법과 일본국 헌법이 제정되었는데도 불구하고 왜 일본의 경우 비무장평화주의를 한국의 경우 경무장평화주의 헌법을 제정하였는가, 왜 일본은 전범 국가였고 한국은 일제 강점을 받은 국가인데 경무장평화주의 헌법을 규정하였는가, 일본인들은 70여 년간 헌법 개악을 저지하였는데도 불구하고 일제 강점에 대한 과거사 문제에 있어서 소극적이거나 아베 정권처럼 부정적인가, 일본 정부의 개헌 책동이 한반도를 비롯한 동북아 평화에 어떤 영향을 미치는가 하는 내용들이었다. 이 책은 이러한 그간의 시사적인 논문이나 글 들을 한데 모아서 전면적으로 보정 증보 재편집한 것이기도 하다.

아베의 개헌은 일차적으로는 헌법 제9조에 자위대를 삽입하여 현재의 자위대를 합헌화하는 것을 목적으로 하지만, 이차적으로는 일본국 헌법의 평화주의를 무력화하고 대미 종속 하의 군사대국화를 지향하고 있는 것으로, 식민지 지배와 침략전쟁을 경험한 한반도를 비롯한 동북아시아 각국으로서는 경계하지 않을 수 없다. 이 책이 일본의 개헌론 특히 아베가 추진하는 개헌론이 아시아 지역 특히 우리나라를 비롯한 동북아의 헌법정치에 갖는 의미를 분석하는데 밑거름이 되었으면 하는 마음 간절하다.

이 책이 출판되는 논형 출판사 소재두 사장님과의 인연과 적극적인 격려가 있었다. 논형 출판사는 국내 사회과학 서적 출판사 중 보기 드물게 한일관계 서적으로 전문화된 출판사이며, 어려운 사회과학 출판의 환경 하에서도 20여년 넘게 국내외의 비판적 지식인들을 주목 발굴 격려하여 균형잡인 담론(論衡)형성에 기여하고자 하는 출판사이기도 하다. 소재두 사장님은 20여 년 전부터 생면부지의 필자에게 서평을 부탁하기도 하셨고, 『유권자의 권리 찾기, 국민소환제(2005년)』등의 2019년 버전을 독려하여 주시기도 하였다. 그러나 2020년 개헌을 공언하고 추진 중인 아베의 개헌이 급선무라는 생각이 들어 이번 출판에 이르게 되었다. 출판과정에서는 이용화, 소재천 두 분 편집팀장님의 꼼꼼한 편집과 발빠른 조판으로 크나큰 도움을 받았다. 다시 한 번 지면을 빌어 감사의 말씀을 드린다.

2020년 4월 1일

아베 정권 하 주요 개헌 추진 일지

2000.2.28.	국회에 헌법조사회(전후 최초)설치
2000.6 · 25.	제42회 중의원 총선 자민 233, 민주 123(총 480석 중)
2001.11.	테러특별법
2002.10. 20.	공명당, 가헌론(제9조 유지+환경권 등 추가) 제시
2003.6.	무력공격사태법
2003.8.	이라크특별법
2003.11.9.	제43회 중의원 총선, 자민 237(총480석 중)
2005. 4. 15.	국회헌법조사회 보고서
2005.9.11.	제44회 중의원 총선, 자민(296)+공명(31)=327석(총 480석 중 2/3 이상)
2005.10.28.	자민당 '신헌법초안'(창당50주년 최초 개헌안−소폭) −제9조 제2항 삭제, 자위군, 상징천황유지
2005.10.31.~2006.9.26.	제3차 고이즈미 내각, 관방장관 아베 신조
2006.9.26.~2007.9.26.	제90대 내각 총리
2012.4.28.	강화60주년, 자민당 헌법 '개정초안' (천황원수화, 국방군, 국기·국가존중의무, 긴급권−복고, 대규모)
2012.12.16.	제46회 중의원 선거, 자민(294), 공명(31), 유신(54) = 379석(총 480석 중 2/3이상)
2012.12.26.~2020.4.25.	현재, 제96~98대 내각 총리 − 개헌, 야스쿠니 신사 참배, 역사수정주의

2015.6.17.	안보관련법 중의원 강행통과
2015.9.16.	안보관련법 참의원 강행통과
2016.7.10.	제24회 참의원선거 개헌세력(자민당+공명당 등)이 2/3 (164석) 이상 확보
2017.2.9.	아사히 신문, 모리토모 학원 문제보도
2017.3.5.	자민당총재 연속 3선금지 규정 개정
2017.5.3.	헌법기념일 일본회의 집회, 영상 메세지에서 2020년을 신헌법 시행의 해로, 제9조 가헌론 제창
2017.5.17.	아시히 신문, 가케(加計) 학원 문제보도
2017.10.22.	제48회 중의원 선거, 자민(284)+공명(29)+희망(50) = 374석 (총 465석 중 2/3확보)
2017.12.20.	자민당 헌법개정추진본부. 개헌 4항목(자위대, 긴급사태, 합구(合区)해소, 교육충실)
2018.3.13.	모리토모 학원 문제 등으로 2012년 자민당 헌법 '개정초안' 국회상정 유보
2018.9.20.~2021.9.	자민당 총재선거(아베 – 제9조 가헌 vs 이시바 – 제9조 제2항 삭제)
2019.7.	제25회 참의원 선거 자민 112+공명28+유신(급진개헌) 등= 개헌세력160석(2/3에서 4석 부족)
2020.1.1.	연두 소감에서 2020년 개헌추진 결의 표명

차례

4부 동북아 평화와 일본국 헌법

1장 동북아 지역공동체와 평화권

2장 동북아 평화공동체와 과거사

1부

아베와 개헌

1장

아베 정권 하 개헌 논의의 현상과 본질

아베 일본 수상은 "2020년을 신헌법 시행의 해로 삼겠다"고 공언하고 개헌을 추진하고 있다. 일본국민들은 일본국 헌법 제9조 제2항(비무장) 개헌에 반대하면서도 자위대 정도의 실력 조직 보유에 대해서는 대체로 찬성하는 입장을 보이고 있는데, 아베 정부는 이를 활용하고 경계선상의 의원들을 개헌세력으로 끌어들이기 위해 일본국 헌법 제9조 제2항을 그대로 둔 채 제9조2(또는 제3항)를 신설하여 자위대를 규정하려고 한다(이른바 제9조 가헌론).

이는 2012년도 개헌안(샌프란시스코 강화조약 60주년을 맞이하여 마련한 자민당 헌법 '개정초안')이 국방군을 규정한 것과도 다른데, 실현 가능성을 최우선으로 둔 다단계 개헌안이다. 이러한 개헌안이 통과되면 비록 국방군이 아닌 자위대라는 문구의 삽입이라고 하더라도 제9조 제2항의 규범력은 현저히 감퇴할 뿐만 아니라 위헌적 존재이면서도 기묘하게 국민적 지지를 받고 있는 자위대를 합헌화하고 마는 것으로 '위헌이지만 합법적으로 존재'하는 자위대에 면죄부를 주는 것은 물론, 자위대의 행동에 대한 각종 규제를 대폭 완화하는 것이어서 한반도를 포함한 동북아 평화에 위험천만하다. 자위대를 국방군으로 규정하는 개헌으로의 빗장이 열리고 말 것이다.

아베 정권은 대미 종속 하의 군사대국화의 완성도를 높이고, 신자유주의적 구조 개혁을 달성하기 위한 저돌형 정치인으로 일본 경제계와 미국의 지지 하에 장기 집권의 길을 걷고 있는데 집단적 자위권 행사의 보폭과 완성도를 이른바 제9조 가헌론을 통하여 높이려는 것이다. 그리고 그 개헌의 실현 가능성을 최고도로 높이기 위하여 개헌과정을 다단계화하고 그 1단계를 2020년까지 밟겠다는 것이다.

1. 전후 최초! 일정을 특정한 개헌론자 아베

2020년 1월 1일 아베 신조 일본 수상은 일종의 신년사에 해당하는 '연두소감'에서 일본국 헌법의 개정 의지를 밝혔다. "2020년을 신헌법 시행의 해로 삼겠다"고 2017년 5월 3일 헌법기념일에 아베 수상이 일본 헌정사상 처음으로 일정을 특정하고 개헌을 얘기한 바 있는데,[1] 그 2020년의 신년 화두가 개헌이어서 주목하지 않을 수 없다. 또한 중의원에서는 개헌세력이 개헌발의선인 2/3석을 넘는 374석(465석 중)을 확보하고 있고, 2019년 7월 참의원 선거에서는 자민당의 기대와 달리 압승을 하지는 못하였으나 개헌세력(자민당, 공명당, 유신의 회)이 참의원 개헌정족수에 불과 4석이 부족한 160석을 확보하였다. 여기에 무소속 기타 해바라기 국회의원들이라도 합류하게 되면 개헌발의 정족수를 채우게 되는 바, 단순한 빈소리가 아니라는 점에서도 주목하지 않을 수 없다.

가령 2020년 개헌이 어렵더라도 자민당 총재 임기가 되는 2021년 9월까지 중의원 해산 등의 정치적 수단 또는 군사적 긴장을 통한 정치상황의 급변을 빌미로 개헌을 계속적으로 추진할 것으로 보인다.

1954년 9월 21일 태어난 아베는 1993년 39살의 나이로 야마구치(山口)현에서 중의원 국회의원으로 당선되어 아홉 차례에 걸쳐 당선되어 현재에 이르고 있다. 아베가 태어나던 해는 일본의 비무장평화주의 헌법에 반하는 자위대법이 통과되던 시기이다. 아베의 집안은 대대로 정치인들이다. 1982년부터 1986년까지 외무부장관을 지냈던 중의원 국회의원 아베 신타로(安倍晋太郎)는 아버지이다. 할아버지 아베 칸(安倍 寛)도 중의원 국회의원(1937년~1946년)이었으며, 외할아버지 기시 노부스케(岸信介)는 자민당 총재와 수상(1957~1960년)을 지냈다. 속된 말로 뼈속

---

1) 山内敏弘,『安倍改憲論のねらいと問題点』(日本評論社, 2020年).

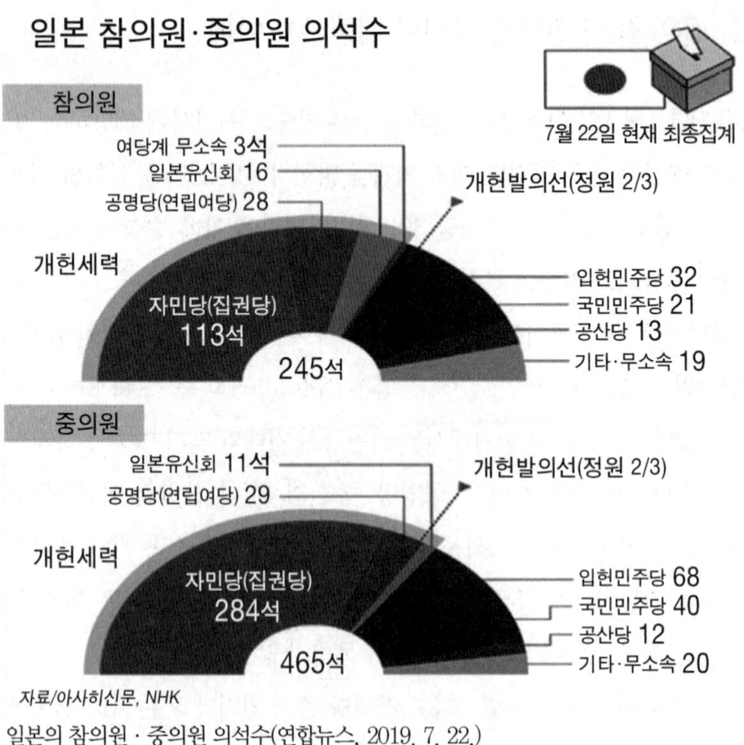

일본의 참의원 · 중의원 의석수(연합뉴스, 2019. 7. 22.)

깊이 세습 국회의원이다.

특히 기시 노부스케는 일본국 헌법을 미국에 의해 강요된 헌법이라고 주장하고 자주적인 헌법을 개정하여야 한다고 주창하였으며, 헌법 개정을 당의 사명으로 삼아 1955년 자민당을 창당한 주역이다. 기시는 일본국 헌법의 평화주의에 배치되는 신안보조약이 공포(1960년 6월 21일)되면서 사직하고 후지산 아래의 고덴바(御殿場)라는 곳의 별장에서 유유자적하면서 자주헌법 개정국민회의를 결성하고 자주헌법론에 관한 적극적인 발언을 하였는데, 바쁜 아버지 아베 신타로 대신 외할아버지 기시 노부스케와 함께 하는 시간이 많았던 아베는 자신을 아베 신타로의 아들이 아닌 '기시 노부스케의 손자'라고 소개하였다는 유명한 일화가 있을 정도

아베 신조 가계도

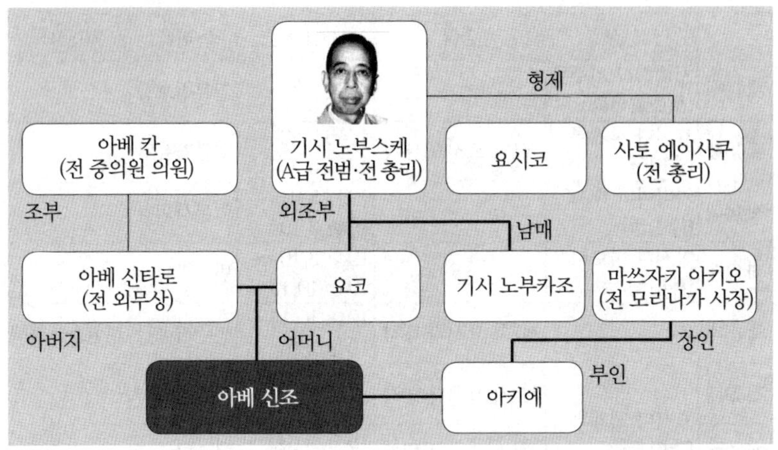

아베 신조 가계도(문화일보, 2015. 4. 29.)

이다.[2)]

아베 신조는 2006년에 수상(제90대)이 되었으나 약 1년 만에 사임(제1차 아베 내각)하였다. 그러나 2012년 제96대 수상(제2차 아베 내각)이 되어 2020년 4월 현재 제 98대 수상을 지내고 있는데, 정치인 아베의 궤적을 보면 개헌과 때려야 뗄 수 없는 매우 밀접한 관련을 가지고 있다. 2005년 10월 28일 일본 자민당은 창당 50주년을 맞이하여 최초로 자민당 이름이 붙은 개헌안 '신헌법 초안'을 작성하여 발표하였는데 이 '신헌법 초안' 작성의 주요한 역할을 담당하였다. 개헌안 발표 사흘 뒤인 2005년 10월 31일에는 고이즈미 내각의 관방장관을 역임하며 개헌을 추진하였으며, 일 년 뒤인 2006년에는 제90대 수상이 되어 자민당 '신헌법 초안'의 추진역할을 하였다. 제1차 아베 내각 재임 중에는 개헌을 위한 국민투표법을 제정하였고, 방위청을 방위성으로 승격하였다. 2012년 12

2) 호사카 유지, 『아베, 그는 왜 한국을 무너뜨리려 하는가』(지식의 숲, 2019년), 142쪽 이하 참조.

〈표〉 일본 개헌 관련 역대 수상

	수상	중임	재임기간	소속정당	개헌정책
제44대	시데하라 기주로(幣原喜重郎)		1945.10.9~ 1946.5.22.	일본진보당	
제45대	요시다 시게루(吉田茂)	제1차 요시다 내각	1946.5.22~ 1947.5.24.	일본자유당	
제46대	가타야마 데쓰(片山哲)		1947.5.24.~ 1948.3.10	일본사회당	
제47대	아시다 히토시(芦田均)		1948.3.10.~ 1948.10.15.	민주당	
제48대	요시다 시게루(吉田茂)	제2차 요시다 내각	1948.10.15.~ 1949.2.16.	민주자유당	개헌소극정책
제49대		제3차 요시다 내각	1949.2.16.~ 1952.10.30	자유당	
제50대		제4차 요시다 내각	1952.10.30.~ 1953.5.21.	자유당	
제51대		제5차 요시다 내각	1953.5.21.~ 1954.12.10.	자유당	헌법조사회(자유당, 회장 기시 노부스케)
제52대	하토야마 이치로(鳩山一郎)	제1차 하토야마 내각	1954.12.10.~ 1955.3.19	일본민주당	명문개헌
제53대		제2차 하토야마 내각	1955.3.19.~ 1955.11.22.	자유민주당	
제54대		제3차 하토야마 내각	1955.11.22.~ 1956.12.23.	자유민주당	헌법조사회(내각)
제56대	기시 노부스케(岸信介)	제1차 기시 내각	1957.2.25.~ 1958.6.12.	자유민주당	헌법조사회(내각)
제57대		제2차 기시 내각	1958.6.12.~ 1960.7.19.	자유민주당	명문개헌(자주헌법 제정론)
제58대	이케다 하야토(池田勇人)	제1차 이케다 내각	1960.7.19.~ 1960.12.8.	자유민주당	해석개헌
제59대		제2차 이케다 내각	1960.12.8.~ 1963.12.9.	자유민주당	
제60대		제3차 이케다 내각	1963.12.9.~ 1964.11.9.	자유민주당	헌법조사회 보고서
제61대	사토 에이사쿠(佐藤榮作)	제1차 사토 내각	1964.11.9.~ 1967.2.17.	자유민주당	해석개헌 무기수출 3원칙, 비핵3원칙
제62대		제2차 사토 내각	1967.2.17.~ 1970.1.14.	자유민주당	
제63대		제3차 사토 내각	1970.1.14.~ 1972.7.7	자유민주당	

제64대	다나카 가쿠에이 (田中角榮)	제1차 다나카 내각	1972.7.7.~ 1972.12.22.	자유민주당	
제65대		제2차 다타카 내각	1972.12.22.~ 1974.12.9	자유민주당	
제66대	미키 다케오 (三木武夫)		1974.12.9.~ 1976.12.24.	자유민주당	해석개헌 방위비GNP1%
제67대	후쿠다 다케오 (福田赳夫)		1976.12.24.~ 1978.12.7.	자유민주당	
제70대	스즈키 젠코 (鈴木善幸)		1980.7.17.~ 1982.11.27.	자유민주당	
제71대	나카소네 야스히로 (中曾根康弘)	제1차 나카소네 내각	1982.11.27.~ 1983.12.27.	자유민주당	명문개헌 (전후총결산)
		제2차 나카소네 내각	1983.12.27.~ 1986.7.22.	자유민주당	
		제3차 나카소네 내각	1986.7.22.~ 1987.11.6.	자유민주당	
제81대	무라야마 도미이치 (村山富市)		1994.6.30.~ 1996.1.11.	사회당	
제84대	오부치 게이조 (小渕恵三)		1998.7.30.~ 2000.4.5.	자유민주당	헌법조사회 (국회)
제87대	고이즈미 준이치로 (小泉純一郎)	제1차 고이즈미 내각 (관방부장관 아베)	2001.4.26.~ 2003.11.19.	자유민주당	
제88대		제2차 고이즈미 내각	2003.11.19.~ 2005.9.21.	자유민주당	자위대 이라크 파병
제89대		제3차 고이즈미 내각 (관방장관 아베)	2005.9.21.~ 2006.9.26.	자유민주당	자민당 '신헌법초안'
제90대	아베 신조 (安倍晋三)	제1차 아베 내각	2006.9.26.~ 2007.9.26.	자유민주당	헌법심사회 (국회)
제93대	하토야마 유키오 (鳩山由紀夫)		2009.9.16.~ 2010.6.8.	민주당	
제94대	간 나오토 (菅直人)		2010.6.8.~ 2011.9.2	민주당	
제95대	노다 요시히코 (野田佳彦)		2011.9.2.~ 2012.12.26.	민주당	
제96대	아베 신조 (安倍晋三)	제2차 아베 내각	2012.12.26.~ 2014.12.24	자유민주당	명문개헌 자민당 헌법 '개정초안'
제97대		제3차 아베 내각	2014.12.24.~ 2017.11.1.	자유민주당	
제98대		제4차 아베 내각	2017.11.1.~	자유민주당	명문개헌 제9조 가헌론

출전: https://www.kantei.go.jp/jp/rekidainaikaku/index.html

월 26일 제96대 수상(제2차 아베 내각)이 되고 나서도 개헌을 공언하였는데, 2012년 4월 28일 자민당이 매우 충격적인 내용(천황[3] 원수화, 국방군, 국기 · 국가 존중의무, 긴급권)의 헌법 개정초안(이하 일본에서의 용례를 따르면서도 우리가 인식하기 쉽도록 자민당 헌법 '개정초안'이라 함)을 발표한지 얼마 되지 않은 시점이었다. 뿐만 아니라 2015년 가을에는 현행 일본국 헌법의 근간을 훼손하는 각종 '안보관련법'을 국회에서 강행 · 통과하였다.

급기야 2017년 5월 3일에는 일본 헌정사상 처음으로 일정을 정하여 개헌을 얘기한 최초의 총리가 되었다. 외할아버지 기시 노부스케를 일본 정치권에서 쇼와(昭和)시대(1926년~1989년)정치의 '요물'[4]이라고 불렀다면, 아베는 가히 새로운 시대의 '개헌의 요물'이라고 부름직하다. 아베를 '악마화'하려는 프레임을 의도한 것은 아니지만, 아베 스스로 '필생의 과업'으로 삼고 있음은 분명하다.[5] 심지어 최근에는 신종코로나 바이러스로 인한 문제를 국가긴급권이 없어서 적절히 대처하지 못했다고 하며 개헌의 동력으로 삼고자 한다니[6] 참으로 그 집요함이 어이없기도 하다.

2. 전후 개헌론을 이어받은 아베의 개헌

1) 1950년대의 명문 개헌 시도

아베처럼 임기 내 개헌이라든지, 2020년 개헌이라든지 일정을 정하고

---

3) '天皇'이라는 용어를 일왕으로 표현하기도 하고 천황으로도 표현하기도 하는데, 역사적으로 만들어진 고유명사이므로 천황이라고 번역하기로 한다. 박진우, 『천황의 전쟁책임』(제이엔씨, 2013).

4) 岩見隆夫, 『昭和の妖怪 岸信介』(中公文庫, 2012年).
山内敏弘, 앞의 책, 27쪽.

5) 安倍晋三, 『新しい国へ(美しい国へ完全版)』, 文藝春秋, 2013年).

6) "신종 코로나 핑계…개헌 들먹이는 아베", 〈국민일보〉(2020.2.6.)

개헌을 추구한 것은 아니지만, 일본의 전후 정치사에서 평화헌법을 개헌하려고 하고 개헌이 정치의 화두가 된 것은 오래 전부터이다. 우연히도 아베가 태어나던 1954년은 일본 헌정의 격변기이자 평화헌법의 첫 번째 위기이기도 하였다.

개헌 추진의 계기는 강화조약과 안보조약의 체결이었다. 1952년 일본은 연합국 일부와 전쟁을 종결짓는 강화조약(평화조약)을 체결, 연합국 점령으로부터 독립하였다. 미국은 한국을 반공의 방파제로, 일본을 반공의 보루로 삼기 위하여 미일 안보조약을 체결하고 재무장을 추진하였다.

당시의 수상 요시다는 1954년 3월 11일 아베의 외할아버지 기시 노부스케에게 개헌안 작성을 염두에 둔 '자유당 헌법조사회' 회장을 맡기고, '자유당 헌법조사회'는 헌법 개정안을 작성하였는데, 군대를 보유할 것, 천황을 원수로 할 것 등을 규정하는 등 복고적 색채가 강한 것이었다. 특히 기시 노부스케는 요시다의 소극적인 개헌자세 즉 경무장 대미협조노선에 강하게 반발하며, 일본국 헌법은 미국 등 연합국의 외압에 의한 헌법이며 따라서 자주적인 헌법을 만들어야 한다고 주장하였는데, 이러한 강경 입장 때문에 당시의 집권여당인 자유당으로부터 제명당하기도 하였다. 하지만 오히려 정치적으로 궁지에 몰린 것은 자유당의 당수였던 요시다 수상이었다. 비무장평화주의에 반하는 자위대법이 1954년에 성립하고, 국민들 사이에서는 이를 계기로 '헌법옹호국민연합'이 결성되면서 국민적 비난과 압력이 거세져 역대급 장수총리(2616일, 6년 7개월)인 요시다 수상이 1954년 12월 10일 사직하였다.

1955년 기시 노부스케는 하토야마 이치로(鳩山一郎)와 일본 민주당을 결성하고 요시다가 물러난 자유당과 합당해 자유민주당을 결성하고 초대 간사장이 되었으며, 자민당은 '신당의 사명'과 '신당의 정강'에서 헌법의 '자주적 개정'을 내걸었다. 1957년에는 제56대 수상이 되어 안보조약

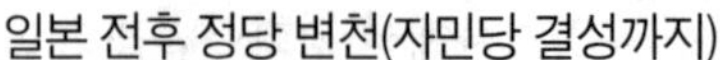

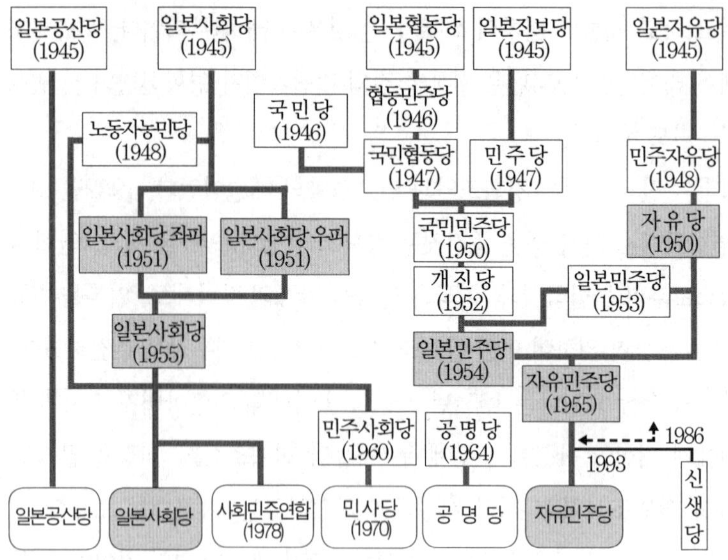

개정에 앞서 다시금 헌법 개정을 추진하기 시작하였으며, 내각에 설치되어 있던 '헌법조사회'를 활성화하여 헌법 개정안을 작성하고자 하였다.

이에 자극을 받은 진보정당들도 전열을 정비하게 되는데, 갈라져 있던 사회당이 통일되어 중의원의 개헌발의 저지선인 1/3의석을 차지하고 공산당도 분열을 극복하면서 이들 혁신정당이 주력이 된 광범위한 호헌운동이 일어났다. 노동계에서도 일본 노동조합 총평의회(이하 총평)이 중심이 되어 '안보조약 개정저지 국민회의'가 결성되는 등 호헌운동이 확산되었다.

결국 기시 노부스케 내각은 신 안보조약 개정안은 강행 · 통과(1960년 5월 20일, 중의원) 시켰으나 '헌법회의'를 비롯한 국민들의 강한 반발에 부딪혀 헌법 개정은 이루지 못하고 1960년 7월 15일 총사직하였다. 무리한 개헌 추진으로 인한 민심이반을 우려한 정치권도 개헌에 소극적 자세를 취하면서 개헌은 일단락되었다.

2) 1960년대 이후의 해석개헌 책동

기시 노부스케의 뒤를 이어 1960년 7월 19일 수상이 된 이케다 하야토(池田勇人)는 다른 형태의 개헌을 시도하였다. 헌법의 조문을 그대로 두되 헌법의 교묘한 해석을 통하여 개헌의 효과를 내는 이른바 해석개헌론이었다.

이케다 정권은 1960년 11월 총선에서 자신의 재임 중에는 개헌을 하지 않을 것을 공약하고 승리하였으며, 소득증대정책을 주축으로 한 경제성장촉진노선을 취하게 되었다. 복고적 개헌을 추진하다가는 기시 정권처럼 무너질 뿐만 아니라 자민당의 존립이 위태롭다고 생각하였던 것이다.

일본 정부 직속으로 1956년 설치하였던 헌법조사회 내에도 1960년을 전후한 격렬했던 안보투쟁[7] 후에는 명문 개헌에 소극적인 세력이 목소리를 키우게 되었고, 설치로부터 10여 년이 지난 1964년 발표된 헌법조사회 보고서는 통일된 명문 개헌 필요성을 주창하지 못하고 개헌적극론과 소극론을 병기하는 수준에 그치게 되었다.

그렇지만 비무장평화주의 헌법, 그리고 그와 배치되는 자위대 · 안보조약 사이의 모순은 여전히 남는 문제였다. 일본 정부가 모순 해결을 위한 해석론으로 제시한 것은 '자위대는 필요최소한의 실력'이라는 논리이다. 자위대는 헌법에서 금지하는 전력[8] 또는 군대가 아니라 자위를 위한

---

7) 일본에는 미일안보조약에 반대하는 국민적 반대운동이 1959년 무렵부터 1960년 초반에 강력하게 이루어졌는데 이를 안보투쟁이라고 한다. 이 기간 동안 수 만명의 시위대가 국회를 에워싸고 일본국 헌법의 평화주의에 반대하는 미일안보조약에 반대하였고, 총평을 중심으로 한 노동자 세력들은 안보조약의 폐기를 주장하며 파업을 벌였으며, 국회의사당 내부로 진입하려는 시위대와 이를 막으려는 경찰이 충돌하는 과정에서 도쿄대학의 학생이 압사하는 사건이 발생, 전 일본학생자치회 총연합('전학련')을 중심으로 학생들도 총궐기 투쟁을 벌이기도 하였다. 결국 1952년 구 안보조약에 있던 내란 조항이 삭제되고, 미일 공동방위(일본을 주일 미군이 공동 방위하고 주일미군에 대한 공격에 자위대와 미군이 공동방위)하며, 주일미군의 주둔 및 장비에 대해 양국 정부가 사전협의를 한다는 조항이 규정되는 선에서 1960년 신안보조약이 체결되었다.

8) 전력(戰力)을 어떻게 번역할 것인가는 매우 고민거리이다. 우리말 어법에 따르면 일반적으로 군사력으로 번역할 수 있을 것이나, 일본국 헌법학계에서는 소박한 경찰력을 제

필요최소한의 실력에 불과한 것이므로 비무장평화주의 헌법에 배치되지 않는다는 것이었다.

이러한 해석이 처음 나온 것은 요시다의 뒤를 이어 1954년 12월 10일 발족한 하토야마 이치로(鳩山一郎) 내각(제52대)이었다. 하토야마 내각 방위청장관 오오무라 세이치(大村清一)는 헌법 하에서 독립국가는 자위권을 갖고, 자위대는 자위를 위한 '필요한 상당한 정도의 실력(必要相当の範囲の実力)'을 보유할 수 있고, 이는 헌법에서 금지하는 전력(戰力)에 해당하지 않는다는 입장을 피력(1954년 12월 22일, 제21회 중의원 예산위원회)하였다.[9)]

안보조약에 대해서는 다음과 같은 논리로 이를 합리화하고자 하였다. 즉 일본국 헌법 제9조에서 금지하고 있는 전력은 일본의 전력을 의미하는 것으로 일본을 방위하기 위하여 일본에 주둔하는 미군은 일본의 전력이 아니라는 것이다.

해석을 통해 자위대와 주일 미군을 합헌화시키고자 하는 이러한 궁색한 논리(이른바 자위력론)는 그 후 약 60여 년간 일본 정부의 입장이 되었다. 이러한 논리는 제9조가 자위를 위한 전력은 허용하지 않는다는 점에서는 의미가 있으나(자위전력론의 부인), 자위를 위한 필요최소한의 실력(자위력론)은 허용한다는 명분으로 작용하여 방위비를 늘리고 자위대의 몸집을 키우고 그 활동의 폭을 넓히는데 기여하였다.

외한 일체의 무력에 가까운 용어로 사용하였고, 이에 반하여 일본 정부는 경찰력 이상이면서 오히려 군사력에 가까운 자위대의 무력을 군사력이 아닌 실력이라고 강변하는 등 전력(戰力) 개념을 교묘히 변형하여 자위대를 합리화하고 있고, 전력 개념을 둘러싼 논쟁이 복잡다기 한 바, 한자를 병기하여 원어 그대로 전력으로 직역하기로 한다. 역대 일본 정부의 전력에 대한 견해는 다음과 같다. 1954년 12월 하토야마 내각- 자위대는 필요최소한의 실력이다, 1972년 11월 다타카 내각-자위를 위한 필요최소한의 실력은 전력에 해당하지 않아 위헌이 아니다. 浦田一郎, 『自衛力論の論理と歴史』(日本評論社, 2012年), 222쪽 이하.

9) 渡辺治편, 『憲法改正問題資料集(上)』(旬報社, 2015年), 57쪽.

그러나 이러한 일본 정부의 논리는 자위대의 해외파병 등 자위대 활동을 제약하는 논리로 호헌운동세력에 의해 역이용되기도 하였다. 예를 들면, 자위를 위한 해외파병은 '자위를 위한 필요최소한도의 실력'에 해당하지 않는다는 것이다.

이러한 절충은 자위대에 대한 국민의 헌법의식에도 많은 영향을 미쳤다. 국민들은 개헌에 반대하는 여론이 다수 이면서도, 자위대에 대해서는 찬성하는 여론이 형성되기 시작하였다.

3) 2000년대의 명문 개헌론

2005년 자민당은 창당 50년만에 자민당의 헌법 개정초안 '신헌법 초안'을 발표하였다. 1955년 창당 때는 차마 개헌안까지는 가지는 못하고 당의 사명으로 당의 정강정책에 헌법의 자주적 개정을 내걸었다. 법조문형식의 구체적인 개헌안을 마련하게 되면 국민적 비판여론이 거세어 질까봐 거기까지는 가지 못하고 개헌에 대한 군불 때기만 하였다. 그러나 2005년에는 창당 이래 처음 직접 당의 이름이 걸린 개헌안을 마련한 것이다.

이 초안의 골자는 자위대의 해외에서의 무력행사가 가능하도록 헌법 제9조를 개정하는 것이었다. 그 내용은 현행 일본국 헌법의 형식적 틀을 가능한 유지하였으나 자위대를 자위군으로 하는 것이었다. 인권제한과 관련하여서도 공공의 질서를 인권제한 사유로 삼았다. 천황을 상징으로 두는 등 비교적 소폭 개정안이었다.

일본 정부가 소폭 개헌안이기는 하지만 자위대를 자위군으로 명문화하는 명문 개헌의 길을 내딛게 된 데에는 해석개헌에 의한 1990년대의 PKO 파병의 한계 인식때문이었다.[10)]

---

10) 渡辺治, 『現代史の中の安倍政権』(かもがわ出版, 2016年), 152쪽 이하.

미국은 1993년을 기점으로 세계전략을 바꾸었다. 즉 유엔을 활용하여 세계의 자유시장질서를 유지하려던 전략을 전환, 미국에 찬동하는 다국적군을 통한 팍스 아메리카 체제의 유지 또는 미국 단독의 군사행동을 통한 힘의 우위 유지전략으로 전환하였다. 그간 유엔은 미국이 생각하는 것만큼 움직여지지 않았고, 이른바 불량국가에 대한 공격과 개입을 일일이 유엔의 결의를 받을 수도 없었기 때문이다. 결국 평화유지군(PKO)이라는 이름의 다국적군 또는 미국 단독 파병으로 세계의 경찰력 역할을 스스로 강행코자 하는 방침으로 전환하였다. 그리고 그 일환으로 한국정부를 비롯하여 미국의 우방국이라 생각되는 세계 각국에 파병과 군사협력을 요청하였는데, 일본 정부에는 자위대의 해외파병과 이를 위한 헌법의 변화필요성을 역설하였다.

그러나 일본 정부의 태도는 필요최소한의 실력부대로서의 자위대라고 하더라도 자위대라는 이름을 갖고 있는 이상 유엔군에 참가하더라도 그 목적과 임무가 무력행사를 동반하는 것이라면 자위대 참가가 어렵다는 것이었다. 헌법 왜곡에 반대하는 1960년대 안보투쟁, 그리고 그 후에도 계속 되었던 국민적 비판과 일본국 헌법 제9조의 존재 때문이었다. 하지만 미국의 거듭된 파병요구를 물리치기 어려워 내각 법제국이 나름의 묘책을 찾았다. 그것은 다름 아닌 해외에 파견을 하더라도 직접적인 무력행사는 어렵지만 후방지원을 할 수 있다는 것이었다.[11] 다시 말해 다국적군의 목적과 임무가 무력행사를 동반하는 것이라 하더라도 자위대 자신이 무력행사를 하지 않고 자위대가 해당 다국적군 사령관의 지휘 하에 들어가 그 부대의 일원으로서 참가하는 것이 아니라면 그것은 참가가 아니라 협력이며, 이러한 협력은 해외에서도 가능한 국제공헌이라는 것이

11) 中村明, 『戦後せいじにゆれた憲法9条－内閣法制局の自信と強さ』(中央経済社, 1997年), 202쪽.

었다.[12] 다국적군의 '무력행사와 일체화'되지 않는 범위 내에서는 해외파견이 가능하다는 것이고 그래서 용어도 해외파병이 아니라 해외파견이라는 용어를 사용하였다.

이를 위한 법률의 정비를 서둘렀는데 그 중 하나가 '주변사태법'이다.[13]

첫째, 미군의 전투작전행동 중 일본과 일본 주변에 있어서 일본의 평화와 안전에 중요한 영향을 미치는 사태를 주변사태라 명명하고 그 경우 미군의 작전행동에 협력하고 지원한다. 둘째, 집단적 자위권은 인정되지 않으므로 자위대는 무력행사를 할 수 없다. 그리고 후방지원도 '무력행사와 일체화'되는 것은 피해야 하며 지역적으로 한정한다. 그리고 일본 주변이란 일본 영역 또는 현재 전투행위가 이루어지고 있지 않은 일본 주변의 공해 및 상공에 한정한다. 셋째, 후방지원의 내용도 '무기와 탄약의 제공' 등 위헌의 의심이 있는 것은 피한다는 것이었다.

또 하나는 '테러특별법'이었다. 이에 따르면 테러대처가 목적이고 비전투지역이라면 세계 어느 곳에도 기간을 정하여 즉 한시적으로 파견할 수 있다는 것이었다. 고이즈미 정권은 2004년 이라크특별법이라는 별도의 법률을 제정하여 이라크에 자위대를 '파견'했다. 1945년 패전 후 최초의 해외파병이었다. 이로써 결국 일본은 자위대를 해외에 파견한 것이다.[14]

그러나 이러한 해외파견은 종래의 일본 정부 스스로가 내뱉은 정부해석의 틀을 유지하고 있었기 때문에 커다란 한계가 있었다. 첫째, 해외에 파병하더라도 무력행사는 하지 않는다. 둘째, 무력행사와 일체화된 행동은 하지 않는다. 이러한 제약으로 인하여 자위대의 활동은 비전투지역이

12) 大村清一防衛庁長官, 21回 衆議院予算委員会 2号, 1954年12月22日, 1쪽.

13) 自由法曹団,『有事法制のすべて』(新日本出版社, 2002年), 33쪽 이하.

14) 山内敏弘,『有事法制を検証する』(法律文化社, 2002年), 55쪽 이하.

라는 매우 한정된 지역에 국한되었다. 그리고 그 활동의 내용도 무기와 탄약의 제공은 금지된다는 것이었다. 셋째, 주변사태 이외의 경우에 파병하려면 '이라크특별법'처럼 하나하나 개별입법을 해야 하였으므로 신속하게 대처하기도 어려웠다.

이러한 한계와 어려움 때문에 2003년의 이라크 파병을 기점으로 자위대를 군대로 헌법에 명문화시켜야 한다는 미국의 압력과 자민당을 비롯한 개헌세력의 주장이 계속되고 있는 실정이다. 자민당 창당 50주년을 맞은 2005년의 자민당 '신헌법 초안'은 그 대표적인 사례이다.

다만, 개헌의결정족수인 2/3를 안정적으로 넘기면서도 개헌을 실현하기 위해서 공명당과 민주당(지금은 입헌민주당과 국민민주당으로 분열)을 설득하고 끌어들어야 하였다. 이를 위하여 천황의 국가원수화 등은 생략하고, 개헌을 위한 국민투표를 의식하여 국군으로 곧바로 명명하지 않고 자위군이라는 이름을 붙이고 자위군의 해외파병을 가능케 하는 규정을 넣는 것에 초점을 맞추고 그러한 선에서의 '신헌법 초안'이 발표된 것이었다.

3. 집념의 개헌론자, 아베

1) 2012년판 아베의 개헌론(자민당 헌법 '개정 초안')

2006년 아베는 제90대 총리가 되었다. 1년 만에 물러났지만, 2012년 말에 다시 총리가 되었다. 이른바 제1차 아베 내각(2006.9.26.~2007.9.26.)의 임무는 자위대를 자위군으로 헌법에 명기한 2005년 '신헌법 초안'에 기초한 개헌 실행 작업이었다.[15] 그리고 그

15) 2005년 '신헌법 초안'의 문제점에 대해서는 山内敏弘, 『改憲問題と立憲平和主義』(成文堂, 2012年), 148쪽 이하를 참조.

첫 번째 메시지는 임기 내 개헌 완수였다.

그러나 제1차 아베 내각은 임기를 시작한지 1년 만에 중도하차 하고 말았다. 일본국 헌법 제9조를 지키는 것을 목적으로 만들어진 '9조의 회'를 중심으로 한 국민들의 광범위한 반대운동이 증폭되었다. 지리멸렬하던 야당과 노동조합 대신에 개헌에 반대하는 시민 개개인이 '9조의 회'에 결집하는 형태로 호헌운동이 전개되었다. 뿐만 아니라 사다 겐이치로(佐田 玄一郎) 행정개혁담당장관을 비롯한 각료들의 돈 문제, 구마 후미오(久間 章生) 방위성장관의 실언(2차 대전 원폭 투하는 어쩔 수 없는 일이었다)등으로 인하여 지지율이 급락하고 2007년 7월의 제21회 참의원 선거에서 과반수에 미치지 못하는 등의 참패로 사임하였다.

아베 사임 후, 자민당에서 이탈하여 민주당 대표로 있던 하토야마 유키오(鳩山由紀夫, 제93대 총리: 2008.9.16.~2009.6.8.), 시민운동가 출신으로 신당사키가케(新党さきがけ)에 있다가 민주당 입당하여 당대표가 된 간 나오토(菅 直人, 제94대 총리: 2009.6.8.~2011.9.2.), 일본신당(日本新党)에서 정치를 시작하여 민주당에 합류하여 대표가 된 노다 요시히코(野田 佳彦, 제95대 총리: 2011.9.2.~2012.12.26) 등이 연립여당의 수상이 되었고, 자민당은 한 동안 야당에게 정권을 내주었으나 2012년 12월 16일 제46회 중의원 총선에서 압승, 권토중래하여 새로운 내각을 출범시켰는데 그것이 바로 제2차 아베 내각(제96대 총리 ~ 제98대 총리: 2012.12.26. ~ 2020년 현재)이다.

한편 총선 직전 2012년 4월 28일에는 샌프란시스코 강화조약 60주년을 맞이하여 자민당은 자민당 헌법 '개정 초안'을 제출하기도 하였다. 천황을 상징에서 국가원수로 복원시키고, 자위대를 국방군으로, 국기와 국가에 대한 충성의무를 헌법에 명기하고 계엄과 같은 긴급권을 헌법에 명기하는 매우 충격적이고 복고적인 내용이었다. 그 충격에 대하여

일부의 논자들은 보수 반동혁명의 '전야'라는 과장된 표현까지 쓸 정도였다.[16)]

이를 맥락적으로 거슬러 올라가보면, 이제까지의 일본 정부의 입장이었던 '자위력론'(필요최소한의 실력으로서는 자위대는 헌법 제9조에도 불구하고 용인된다)을 버리고 이른바 '자위전력론'(침략전쟁을 위한 전력은 일본국 헌법 제9조 제1항에서 포기를 규정하고 있지만, 자위를 위한 전력은 허용된다)의 입장에서 국토방위군은 허용된다는 논리를 주장한 것이다. 이러한 논리는 이른바 아시다 히토시(芦田均)의 수정을 근거로 내세운다. 즉, 1946년 중의원 헌법 개정위원회에서 위원장이었던 아시다 히토시가 의도(자위전력의 보유가 가능하도록)를 가지고 '전항의 목적 달성을 위하여'라는 문구를 삽입하였다는 것이다. 일본국 헌법 제9조 제1항이 국제평화를 성실히 추구하고 침략전쟁을 포기한다고 되어 있으며, 제9조 제2항은 전력을 포기하고 있는데, 그 제9조 제2항의 첫머리에 '전항의 목적 달성을 위하여'라는 말이 있으므로 일본국 헌법 제9조 제2항의 의미는 침략전쟁을 포기하기 위한 전력만을 포기한다는 의미가 된다, 즉 자위전력은 남아있다고 자의적으로 해석하는 논리이다. 나중에 아시다 자신도 '전항의 목적'을 침략전쟁이라고 한정한 것은 원래 자신의 일기에 없었던 것인데 기자가 자의적으로 첨가한 것이라고 하여 파탄이 난 논리이며, '전항의 목적'이란 국제평화의 추구'라는 것이 일반적인 해석인데도 불구하고, 자민당 내에서는 제9조 제2항의 의미를 자위를 위한 전력은 허용한다는 이른바 '자위전력론'이 뿌리 깊게 자리 잡고 있다.[17)]

이러한 개헌안의 근저에는 아베 정권의 역사수정주의적 시각이 자리

16) 2012년 자민당 헌법 '개정초안'의 문제점에 대해서는 梓澤和幸, 『前夜』(現代書舘, 2017年), 14쪽 이하를 참조.

17) 山内敏弘, 『平和憲法の理論』(日本評論社, 1992年), 76~82쪽 참조.

잡고 있다. 현행 일본국 헌법을 강요된 헌법이라고 보고 그 청산작업의 일환으로 자주적인 헌법을 개정해야 한다는 점을 분명히 드러낸 것이었다. 1946년 제정된 일본국 헌법은 불충분하기는 하지만, 아시아태평양 전쟁에 대한 반성을 간접적인 형태로 표현하고 이에 기초하여 항구적 평화를 염원하고 있으나, 2012년 자민당 헌법 '개정 초안'은 일본 국토의 아름다움, 일본의 전통 등과 같은 근대적인 헌법에 어울리지 않는 표현은 물론 천황을 국가원수로 규정하고 있다.[18] 자민당 창당 이래 견지하여 온 자주헌법론의 연장선에 있는 것이다.

2012년 자민당 헌법 '개정 초안'이 발표되고 얼마 되지 않은, 같은 해 12월 16일 이루어진 제46회 중의원 총선거에서는 야당의 분열과 무기력을 틈타 자민당이 예상을 넘어선 압승을 하였다. 480석의 61%에 이르는 294석을 차지하였다. 뿐만 아니라 개헌에 우호적인 공명당이 31석, 일본유신의 회(日本維新の会)가 54석을 차지함으로써 개헌세력이 중의원 의석의 2/3를 크게 상회하는 80%의 의석을 점하게 되었다. 그 직후 발족한 제2차 아베 내각은 임기 내 개헌을 다시 한번 공언하였다. 뿐만 아니라 과도한 자신감에 넘친 아베 정권은 야스쿠니 신사참배, 역사 수정주의적 발언을 되풀이 하였다.

하지만 중의원 선거에서 호헌 세력이 참패하고 아베의 개헌공세가 강화되자, 반작용도 강화되어 오히려 호헌여론은 국민들 사이에서 높아져 갔다. 결국 2016년 7월의 제24회 참의원 선거에서 개헌발의선인 2/3석을 차지하지 못하였다. 이에 아베 정부는 순서를 바꾸어 우선 안보관련 법률들을 국회에서 통과시켜 집단적 자위권을 행사할 수 있는 사실을 만

---

18) 梓澤和幸, 『前夜』(現代書館, 2017年), 15쪽. 전문은 다음에서 다운로드할 수 있다. https://jimin.jp-east-2.storage.api.nifcloud.com/pdf/news/policy/130250_1.pdf

들고 이에 기초하여 개헌을 추진한다는 단계적 개헌추진전략을 구상하였다.('안보관련법'의 강행 · 통과 및 문제점에 대해서는 제1부 제2장에서 상술하기로 한다)

2) 아베 정권의 2020년판 개헌론으로서의 '가헌론'의 본질

2015년 '안보관련법' 강행 통과와 2016년 3월 '안보관련법' 시행 후, 아베는 다시금 개헌에 불을 붙이고 있다. 아베는 2017년 5월 3일 극우단체인 일본회의 집회에서 영상 메시지를 보내면서 '2020년을 새로운 헌법이 시행되는 해로 삼고 싶다'고 일정을 정하며 개헌 의욕을 표시하였다. 그 개헌의 내용으로는 제9조 제1항(침략전쟁의 포기), 제9조 제2항(전력을 보유하지 않음)을 남기되 자위대를 헌법에 명문화하고 싶다는 이른 바 제9조의2 또는 제9조 제3항을 덧붙인 가헌론(加憲論)이다.

아베에 의해 가헌론이 제기된 후 자민당 개헌추진본부에서는 몇 가지

1項
日本国民は、正義と秩序を基調とする国際平和を誠実に希求し、国権の発動たる戦争と、武力による威嚇又(また)は武力の行使は、国際紛争を解決する手段としては、永久にこれを放棄する。

2項
前項の目的を達するため、陸海空軍その他の戦力は、これを保持しない。国の交戦権は、これを認めない。

3항(또는 제9조의2)
제9조 제1항 제2항을 남기고 자위대를 명기하는 것은 국민적으로 논의할 필요가 있다.(5월 3일 영상메시지)

"수상「안보강경파인 나니까」지론봉인(持論封印), 9조 가헌은 왜"(朝日新聞, 2017. 6. 4.)

제9조 조문안을 심의하고 있다. 첫째 안은 제9조 제1항(국제평화와 침략전쟁 포기)과 제2항(전력을 보유하지 않음)을 유지한 채 자위대를 헌법에 명문화하는 안이다. 둘째 안은 제9조 제2항을 유지하되 무력행사를 전면적으로 인정하는 자위군을 헌법에 명문화하는 안이다.[19] 첫 번째와 두 번째 안의 차이는 첫째 안에는 자위대를 명문화하되 '필요최소한의 실력조직'(2018년 3월 15일 원안) 또는 필요한 '자위를 위한 실력조직'(2018년 3월 22일 수정안)으로 자위대를 조직하는 것이고 둘째 안은 그러한 제한이 없다. 첫째 안은 자위대를 헌법에 명기하되 일정한 제한을 받는 실력조직으로서의 자위대 즉 현재의 자위대를 합헌화하는 안이고 둘째 안은 필요최소한의 실력조직을 넘어서는 자위전력으로서의 자위대를 헌법에 명기하자는 것으로 국방군안에 가깝다. 자민당의 아베 그룹이 추진하고자 하는 것은 첫째 안이다. 연립여당인 공명당은 개헌에는 찬성하면서도 집단적 자위권마저 인정하는 제9조의2(또는 제9조 제3항) 추가에는 신중론을 펴고 있는 바, '필요최소한의 실력조직'으로서의 '자위대'라는 문구를 명기하여 공명당의 개헌 참가를 확고히 하겠다는 자민당의 개헌 전략이 나타난 안이다.

세째 안은 제9조 제2항을 아예 삭제하고 군대를 명기하는 방안으로 자민당 내 가장 유력한 아베의 정치적 라이벌인 이시바 시게루(石破茂)의 안이다.

3월 22일 자민당 개헌추진본부에서는 첫째 안과 둘째 안을 절충한 안(이른바 대체안) 즉 필요최소한의 실력조직이라는 표현 대신에 "자위의 조치를 취하는 것을 방해하지 않고 이를 위한 실력조직"으로서의 자위대라는 표현을 사용한 안을 내놓기도 하였다(자세한 문안은 부록의 헌

19) 浦田一郎, 『自衛隊家憲論の展開と構造』(日本評論社, 2019年), 49~76쪽.

법개정안 대조표 참조). 하지만 기본적으로 향후 논란이 될 것은 첫째 안이 될 것으로 전망된다.[20)]

일본국 헌법 제9조를 둘러싸고는 크게 다음과 같은 4가지의 해석론이 존재한다. 첫번째, 제9조 제1항에서 모든 전쟁(침략전쟁, 자위전쟁)을 전면 포기하였고, 제2항에서 비무장을 규정함으로써 모든 전쟁포기를 확인하였다는 것이다. 그러므로 자위를 위한 전쟁도 할 수 없다는 것이다. 일본국 헌법 제정 직후의 학계의 다수설이었다. 두 번째는 제9조 제1항에서 침략전쟁만 포기하였으나 제2항에서 비무장을 규정하였다는 것이다. 결국 자위를 위한 전쟁을 할 수 없게 되었다는 것이다. 일본국 헌법 제정과정에서 당시의 수상 요시다 시게루가 취한 입장(1946년 6월 26일 일본 중의원 제국헌법 개정위원회, 부록 참조)이기도 하다. 이에 따르면 외국으로부터의 침략에 대하여서는 군민봉기와 평화외교와 같은 방법만이 허용된다는 것이고 요즘의 일본 학계의 대체적인 다수설이다. 이 첫번째와 두번째의 해석론에 따르면 경찰력은 허용되지만 그것을 넘는 어떠한 실력도 허용되지 않으며 자위대는 가령 필요최소한의 실력이라고 하더라도 허용되지 않는다 즉 위헌이라는 것이다.

세번째는 제9조 제1항에서 침략전쟁만 포기하고 자위전쟁의 여지는 남겼으며 제9조 제2항에서 침략전쟁을 위한 전력만을 포기한 것이고 자위를 위한 전력(자위전력 합헌론)은 허용된다는 주장이다. 1946년 중의원 헌법 개정위원회 위원장이었던 아시다 히토시가 1957년 도쿄 신문에 이러한 해석의 여지를 남기기 위하여 '전항의 목적 달성을 위하여'라는 문구를 삽입하였다고 하면서 화제가 되기도 하였던 주장이다. 2012년 자민당 헌법 '개정 초안'에 국방군을 규정한 것과 같은 논리이다. 네번

---

20) 같은 책, 4~5쪽.

째는 제9조 제1항에서 침략전쟁만 포기하고 자위전쟁의 여지는 남겼으나 제9조 제2항에서 전력을 포기하고 있는 바, 전력이 아닌 필요최소한의 실력은 허용된다는 주장(자위력 합헌론)이다. 이는 1954년 형성된 일본 정부의 공식견해이기도 하다.[21)]

아베 개헌은 이 중 네번째 주장과 해석을 일본국 헌법 제9조에 제3항 또는 제9조의2를 신설하여 종래의 제9조 제1항과 제2항에 덧붙여서(加憲) 아예 명기하자는 것이고, 2012년 자민당 헌법 '개정 초안'은 세번째 주장 즉 제9조 제2항을 삭제하고 여기에 국방군을 명문화하자는 것이다.

아베 개헌 즉 제9조 가헌론은 천황의 국가원수화와 국방군을 규정한 2012년 자민당 헌법 '개정 초안'과도 다르고, 언뜻 보기에는 마일드한 형태로 보이는데, 이는 아베 개헌의 종착역이 아니다.[22)]

불필요한 논란을 최소화하되 어떻게든 제1단계 원포인트로 제9조에 손을 대고 궁극적으로는 2012년 자민당 헌법 '개정 초안'과 같은 국방군으로 가겠다는 것으로 이른바 다단계 개헌론이다. 즉 제9조 제2항을 없애는 것에는 반대하지만 자위대 정도는 있어야 하는 것 아닌가 하는 국민들의 모순된 헌법의식을 파고 들어 국민투표에서도 승리하고 일단 개헌을 이루고야 말겠다는 것이다.

사실 이 '제9조 가헌론'을 최초로 제기한 것은 극우단체인 '일본회의'이다. 일본회의의 정책위원장인 이토 데쓰오(伊藤哲夫)가 일본회의의 기관지 '내일을 여는 선택'(2016년 9월)에서 주장한 것이기도 하다.

일본회의는 1997년 5월 30일 발족한 우익단체이다. 헌법 개정, '자학적 교과서' 개정, 야스쿠니 신사참배, 황실숭배와 원호(元号)법제화 등을 정책 과제로 내걸고 있다. 종래의 '일본을 지키는 국민회의'와 '일본을 지

---

21) 杉原泰雄,『憲法』(有斐閣, 1989年), 121쪽 이하.

22) 9条の会,『ブックレット―安倍9条改憲は戦争への道』(9条の会, 2017年).

키는 회'가 통합하여 '아름다운 일본의 재건과 자긍심 높은 일본'을 목표로 만들었는데, 현재의 일본 사회가 자긍심이 없다는 것은 패전 후 일본의 역사가 포츠담선언(무조건 항복과 무장해제)과 샌프란시스코 강화조약에 의해 강요된 역사라는 점을 의미하며, 천황제 하의 국가야말로 재건해야할 아름다운 일본으로 보고 있다. 이러한 일본회의의 국회 지부격에 해당하는 것이 '일본회의 국회의원 간담회'(이하 일본회의 의원연합)이다. 중·참의원 280여명의 대규모 국회의원 임의단체이다. 제2차 아베 정권을 탄생시킨 일등공신이다.[23)]

이들의 계보를 거슬러 올라가면 전후 일본 최대의 신도 계통의 종교법인인 신사본청(1946년 설립)과 맞닿아 있다.[24)] 연합국은 국가신도를 금지하고 정교분리의 원칙을 헌법에 명문화하였는데, 국가신도세력들이 나름의 생존책으로 설립한 것이 신사본청이고 이 신사본청의 외곽정치조직인 '신도 정치연맹'(1969년)과 연계되어 있고, 현재는 다수의 국회의원이 '신도 정치연맹 의원간담회'의 회원(2016년 기준 중의원 240, 참의원 86명 합계 326명)으로 되어 있다.[25)]

이들은 연합국이 점령 후 폐지한 기원절(초대천황 즉위일)을 복원하는 운동을 펼쳐 1966년 건국기념의 날을 법제화하였고, 1977년에는 문부성 학습지도요령에 천황을 숭상하는 노래인 기미가요를 국가로 규정하였다. 그리고 1979년에는 원호법(元号法)을 제정하여 천황제를 국민의 일상생활 속의 법제도로 만드는 작업을 계속하고 있으며, 2012년 자민당 헌법 '개정 초안'에서 천황제를 원수화하는 헌법 개정안 제출에 중대한

23) 俵義文, 『日本会議の全貌』(花伝社, 2016年), 6쪽 이하.

24) 조경희, 「일본의 역사수정주의 · 국가주의 · 백래시의 연동」, 『황해문화』105호(2019년 겨울), 109쪽 이하.

25) 俵義文, 앞의 책, 자료, 26쪽.

역할을 한 바 있다.

우리나라에는 널리 알려지지 않았으나, 2015년 6월과 9월 일본 정부와 집권 자민당은 일본국 헌법 제9조에 중대한 타격을 가한 일련의 '안보관련법'('중요영향사태법', '존립위기사태법', '선박검사법', 'PKO협력법' 등)을 강행 통과시켰는데 그 주역들이 다름 아닌 '일본회의 의원연합'이었고, '신도 정치연맹 의원간담회'의 멤버들이었다. 일본에 대한 직접적인 무력공격이 아닌 경우에도 이를 중요영향사태로 파악하여 미군 등에 대한 후방지원의 폭을 확장하였으며, 한국 등 이웃나라나 우방국이 공격당할 경우는 이를 '존립위기사태'로 규정하고 필요최소한의 무력행사를 할 수 있도록 하고 있다. 제한적이기는 하지만 집단적 자위권 행사의 여지를 열었다.

일본회의는 '안보관련법' 강행 · 통과 후인 2015년 11월 10일 여세를 몰아 일본 도쿄의 부도칸(武道館)에서 '아름다운 일본국 헌법을 만드는 국민의 회(2014년 10월 발족)' 주최로 1만 여명이 참석한 가운데 개헌을 촉구하는 집회를 열었는데, 아베는 이 집회('지금이야말로 헌법 개정을!1만인 대회')에 보낸 영상 메시지를 통해 연합군 점령 하에 만들어진 헌법을 우리들 손으로 새로이 "자주적으로 만드는 것이 새로운 시대를 만드는 헌법"이라고 강조하였다.[26)]

그러나 이 '안보관련법' 이른바 전쟁법으로 일본국 헌법 제9조가 사망선고를 받은 것은 아니었다. '안보관련법' 통과 후 남수단의 PKO에 자위대를 파견하였는데, 오히려 '안보관련법'이 전쟁참여법이라는 국민적 비판이 가중되었고, '안보관련법' 반대 국민운동은 '안보관련법' 철폐 국민운동으로 발전하였다. 중참의원 선거에서 지리멸렬하던 야당 사이에 제

---

26) 俵義文, 『日本会議の全貌』(花伝社, 2016年), 8쪽.

한적이기는 하지만 선거협력이 이루어지고 있고, 무력행사목적의 참여는 여전히 불가능하였다. 전쟁터에 자위대를 파견한 이상 이들을 규율할 군법회의 등을 정비하여야 하는데 자위대가 헌법상 논란의 존재이기 때문에 전쟁참여를 위한 시스템 만들기에 진도를 나갈 수가 없었던 것이다. 나아가 같은 개헌세력의 범주에 속하면서 연립여당을 구성하고 있는 공명당은 국방군을 명문화하는 개헌안에 소극적이거나 신중한 태도를 취하여 왔다. 공명당은 2006년부터 현재의 제9조 제1항과 제2항을 가급적 남겨두고 자위대를 헌법에 명기하는 방안을 고민하여 온 바 있다. 그래서 이를 포착한 아베가 2017년 5월 3일 가헌론을 제기하며 공명당 등이 선뜻 동의할 수 있는 마일드한 개헌론 이른바 가헌론을 제기하고 있는 것이다. 나아가 완전한 형태의 집단적 자위권 행사참여를 미국은 여전히 요구하고 있어 이러한 상황을 아베는 개헌의 완전한 찬스라고 생각하고 저돌적으로 밀어붙이고 있는 것이다.

이러한 상황을 타개하고자 하는 것이 2020년판 아베의 개헌론 즉 '제9조 가헌론'이다. 개헌을 통하여 자위대의 무력행사를 확대하면서 '위헌합법'이라는 어정쩡한 지위 때문에 남아 있는 자위대에 대한 헌법상의 각종 제약을 떨어내려는 것이다.

이상을 종합하여 보면, 첫째, '아베의 개헌'은 실현가능성을 중시한 개헌론이다. 둘째, 자위대는 전력이 아니라 필요최소한의 실력이라는 기존의 일본 정부 견해를 헌법에 명기하려는 것이다. 셋째, 제9조 제2항을 삭제하고 국방군을 헌법에 명기하는 것을 염두에 둔 다단계 짬짜미 개헌론이다.

그런 의미에서 가령 아베 정권이 중도하차하여 이번 원포인트 개헌이 실현되지 않더라도 그것은 무산된 것이 아니라 2005년 이후 아베가 주축이 되어 추진하였던 일련의 개헌안의 범주 내에서 계속될 것으로 보이고, 이에 대한 관심과 경각심이 계속적으로 필요한 때이다.

3) 아베 정권의 특이성과 실체

아베 정권의 특이성

이처럼 아베 정권은 헌법 개정을 '필생의 과업'으로 내걸은 정권이고 이를 저돌적으로 강행하려는 정권이다. 종래의 보수정권이 명문의 헌법 개정 대신에 해석개헌을 통하여 자위대를 합법화하거나 해외파병을 국제공헌이라고 분칠하였고, 개헌과 관련하여 국민적 저항에 부딪히면 2보전진을 위한 1보후퇴식의 타협책을 강구하였다면, 아베 정권은 어떤 형태로든 명문 개헌을 달성하고야 말겠다는 엄청난 야망과 숙원을 가지고 있다.

이러한 숙원과 집념의 배경에는 역대 수상과 다른 야망이 있다. 그것은 일본을 아시아에서 중국과 어깨를 나란히 하려는 대국으로 부활시키겠다는 야망이다. 역대 보수정권이 대미종속 하에 경제발전에 치중하는 일종의 군사소국주의였다면, 아베 정권은 대미 종속노선은 유지하면서도 그에 편승하며 군사적으로도 대국화하고자 하고 있다. 이를 위해서는 개헌이 필요한데, 2015년 '안보관련법'을 중참의원에서 강행돌파 하였듯이 국민적 반대와 비판을 강행돌파해서라도 2020년 개헌을 하려는 것이다. 또한 종래의 보수정권이 미국의 군사력 증강 압력 등을 명분 삼아 강행돌파 하는 척하면서도 국민의 압력을 이유로 일보 후퇴하며 실리를 취하는 점진적 대국화의 길을 취하여 왔다면 아베 정권은 행동파적 대국화의 길을 취하고 있는 것이다.

다만 아베 자신의 행동방식은 저돌적이고, 개인적인 사상은 대단히 복고적이나 아베 정권이 기본적으로 실제의 정책으로 취하고자 하는 군사대국주의는 제2차 세계대전 때와 같은 단독 군사대국의 길은 아니다. 대미 종속 하의 군사대국의 길을 걷고자 하고 있는 것이다. 아베 정권이 추구하는 대국주의는 미국의 세계지배에 협력하고 이러한 글로벌 국제경제 체재 하에서 일본 기업의 이익을 향유하고자 하는 것이다. 제2차 세계대전과 같이 아시아에서 배타적인 식민지 지배나 세력권을 단독으로 만들기보다는 중국을 포함한 아시아 지역경제, 그리고 세계 경제 속에서 일본기업이 이윤을 창출할 수 있도록 군사적인 힘을 추구하고 있는 것이다. 이른바 글로벌 대국주의이며 아베가 얘기하는 '지구본을 내려다보는 외교(地球儀俯瞰外交)'이다. 그리고 그 군사적인 힘의 추구는 미국이 수행하는 전쟁에 대한 가담과 미국과의 집단적 자위권 행사를 통해서 이루고자 하고 있는 것이다.[27)]

1954년 자위력론에 의한 해석 개헌 및 자위대 합법화, 이러한 자위력론의 2014~15년에 걸친 해석변경 즉 집단적 자위권의 제한적 용인, 2020년의 자위대를 헌법에 추가하는 개헌, 그리고 헌법에 추가된 자위대를 기초로 한 또 한 번의 해석개헌을 하고, 궁극적으로는 제9조 제2항을 삭제하는 개헌 로드맵이 아베에 의해 전략적으로 추구되고 있는 것이다.[28)]

미국과 일본의 경제계는 이러한 저돌형 정치인 아베를 2012년 말 다시금 선택한 것이다. 군사대국화의 완성도 높히기, 신자유주의적 구조개혁의 달성을 위해서는 이러한 저돌형 정치인이 필요하였던 것이다. 그리고 그 저돌성이 2020년 개헌을 목표로 돌진하고 있는 것이다.

---

27) 渡辺治, 『現代史の中の安倍政権』(かもがわ出版, 2016年), 30쪽 이하.

28) 浦田一郎, 앞의 책, 198쪽 이하.

아베 정권의 실체

저돌형 정치인 아베는 다양한 모습을 보이고 있다. 첫째는 야스쿠니 신사참배, 위안부와 침략전쟁의 역사를 부정하려는 역사수정주의자의 모습이다.[29] 아베 정권의 주요 각료들은 역사수정주의자들로 채워져 있는데, 예를 들어 제3차 아베 내각(2015년 10월 7일~2016년 8월)의 경우 각료 25명 중 무려 17명이 일본회의의 멤버였다. 같은 시기 '다함께 야스쿠니 신사에 참배하는 국회의원 모임'(이하, 야스쿠니 의원연맹 · 초대 사무국장, 아베 신조)의 멤버들은 21명이었다. 또한 '일본의 앞날과 역사교육을 생각하는 의원모임'(이하 교과서 의원연맹 · 초대 사무국장, 아베 신조)의 멤버도 11명이었다. 이들은 대부분 이중 삼중의 멤버십을 가지고 있는데, 이들 중 세 개의 우익계열 의원연맹에 동시에 참여하고 있는 사람도 무려 14명이나 되었다.[30]

이들의 돌출적이고 반역사적인 행태들은 단골 뉴스거리이기도 하다. 다만, 이러한 모습은 화제를 불러일으킬 뿐만 아니라 뉴스의 초점이 되기 때문에 그것이 전부인양 과대평가하여서는 안 된다.

둘째는 보수지배층과 미국이 1990년대 이후 일관되게 추진하였음에도 불구하고 미완성인 채로 남겨진 과제 즉 자위대의 해외파병을 중심으로 하는 대미 종속 하의 미일동맹 강화와 대기업의 경쟁력 강화를 위한 신자유주의적 구조 개혁 추진자로서의 아베이다.[31] 첫 번째의 모습이 눈을 찌푸리게 하지만, 이러한 모습은 기회비용으로 남겨두고 두 번째 모습을 일본의 지배층과 미국이 적극적으로 평가하고 있는 것이 2012년

29) 君島東彦ほか, 『戦争と平和を問いなおす: 平和学のフロンティア』(法律文化社, 2014年), 4쪽 이하 참조.

30) 成澤宗男編, 『日本会議と神社本庁』(週刊金曜日, 2016年), 15쪽.

31) 渡辺治, 『現代史の中の安倍政権』, 25쪽 이하.

이후이고 이것이 아베 정권 장수(2019.11.19. 2887일로 역대 최장수 기록 갱신, 2021년 9월 말 임기까지는 3567일 예상)의 비결이기도 하다.

아베는 내부적으로는 크게 세 개의 그룹에 의해 뒷받침되고 있다고 보여진다. 첫째는 외무성의 전 · 현직 관료그룹이다. 그 중심에는 제1차 아베 내각에서 외무차관을 지내고 지금은 국가안전보장국(NSC)의 국장을 담당하고 있는 다니우치 마사타로(谷内正太郎), 야나이 슌지(柳井俊二) 등이 있다. 이들은 전통적인 주류 외교관과 다른 몇 가지 특징이 있다. 첫째는 미일동맹을 강화를 원칙으로 삼되 과거와 같은 소극적이고 소국주의적 자세는 아니라는 점이다. 외무성의 전통적인 주류는 제한적이기는 하지만 패전 전의 일본 외교에 대한 일정한 성찰에 기초하여 일본의 국익을 군사적 힘이나 위력으로 관철시키는 것은 가급적 자제하는 일종의 대미 의존형 소국주의였다. 그런데 아베의 외교적 브레인들은 미국의 요청에 부응하는 형태로 자위대를 파견하는 것을 넘어 적극적인 군사적 공헌을 통하여 미일동맹을 강화하자는 것이다. 둘째는 아시아의 경제대국으로서의 지위뿐만 아니라 정치적 군사적 대국으로서의 지위를 지향하고 있다는 점이다. 셋째로 해외에서의 자위대 무력행사의 장애물이 되고 있는 헌법 개정도 불가피하다고 보고 있다는 점이다. 다만 과거사 문제나 침략전쟁 문제에 대해서는 그것이 도덕적 반성이든 법적 반성이든 일정한 반성적 성찰이 필요하다고 인식하고 있는 점도 특징적이다. 종래의 외무성 관료들과 달리 큰 그림을 그리며 외교를 전개하고자 하는 전략적 사고를 보이고 있는 셈이다.[32]

두 번째 그룹은 신자유주의적 경제학자들과 경제산업성 관료들이다. 하마다 고이치(浜田宏一), 혼다 에쓰로(本田悦朗), 다케나카 헤이조(竹

32) 같은 책, 31~34 쪽.

中平蔵) 등과 같은 신자유주의 경제학자, 이마이 다카야(今井尚哉, 수상보좌관), 스가하라 이쿠로(菅原郁郎, 전 경산성 경제산업사무 차관)등이다.[33]

세 번째 그룹은 '절친' 그룹이라 불리는 복고풍 강성 이데올로그들이다. 일본회의의 뿌리 중의 하나인 우파학생조직('생장의 집' 학생회 전국총연합) 출신인 에토 세이이치(衛藤晟一) 참의원 의원 및 수상보좌관, 하기우다 고우이치(萩生田光一) 중의원 의원 및 문부성 장관, 신도 요시타카(新藤義孝) 중의원 의원 겸 전 총무대신, 국회 내 우익 3단체(일본회의, 신도의원간담회, 야스쿠니 참배의원 모임)의 주축인 시모무라 하쿠분(下村博文) 전 문부성 장관들이다,.[34]

이들은 아베의 야스쿠니 신사참배가 국내외의 비판을 받으면서 다소 거리가 생기기도 하였지만, 아베가 첫 번째 그룹 즉 외무성 전 현직 관료그룹의 정책결정과 다른 행동패턴을 보이는 경우를 이해하기 위해서는 잊어서는 안 될 그룹이기도 하다.

아베는 대체로 첫 번째와 두 번째 브레인 그룹의 정책조언을 바탕으로 하면서도 그들과 충돌소지가 없지 않은 세 번째 브레인 그룹의 영향도 동시에 받고 있는데, 그 근저에는 일본의 특수한 전쟁책임 처리의 역사가 있다. 일본의 패전 후, 정치는 침략전쟁 책임과 식민지 지배책임을 직시할 기회가 없었고 냉전이 펼쳐지면서는 전쟁책임을 물어 공직에서 추방하였던 자(예, 기시 노부스케)들을 오히려 복귀시키고, 침략전쟁과 식민지 지배책임 문제의 근원에 있었던 천황제 문제를 국민적으로 총괄하지 못한 채 일관하여 왔다.[35]

---

33) 같은 책, 34쪽.

34) 같은 책, 35쪽.

35) 같은 책, 36~38쪽.

한일관계의 경우도 한국이 일본에 의존할 수밖에 없을 것이라 생각하였다. 한일기본조약에서 식민지 지배에 대하여 애매하게 넘어 갔으며, 청구권 문제와 관련하여서도 군사정권과 결탁하여 무마로 일관하여 왔다. 그리고 결국 이런 잠재된 문제점은 한국사회의 민주화와 더불어 현안이 되었다. 한일 시민사회에 의한 '위안부' 문제 제기, 강제동원 피해자에 대해 사법부가 배상판결을 2018년에 최종적으로 내리게 된 것 등은 그러한 대표적인 사례라고 할 것이다.

게다가 이들 복고풍 강성 이데올로그들은 과거사를 직시하면 할수록 정치대국 · 군사대국에 대한 국민적 지지기반을 확보할 수 없으며, 사과를 거듭하면 할수록 '강한 국민'을 양성할 수 없다고 보고, 오히려 과거사를 부정하고 청산하려는 태도를 취하고 있다. 아베 또한 전범 기시 노부스케 밑에서 자란 시간이 많았던 성장과정, 대대로 보수적이었던 가풍 등의 영향을 받아 이들 강성 브레인 그룹과 의기 상통하는 측면이 있는 것이다. 아베는 일본 우익의 정신적 지주인 요시다 쇼인(吉田松陰)을 존경한다고 한다. 요시다 쇼인은 천황제 중심의 체제변혁과 대동아 공영론에 근거하여 아시아 침략을 주장하였고 한반도와 관련하여서는 정한론자다. 러시아와 분쟁 중인 일본 홋카이도 주변의 섬 영유권 문제인 이른바 북방영토문제를 러시아와 교섭하기 위한 회담을 앞두고 "요시다 쇼인 선생은 강한 결의를 가지고 지금까지의 발상에 머무르지 않는 행동을 보였다. 나도 강인하게 교섭을 진행하면서 결과를 남기고 싶다"[36]고 하는 등(2016년 10월 13일) 아베는 우익 행보를 거듭하고 있다.

보수적인 경제계는 약간의 딜레마 상황에 있는 것으로 보인다. 글로벌한 대국이 되기 위해서는 안정된 시장을 확보할 필요가 있고 중국 한국

---

36) "安倍晋三首相, 尊敬する吉田松陰なぞらえ日露首脳会談に決議", 〈産経ニュース〉(2016年 10月 13日).

등 아시아 지역에 있어서는 과거사 문제에 대해서 일정한 정도의 반성과 성찰이 불가피한 측면이 있음에도 그에 대하여 부정적인 아베 정권이 아니면 군사대국화를 밀고나갈 추진력 있는 세력이 현재로서는 마땅하지 않다는 것이다.

이런 딜레마와 거리두기가 일단락된 것은 2012년이라고 보인다. 다소 불만족스런 측면은 있지만, 달리 대안이 없는 상황에서 저돌성이 강한 아베를 차선으로 선택하고 아베 밀어주기가 시작되었고 결국 아베는 전후 최장수 총리가 되었고 2020년을 목표로 개헌에 돌진하고 있는 상황이다.

미일공동작전태세를 완성하려는 아베 정권, 신자유주의의 추진자 아베 정권, 역사수정주의자 아베 정권, 이를 종합하면 아베는 복고적 사상을 가지고 한손은 포츠담선언(무조건 항복과 패전)등을 부정하는 '일본회의'와 같은 울트라 복고주의자와 손잡고 개헌을 추진하면서 다른 한손으로는 미국과 손잡고 미일공동작전태세를 완성하려하고 있다. 이를 위해 집단적 자위권 행사의 보폭과 완성도를 '제9조 가헌'이라는 명문 개헌을 통하여 높이려 하고 있는 것이다. 그리고 그 개헌을 실현가능성을 높이기 위하여 다단계화하고 그 일단계를 2020년을 전후하여 완성하겠다는 것이다.

4. 아베 개헌론(가헌론)의 위험성

아베의 개헌론은 맥락적으로 보면 일본국민들의 모순된 인식, 즉 자위대는 위헌이지만 합법적이라는 인식의 틈새를 비집고 들어가 국민투표까지 성공시키겠다는 것을 염두에 둔 일종의 다단계 개헌구상이다.[37] 아베의 개헌론은 일찍이 가헌론을 주장해 온 연립여당인 공명당의 개헌 협

37) 浦田一郎, 『自衛隊加憲論の展開と構造』(日本評論社, 2019年), 250쪽.

력을 확고히하고, 고등교육무상화 등의 선심공약으로 '일본유신의 회(日本維新の会)'를 개헌세력으로 껴안고 개헌을 가속화하려는 일종의 새로운 다단계 개헌전략이다.[38)]

아베의 개헌론은, 지리멸렬하고는 있지만 자위대가 위헌인가 합헌인가에 대한 태도를 분명히하고 있지 않은 야당을 더욱 지리멸렬시키는 야당분열 개헌전략이다.[39)] 자위대는 존재하는 것이고 이를 헌법에 명기하는 정도의 단계 개헌은 전력을 포기한 제9조 제2항을 아예 삭제하고 자위군을 명기한 개헌론보다는 위험이 덜하지 않을까? 그렇지 않다.

첫째, 제9조 제3항 또는 제9조의2를 추가하여 헌법에 자위대를 규정하게 되는 것만으로도 사실은 제9조의 규범성(침략전쟁의 포기와 비무장)이 근본적으로 전환될 것이다. 제9조 제1항과 제2항에서 무력에 의하지 않는 비무장평화주의를 규정하고 있는데도 제9조 제3항에서 자위대를 헌법적인 존재로 인정하면 무장력에 의한 평화를 용인하는 셈이 되어 제9조의 비무장평화주의 규범으로서의 의미는 대폭 반감될 수밖에 없다. 이러한 상황은 우리 헌정사를 반면교사로 삼으면 잘 알 수 있다. 즉 우리 헌법도 국토방위를 사명으로 하는 군대와 평화주의를 규정하면서도 해외파병이 활발하게 이루어지고 있다. 게다가 제9조 제1, 제2항과 제3항이 충돌할 때 신법우선주의라도 주장하게 되면 비무장평화주의를 규정한 제9조 제1항과 제2항은 더욱 궁지에 빠질 수 밖에 없다.

둘째, 위헌적 존재이면서도 기묘하게 국민적 지지를 받고 있는 자위대는 더 이상 의미가 없어질 것이다.[40)] 일본국민들의 자위대에 대한 모순적

38) 安保法制違憲訴訟の会, 『私たちは戦争を許さない』(岩波書店, 2017年), 188쪽

39) 梓澤和幸, 『改憲』(同時代社, 2017年), 203쪽.

40) 前田哲男, 「9条の軍隊の可能性」, 遠藤誠治, 『日米安保と自衛隊』(岩波書店, 2015年), 276쪽.

인식을 갖게 된(개헌에 반대하면서도 자위대는 용인하는) 배경에는 자위대가 그간 재해복구와 지원에 열심이었던 점, 해외에서의 후방지원에 그쳤기 때문이다. 그런데 이러한 인식은 사실은 헌법 제9조 제1항과 제2항으로 인한 각종 규제 때문이다. 일본 정부는 자위대가 헌법 제9조 제2항에서 금지하는 전력에 해당하지 않는다는 것을 국민들에게 납득시키기 위해 수해 복구 지원이라든지 무력에 의하지 않은 후방지원 활동을 하여 왔다. 그러나 자위대를 헌법에 규정하게 되면 굳이 이러한 노력을 하지 않아도 된다. 자위대는 군사력으로서의 면모를 과시하게 될 것이다.

셋째, 위헌이지만 합법적이라는 궁색한 변명에서 완전히 벗어나게 될 것이다.[41] 자위대에 대하여 일본 최고재판소 등은 위헌이라는 직접적 판결은 회피하고 있다. 다만, 국민의 헌법의식의 다수는 자위대가 헌법 제9조에서 금지하는 전력에 해당되지만, 국회에서 통과된 자위대법에 의거하고 있을 뿐이라고 보고 있다. 그래서 약간 뒤가 구리고 일종의 빚을 지고 있다는 부채의식이 있었다. 그러나 자위대를 헌법에 명기하는 순간 이러한 부채의식은 사라지고 자위대라는 사실상의 군사조직이 헌법에 근거한 조직이 되고 마는 것이다. 한국과 달리 일본에서는 패전 후 이른바 군부라는 말이 죽은 말이 되다시피 하였다. 앞으로는 군부라는 말이 등장할 수도 있다.

넷째, 해외에 파병된 자위대의 무력행사의 폭이 대폭 확장될 것이다. 2015년 강행 채결된 '안보관련법'에 의하여 일본의 자위대가 전쟁에 휩쓸릴 가능성이 대단히 높아졌으나 전면적인 집단적 자위권의 행사는 아직 불가능하고 여전히 매우 제한적인 집단적 자위권 행사에 불과하다. 그럼에도 불구하고 자위대가 헌법에 명기되게 되면 자위대의 활동 폭과 그에 따른

41) 稲正樹ほか,『メディアで見聞きする改憲の論理』(かもがわ書店, 2016年), 45~46쪽.

집단적 자위권 행사의 규제가 봇물 터지듯이 풀릴 가능성이 농후하다.

다섯째, 제9조 제3항을 첨가하면서 각종 수식어 예를 들어 '국제사회의 평화와 안전을 유지하기 위한 활동에 참가할 수 있다.' 또는 '국제평화와 안전을 위한 활동을 위하여'와 같은 수식어가 붙게 되면 비무장평화주의를 규정한 제9조 제1항과 제2항은 더욱 더 공동화될 수 밖에 없을 것이다.[42)]

이러한 위험성을 내포한 개헌론, 제9조 제2항 삭제를 위한 다단계 개헌론, 국민투표 통과가능성까지 염두에 둔 실현가능성을 높인 개헌주장을 보고만 있을 것인가. 자위대 가헌론은 군사 · 정치적인 문제로서 한국과 같은 근린 국가들의 평화 및 군사외교안보의 지형에 중대한 악영향을 미치는 문제임에도 불구하고 '재난구조'에 열심인 자위대를 헌법적 존재로 만들자는 프레임으로 접근하고 있는데 이대로 보고만 있을 것인가.

일본국 헌법은 아시아에 대한 부전서약이다. 1957년 외할아버지 기시 노부스케 수상이 이루지 못한 명문 개헌을 이루려고 하는 아베의 개헌 책동은 일본국 헌법 제9조의 규범력을 현저히 떨어트리려는 정치공세이다. 불충분한 전후책임, 천황제의 존속에도 불구하고 전후 동아시아 사회가 일본을 동아시아의 일원으로 다시 받아 준 것은 사실은 일본국 헌법 제9조 때문이라고 하여도 과언이 아닐 것이다. 그런 의미에서 아베가 주창하는 '가헌론'은 이러한 기초적 신뢰를 무너트리는 것으로 일본으로서도 소탐대실의 우를 범하는 것이다.

42) 그 밖의 징병제의 합헌화, 자위대를 위한 토지수용의 합헌화, 군사기밀법제의 강화, 군사비 증대와 생존권보장의 형해화 문제 등에 대해서는 山內敏弘, 앞의 1)의 책, 29~67쪽을 참조.

2장

자위대의 한반도 상륙의 길을 열려는 안보관련법

자위권은 '자국이 공격당할 경우 반격할 권리'를 뜻하는 것이 아니라 잠정적인 성격의 것이고, 전쟁위법화시대에 있어서의 위법성 조각사유에 불과한 것이다. 그러나 일본 정부는 이러한 국제법상의 논의를 헌법논리 즉 자위권이 헌법상의 권리이거나 자연법상의 논의인 것처럼 치환하여 사용하고 있다.

일본 정부는 애초 집단적 자위권에 대해서는 유보적이었으며, 개별적 자위권에 대해서조차도 소극적이었다. 구 안보조약에서 유엔헌장 제51조를 원용하여 개별적 자위권과 집단적 자위권을 언급하고 있으나, 이는 자위를 명분으로 미군을 주둔시키기 위한 논리에 불과하였다. 1972년에는 정부의 통일견해로서 집단적 자위권 행사를 아예 부인하고, 필요최소한의 실력에 의한 개별적 자위권을 표명한 바 있다.

2015년의 일련의 '안보관련법'에서는 국제평화와 미군에 대한 후방지원이라는 깃발을 유지하면서도 자위권 논의의 보폭은 계단을 달리하며 질적으로 확장하고 있다. 일본에 대한 직접적인 무력공격이 아닌 경우라도 이를 '중요영향사태'로 파악하여 미군 등에 대한 후방지원의 폭을 확장하였으며, 한국 등 이웃나라나 우방국이 공격당할 경우는 이를 격상하여 '존립위기사태'로 규정하고 필요최소한의 무력행사를 행사할 수 있도록 하고 있다.

이러한 집단적 자위권 용인으로 인하여 일본으로서는 일본국 헌법에 반하여 한반도 유사시 등의 경우에 전쟁에 휘쓸릴 가능성이 높아지고 일본국 헌법과의 논리적 충돌 가능성이 높아지고 있다. 일본국 헌법 제9조 제2항을 남겨두고 자위대를 규정한 제3항을 신설하여 덧붙여 자위대를 합헌화하려는 2020년 아베 개헌론(제9조 가헌론)은 이러한 모순을 단계적으로 해결하기 위한 다단계 꼼수 개헌론이다.

1. 들어가는 말

아베 정권은 2020년 개헌을 위한 사전 정지작업으로 비무장평화주의 헌법에 반하는 '안보관련법'을 지난 2015년 가을, 일본 국회에서 강행 통과시켰다. 그리고 일본의 '안보관련법'의 일본 국회 강행 통과 후 집단적 자위권 용인 문제가 논란이 되고 있다. 한국 정부 동의 하의 자위대의 한반도 상륙가능성에 대한 당시 황교안 국무총리의 발언, 한국 정부 동의 없는 북한 개입도 있을 수 있다는 일본 방위성장관의 한반도 관련 발언으로 더욱더 쟁점화된 바 있다.

'안보관련법'(일본 정부가 주장하는 이른바 안전보장 관련 다음과 같은 10개의 개정 법률과 1개의 제정 법률을 의미하는 것으로 일본 평화운동에서는 '전쟁법'이라고 통칭하기도 하나 여기에서는 '안보관련법'으로 통칭한다)이란 10개 법의 개정안(「자위대법」, '중요영향사태법'[1], '존립위기사태법', '선박검사법', 'PKO협력법', '미군 등 행동 원활화법'[2], '특정 공공시설 이용법', '외국 군용품 등 해상수송규제법', '포로에 관한 법', 「국가안전보장회의 설치법」)의 일괄 개정을 내용으로 하는 '평화안전법제 정비에 관한 법'과 새로이 제정된 '국제평화지원법'을 포괄하는 명칭이다.

'안보관련법'은 2015년 6월 17일 중의원, 9월 16일 참의원을 각각 강행 통과하였고, 2016년 3월 시행되었다. 이하, '안보관련법'의 근간이 되

---

1) 정식명칭은 '중요영향사태에 직면하여 일본의 평화와 안전을 확보하기 위한 조치에 관한 법률', 그 밖에도 예를 들어 '테러대책특별법'(정식명칭은 '2002년 9월 11일 미국에서 발생한 테러리스트에 의한 공격 등에 대응하여 행해지는 유엔 헌장상의 목적달성을 위한 외국에서의 활동에 대해 일본이 실시할 조치 및 관련 유엔결의 등에 기초한 인도적 조치에 관한 특별법')에서와 같이 위헌논쟁 때문에 법률의 정식명칭이 매우 길고 복잡한 것이 매우 많아서 이하 각종 법률의 정식 명칭은 꼭 필요한 경우가 아닌 한 지면 관계상 대체로 생략하고 일반적으로 통용되는 명칭을 ' '를 붙여 사용하기로 한다.

2) 정식명칭은 '무력공격사태 등의 미국 군대의 행동에 수반하여 일본이 실시하는 무력 공격 등의 조치에 관한 법률'으로 '미군지원법'이라 부르기도 한다.

고 있는 집단적 자위권론의 전개과정과 논리구조 그리고 헌법적합성을 살펴보고 이에 기초하여 한반도 평화에 미치는 영향에 대해 분석해 보기로 한다.

2. 자위권론의 전개과정

1) 집단적 자위권의 연혁과 개념

일반적으로 집단적 자위권이란 '이웃나라나 우방국이 공격당할 경우, 이를 자국에 대한 공격으로 간주하고 반격하는 권리'[3]이며, 개별적 자위권이란 '자기나라가 공격당할 경우 반격할 권리'를 뜻하는 것으로 알려지고 있다. 나아가 이러한 자위권을 자연권인 것처럼 생각한다.

집단적 자위권 개념이 법학의 세계에 본격적으로 등장한 것은 1945년 유엔 헌장이다.[4] 유엔 헌장 제51조에서는 "이 헌장의 어떠한 규정도 유엔 가맹국에 대한 무력공격이 발생한 경우에는, 안전보장이사회가 국제평화 및 안전유지에 필요한 조치를 취하기까지의, 개별적 또는 집단적 자위의 고유한 권리(the inherent right of individual or collective self-defense)를 방해하는 것은 아니다. 이러한 자위권의 행사를 위한 가맹국의 조치는 곧바로 안전보장이사회에 보고되어야 한다. 또한 이러한 조치는 안전보장이사회가 국제평화 및 안전유지 또는 회복을 위해 필요하다

3) 일본 국제법학계에서는 유엔 헌장상의 집단적 자위권의 법적 성질에 대해서는 ① 개별적 자위권의 공동행사로 보는 견해, ② 타국에 관한 자국의 사활적 이익을 방위하는 권리로 보는 견해, ③ 타국의 방위를 지원하는 권리로 보는 견해가 있다. 藤田久一, 『国際法』(東大出版会, 1998年), 295쪽 이하, 山本草二, 『国際法』(有斐閣, 1994年), 736쪽 이하 등 참조.

4) 상세한 내용은 田岡良一, 『国際法上の自衛権』(勁草書房, 1981年), 191쪽 이하 참조.

고 인정하는 행동을 언제든지 취한다는 이 헌장에 기초한 권능 및 책임에 대해 어떠한 영향도 미치지 않는다"고 하여 잠정적인 조치로서의 자위권이 명문화되었다.

그러나 이때의 자위권 개념은 국제법상의 자연법적 권리 또는 헌법상의 권리를 의미하는 것도 아니었다. '고유의 권리'라고 직역될 수 있는 'inherent right'라고 하는 표현이 있으나 이는 장식적 의미에 불과하고 글자 그대로의 자연권성을 나타내는 것은 아니었다. 그리고 자위권은 자위라고 하는 추상적이고 이념적인 목적을 나타내는 개념이 아니라 1928년의 전쟁위법화를 내용으로 하는 브리앙·켈로그조약(Briand-Kellogg Pact, 일명 不戰條約)[5]으로부터 비롯하는 무력행사금지의 원칙에 대한 예외로서의 위법성 조각사유[6], 즉 유엔이 안전보장조치를 취하기까지의 잠정적으로 취해질 수 있는 자위를 위한 무력행사라는 구체적인 수단의 위법성을 조각하기 위한 국제법상의 권리에 불과한 것이다.[7]

위법성 조각사유로서의 자위권 논의도 사실은 개별적 자위권에 국한되었다. 그런데 1952년 얄타회담에서 안전보장이사회 상임이사국의 거부권 행사가 유엔 헌장에 규정되면서 유엔에 의한 집단안전보장이 기능

5) 프랑스의 외무부장관 브리앙(Briand)과 미국 국무장관 켈로그(Kellog)사이에 1928년 8월 27일 체결된 전쟁 위법화 조약. 파리에서 일본을 포함한 15개국이 조인하였고 1929년 7월 24일 발효되었다. 제1조에 "체약국은 국제분쟁 해결을 위해 전쟁에 호소하여서는 않되며 상호관계에서도 국가정책 수단으로서의 전쟁을 포기할 것을 각국의 인민의 이름으로 이를 엄숙히 선언한다"고 규정하여, 전쟁관의 역사적 전환과 전쟁위법화의 원칙과 보편성을 확인하였다. 전쟁위법화 조약, 파리부전조약, 켈로그·브리앙조약 등으로도 불린다.

6) 형법상 범죄는 기본적으로 위법성(예를 들어, 형법과 같은 법률에서 살인을 하지 말라고 규정하였는데도 이를 어긴 경우)이 있어야 하는데, 위법성이 있음에도 불구하고 일정한 사유(정당방위에 의한 살인과 같이 그 행위가 실질적 또는 사회적으로 상당한 이유가 있다고 인정할 때)가 있을 때는 위법성을 물리칠 수 있는 것(阻却)것으로 보아 범죄가 되지 않는다고 보는 논의이다.

7) 浦田一郎, 『現代の平和主義と立憲主義』(日本評論社, 1995年), 140쪽 이하 참조.

하지 않을 수 있음을 우려한 서방국가들의 요구로 집단적 자위권이 명시되게 된 것에 불과하였다.[8)]

이와 같은 국제법상의 자위권론에 기초하여 본다면, 자위권이란 기본적으로는 국제법상의 개념이며, 많은 전제조건이 붙는 개념이라 할 것이다. 즉 '자위권(right of self defense)'이란 '**외국으로부터의 위법한 침해에 대하여 자기나라를 방어하기 위한 긴급한 필요가 있는 경우 무력을 사용할 권리**'이다.[9)] 이를 나누어 살펴보면, 첫째로, 자위권은 무력공격에 대한 권리이다. 자위권 행사의 발동요건으로서 '외국으로부터의 위법한 침해'가 있어야 하며, 유엔 헌장 51조의 '무력공격이 발생한 경우'라는 요건을 덧붙이면, 무력행사에 의하지 않은 위법한 침해에 대해서는 자위권은 발동될 수 없다는 취지로 해석하여야 한다. 둘째 자위권은 무력행사의 권리이다. 그러나 무력행사금지를 원칙으로 하는 1928년의 브리앙 · 캘로그 조약이후에는 19세기까지 국제법에서 통용되었던 '자기를 보존하기 위해 필요한 모든 것을 할 수 있는 권리'로서의 '자기 보존권(right of self-preservation)'을 의미하지 않는다. 부전조약 제2조와 유엔 헌장 제2조 제3항과 제4항에 의해 무력행사가 원칙적으로 금지되었기 때문에 자위권은 무력행사금지원칙의 예외로서 위법성 조각사유이고, 일정한 무력행사를 예외적이고 잠정적으로 합법화하기 위한 관념에 불과하였다.[10)]

이와 관련한 일본국 헌법학에서의 자위권에 대한 논의는 다음과 같은 세가지 견해로 나누어 볼 수 있다. 첫째, 다수설로서 군사력을 포함한 일체의 '무력에 의하지 않는 자위권론'이다. 국제법상의 자위권자체는 인정되지만, 헌법 제9조 제2항으로 인하여 무력행사는 용인되지 않는다고 한

8) 山内敏弘, 『安全保障法制と改憲を問う』(法律文化社, 2015年), 29쪽 이하에서 재인용.
9) 田畑茂二郎, 『国際法』(新版) (有斐閣, 1973年), 350쪽.
10) 浦田, 같은 책, 141쪽.

다. 둘째는 국제법상의 논의를 헌법논의로 그대로 옮겨서[11], 제한적으로 '무력에 의한 자위권을 인정하려는 논의'가 있다. 학설상으로는 소수설에 그치고 있는데 일본 정부가 추종하고 있는 견해이다. 셋째는 자위권은 국제법상의 위법성 조각사유일수 있어도 전쟁위법화시대에는 그 자체가 헌법상 권리가 아니라는 '자위권 부인론'의 입장이다.

그러나 이러한 일본의 자위론은 정부의 견해이든(후술하는 1972년의 정부의 통일 견해 등)'무력에 의하지 않은 자위권론'이든 공통적으로 타국을 방위하기 위해 무력을 사용할 권리를 염두에 두고 있지 않다는 것이었다. 일본 헌법학계의 경우, 일본국 헌법 제9조가 침략전쟁을 부인하고 전력(戰力)을 금지하고 있기 때문에 각종 자위권 논의는 개별적인 자위권을 용인하는 논리로서 전개되었을 뿐이었다.[12]

---

11) 국제법은 국가와 국가간의 규범이므로 자기나라를 방위하기 위해 다른 나라에 대해 무력을 사용할 권리가 위법성 조각사유로서 예외적으로 존재할 수 있으나, 헌법을 인권보장을 위해 주권자가 국가견력을 견제하기 위한 견제규범으로 보는 경우는 유사시의 인권제한을 바탕에 깔고 있는 자위권 관념이 통용될 여지가 없다. 국제법과 헌법의 이러한 차원의 차이를 무시한 무자각적인 치환의 결과는 본말전도를 이어질수 있다. 즉, 국제법상으로는 위법성 조각사유에 불과하였던 구체적인 자위권 관념이 자기보전의 권리(고유의 권리 또는 자연권)인 것으로 설명되고, 자기보존을 위한 권리라는 측면을 강조하다보면 집단적 자위권을 배제할 명분이 약해지는 그래서 결국은 자위의 개념이 개별적 자위만이 아니라 집단적 자위도 포함하는 것으로 확장되어 급기야 원칙(무력사용금지)까지도 무너트리고 마는 본말전도의 논의로 흐를 수 있다는 얘기이다. 일본 정부가 이번 2015년의 집단적 자위권 용인에 대한 각의결정을 1972년의 정부통일 견해(개별적 자위권 용인)의 '논리 틀 내'에서의 조치라고 주장하는 것은 이러한 본말전도의 논의를 깔고 있다. 이와 같은 견해로는 浦田一郎, 같은 책, 142쪽.

12) 헌법학계와 역대 정부가 신중히 쌓아온 헌법 해석의 근간을 무너뜨리는데 국제법이 일조했다는 비판으로는 安部浩己, 「安保関連法の成立と国際法」『法律時報』(2015년 11월호), 4~5쪽;헌법 해석으로 할 수 없는 논리를 국제법논리로 대신 해버리는 수법을 '국제법의 지배'라는 논리로 비판하는 논문으로서는 蟻川恒正, 「国際法の支配」, 『法律時報』(2015년11월호), 6~7쪽.

2) 일본국 헌법의 제정과 자위권

개별적 자위권에 대한 일본 정부의 태도는 매우 소극적이었다. 1946년의 헌법 개정회의에서의 당시 수상 요시다 시게루(吉田茂, 45대 총리: 1946.5.22.~1947.5.24, 48~51대 총리: 1948.10.15.~1954.12.10. 자유당)의 태도는 다음에서와 같이 소극적인 것을 넘어 오히려 부정적이기까지 하였다. "전쟁포기에 관한 본안의 규정은 직접적으로는 자위권을 부정하고 있지는 않지만, 제9조 제2항에서 일체의 군비와 국가의 교전권을 부정한 결과 자위권의 발동으로서의 전쟁도 교전권도 포기한 것이다", "최근의 전쟁은 대부분 국가방위권 이름으로 이루어진 경우가 현저한 것이 사실이다. 따라서 정당방위권을 인정하는 것은 전쟁을 유발하는 것이라고 생각된다."[13] 이를 받아 당시의 내각법제국[14]의 법제국장은 전력은 자위를 위한 것이라도 갖지 않는다고 한 바 있다.

개별적 자위권에 대한 소극적 태도에 기초하여 **집단적 자위권에 대해서는 매우 유보적 태도**를 다음과 같이 취하였는데, 1950년대까지 유지되었다. 1959년 12월 21일 중의원 외무위원회에서 니시무라 야스오(西村

---

13) 参議院事務局編, 『帝国憲法改正審議録 戦争放棄』(新日本法規出版, 1952年), 48쪽, 68쪽; 山内敏弘, 『平和憲法の理論』(日本評論社, 1992年), 121쪽 이하 참조.

14) 우리 나라의 법제처에 해당하여 법령심사와 법제조사를 관장하는 행정기관이나 특히 자민당 정권 하에서는 '의견사무' 권한에 기초하여 헌법과 법률에 대한 정부의 통일 견해를 밝히는 기관으로서의 역할을 하여 우리의 헌법재판소 못지않은 헌법 및 법률 해석 권한을 행사하였다. 내각 법제국의 최대의 성과는 일본국 헌법 제9조에도 불구하고 자위대는 필요최소한도의 실력조직이라는 논리를 제공하여 위헌이지 않다는 인식을 국민에게 확산시킨 것이라는 평가도 있다. 中村明, 『戦後政治にゆれた憲法9条 –内閣法制局の自身と強さ』(中央経済社, 1997年), 48쪽 이하. 내각 법제국은 대체로 집권여당의 정책과 의견에 동조하는 편이나 일본국 헌법 제9조 해석을 둘러싼 오랜 헌정사적 갈등의 틈바구니에서 비교적 신중론을 취하기도 하였다. 이러한 신중론을 견제하기 위하여 2015년의 일련의 '안보관련법'의 국회 강행 · 통과에 앞서 자민당은 법제국장 자리를 내부승진의 관례를 깨고 집단적 자위권 행사 용인의 태도를 취하던 현직 외교관 중에서 발탁하여 임명하는 등의 사전 정지작업을 하여 큰 논란을 이미 일으킨 바 있다.

熊男)외국성 조약국장은 "이 집단적 자위권이 국제법상 인정되는지 여부에 대해서는 오늘날 국제법학자들 사이에서도 논의가 분분하고, 이 조문(유엔 헌장 51조)해석에 자신이 없습니다. 대부분의 학자들은 자위권은 국가가 각기 갖는 권리이지만, 집단적으로 국가들이 무리지어 갖는 성질의 것은 아니라고 부정적으로 보는 입장이 많은 것 같습니다"고 발언하였다.[15] 요시다 수상도 당국자로서는 집단적 자위권의 실제적 형태를 보지 않으면 답할 수가 없다고 하면서 답변을 회피하였다.[16]

3) 구 안보조약과 자위권

1951년 샌프란시스코 평화조약

자위권에 대한 소극적이거나 유보적인 태도를 적극화하는데 논의의 물꼬를 튼 것은 1951년의 샌프란시스코 강화조약이었다. 1950년 6월의 한국전쟁 발발을 계기로 유엔군 후방기지로서의 일본의 재무장을 추진하던 미국은 이 조약에 "연합국으로서는 일본국이 주권국으로서 **유엔 헌장 제51조의 개별적 또는 집단적 자위를 위한 고유의 권리를 갖는 것** 그리고 일본국이 집단적 안전보장을 위한 조약을 자발적으로 체결할 수 있음을 승인한다(제5조(c))고 규정하는 한편, "**외국군대의 일본국 영역에서의 주둔을 방해하지 않는다**"(제6조)는 규정을 두었다. 이를 보면 1951년 샌프란시스코조약에서의 유엔 헌장 51조를 인용한 자위권 운운은 사실은 연합군에 의한 일본 점령 종결 이후에도 일본에 미군이 주둔할 수 있는 근거를 만들기 위한 측면이 강하였 다.

---

15) 第7回 国会衆議院外務委員会 会議録 第1号(1949年12月21日), 7쪽.

16) 楠綾子, 『吉田茂と安全保障政策の形成』(ミネルヴァ書房, 2009年), 171쪽 이하 참조.

구 안보조약

구 안보조약(1951.9.8.) 전문(前文)에서는 "평화조약은 일본국이 주권국가로서 집단적 안전보장조약을 체결할 권리가 있음을 승인하고 있으며, 유엔 헌장도 모든 국가가 개별적 · 집단적 자위의 고유한 권리를 보유함을 승인하고 있다. 이들 권리의 행사로서 일본국은 방위를 위한 잠정조치로서 **일본국에 대한 무력공격을 저지하기 위한** 일본국내 및 그 부근에 미국이 그 군대를 유지하는 것을 희망한다"고 하여 자위권이라는 하는 관념을 미군 주둔과 결부시켜 샌프란시스코 평화조약에 이어 안보조약에도 도입하였다.

그러나 여기에서 언급된 일련의 자위권 관념은 일본이 미국을 위해 무력행사한다는 취지(집단적 자위권 행사)가 아니라 일본에 대한 무력공격을 위한 잠정조치로서 일본은 미군의 주둔을 희망한다, 이를 위해 유엔헌장과 샌프란시스코평화조약이 원용되는 정도의 의미에 불과하였다.

한국전쟁이 한창이던 1951년에는 한반도에 자위대의 전신인 경찰예비대를 파견할 수 있느냐는 야당국회의원의 질문에 대하여 일본 정부는 "일본은 독립국이므로 집단적 자위권도 개별적 자위권도 온전히 갖는다. 다만, 헌법 제9조에 의해 일본은 자발적으로 자위권을 행사하는 가장 유효한 수단인 군대는 갖지 않는다고 하고 있다. 또한 교전자의 입장에도 서지 않는 것으로 되어 있다. 그러므로 우리는 이 헌법을 견지하는 한 이러한 현안(한반도에 경찰예비대를 파견하는 것)은 결코 있을 수 없다"[17] 고 답변하였는데, 자위권은 논리적으로 인정될 수 있어도 일본국 헌법 제9조로 인하여 자위권을 행사할 수 없다는 취지를 유지하였다.

이러한 소극적인 태도는 1954년의 정부 답변을 통해서는 다음과 같이

17) 第12回 国会 参議院 平和条約等特別委員会 会議録 第12号(1951年11月7日), 5쪽.

집단적 자위권에 대한 명시적 부인으로 이어졌다. "현행 헌법 하에서 외국이 순수한 형태의 공동방위협정, 즉 일본이 공격당하면 상대국이 일본을 방위하고 상대국이 공격당하면 일본이 상대국을 방위하기 위해 구원하러가는 취지의 공동방위협정을 체결하는 것은 현행 헌법 하에서는 불가능하다. 집단적 자위권, 이는 바꿔 말하면 공동동맹 또는 상호안전보장조약이라는 것인데, 즉 자국이 공격당하지 않고 있는데도 다른 체약국(서로 조약을 맺은 나라)이 공격당하는 경우 이를 마치 자기 나라가 공격당하는 것과 마찬가지로 보고 자위의 이름으로 행동한다는 것인데, 이는 일반적인 국제법으로부터 곧바로 도출되는 권리가 아니다. 아직 일반적으로 확립된 국제적인 관념도 아니다. 특별한 설명을 통하여 비로소 가능한 관념이므로 현행 헌법 하에서는 집단적 자위권이라는 것은 행사 할 수 없다."[18)]

4) 신 안보조약과 자위권

미일안보조약과 자위권

미국은 일본의 군사화를 촉진하기 위하여 구 안보조약 개정을 요구하였는데, 일본 정부 또한 구 안보조약이 미국의 일본에 대한 방위의무가 불분명하다는 점, 내란조항이 있다는 점을 들어 불평등한 조약이라는 명분으로 개정에 나섰다.

그러나 30여만 명의 성난 군중이 국회를 둘러싸고 연일 시위를 하는가 하면 전국적으로 헌법을 지키기 위한 사회운동단체(예, 헌법회의 등)가 생겨나는 등 전 국민적인 저항에 부딪혀, 미일안보조약은 개정(1961.1.19. 서명)되었지만, 그 내용은 타협적인 형태로 마무리 되었

18) 第19回 国会衆議院外務委員会 議事録 第57号(1954年6月3日), 4쪽 이하.

다. 구 안보조약에서는 불분명하였던 미국의 방위의무를 명확히 하기 위하여 "**일본 영역에 있어서**, 어느 상대방에 대한 무력공격이 일어났을 경우, 미일 양국이 헌법상의 규정 및 절차에 따라 공통의 위험에 대처한다"고 명시(제5조 제1항)하고, 그간 굴욕적이라 비판받았던 일본 내란 시 미군개입을 규정한 이른바 내란조항은 삭제하고, 조약의 유효기간도 10년으로 하였다. 미일 두 나라 영역에서의 무력공격에 대한 **쌍무적인 대처**가 아니라, 일본 영역에 있어서의 무력공격에 대한 **편무적인 대처**를 규정하는데 머물렀다.

그러나 조약의 전문에서는 미일안보조약의 목적을 일본 영역에 국한하지 않고 극동에서의 국제평화유지 및 안전유지에 기여하기 위한 것으로 확대하는 한편, 이를 위해 미군이 일본에 기지를 둘 수 있다(제6조)고 변경하여 미일안보조약의 사정거리를 한반도를 포함한 극동으로 확대하였다.[19)]

그렇지만 그럼에도 불구하고 공식적으로는 많은 립서비스를 하지 않으면 안되었다. 기시 노부스케(岸信介) 수상은 국회에서의 집단적 자위권 행사 여부에 대한 답변(1960.2.10.)에서 집단적 자위권은 행사할 수 없다는 원칙론을 다음과 같이 고수하였다. "자기나라와 밀접한 관계가 있는 다른 나라가 침략당한 경우에 이를 자기 나라가 침략당한 것과 마찬가지 입장에서 그 침략당한 다른 나라에까지 출동하여 이를 방위하는 것이 집단적 자위권의 중심적 문제인데, 이러한 것은 일본국 헌법에서는 불가능하다."[20)]

19) 豊下楢彦, 「安保条約の論理とジレンマ」, 遠藤誠治, 『日米安保と自衛隊』(岩波書店, 2015年), 25쪽 이하.

20) 第34回 国会参議院 会議録第 6 号(1960年2月10日), 77쪽.

1972년 정부 통일 견해로 집단적 자위권 부인

기시 수상의 집단적 자위권에 대한 입장표명은 안보조약 개정에 반대하는 국민적 저항에 부딪혀 정권이 존립위기에 몰리면서 정부의 통일 견해로 표명되기에 이르렀다. 일본 정부는 "일본국 헌법 하에서 무력행사가 허용되는 것은 **일본에 대한 급박하고 부정한 사태**에 대처하기 위한 경우에 한정되며, 따라서 (일본 아닌–저자)**다른 나라**(예를 들어 미국–저자)**에 대하여 가해진 무력공격을 저지하기 위한 것을 내용으로 하는 이른바 집단적 자위권의 행사는 헌법상 허용되지 않는다고** 말하지 않을 수 없다."

뿐만 아니라 기시 노부스케 수상(1957.2.25.~1960.7.19.) 이후의 사토 에이사쿠 수상(1964.11.9.~1972.7.7.)도 일본 정부는 호헌평화운동의 영향으로 자의반 타의반으로 평화외교와 관련한 일련의 대원칙들을 천명하였다. 첫째, 방위비를 국민총생산의 1% 이하로 한다. 둘째, 자위대의 해외파병은 금지한다. 셋째, 핵은 갖지도 만들지도 반입하지도 않는다(비핵3원칙), 넷째, 무기수출은 금지한다.

5) 국제공헌론과 자위권

1990년~2000년대의 자위권론

1990년대에는 중동 및 유럽 못지않게 아시아를 다시 중시하자는 미국의 아시아 재균형(Rebalance to Asia)군사외교 전략에 기초하여 일본의 군사적 역할을 강조하는 미국의 압력과 이에 편승한 일본 정부의 군사대국화 야욕이 결합하여 국제공헌론을 내세운 자위대 해외파병론이 활발히 전개되는 가운데 집단적 자위권 부인론이 야금야금 녹슬기 시작하였다.

그 계기는 유엔 평화유지활동(Peace Keeping Operation: 이하 PKO)이었다. 1990년대 초반의 'PKO협력법'(1992년)에 따라 전투 종결 지역에서의 비군사적 평화유지활동을 한다는 제약 하에 자위대의 해외 파병이 이루어졌다. 애초 미국은 군사적인 공헌을 요구하였으나, 자위대 파병에 대한 전국민적 저항에 부딪히자 일본 정부가 한발 물러난 것이었다. 그리고 그 우려를 불식시키기 위하여 비록 자위대가 해외파병 되더라도 미군의 전투행위와 일체화되지 않으면 집단적 자위권의 행사가 아니라고 다음과 같이 변명하였다. "각국 군대에 의한 무력행사와 일체화되는 행동에 해당되는지 여부는 첫째, 전투행위가 행해지고 있고 또한 행하여지려고 하는 지점과 당해 행동 장소와의 지리적 관계, 둘째, 당해 행위의 구체적 내용, 셋째, 각국 군대의 무력행사임무와의 관계상의 밀접성, 넷째, 협력하려고 하는 상대방의 활동현황 등 제반 사정을 감안하여 개별구체적으로 판단하여야 한다."(1996년 5월 21일 정부 견해)

그러나 1999년에는 전투가 벌어지는 지역일지라도 일본의 주변(한반도, 대만 등)의 경우에는 국회의 사전동의를 얻는다는 등의 제약조건 하에 후방지원을 할 수 있다는 '주변사태법(정식명칭은 '주변사태에 직면하여 일본의 평화 및 안전을 확보하기 위한 조치에 관한 법')'안이 국회를 통과하였다. 이에 따르면, 미군에 대한 보급 운송 수리 등의 후방지원 활동은 가능하지만, 탄약 등의 보급은 불가능하였다. 또한 전투지역에서의 후방활동은 가능하지 않고, 비전투지역 즉 현재 전투행위가 일어나지 않고, 자위대의 활동기간 동안 전투행위가 일어나지 않을 것으로 인정되는 지역을 대상으로 하였는바, 사실상 '공해(空海)' 등에서의 후방지원 활동이 주된 임무가 되었다.[21] 집단적자위권 부인론을 녹슬게 한 두 번째 부식제였던 셈이다.

2001년에는 아프간전쟁을 계기로 일본의 주변이 아닌 지역(중동이라 할지라도) 테러방지를 위하여 해외에 파병할 수 있으며, 이 때 자위대는

21) 前田哲男, 「後方地域支援」, 山内敏弘, 『日米新ガイドラインと周辺事態法』(法律文化社, 1999年), 51쪽 이하.

제한된 조건 하에서 무기사용을 할 수 있다는 내용을 담은 '테러특별법'을 제정하여 집단적 자위권으로의 보폭을 넓혔다.[22] 그러나 전쟁물자보급을 위한 후방지원은 허용되지 않는다는 제약 조건이 붙었다.

같은 해, 미국에 의한 이라크 침공이 이어지자 2003년에는 '이라크 특별법'을 제정하여, 후방지원의 폭을 더욱 확대하였다. 테러특별법과 달리 '이라크 특별법'에서는 후방지원의 일환으로 미군수송, 물자보급수송, 수색구조, 민간인구원활동이 가능하다는 내용을 담은 한편 '안전확보지원활동'이라는 이름으로 무기와 탄약 그리고 병력의 수송이 가능하다는 내용을 담았다. 그러나 한시법이라는 조건이 붙었다.

2010년대의 자위권

이상과 같이, 1990년대에는 집단적 자위권 행사를 염두에 두고 평화유지활동이라는 명분으로 해외파병의 길을 여는데 주안점이 있었다면, 2000년대에는 미군의 활동에 대한 자위대의 후방지원 활동의 보폭을 더욱 넓힌 유사시 입법들 즉 해외파병과 관련된 유사시 입법이 확산되었다.

하지만, 이때의 주된 관심사는 다른 나라가 아닌 바로 일본에 대한 무력공격을 방어하기 위해 미군을 어떻게 지원할 것인지, 일본 자체의 대비태세는 어떻게 할 것인지를 내용으로 하는 유사시 입법이었다. 2003

22) 2001년 12월 일본 해상자위대의 보급함 하마나(浜名, 8100t급)가 호위함 구라마(鞍馬)와 기리사메(霧雨)와 함께 일본으로부터 무려 7000km떨어진 인도양에 모습을 드러냈다. 1992년 파병의 경우 PKO법 즉 유엔의 활동을 지원하기 위한 평화유지 활동의 일환으로 기뢰제거 등을 위해 전쟁종결 후 해외에 파견된 것이었는데, 이 경우는 그와 달리 비록 보급함에 의한 후방지원이라고는 하나 1945년 패전 후 '다른 나라의 전쟁'에 처음으로 자위대를 파견한 것이어서 전수방위의 원칙에 대한 중대한 도전으로 논란이 된 바 있다. 그러나 무기 탄약 및 발진 준비 중인 전투기에 대한 급유 등은 포함되지 않고, 일반 급유와 급수에 그쳤다. 2003년 12월부터 2007년 10월까지 미국 등의 함선과 헬기에 861번의 급유, 128번의 급수를 했다. 길윤형, "20년간 야금야금 한반도 드리운 일본자위대 그림자", 〈한겨레〉(2015년 3월 15일).

년의 '무력공격사태법'은 그 대표적인 케이스라고 할 것이다. 미군에 대한 후방지원도 일본 정부에 한정하지 않고 민간기업 및 지자체도 동원할 수 있으며, 무력공격 상황뿐만 아니라 무력공격이 예측되는 상황으로까지 확대되었다. 그러나 이러한 경우에도 일본에 대한 무력공격이 일어나거나 예측되는 상황이라는 제약이 붙었다.

그러나 2010년대에 들어서 추진되기 시작한 일련의 '안보관련법'은 질적 변질의 단계를 밟게 된다. 미군 등에 대한 후방지원을 일본 주변의 사태뿐만 아니라 중요한 영향을 미칠 수 있는 사태까지 확장하였고('중요영향사태법'), 일본이 직접 무력공격을 받거나 받을 것이 예측되는 사태뿐만이 아니라 일본 아닌 다른 나라(미국, 한반도 등)에 대한 공격이 발생한 경우에도 이를 존립위기사태란 이름으로 상정하여 자위권을 행사('존립위기사태법')할 수 있는 단계, 즉 집단적 자위권 용인 단계로까지 나아가고 있다.

이제 집단적 자위권으로의 거의 마지막 단계, 즉 자국(일본)존립에 위기적 영향을 미치지 않는 상황이라고 하더라도 동맹관계에 있는 나라가 무력행위를 할 때 동반하여 무력행사를 하는 상황만이 남은 상태이다. 이러한 상황은 베트남 전쟁시 한국의 미국과의 관계를 생각하면 될 것이다.

이러한 일련의 '안보관련법'의 밑그림은 18년만에 개정된 새로운 2014년 '미일방위협력지침'(일명 신신 가이드라인)이다. 2015년 4월 27일 미일 외교국방장관 연석회의(이른바 2+2회의)에서 개정된 이 새로운 가이드라인에서는 자위대가 움직일 수 있는 상황을 5단계(평상시 상황–잠재적으로 일본이 위험할 수 있는 상황–일본과 가까운 나라가 공격받는 상황–일본이 공격받는 상황–일본에 대규모 재해가 발생한 상황)로 세분화하고, 미일 공동작전범위가 일본 주변(일본열도, 한반도, 대만해협)에서 전세계로 확대되었고, 중국견제를 위한 우주에서의 위성감시까지도 내용으로 집어넣었다. 일본은 여전히 직접 공격적 전투에 나설 수 없지만 미군을 전 세계에서 후방지원 할 수 있게 되는 밑그림이 그려진 것이다.

이상을 살펴보면, 각종 유사시 입법이 야금야금 진행되어 집단적 자위권 행사의 일보직전까지 오게 되었는데, 이는 종래의 정부의 자위력에 대한 견해, 즉 '자위력' = '자위를 위한 필요최소한의 실력이며 이때의 자위는 집단적 자위권이 아니라 개별적 자위권이라 하였던 정부자신의 견해와도 정면배치되는 논리모순의 상황까지 온 것이다.

3. 집단적 자위권 용인의 논리구조

자위권론이 논리모순 상황까지 왔는데도 개헌을 통한 해결에 이르지 않은 것은 주로 강력한 평화운동 덕분이지만, 헌법 개정의 문턱이 높은 것도 영향을 미쳤다. 헌법의 개정절차는 일반 법률의 개정절차(국회의원 과반수 출석과 출석의원 과반수 찬성)와 같은 의결 정족수를 두는 경우(연성헌법)와 그보다 의결 정족수를 높이는 경우(경성헌법)로 나눌 수 있는데, 일본국 헌법의 경우 대한민국 헌법(국회 재적 의원 2/3 찬성과 국민투표에서 과반수 투표와 투표자 과반수 찬성)과 유사하게 경성헌법이다. 다만 일본의 경우 국회가 중의원과 참의원으로 구성되어 있어 중의원과 참의원 모두에서 2/3의 찬성을 받아야 한다. 초경성헌법이라고 할 수 있겠다. 그래서 일본 정부는 쉽사리 개헌을 하지 못하고 '각의결정(閣議決定)'[23]이라는 편법을 통해 헌법을 왜곡하고 이를 통해 상황을 돌파하

---

23) 각의결정이란 내각법 제4조와 6조에 따른 것으로 헌법과 법률에서 내각의 직무권한이라고 규정된 사항과 국정에 관한 중요사항으로서 내각의 의사결정이 필요한 것에 대하여 전각료가 합의하여 정부방침을 결정하는 절차로 전원일치를 관습으로 하고 있다. 법률과 조약의 공포, 법률안, 예산안등의 국회제출 등이 각의결정사항이다. 그 밖에도 각의의 의사결정이 필요한 것으로는 각의양해, 각의보고 등이 있다. 우리의 국무회의심의와 유사한 것으로 볼 수 있다.

고자 하였는데, 이것이 바로 2015년 '안보관련법'을 강행 통과하게 된 일본의 정치정세이다. 그렇다면 이에 대한 법리적 대응을 위해서라도 집단적 자위권을 용인한 일본의 '안보관련법'의 논리구조가 궁금하지 않을 수 없다.

1) 2014년 각의결정

일본의 '안보관련법'은 그 2014년 7월 1일의 각의결정에서 비롯하고 있다. 일본 정부는 각의결정에 의한 헌법 해석의 변경을 '재량행위'이며, 헌법 해석의 기본 틀도 바뀌지 않았다고 주장하고 있다.

이 각의결정은 우리나라 및 일본의 신문지상 등에는 지면의 한계 등으로 인하여 일부만 소개되고 있는데, 네 부분 즉 '무력공격에 이르지 않는 침해에 대한 대처', '국제사회의 평화와 안정에 대한 가일층의 공헌', '헌법 제9조 하에서 허용되는 자위의 조치', '향후 국내법정비의 진행'으로 구성되어 있다.

이중 가장 큰 논란이 되고 있는 것은 '헌법 제9조 하에서 허용되는 자위의 조치'의 부분이다. 해당 부분은 다음과 같다. "⑶일본을 둘러싼 안전보장환경의 변화에 대응하고, 어떠한 사태에도 국민의 생명과 평화로운 생존을 지키기 위해서는 지금까지의 헌법 해석 그대로는 충분한 대응을 하기 어려울 수 있어…종래의 헌법 제9조에 대한 정부 해석상의 기본적인 논리 틀 내에서, 국민의 생명과 평화로운 생활을 지키기 위한 논리적 귀결을 끌어낼 필요가 있다. …일본에 대한 무력공격이 발생한 경우뿐만 아니라, **일본과 밀접한 관계에 있는 다른 나라에 대한 무력공격이 발생하고**, 이에 따라 일본의 존립이 위협받고, 국민의 생명, 자유 및 행복추구의 **권리가 근저에서부터 뒤집힐 명백한 위험이 있는 경우**에, 이를 배제하고 일본의 존립을 지키고 국민을 보호하기 위한 다른 적당한 수단이 없을 때, **필요최소한도의 실력행사**를 하는 것은 종래의 정부 견해의 기본적 논리에 기초한 자위의 조치로서, 헌법상 허용되어야 한다는 판단에 이르렀다."[24]

그러나 이 경우에도 집단적 자위권이라는 말이 공공연히 사용되고 있지 않다. 집단적 자위권이라는 말은 위의 "헌법 제9조 하에서 허용되는 자위의 조치"의 (3)을 부연설명하는 (4)에서 "헌법상 허용되는 '무력사용'이 '국제법상 집단적 자위권이 근거가 되는 경우가 있다'고 언급한 부분에 불과하고, 나머지 부분에서는 사용을 극력 피하고 있다. 자위의 개념을 추상화하고 '자위의 조치'라는 일반화된 말로 대신 사용하면서 그 의미내용에 집단적 자위권을 끼워팔기식으로 해석해 넣고 있다.[25]

이는 정부의 종래의 정부 견해(1972년)가 개별적 자위권이라는 표현을 사용하고 있지 않고 '자위권'이라고 표현하고 있었던 것을 자의적으로 악용하는 것이기도 하다. 그러나 개별적 자위권이라는 표현을 직접사용하지 않았던 것은 집단적 자위권은 부정한다는 전제 하에서의 논의였기 때문에 '자위권'이라고만 하여도 그것이 개별적 자위권을 의미하는 것이었다.

헌법과 국제법과의 관계에서 얘기하자면, 자위권에 대한 종래 일본 정부 해석의 기본논리는 자위권은 국제법상 가능하나 헌법상 불가능하다는 입장이었는데 이러한 연장선상에서 '자위의 조치'로서 필요최소한의 실력에 의한 개별적 자위권밖에 인정할 수 없다는 것이었다. 이제는 앞뒤를 편의적으로 바꾸어 헌법상 가능하지 않지만, 국제법상의 권리로서 가능하다는 식인데,[26] 이러한 연장선상에서 '자위의 조치'로서 필요최소

---

24) 閣議決定, 「国の存立を全うし国民を守るため切れ目のない安全保障法制の整備について」(2015年7月1日) 출처, www.cas.go.jp.

25) 山内敏弘, 「立憲平和主義と集団的自衛権」, 全国憲法研究会, 『日本国憲法の継承と発展』(三省堂, 2015年), 125쪽 이하 참조.

26) 蟻川恒正, 앞의 논문, 6~7쪽 참조.

한의 실력에 의한 집단적 자위권이 가능하다는 식으로 왜곡하고 있는 것이다.[27]

2) 집단적 자위권과 1972년 정부 견해

1972년 일본 정부 견해의 정식명칭은 '집단적 자위권과 헌법과의 관계'(1972.10.14.)이며, 다음과 같이 '필요최소한의 개별적 자위권론'을 내용으로 하고 있다. "① 자국의 평화와 안전을 유지하고 그 존립을 지키기 위해 필요한 '자위의 조치'를 금지하고 있다고 해석되지 않으며, 어디까지나 외국의 **무력공격에 의해 국민의 생명, 자유 및 행복추구의 권리가 근저에서부터 뒤집힐 급박하고 부정한 사태에 대처**하고, 국민들의 이러한 권리를 지키기 위한 어쩔 수 없는 경우에 비로써 ('자위의 조치'가)용인된다. ② 일본국 헌법 하에서 무력행사가 허용되는 것은 일본에 대한 급박하고 부정한 사태에 대처하기 위한 경우에 한정되며, 따라서 **다른 나라에 대하여 가해진 무력공격을 저지하기 위한 것을 내용으로 하는 이른바 집단적 자위권의 행사는 헌법상 허용되지 않는다.** ③ 필요최소한의 실력행사만 인정 된다".[28] 결국 일본 정부 견해는 한마디로 개별적 자위권은 용인하되 집단적 자위권은 부정한다는 것이었다.

물론, 2014년 각의결정에서도 1972년 일본 정부 견해에서의 '무력공격에 의해 국민의 생명, 자유 및 행복추구의 권리가 근저에서부터 뒤집힐 급박하고 부정한 사태에 대처'한다는 표현이 사용되고 있다. 그러나 이러한 문구를 사용한 문맥은 매우 다르다. 즉, 집단적 자위권 행사는 명

---

27) 安部浩己, 앞의 논문, 4~5쪽 참조.

28) 일반적으로 개별적 자위권을 의미하는 것으로 해석해 왔으나 2014년 방위백서에서는 '고유의 자유권', '우리나라(일본)의 자위권', '자위'라는 개념을 모두 추상적인 자위를 의미하는 것으로 쓰기 시작 하였다. 浦田一郎, 「集団的自衛権容認の論理」, 全国憲法研究会, 『日本国憲法の継承と発展』(三省堂, 2015年), 137쪽.

백히 위헌이되, 개별적 자위권(그 일환으로서의 자위대의 존재)을 인정받기 위한 논리로서, '일본의 존립을 지키기 위해', '국민의 생명, 자유 및 행복추구의 권리가 근저에서부터 뒤집힐 급박하고 부정한 사태에 대처'하기 위해서와 같은 과장된 대의명분이 사용되고 있는 셈이다. 그런데, 2014년 각의결정에서는 이 과장된 대의명분을 다시 집단적 자위권 사용의 논리로 끌어다 쓰고 있는 것이다.

돌이켜보면, 1972년 일본 정부 견해에서 이러한 과장된 대의명분이 사용될 수 밖에 없었던 것은 1970년대 초반 일본이 홋카이도(北海道)의 나가누마(長沼)에 미사일기지를 설치하면서 주민들뿐만 아니라 전국민적인 반발에 부딪히고 있었기 때문이다.

나가누마 소송이란 홋카이도의 나가누마 마을 주민들이 항공자위대의 미사일기지 설치에 반대하여 평화운동의 일환으로 제기한 행정소송이다. 일본 정부는 방위력증강계획을 세우고 그 일환으로 나가누마에 소련을 견제하는 항공자위대 기지를 두고 여기에 나이키미사일을 배치하고자 그 기지용으로 약 10만평의 보안림 지정을 해제하였는데, 이에 반대하여 현지 주민들이 취소소송을 제기한 사건이다. 이 사건 1심판결에서 법원은 "일본국 헌법에 비무장평화주의를 규정하고 있는데도 그 규모나 장비로 보나 군대에 해당하는 자위대를 두는 것은 헌법 원리에 반하며, 따라서 자위대의 일부인 항공자위대의 미사일기지 건설을 위한 보안림 지정해제는 공익과 무관"[29]하며, 일본국민의 평화적 생존권을 침해했

29) 나가누마 소송 1심판결은 이후 뒤집혔다. 우리의 고등법원에 해당하는 일본의 고등재판소는 1976년 8월5일, 자위대와 같은 고도의 정치적 성격을 갖는 국가적 행위는 위헌무효로 명백히 확신할 수 없는 이상 사법심사의 대상이 될 수 없다고 판결했다. '통치행위론'이라는 논리였다. 1982년 9월 최고 재판소가 상고를 기각함으로써 14년에 걸친 재판은 종결되었고, 결국 나가누마에는 항공자위대의 미사일기지가 설치되었다. 이경주, 『평화권의 이해』(사회평론사, 2014년), 333쪽.

다고 1973년 9월 7일 판결한 바 있다(자세한 내용은 제3부 제3장 참조).

이러한 판결은 자위대의 전략 증강에 대한 비판적 사회적 분위기를 반영한 것인데, 이를 감지한 정부는 개별적 자위권이라도 확립하기 위하여 집단적 자위권을 잘라내고, 필요최소한의 실력에 의한 개별적 자위권만을 인정한다는 정부 견해를 낸 것이다.

그런데, 집단적 자위권을 부정하기 위하여 사용하였던 과장된 대의명분 즉 '국민의 생명, 자유 및 행복추구의 권리가 근저에서부터 뒤집힐 급박하고 부정한 사태에 대처'라는 명분을 이번에는 집단적 자위권을 정당화하는 논리에 끌어다 쓰고 있는 것이다.

3) 최고재판소의 판결과 집단적 자위권

2014년 각의결정에서 일본 정부는 이 결정내용이 스나가와(砂川) 사건에 대한 1959년의 일본 최고재판소 판결을 따르고 있다고 주장한다. 스나가와 소송이란 도쿄 서부 다치가와(立川) 지역에 있는 미군비행장을 스나가와 지역까지 확장하려는 일본 정부의 정책에 반대하여 시민들이 미군비행장 철조망을 넘어 들어가고, 이들을 일본 정부가 미일협정협정에 따른 형사특별법 위반으로 기소한 사건이다.

1심 법원은 주일미군이 비무장평화주의를 규정한 일본국 헌법에 반하는 존재이며, 주일미군으로 인해 무력분쟁에 휩쓸릴 가능성이 높다는 요지의 판결을 하였다.[30)]

이에 대해 일본 검찰은 고등법원을 거치지 않고 최고재판소에 곧바로 상고를 하는 비약상고를 하였고 최고재판소는 1심의 무죄선고를 파기환송하고, 일본국 헌법 제9조 제2항에서 금지하고 있는 전력(戰力)이란 '일

30) 右崎正博外, 『基本判例憲法』(法学書院, 1999年), 7쪽: 이경주, 같은 책, 331쪽.

본이 주체가 되어 여기에 지휘권과 관리권을 행사할 수 있는 전력을 의미하는 것이며, 결국 일본 자체의 전력을 의미하는 것으로 외국의 군대는 가령 일본에 주둔하고 있다고 하더라도 전력에는 해당하지 않는다'고 하여 미군이 포함되지 않는다고 하였다.

이때 최고재판소는 헌법 제9조가 있더라도 "일본이 주권국으로서 갖는 고유의 자위권은 부정되는 것이 아니며, 필요한 자위를 위한 조치를 취할 수 있다". 전력을 보유할 수 없도록 함에 따른 '방위력의 부족'을 보완하기 위해 "헌법 제9조는…다른 나라에 안전보장을 의탁하는 것을 금지하고 있지는 않다"고 하였다. 그런데 이때의 최고재판소의 '자위'에 대한 논리도 강조점은 역시 개별적 자위권을 의미하는 것이었다. 이는 일본 정부의 1954년도의 자위력에 대한 통일 견해에 따른 것이기도 하였다.

그런데 2014년의 제2차 「안보법제간담회 보고서」와 이에 기반한 2014년 7월의 각의결정에서는 스나가와 판결에서 "고유의 자위권에 대하여 집단적 자위권과 개별적 자위권을 준별하여 논하고 있지 않으므로 집단적 자위권 행사를 금하고 있지 않다"고 자의적으로 해석하고 있는 것이다.[31]

스나가와 판결이 염두에 두었던 1954년 12월 22일의 「자위력에 대한 일본 정부의 통일 견해」[32]는 다음과 같다. "헌법 제9조는 독립국으로서 일본이 자위권을 갖는 것을 인정하고 있다. 따라서 자위대와 같은 자위를 위한 임무를 갖고 또한 그러한 목적을 위해 필요한 상당한 범위의 실력(必要相当な範囲の実力)부대를 두는 것은 헌법에 위반하는 것이 아니다."[33]

---

31) 이에 대한 구체적 반론은 水島朝穂,『集団的自衛権』(岩波書店, 2015年), 39쪽 이하를 참조.
32) 大村清一防衛庁長官, 21回 衆議院予算委員会 議事録 第2号, 1954年12月22日, 1쪽.
33) 浦田一郎,『自衛力論の論理と歴史』(日本評論社, 2012年), 312쪽에서 재인용.

그리고 이러한 견해는 1955년 6월16일, 하토야마(鳩山) 수상[34]이 국회답변에서 "자위를 위한 필요한 한도의 방위력건설은 헌법위반이 아니라고 생각한다"[35]로 이어졌다. "자위력 = 필요최소한의 실력, 자위전력에 해당하지 않음"이라는 일본 정부 견해의 공식이 확립되는 순간이었다.

1954년은 자위대 출범 직전이었던 바, 자위대 설치를 개별적 자위권 행사의 일환이라는 논리로 포장하고 대신 불필요한 논란을 불러일으킬 집단적 자위권은 꼬리자르기를 한 것이었다.

이러한 1954년 정부 견해 표명의 배경으로 볼 때 이때의 '자위'란 개별적 자위권을 의미하는 것으로 결코 추상적이지 않은 구체적인 것이었다. 그러나 제2차 「안보법제간담회 보고서」는 1959년 스나가와 판결에서 "고유의 자위권에 대하여 집단적 자위권과 개별적 자위권을 구별하여 논하지 않았고, 따라서 집단적 자위권 행사를 금지하고 있다 할 수 없다"[36]고 자의적으로 해석하고 있는 것이다.

이상을 살펴보면, 2014년 각의결정은 종래의 일본 정부의 자위력에 대한 견해, 즉 '자위력' = '자위를 위한 필요최소한의 실력'이며 이때의 자위는 집단적 자위권이 아니라 개별적 자위권이라고 표방하였던 일본 정부자신의 견해와도 정면배치되는 것이다.종래의 일본 정부 스스로의 집단적 자위권 위헌론을 이렇다할 근거없이 변경한 것이며, 일본국 헌법의

34) 전후 일본의 보수 정치노선은 크게 두 개의 축으로 이어지는데, 하나는 요시다 시게루(吉田茂)총리류의 정치외교노선이고, 다른 하나는 하토야마 이치로(鳩山一郎)총리류의 정치외교노선이다. 하토야마는 자유당 분당파를 이끌면서 자위대 위헌, 재군비, 개헌이라는 노선을 견지하고 있었는데, 개진당 일부와 합당하여 민주당을 창당하였으며, 이 과정에서 합당대상인 개진당계열을 의식하여 절충안=필요최소한의 실력론으로 노선을 수정하였다.

35) 浦田, 같은 책, 320쪽에서 재인용.

36) 「'安全保障の法的基盤の再構築に関する懇談会'報告書」(首相官邸ホームページ)(2014年5月15日)5쪽.

평화주의와 근본적으로 배치되는 것이라 보지 않을 수 없다.

4. '안보관련법'의 위헌성

자기모순에 가득찬 논리이기는 하나 이상과 같은 집단적 자위권 용인론을 기반으로 일본 정부는 일련의 '안보관련법'을 강행·통과시켰다. 그 주요한 내용들은 다음과 같다.

1) '존립위기사태법'과 무력행사의 새로운 요건

'존립위기사태법'의 정식명칭은 '무력공격사태 및 존립위기사태 등에서의 일본의 평화와 독립성 및 국가와 국민의 안전 확보에 관한 법률'이다. 이는 종래의 '무력공격사태법'(정식명칭은 '무력공격사태 등에서의 일본의 평화와 독립 및 국가와 국민의 안전확보에 관한 법률')에 존립위기사태를 추가한 것이다. 종래의 '무력공격사태법'도 무력공격을 무력공격사태(무력공격발생사태와 무력공격절박사태)에 더하여 무력공격예측사태라는 불명확개념을 추가하여 자의적 행사의 위험성이 염려되었던 법률이었다.

여기에 새로이 추가된 존립위기사태란 '일본과 밀접한 관계에 있는 다른 나라에 대한 무력행사가 발생하고, 이로 인하여 일본의 존립이 위협되고, 국민의 생명 자유 및 행복추구권이 근저에서 뒤집힐 명백한 위험이 있는 사태'(제2조 제4항)라고 법에서는 규정하고 있다. 이처럼 개념 규정이 생경하고 불명확하여 자의적 해석의 위험성이 문제되었는데, 이에 대하여 일본 정부는 존립위기사태의 예로 호르무즈해협이 기뢰로 봉쇄되는 경우와 한반도 유사시를 들고 있다.[37] 이 '존립위기사태법'에서

37) 〈産経新聞〉(2015年 7月 16日).

는 종래의 무력행사 개념과 이에 기초한 자위대 발동의 3요건(일본에 대한 위법적 무력공격, 다른 수단 없을 것 = 자위조치, 필요최소한의 실력행사)[38]이 다음과 같이 확대되었다. "① 일본에 대한 무력공격이 발생한 경우뿐만 아니라, **일본과 밀접한 관계에 있는 다른 나라에 대한 무력공격이 발생하고**, 이에 따라 **일본의 존립이 위협받고, 국민의 생명, 자유 및 행복추구의 권리가 근저에서부터 뒤집힐 명백한 위험이 있는 경우**에, ② 이를 배제하고 **일본의 존립을 지키고 국민을 보호하기 위한('자위의 조치'로서)**다른 적당한 수단이 없을 때, ③ **필요최소한도의 실력행사**를 하는 것은 종래의 정부 견해의 기본적 논리에 기초한 '자위의 조치'로서, 헌법상 허용되어야 한다는 판단에 이르렀다."[39]

일본에 대한 무력공격 뿐만아니라 일본과 밀접한 관계에 있는 나라에 대한 공격이 추가되면서 집단적 자위권의 논리로 탈바꿈된 것이다.

종래의 '무력공격사태법'에는 미군에 대한 지원활동에 한정하였던 것을 이제는 미군 이외의 외국군대로 확장하고, 무력공격사태뿐만 아니라 존립위기사태에도 미군 이외의 외국군대에 대한 지원활동을 할 수 있도록 추가하였다.

2) '중요영향사태법'과 미군후방지원 확대

미군의 군사활동에 대한 후방지원의 폭을 넓히기 위해 1999년에 제정된 '주변사태법'은 '중요영향사태법'으로 변경되었다. 그리고 법률의 목적을 규정한 제1조는 다음과 같이 길고도 모호한 문구로 변경되었다. "이 법률은 그대로 방치하면 일본에 대한 직접적인 무력공격에 이를 위

38) 1973年6月21日, "第71回国会衆議院内閣委員会, 吉国一郎内閣法制局長官答弁", 飯田泰士, 『集団的自衛権』(彩流社, 2014年), 168~169쪽.

39) 앞의 閣議決定.

험이 있는 사태 등 일본의 평화 및 안전에 중요한 영향을 미치는 사태에 처하여 **미국 군대 등에 대한 후방지원 활동**을 함으로써 미일안보조약의 효과적인 운영에 기여할 것을 핵심으로 하는 중요영향사태에 대처하는 외국과의 연계를 강화하고, 일본의 평화 및 안전확보에 이바지 하는 것을 목적으로 한다."

그리고 이를 뒷받침하기 위해 후방지원 활동의 대상도 미군에서 '미군 군대 등'으로 하여 미군 이외의 외국군대로 확대하였다(제3조 제1항 제2호).

후방지원의 범위가 확대되고, 후방지원을 할 수 있는 '비전투지역' 개념이 완화되고, 후방지원의 대상을 미국에 한정하지 않으면서, 미국뿐만 아니라 오스트리아 및 인도해군도 지원할 수 있게 된 셈이다. 인도양에서 남중국해에 이르는 원유수송로를 미국을 중심으로 한 다국간 틀에서 방어하겠다는 미국의 대외전략이 반영된 것이다.[40]

이는 중국봉쇄의 일환이라고도 평가할 수 있을 것이다. 후방지원의 내용물도 확대되었다. 여전히 무기제공은 안되지만, 탄약공급 및 발진 준비 중 항공기에 대한 급유도 가능해졌다.

뿐만 아니라, 종래의 '선박조사활동법'(정식명칭은 「주변사태에 직면하여 실시하는 선박검사활동에 관한 법률」)도 그 명칭을 「중요영향사태 등에 직면하여 실시하는 선박검사활동에 관한 법률」로 변경하여, 주변사태뿐만 아니라 중요영향사태의 경우에도 선박검사활동이 가능하게 되었다. 대량살상무기의 확산방지(Proliferation Security Initiative:PSI)라는 명분으로 확대될 미국에 의한 국제적 선박조사활동에 참가의 길이 열린 셈이다.

이상을 종합하면, 일본의 주변사태가 아니더라도 가령 중동의 사태에

---

40) "자위대 중국봉쇄 참여했다가 공격대상 될 수도", 〈한겨레〉(2015년 4월 28일)

도 그것이 일본에 중요한 영향이 있다고 판단하면 미군에 후방지원을 할 수 있으며, 미군뿐만 아니라 그 밖의 국가의 활동 등에 대한 후방지원도 할 수 있게 된다. '주변사태법'의 단순한 개정이라기보다는 오히려 새로운 법률 제정과 다를 바 없다. 종래의 '주변사태법'에 대하여 일본 정부는 '주변사태'란 지리적인 개념이 아니라고 하면서도 사실상 필리핀까지를 포함하는 일본 주변의 지역에 지리적으로 한정하였던 것을 이제 그 지리적 경계를 없애고 만 것이다. 이른바 미일동맹의 글로벌화를 위하여 자위대의 활동범위가 전 세계로 확대된 것이다.

이에 관한 일본 정부의 견해는 '주변사태'든 '중요영향사태'든 모두 지리적인 개념이 아니므로 본질적인 변경이 있는 것은 아니라고 강변하지만, '주변사태법'의 운용과 관련하여 일본 정부는 '주변사태가 발생하는 지역에는 나름의 한계가 있는데, 예를 들면 중동과 인도양에서 일어나는 일은 현실문제로 상정하고 있지 않다'(1999년 4월 28일, 오부치 수상 답변)고 하여 지리적 개념으로 한정하였던 것을 상기하면, 이번에는 그 지리적 개념이 전 세계로 무한확장된 것이다. '주변사태법'과 본질적으로 달라지지 않았다고 주장하는 것은 논리적으로는 앞뒤가 맞지 않는다.

이로서 일본의 후방지원 활동이 타국군의 무력행사와 일체화될 가능성이 더욱 커졌다. 1992년 자위대의 유엔평화유지군(PKO)파병을 계기로 일었던 비판에 직면하여 미군의 행동과 일체화되지 않는 범위에서의 자위대의 후방지원을 약속했던 일본 정부 스스로의 견해(1996년 5월 21일 정부 견해)와도 배치되는 것이다.

3) 개정된 자위대법과 임무의 확장

방위출동범위의 확대

자위대의 임무에 관하여 종래의 자위대법에서는 "일본의 평화와 독립을 지키고, 국가의 안전을 유지하기 위해, **직접침략 및 간접침략에 대하여** 일본을 방위할 것을 주된 임무로 하며, 필요에 따라 공공질서 유지에 종사할 수 있다"(제3조 제1항)고 규정하였었다. 그러나 개정된 자위대법에서는 '직접침략 및 간접침략에 대하여'라는 문구를 삭제하여 "자위대는 일본의 평화와 독립을 지키고, 국가의 안전을 유지하기 위해, 일본을 방위하는 것을 주요 임무로 하며, 필요에 따라 공공질서 유지에 종사할 수 있다"라고 변경했다.

별다른 내용의 변화가 없는 듯 보일 수 있으나 중대한 차이가 있다. 다시 말하여 직접침략 및 간접침략에 해당하지 않는 경우, 예를 들면, 제3국간의 무력분쟁의 경우에도 그것이 일본의 평화와 독립에 관련된다고 판단되면 이를 일본을 방위한다는 명목으로 삼아 자위대가 행동할 수 있다는 것이 되기 때문이다. 결국 집단적 자위권의 행사를 자위대의 주요한 임무의 하나로 새로이 위치지우고 있는데, 이는 중대한 헌법 위반이라고 할 수 있다.

나아가 무력공격까지 이르지 못했으나 앞으로 어찌될지 모르는 평시도 전시도 아닌 불투명한 사태(일본에서는 이를 그레이존 사태라 통칭), 예를 들어 무장집단이 센카쿠 열도 등 도서지역을 점거한 경우, 종래와 달리 즉각적인 회의 소집 없이 전화를 통한 각의결정으로도 해상보안청에 대신하여 자위대가 출동할 수 있도록 하였다.[41]

자위대의 이러한 임무변경과 더불어 일본 정부는 집단적 자위권 행사에 동반되는 방위출동(防衛出動) 및 그에 따른 무력행사를 가능하게 하기 위해 자위대법 제76조도 개정하고 있다. 즉 자위대법 제76조 개정안에 따르면, 일본 수상은 다음과 같은 경우에도 방위출동을 명령할 수 있게 되었

41) 水島, 앞의 책, 207쪽 이하.

다. '**일본과 밀접한 관계에 있는 다른 나라에 대한 무력공격이 발생**하고, 이에 따라 일본의 존립이 위협받고, 국민의 생명, 자유 및 행복추구권이 근저에서부터 뒤집힐 명백한 우려가 있는 사태(제76조 제1항 제2호)'.

방위출동의 범위를 존립위기사태로까지 확장하고 있을 뿐만 아니라 집단적 자위권 행사의 3가지 요건 중의 하나인 '그밖에 적당한 수단이 없을 때'라는 요건을 은근슬쩍 빠트리고 있는 것도 문제이다.

미군 등의 무기 등 경호를 위한 자위대법의 개정

자위대법 제95조의2는, 사람에게 적극적으로 위해를 가하는 것이어서는 안 된다는 단서와 미군의 방호를 위한다는 단서를 붙이는 등의 제한에 기초하기는 하였으나, 무기사용의 폭을 다음과 같이 확대하고 있다. "자위관은 **미국 군대 그 밖의 외국군대** 그 밖에 이와 유사한 조직형태의 부대로 자위대와 연계하여 일본 방위에 이바지하는 활동(공동훈련을 포함하나 전투행위가 이루어지고 있는 현장에서의 활동은 제외)에 종사하는 자의 **무기 등을 직무상 경호**함에 있어, 사람 또는 무기 등을 방위하기 위해 필요하다고 인정되는 상당한 이유가 있는 경우에, 그 사태에 따른 합리적 필요라고 판단되는 한도 내에서 **무기를 사용할 수 있다**." 즉 무기 등 방위를 위하여 무기를 사용할 수 있다는 조항을 신설하였다. 종래의 '자기보존형 무기사용'에서 '임무수행형 무기사용'으로 무기사용의 외연이 확대된 것이다. 그리고 이에 대하여 일본 정부는 이러한 무기 사용은 무기 등을 방위하기 위한 매우 수동적이고 한정적인 필요최소한의 무력사용이며, 전투행위가 일어나지 않는 곳에서라는 단서를 달아 설명하고 있다.

그러나 자위대법이 방위대상으로 삼고 있는 '무기 등'에는 항공기, 함선 등이 포함될 뿐만 아니라 무기범주에 들지 않는 각종 장비도 포함되게 되는데, 자위대의 항공기나 선박에 대한 공격이 일단 일어나게 되면 파괴 및 탈취활동을 목적으로 하는 것인지, 무력행사의 일환으로 이루어지는 공격인지 구별할 수 없어, 간단한 무기사용에 그치는 것이 아니라 곧바로 상호 무력행사로 이어질 가능성이 매우 크다.[42]

게다가 이러한 경호작용시의 무기사용에 대해서도 미군 등의 요청이 있는 경우라는 단서를 달기는 하였으나 일본의 방위대신이 필요하다고 인정할 때 무기를 사용할 수 있다고 하여 국회의 동의 등의 절차도 생략한 채 단독으로 판단할 수 있는 것으로 완화되었다.[43] 그리고 해외에서의 자국민 보호조치를 위한 무기사용도 가능케 하는 조항(제94조의5)도 신설하였다.

그 밖에도 평상시 탄도미사일 파괴조치를 위한 미군활동, 기뢰 등 위험물처리를 위한 활동, 외국인 구출 중인 미군활동에 대한 물품과 서비스제공도 확대되었다(제100조의6).

4) 'PKO협력법' 개정에 따른 무기 활동 권한의 확대

유엔평화유지활동(PKO)을 포함한 '국제평화협력업무'와 관련하여 새로이 '치안유지활동'과 '출동경호(駆け付け警護)'활동을 추가하고 있다. '치안유지활동'이란 '방위를 필요로 하는 주민, 재해민 그 밖의 사람들의 생명 신체 및 재산에 대한 위해방지 및 억지 그 밖의 특정구역에서의 보안을 위한 감시, 순회, 검문 및 경호(제3조5호)' 등을 의미한다.

---

42) 이지스함의 방호능력 등과 관련하여서는 水島, 앞의 책, 120쪽 이하 참조.

43) 무장집단 등이 센카쿠열도 등 도서에 상륙하는 이른바 그레이존사태에는 법률의 개정 없이 운용하기로 하였다. 이 경우 일단 치안출동을 하되 치안출동으로 충분하지 않은 경우 각의결정을 통하여 해상경비행동으로 이행하는데, 전화에 의한 각의결정으로도 자위대가 출동할 수 있도록 운영방법을 바꾸기로 자민당과 공명당이 합의하였다. 〈産経新聞〉(2015年 7月 16日).

'출동경호' 활동이란 유엔평화유지활동, 유엔 연계 평화안전활동 혹은 인도적인 국제지원활동에 종사하는 자는 이들 활동을 지원하는 자의 생명 또는 신체에 대한 불의의 침해 또는 위급하고 곤란한 문제(危難)이 발생하거나 또는 발생할 우려가 있는 경우에는 긴급요청에 대응하여 당해 활동관계자의 생명 및 신체의 보호(제3조5호)를 하는 것을 의미한다. 일본 정부는 유엔평화유지활동(PKO)중의 UN직원 등의 요청이 있는 경우에도 종래의 법 체제 하에서는 무기사용기준이 엄격하여 도와줄 수 없었고 이로 인한 국제적인 비난이 있었다는 명분으로 '출동경호' 활동을 추가하고 이 경우의 무기사용기준을 완화하였다. 종래에는 자기보존을 위한 경우만 사용할 수 있었던 것을 임무수행과 관련한 것으로 확대한 것이다.

그러나, 일본 정부의 주장과 달리, 유엔평화유지(PKO)활동 중의 타국민에 대한 경호활동에 대해서는 분쟁에 휩쓸릴 가능성 때문에 일본뿐만이 아니라 세계 각국이 신중한 태도를 취하고 있음은 주지의 사실이다.[44)]

5) 전쟁지원을 위한 항구적 법률로서의 '국제평화지원법'

안보관련 11개법 가운데, 유일하게 새로이 만들어진 것은 '국제평화지원법'(정식명칭은 「국제평화공동대처상황에 처하여 일본이 실시할 외국군대 등에 대한 협력지원활동 등에 관한 법률」)이다. 연립여당인 공명당의 경우, 국제사회의 평화를 위한 지원활동이라하더라도 개별적인 사태에 따른 지원내용도 다를 수밖에 없으므로 각각의 경우에 따른 특별법으로 대응해야 한다고 반발하였다가 결국은 주장을 접고 자민당의 의견에 따라 일반법 제정에 이르게 되었다.

---

44) 水島, 앞의 책, 167쪽 이하 참조.

이 '국제평화지원법'은 이 법의 목적을 '국제사회의 평화 및 안전을 위협하는 사태에 처하여 그 위협을 제거하기 위해서는 국제사회가 유엔 헌장의 목적에 따라 공동대처활동을 하고, 일본이 국제사회의 일원으로서 이에 주체적이고 적극적으로 기여할 필요가 있는데, 당해 활동을 행하는 외국군대 등에 대한 협력지원활동 등을 행함으로써 국제사회의 평화 및 안전확보에 이바지 할 것'으로 하고 있다.

집단적 자위권 용인을 내용으로 하는 2014년 7월 1일의 각의결정 후, 연립여당(자민당과 공민당)이 '안보관련법' 제정과 관련된 구체적인 방향성에 합의하고 「안전보장법제정비의 구체적 방향성」이라는 문서를 작성한 적이 있다. 여기에서는 '국제평화유지법'과 관련한 다음 네 가지의 요건을 전제조건으로 제시한 바 있다. 첫째, 타국의 무력행사와 일체화를 방지하기 위한 틀을 설정할 것, 둘째, 유엔 결의에 기초할 것 또는 관련한 유엔결의가 있을 것, 셋째, 국회의 사전승인을 기본으로 하여 대응조치를 실시할 것, 넷째, 대응조치를 실시할 대원의 안전확보를 위한 필요한 조치를 정할 것.

그러나 막상 통과된 '국제평화유지법'은 이러한 합의문서에 미치지 못한 것이었다. 결국 유엔 결의와도 관계없는 다국적군, 구체적으로 얘기하면 미국 주도의 다국적군의 경우에도 후방지원을 가능하도록 하고 있다.

다만, 이 법에서 얘기하는 '국제평화 공동대처사태'와 관련하여서는 몇 가지 제한이 가해지기도 하였다. 첫째는 '대응조치의 실시는 무력에 의한 위협 또는 무력행사에 해당하여서는 아니된다'(제2조 제2항), '협력지원활동 및 수색구조활동은 현재 전투행위가 이루어지고 있는 현장에서는 실시할 수 없다'는 것이다. 그러나 수색구조활동의 경우는 반드시 그런 것은 아니라는 단서를 덧붙여 전투행위 중에도 수색구조활동이 가능한 여지를 남겨놓고 있는데, 분쟁에 휩쓸릴 개연성을 높이고 있다. 둘째는 이러한 협력지원활동을 할 때는 "해당 대응조치 실시를 위한 기본계획을 첨부하여 국회의 승인을 받아야 한다"(제6조 제1항)고 하여 국회의 사전승인을 받도록 하고 있다.

종래에는 '테러대책특별법', '이라크 특별법' 등 개별분쟁사태에 따른 특별법으로 대응했던 것을 이번에는 일반법으로 만들어 대응하려고 하는 것이다. 유엔군 아닌 다국적 군에 대한 후방지원을 수시 가능케 하는 이 법은 명칭을 '국제평화지원법'이라고 하고 있지만, 이 법의 실태는 이처럼 매우 기만적이다. 우선 이 법은 앞의 '국제평화협력법(이른바 PKO 협력법)'과도 명칭 상으로 구분이 잘 가지 않는다. 뿐만 아니라 본질적으로는 '전쟁참가법'이다.

이상과 같이 이러한 이번 '안보관련법'들은 일본국 헌법학계의 '위헌이라는 압도적 다수설'[45]에도 어긋날 뿐만 아니라 종래의 일본 정부의 논리에도 어긋난다.

5. 일본의 '안보관련법'과 한반도 평화

1) '중요영향사태법'과 한반도

'중요영향사태'와 한반도

'중요영향사태법'의 전신인 '주변사태법'에 비하여 지리적 한계가 확장

45) 중의원 헌법조사위원회에 참고인으로 여당측 1인을 포함한 3인의 헌법교수가 참여하였는데, 자민당측의 참고인으로 나온 하세베 야스오(長谷部恭男, 전 도쿄대교수, 현 와세다대교수)마저도 위헌이라고 진술한 바 있으며, 이것이 호헌운동의 큰 기폭제가 되기도 하였다. 그밖에도 아사히신문은 일본국 헌법학계의 대표적인 판례교재인 『판례100선』의 저자들을 상대로 '안보관련법'제의 위헌여부에 대한 여론조사를 실시하였는데, 2명만이 합헌의견을 내고 104명은 위헌의견을 내기도 하였다. 〈朝日新聞〉(2015年 7月 11日).

되었다고는 하나(앞의 4.2), 이 '중요영향사태법'에서 '미국 군대 등에 대한 후방지원'(3조1항)을 말할 때의 미군의 주요활동범위는 여전히 한반도이다.

'주변사태법' 하에서는 후방지원을 주목적으로 하되 지리적 한계(예, 한반도 사태, 대만사태)와 더불어 후방지원의 내용도 급유와 급수 등에 한정되었으나, '중요영향사태법'에서는, 비록 직접적인 무기제공은 안된다고 하고 있지만, 내용적으로 확대되어 탄약보급 및 발진 준비 중인 전투기 등에 대한 급유까지도 가능해졌다. 예를 들면, 자위대의 이즈모(出雲)라는 소형항공모함에서 미 해병대의 오스프리(MV-22)등에 대한 탄약 급유 등의 후방지원이 가능해지는 것이다.

또한 '전투종결지역'으로 한정하였던 비전투지역이라는 개념을 확대하여 '현재 전투행위가 벌어지지 않는 지역'으로 확대, 자위대의 병참부대가 후방지원을 하도록 하였다. 현재 총알이 날아오지만 않으면 전쟁이 벌어지고 있는 지역까지 접근해 미국과 다국적군에 대한 무기와 탄약을 지급할 수 있다는 것이다.

후방지원을 위한 한반도 상륙가능성

이를 한반도에 적용해보면 다음과 같다. 한반도에서 전쟁이 발생할 경우 한국군과 미군이 한미상호방위조약에 근거하여 휴전선 인근에서 북한군과 전투를 하게 되고, 이를 중요영향사태로 파악한 일본은, 한국의 동의를 얻어, 자위대의 병참부대를 '현재 전투행위가 벌어지지 않는' 부산 및 인근 지역에 상륙시켜 후방지원을 할 수 있게 되었다는 것을 의미한다.

애초의 법안에는 제3국의 동의를 전제로 하는 문언이 없었으나 내외의 반발에 직면하여 "외국영역에 대한 대응조처는 당해 외국의 동의가 있을 때에 한정하여 시행하는 것으로 한다"[46]는 조항이 추가 되었다. 그러나 이러한 제3국 동의조항이 과연 실효성이 있는 동의인가에 대해서는 의문이 있다.

일반에게는 잘 알려져 있지 않지만, 한반도에서 전쟁 등 유사시 상황이 되면 한국군의 전시작전권은 미국 태평양사령관의 지휘를 받는 주한미군 사령관으로 이전된다. 그와 함께 거의 자동적으로 주일미군이 개입된다. 이미 일본 본토의 요코스카(해군), 요코타(공군), 자마(육군), 사세보(해군)의 4개 기지와 오키나와의 가데나(공군), 화이트비치(해군), 후텐마(해병대)의 3개 기지가 1954년의 '유엔군과 일본과의 주둔군 지위협정'[47]에 따라 유사시 한반도 사태에 활용될 수 있는 유엔사 후방기지로 지정되어 있다.

이러한 상황 하에서 전시작전권이 한미연합사(미군)에 있고 미국과 동맹관계에 있는 한국으로서는 '작전상 자위대 상륙이 필요하다'고 만일 미국이 요청해 온다면, 자위대의 한반도 상륙을 거부하기 어려울 것임은 긴 설명을 필요로 하지 않는다.[48] 더군다나, 한미동맹이 북한에 대한 선제공격가능성을 포함한 맞춤형 억제전략(tailored deterrence)을 취하고 있어 미군이 북한에 대한 군사행동을 개시하면, 이를 중요영향사태로 파악한 일본은 미군에 대한 후방지원 활동의 폭을 더욱 확대할 것이다.

나아가 만일 병참(탄약보급, 발진대기 중인 전투기에 대한 급유)을 위해 상륙한 자위대를 견제하기 위하여 자위대에 대하여 북한이 공중 폭격이라도 하게 된다면 일본은 무력공격을 당했다고 판단하고 전투행위에

---

46) 김지훈, "2015년 4월 27일 가이드라인에는 제3국 주권에 대한 완전한 존중(fully respect)를 언급", 〈한겨레〉(2015.8.5).

47) 鹿島平和研究所編, 『日本外交主要文書・年表』(原書房, 1893年)第1卷 ; 外務省条約局編, 条約集, 第31集第106卷, 614~626쪽.

48) 정욱식, 『동맹의 덫』(삼인, 2005년), 42쪽 이하.

돌입하는 최악의 시나리오도 배제할 수 없는 상황이 전개될 수 있다.[49]

뿐만 아니라, 앞에서도 언급하였듯이, 종래의 '선박조사활동법'도 그 명칭을 「중요영향사태 등에 처하여 실시하는 선박검사활동에 관한 법률」로 변경하여, 주변사태뿐만 아니라 중요영향사태의 경우에도 선박검사활동이 가능하게 되었다. 즉, 북한선박에 대한 검문 등의 문제로 국제분쟁의 소지는 더욱 커지게 되었다.

2) '존립위기사태법'과 한반도 평화

'존립위기사태'와 한반도 유사시

한반도 유사시 일본은 한국방위를 위한 후방기지로서 다양한 대응계획을 가지고 있는데,[50] '존립위기사태법'에 따르면 한반도 사태가 일본에 그런저런 영향을 주는 사태에 그치지 않고 심각한 상황에 이를 경우라고 판단하게 되면 '중요영향사태'에서 한 단계 격상하여 '존립위기사태'(동법 2조4항)로 인식할 수 있다. 이 경우 일본은 무력행사 '신 3요건'이라는 조건이 붙기는 하지만, 일본에 대한 직접적인 무력공격이 없음에도 불구하고 마치 한반도 유사시를 일본에 대한 무력공격이 있는 것으로 간주하여 미군과 동맹하여 집단적 자위권을 행사하려고 할 가능성이 높다.

일본 정부는 일본과 밀접한 관계에 있는 나라라는 일반적 표현을 하고 있으나 존립위기사태의 상당부분은 한반도 유사시를 상정하고 있다고 보아야 할 것이다. 물론 대만사태 등 중국을 염두에 두고, 중국의 반발을 염려하여 한반도 유사시를 예로 들고 있다는 해석도 가능할 것이다.

아무튼 일본 정부는 2014년 5월, 집단적 자위권을 행사하게 되는 구체

---

49) 水島, 앞의 책, 93쪽 이하 참조.

50) 道下徳成, 「朝鮮半島有事と日本の対応」, 木宮正史, 『朝鮮半島と東アジア』(岩波書店, 2015年), 181쪽 이하.

일본의 자위대 확대 기본 방향(한국일보, 2014. 5. 19.)

적인 사례로, 일본인을 운송하고 있는 미 함선의 호위, 북한 미사일을 경계하고 있는 미 군함의 호위, 미국을 향해 날고 있는 미사일 요격 등을 든 바 있다.[51)]

이에 따르면, 공해상에서 북한 미사일을 경계하고 있는 미군함이 공격당할 명백한 위험이 있는 경우, 일본에 대한 직접 무력공격이 없는데도 자위대가 출동하여 응전할 수 있게 된다. 미일 미사일 방위시스템의 일

51) 길윤형, "일본 안보 위해서라면 집단적 자위권 필요없어", 〈한겨레〉(2015년 8월 9일).

각이 무너지면 일본이 직접 공격당하기 때문에 '존립위기'라는 것이다. 심지어는 잠수정을 탄 북한 공작원이 도쿄(東京)등 수도권에서 대규모 테러를 일으킬 가능성도 있는 바, 이를 존립위기사태라고 판단하자는 설명도 곁들여지고 있다.[52)]

일본 정부는 북한 등 한반도로 자위대가 나가 미국과 함께 싸우는 일은 없다고 하고 있음에도 불구하고 이는 방심할 수 없다. 그도 그럴 것이 야당의원들이 '총리는 해외파병을 하지 않는다고 하지만, 법률엔 하지 않는다고 명확히 쓰여 있지 않는 것 아니냐'고 하는 질의(2015년 9월 19일)에 대하여 일본 정부는 이렇다 할 답변을 내 놓지 않고 있다. 아베 수상도 참의원 예산위원회에서 (2014.8.24.) 무력행사 '신 3요건'에 해당되지 않으면 한반도에 자위대를 파병할 수 없다는 조건을 붙이기는 하였으나, 법률상 집단적 자위권 발동 대상에 한국도 포함된다고 한 바 있다.[53)]

결국 한국과 국익이 일치하지 않는 일본이 **한반도 유사시의 당사자가 된다**는 것을 뜻하게 되는데, 그야말로 재앙적인 상황이 전개될 수 있는 것이다. 이러한 상황은 일본자신의 입장에서도 재앙적 상황이다. 예를 들면, 일본 자위대가 일본인을 수송하는 미국함선을 자위대가 호위하고 그 과정에서 벌어질지도 모를 북한의 위협을 존립위기사태로 인식하고, 즉 자위대에 대한 직접 공격이 없는데도 자위대가 북한에 대해 응전하거나 응전의 이름으로 북한을 공격하는 경우, 공격을 당하는 북한의 입장에서는 이를 일본에 의한 선제공격이라고 판단하여 일본에 대한 보복공격이 이루어질 개연성도 있다. 장거리미사일 등을 보유한 북한에 의한 일본 열도에 대한 공격이 이루어지는 경우 이는 일본 스스로에게도 말 그대로 재앙이라 하지 않을 수 없다.

---

52) 〈每日新聞〉(2015年 7月 18日).

53) 한승동, "독서무한", 〈한겨레〉(2015년 9월 24일).

남한에 대한 사전동의론 및 북한에 대한 적기지 공격론

① 한반도 상륙과 사전동의

한반도 유사시 미군의 후방지원을 위해 자위대가 한반도로 상륙하는 것과 관련하여 일본 정부는 '북한을 제외한 남한 지역 진출에 대해서만 한국의 사전동의 권한을 인정하겠다'는 입장을 고수한 바 있다.[54]

이에 대한 우려를 완화하기 위하여 2015년 4월 27일 신 가이드라인에서는 '제3국 주권에 대한 완전한 존중(fully respect)'을 강조 해석하였으나, 유사시 상황 그리고 전작권이 미국에 있는 한미 동맹관계 하에서 과연 이를 거절할 수 있을지도 의문이며, 존중의 대상은 남한에 한정되고 있다.[55]

이에 대한 당시의 황교안 국무총리의 "부득이한 경우 자위대가 한국에 입국할 수 있다"는 발언은 우려할 만 하다. 동의를 전제로 하기는 하였으나 한국 정부가 자위대를 받아들이겠다고 구체적으로 언급한 것은 처음이며,[56] 반대 내지는 외교적 모호성을 유지하였던 기존의 입장을 바꾼 것이어서 일본 신문들은 이를 우리나라에서보다도 더 크게 대서특필 보도한 바 있다.

아니나 다를까 이러한 우려는 한일국방장관회담에서 여실히 나타났다. 자위대의 북한 진입시 한국의 동의 문제와 관련해 2015년 10월 20

54) 김지훈, "자위대, 한국동의 없으면 한국영역 안 들어간다면서 일본 북한에 동의 없어도 진입 기존입장 고수", 〈한겨레〉(2015년 8월 5일).

55) 북한의 실체를 둘러싼 논란은 한일국교정상화과정에서도 불거진 문제이다. 그 결과 한일기본조약 제3조에서는 '대한민국정부가 국제연합 총회의 결정 제195호(III)에 명시된 바와 같이 한반도에 있어서의 유일한 합법정부임을 확인한다'고 절충하였다. '한반도의 유일한 합법정부'인지, '유엔 감시하에 선거를 치른 지역에서 유일한 합법정부' 인지를 두루 뭉실 봉합하기 위하여, 1948년 12월 채택된 유엔의 한국 정부승인안을 원용한 것이었다.

56) 〈한겨레〉(2015년 10월15일).

일, 한민구-나카타니 겐(中谷元) 사이의 한일국방장관회담에서 일본측은 "한국의 유효한 지배가 미치는 범위는 휴전선 남쪽"이라는 견해를 내세워 논란을 일으킨 바 있다.

발언을 직접 접한 한민구 국방장관이 이를 적극적으로 반박했다는 이야기는 들리지 않는다. 국방부 관계자는 "유사시 일본 자위대의 한반도 진출문제는 이미 한미일 3자 안보토의(Defense Trilateral Talks: DTT)[57]에서 논의하기로 돼 있다"고만 하고 있다.

정호섭 당시 해군참모총장은 국회 국방위원회 국정감사에서 "대북 억제 차원에서"라는 조건을 달기는 하였지만, 한반도로의 미군 증원연습인 "키 리졸브(Key Resolve)훈련에 일본도 참여해 연합훈련을 하는 것이 필요하다"[58]는 취지의 발언을 한 것으로 알려졌다. 키 리졸브 훈련은 잘 알려져 있듯이 북한의 남침을 상정한 한미연합군의 군사연습이다. 키 리졸브 훈련은 2018년으로 종료되고 2019년부터는 '동맹'이라는 새로운 명칭의 한미간 합동훈련으로 대체되었지만, 이를 모를리 없는 당시의 해군참모총장이 무장한 일본자위대가 우리 땅에 들어와 같이 훈련해야 된다는 얘기를 한 것인데, 무개념의 도를 넘는 발언이 아닐 수 없다.[59]

일본 자위대의 북한 영역 진출에 대한 한국의 동의여부와 관련해 미국 정부는 모호한 태도로 일관하고 있다. 이러한 모호한 태도는 미국의 동

---

57) 한국, 미국, 일본 세 나라 간 정보공유와 정책공조를 강화하기 위한 안보토의. 2008년 처음 실시돼 지금까지 6차례 열렸으며, 한미일 국방부의 차관보급 인사가 수석대표로 참석한다. 미국 워싱턴에서 개최한 첫 회의에서는 한미일 각 국의 국방정책 소개 및 지역안보정세 평가, 3국의 국제사회 기여 방안 등을 논의했다. 2014년 1월 일본 도쿄에서 열린 5차 회의에서는 북한 미사일 위협과 관련한 정보를 공유하고 3국의 안보협력 증진 방안에 대한 토의가 진행됐다. 제6차 DTT에서는 최근 북한 미사일 위협에 대한 대응 방안과 일본의 '안보관련법'제의 국회통과에 따른 한미일의 안보협력 증진이 논의되었다.

58) 〈한겨레〉(2015년 9월 23일).

59) 박병수, "현장에서"〈한겨레〉(2015년 9월 23일).

북아 군사전략과 밀접한 연관이 있는 것으로 생각된다. 오바마 행정부의 아시아 중시 정책(이른바 아시아 재균형전략)의 핵심축 가운데 하나는 한미일 군사협력의 증진이고 이를 통해 미국의 군사개입에 따른 재정적 인적 부담을 최소화하는 것이다. 실제 클린턴 정부가 1994년 북한 핵문제로 영변 핵시설에 대한 폭격을 심각하게 검토하는 과정에서 일본에 1500개 항목의 지원을 요청하였으나, 일본의 미군 후방지원 준비가 여의치 않다는 사실이 드러난 것을 계기로 미일 군사협력을 강화했다는 관측이 적지 않다.[60]

② 적기지 공격론

북한 상륙의 경우 남한의 동의대상이 되지 않는다는 일본 정부의 입장은 북한에 대한 적기지 공격론과도 밀접한 관련이 있다. 적기지 공격론이란 북한이 미국 등을 미사일로 공격할 징후가 있을 경우에도 자위대가 집단적 자위권을 활용해 북의 미사일기지를 공격할 수 있다는 주장이다. '적기지 공격론'은 60년 이상 논쟁이 이어져온 난제이기도 하며, 학계와 평화운동세력으로부터 가장 비판받는 이슈 중의 하나이다. 1956년 하토야마 이치로(鳩山一郎)전 총리가 "앉아서 자멸을 기다릴 순 없다"는 대원칙을 밝힌 뒤, 일본은 그동안 이를 행사할지 말지에 대해 분명히 밝히지 않고 '모호성'을 유지해 왔다. 그러나 일본 정부는 항공자위대 F-2 전투기에 레이저 유도형 합동정밀직격탄(JDAM)을 탑재하고, 최첨단 스텔스 전투기 F-35를 도입(2011년 12월)하기로 하는 등 적기지 공격능력을 증강해 왔다. 도입예정인 F-35A의 경우 비거리가 1100km 이상이며, 이는 공중급유 없이도 한반도는 물론 러시아와 동중국해까지 전투행

60) 〈한겨레〉(2015년 10월 21일).

동이 가능하다는 뜻이며, 여기에 사정거리 370km의 합동 공대지 장거리 미사일(JASSM, 재즘)을 갖추게 되면, 적기지 공격능력을 갖추게 된다고 할 수 있다.

이에 대하여 일본 정부는 "현재 자위대는 적기지 공격에 필요한 일부 장비는 갖고 있지만, 일련의 작전을 시행하기 위한 장비체계[61]는 없다. F35가 도입된다 해도 그런 사실엔 변함이 없다"[62]고 한다. 아베 총리도 "F35에 기대하는 주요역할은 (적기지 공격이 아닌)상대 전투기를 요격하는 것"[63]이라고 무마하려고 하지만, 이를 둘러싼 의혹은 여전하다.

그간 일본 정부가 "법이론상으로는 가능하지만 실제 능력을 갖추고 있지 않다"고 거듭 밝혀 온 적기지 공력능력이 사실은 공상의 세계에만 머물고 있지 않다는 것을 알 수 있다. 게다가 나카타니 겐 방위성 장관이 2015년 5월 17일 '후지TV'의 아침 토론 프로그램에 출연해 일본의 집단적 자위권 행사를 통해 북한의 미사일 기지를 뜻하는 '적기지'를 공격할 수 있다는 견해를 밝힌 것을 생각하면 더욱 그러하다.

이러한 적기지 공격론은 과거에는 일본이 적국으로부터 공격을 받는 사태를 전제로 한 논란이었다. 즉 개별적 자위권의 범위를 넘지 않느냐 하는 점이었다. 그런데, 지금의 적기지 공격론 논란은 일본이 공격받지

61) 모리야 다케마사(守屋武昌)전 방위청 장관은 "2003년 3월 참의원 외교방위위원회에서 적기지를 타격할 때 필요한 능력으로 ①적의 방공레이더 파괴능력, ②항공기의 저공 진입능력, ③공대지 유도탄 또는 순항 미사일 등을 언급한 바 있다. 이를 위해서는 타격할 적기지를 특정할 수 있는 인공위성 등 정보자산, 실제 작전에 투입될 전투기, 그 전투기에 장착할 공대지 유도미사일, 전투기의 장거리 비행을 지원할 수 있는 공중급유기, 적의 내륙에서 레이더와 요격기의 활동을 방해하는 전자전 전투기(electronic warfare aircraft), 그리고 이 모든 작업을 통제하는 공중조기경보기(AWACS)등의 장비체계를 갖추어야 한다"고 말한 바 있다. 길윤형, "자위대 F-35가 북한 미사일기지를 때린다면", 〈한겨레〉(2012년 6월 12일).

62) 같은 신문.

63) 같은 신문.

않는 '존립위기사태'를 전제로 한다는 점에서 집단적 자위권의 선제행사의 문제이며, 구체적으로는 미국을 위해 북한 등 적의 미사일을 선제적으로 공격할 수 있다는 논리라는 점에서 북일관계 및 동북아 외교관계 설정에 있어 매우 심각한 문제가 아닐 수 없다.

지난 한국전쟁시에 경찰예비대 파견요청에 소극적이다 못해 부정적으로 답하였던 일본 정부 스스로의 태도와도 180도 대조적이다.[64]

3) 자위대 한반도 진출의 연결고리 '유엔군'

'유엔군'

자위대 한반도 진출의 법적 연결고리는 한반도의 '유엔군'이다. 현재 '유엔군'과 일본 정부간에는 1954년 '유엔군과 일본과의 주둔군지위협정'(이하 '주일 유엔군지위협정')이 체결되어 있는데, 이에 기초하여 주일미군기지 7개(자마기지, 요코스카 군항, 사세보 군항, 요코타 공군기지, 오키나와 가데나 항공기지, 후텐마 항공기지 화이트 비치)가 '유엔군' 기지로 지정되어 있다. 이에 기초하여 이 기지들에는 미군 이외에도 유엔기를 단 함정과 항공기가 출입하고 있으며, 일본기와 미군기 이외에도 유엔기가 펄럭이고 있다.

한반도의 '유엔군'은 한국전쟁 직후에 만들어진 다국적군이다.[65] 이 유엔군은 95% 이상이 미군으로 구성되었고, 주한미군사령관이 '유엔군' 사

---

64) 第12回 参議院平和条約等特別委員会 会議録 第12号(1951年11月7日), 5쪽.

65) 유엔가맹국이 비가맹국으로부터 공격을 받을 경우에 대처하기 위한 유엔군을 창설하기 위한 움직임은 1950년에 본격화되었지만, 안보리 상임이사국 전부의 동의를 받아야 하는 바 걸림돌이 많아 성공하지 못하였다. 한국전쟁 직후에도 시도된 바 있는데, 소련이 결석한 채 안보리가 유엔군 편성을 결의한 바 있다. 이 결의는 유엔군 창설에 대한 결정이 아니라 유엔군 편성에 대한 권고에 그쳤고 이에 대한 참가는 가맹국의 자유의사에 맡겨졌다. 그 결과 미국을 비롯한 16개국이 참가하였고, 반공산동맹다국적군의 성격을 갖게 되었다. 조성렬, 『주한미군』(한울아카데미, 2003년), 159쪽 이하.

령관을 겸하고 있다. 1953년의 정전협정의 형식적 당사자도 '유엔군'과 북한군 및 중국군이다. 원래 '유엔군' 사령부는 일본의 가나가와현의 자마(座間) 기지에 있었는데, 1957년 용산으로 옮겨왔다. 그러나 일본 도쿄의 요코타(横田) 공군기지에 후방지휘소를 여전히 남겨두고 있다. 용산 '유엔군'사령부의 경우 상근 인원은 300여명에 불과하며, 요코다 후방지휘소의 경우 4명의 상근인원과 7명의 비상근인원(7개국 주일대산관무관이 겸임)이 존재할 뿐인데 이 유엔사가 중요한 의미를 차지하는 것은 한반도 유사시 일본의 군사기지가 미군의 후방기지가 될 수 있는 연결고리이기 때문이다.

유엔군이 주일미군기지를 자유로이 사용할 수 있게 된 것은 1951년 샌프란시스코 강화조약 이후이다. 이 조약에서는 유엔 헌장 제2조의 각종 의무(유엔이 헌장에 따라 취하는 각종 행동에 대한 원조를 하여야 하며 유엔이 각종 강제행동을 취하는 어떠한 나라에 대해서도 원조를 해서는 안됨)를 일본이 수락한다고 되어 있다. 또한 이를 받아 1951년 체결된 미일안보조약에서는 '태평양조항'을 두어 일본에 주둔하는 미군이 한반도를 비롯한 '태평양지역'의 안보를 위하여 활동(기지 사용)할 수 있는 근거를 두었다.

또한 이 안보조약 체결과 동시에 교환된 「요시다(吉田)-애치슨(Acheson) 교환 공문」에서는 한국전의 '유엔군'에 대한 원조와 협력을 약속하였다.[66] 1954년에 체결된 일본 정부와 '유엔군'간의 '주일 유엔군 지위협정'은 이에 기초하여 "유엔군은…일본과 미국간의 안보조약에 기초하여 미국이 사용하고 있는 시설과 구역을 사용할 수 있다"(제5조2

66) 유엔의 행동에 종사하는 군대를 일본국내 및 그 부근에서 지원하는 것을 일본이 허용하는 것, 일본의 시설 및 역무의 사용에 따른 비용을 현재처럼 부담하는 것을 확인하는 것을 영광스럽게 생각한다(일본측 문서). 大嶽秀夫, 『戦後日本防衛問題資料集』第2巻(講和と再軍備の本格化), (三一書房, 1992年), 234쪽.

항)[67]고 되어 있는 것이다.

뿐만 아니라 유사시에는 미군의 주도 하에 한국군과 일본군이 일체적인 행동이 가능하도록 각종 작전계획이 시도되고 있다. 그 중의 하나는 1963년의 미쓰야(三八) 계획이다. 쇼와(昭和) 38년에 세워진 탓에 38의 다른 발음인 미쓰야를 따와서 미쓰야 계획으로 불리는 이 작전계획은 북한으로부터의 침략을 상정한 것으로 미군과 일본의 군사협력을 다음과 같이 밑그림 그리고 있다. "① 침략당일(예, 7월 19일)주한미사령관은 '유엔군'으로서의 행동을 개시할 것을 선언, ② 이틀 후(7월 21일) 도쿄에서 미일안보협의회를 개최, ③ 같은 날 일본 방위청장관은 총리의 승인 을 얻어 자위대에 방위출동대기령을 발령, ④ 미일안보조약 제5조에 해당하지 않은 사태에도 국방상 필요하다고 인정되는 경우에는 미일공동작전을 행할 것, ⑤ 사흘 후(7월 22일)미군에게 자위대 지휘권을 이양한다."[68]

미군재배치계획의 일환으로 2006년 5월 1일 작성된 '(미군)재편을 위한 미일 로드맵'에서도 한반도 유사시, 미육군 제1사단이 일본 가나가와현의 자마 기지로 이전하여 한국의 미8군과 그 예하의 2사단을 지휘하고, 미공군사령관이 주일미해병대와 공군에 대한 직접 지휘권을 갖게 되어 있다.[69]

나아가 미일양국은 한반도 유사시를 상정하여 미일간의 군사협력을 위한 '미일공동작전계획 5050'을 작성하고 있다고 일본의 아사히 신문이

---

67) 鹿島平和研究所編, 『日本外交主要文書(年表)』(原書房, 1983年)第1巻 ; 外務省条約局編, 『条約集』(31−106巻), 614~626쪽.

68) 吉岡吉典, 『日米安保体制論』(新日本出版社, 1978年), 19쪽; 古川純, 「有事法制の歴史的展開」, 山内敏弘編, 『有事法制を検証する』(法律文化社, 2002年), 91~93쪽.

69) 李京柱, 「朝鮮(韓)半島の平和体制と日米安保」, 『法律時報』, 2010年6月号, 참조.

이를 보도한 바 있다.[70]

이러한 작전들은 2009년 민주당 집권기의 오카다 가쓰야(岡田克也)외무장관이 "한반도 유사시 주일미군의 전투작전에 관한 밀약, 미일간의 핵반입을 둘러싼 밀약이 있음을 밝힐 것"이라고 하여 간접적으로 확인된 바 있다.

한미일의 통일된 작전지휘권을 연결하는 구체적인 고리는 '주일 유엔군지위협정'이다. 1954년 2월 19일 도쿄에서 오카자키 가쓰오(岡崎勝男)와 그레이엄 퍼슨스(Graham Parsons)가 서명한 이 '주일 유엔군지위협정'의 합의의사록에 의하면, "이 협정의 적용상 미합중국은 통일사령부로서 행동하는 미합중국 정부의 자격으로 행동한다(the Government of the United States of America acting as the United Command). 일본국에 있어서 합중국 군대의 지위는 1951년 9월 8일 샌프란시스코에서 서명된 일본과 미합중국간의 안전보장조약에 의해 이루어진 협정(행정협정)에 의해 정해진다." 이에 따르면 일본 주둔 미군의 지위가 두 개로 나누어져 있음을 알 수 있다. 첫째는 통일지휘권을 갖는 미군이고 둘째는 행정협정에 의해 일본 내 미군 기지사용권을 갖는 미군이다. 전자가 자위대에 대한 지휘권을 갖는 근거라는 분석이다. 이러한 분석에 의하면 미군은 두 번에 걸친 지휘권밀약(1952년 7월 23일의 요시다 · 크라크 미극동권 대장 사이의 제1차 지휘권 밀약, 1954년 2월 8일의 요시다 · 앨리슨 대사 사이의 제2차 지휘권 밀약)뿐만 아니라 조약상으로도 유사시 미군이 자위대에 대한 지휘권을 갖게 된다.[71]

이를 종합하면 주한 미군사령관이 겸직하고 있는 유엔군 사령관은 자위대와 한국군 그리고 미군을 연결하는 역할을 한다. 한반도 유사시 한

---

70) 道下徳成, 「朝鮮有事と日本の対応」, 木宮正史, 『朝鮮半島と東アジア』(岩波書店, 2015年), 181쪽 이하; 〈朝日新聞〉(2004年 12月 12日).

71) 矢部宏治, 『日本はなぜ「戦争ができる国」になったのか』(集英社インターナショナル, 2016年)249쪽.

미군의 자위대 법적 지배의 구조(신 안보조약 시대)

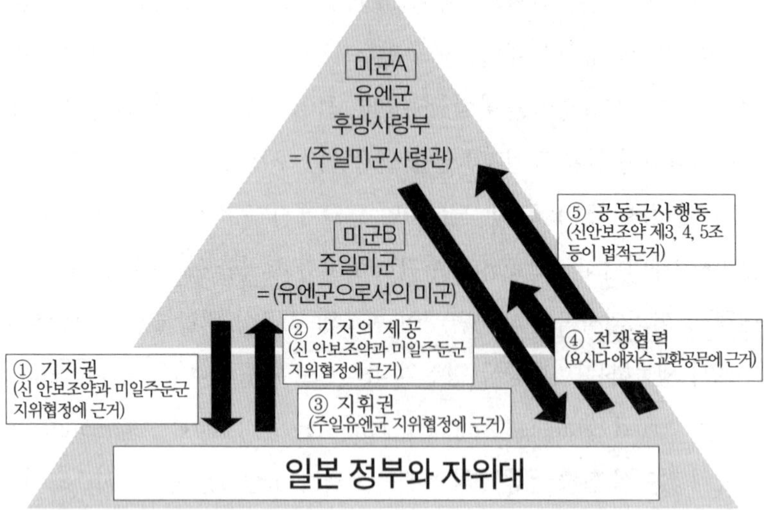

출전: 矢部宏治,『日本はなぜ「戦争ができる国」になったのか』(集英社インターナショナル, 2016年), 262쪽.

국군에 대한 작전통제권이 미군에 있으므로 결국 한반도 유사시 미군이 자위대와 한국군의 지휘권을 갖는 셈이 된다.

뿐만 아니라 이 '주일 유엔군지위협정'에 따르면 일본의 군사기지를 (한국전쟁)유엔군이 후방기지로 사용할 수 있도록 다음과 같이 규정하고 있다. "국제연합의 군대는 …일본과 미국간의 안전보장조약에 기초하여 미국이 사용할 수 있도록 제공된 시설 및 구역을 사용할 수 있다."(제5조2항). 그리고 실제로도 주일미군기지 중 7개소(자마 기지, 요코스카 군항, 사세보 군항, 요코타 기지, 화이트 비치, 오키나와 가데나 항공기지와 후텐마 항공기지)가 유엔군 기지로 지정되어 사용되고 있다.

'유엔군' 문제는 북미간의 평화협정 논의가 진행되고, 남북간의 정상회담이 전개되는 등 한반도를 둘러싼 국제정세가 평화모드로 급진전하던 시절인 2007년 1월 21일에도 논란이 되었다. 평화협정이 체결되면 유엔군의 폐지로 연결될 것을 우려한 당시의 주한미군사령관(Burwell B. Bell III)이 한반도 평화협정이 체결되더라도 유엔군이 존재해야 한다고 뜬금없이 얘기하여 세간의 화제가 된 적이 있다. 2019년에도 상황은 다르지 않다. 유엔사령부는 우여곡절은 있지만, 2018년~2019년 남북간 그리고 북미간 관계가 진전되고 유엔군의 존속 문제가 쟁점이 되자 창설 이래 처음으로 기자회견을 자처하며 적극적인 홍보를 하는가 하면,[72] '유엔군' 사령부의 재활성화 프로그램이 논의되고 있는 것으로 보여 주목할 만 하다.[73]

2019년 4월 18일 사상 처음으로 미디어 데이를 열어 유엔사의 중요성에 대한 홍보를 시작하였는데, 그 홍보의 골자는 "남북한이 평화협정을 맺는다고 해서 유엔사를 마음대로 해체할 수 없다"[74]는 것이었다.

결국, 이번 '안보관련법'상의 '중요영향사태법', '존립위기사태법'에서의 '중요영향사태'와 '존립위기사태'는 한반도 유사시와 관련된 한미일 군사협력의 완성도를 높이기 위하여 미일간의 군사협력 부분을 법제화한 것이라고도 볼 수 있을 것이다.

한미일 안보협의회의 한반도 유사시 액션플랜

미국무성은 자위대의 한반도 상륙 및 북한 개입시 한국 정부의 동의 여부와 관계하여 3국실무협의체인 한미일 안보협의회(DTT)에서 긴밀히 논의될 것이라 한 바 있다. 한미일 세 나라간 정보공유와 정책공조를 강화하기 위한 회의로서 2008년부터 실시된 이 한미일안보협의회는 일본

---

72) "유엔군사령부가 창설 이래 첫 기자간담회를 연 이유는?", 〈KBS News〉(2019년 4월 21일).

73) "미, 유엔군사령부 '재활성화' 프로그램 펼치고 있어", 〈KONAS.net〉(2019년 7월12일).

74) "유엔사 해체, 유엔 결정없이는 불가능", 〈서울신문〉(2019년 4월 18일); "남북 정전협정 맺어도 유엔사 해체 못한다", 〈New Daily〉(2019년 4월 27일).

자위대 역할 확대를 위한 통로로 이용될 수도 있다. 동북아에서의 군사 전략에 기초하여 일본을 중시하는 미국측에 우리 군의 전시작전권이 있는 상황을 고려하면, 이러한 합의체를 통하여 미국의 논리에 편승한 일본의 의사가 관철될 가능성은 높다고 할 것이다.

2015년 5월 30일, 싱가포르에서 열린 제14차 아시아안보협의(일명 샹그릴라 회의)에서 한미일국방장관은 3국간의 회의(애쉬턴 카터 미국방장관, 나카타니 겐 일본방위성장관, 한민구 한국국방장관)를 갖고, 북한의 핵미사일 위협평가와 공조방안, 한일 국방분야의 실질적 협력방안, 해적상대의 작전 협력, 재난구조 훈련, 양국간 중첩된 방공식별구역에서의 우발충돌 방지방안 등을 논의하였다. 일본측은 군사정보보호협정(GSOMIA), 상호군수지원협정(ACSA)등에 대한 논의를 한국측에 요청한 것으로 알려지고 있다. 2015년 10월 20일의 한일 국방장관회담에서도 나카타니 방위성장관은 동일한 요청을 하였으며, 다만, 이에 대해 한민구 국방장관은 "우리 국회와 국민의 지지가 선행돼야 한다. 신뢰를 쌓아가며 공감대가 넓어져야 가능하다"며 시기상조라는 태도를 보이면서도, 유엔평화유지군(PKO), 해적 대처, 인도지원 및 재해구난 활동에 관한 한일간 협력에 대해 합의했다고 한다. 그밖에도 한미국방장관회담에서는 3국간 정보공유약정의 제도화방안, 한국형 미사일방어(KAMD)와 주한미군 미사일방어의 연계, 일본의 안보법관련법의 제정 및 개정상황 공유 등이 논의되었다.

이를 종합하면, 미국 일본은 미일가이드라인의 개정과 그에 따른 '안보관련법'의 개정에 따라 자위대의 집단적 자위권 행사의 폭이 넓어지면서 한반도 유사시 액션플랜을 논의하고 있는 것으로 분석된다. 한반도 유사시 주일미군 및 국외 미군전력이 한반도에 증원되는 과정을 구체적인 상황에 기초해 미군후방지원, 함정호위 같은 군사활동으로 유형화하고,

'작전계획 5027'[75]에 따라 일본의 요코타, 후텐마 등 유엔사 후방기지 7곳을 통해 한반도에 들어오게 될 것으로 보이는데, 실무회담격인 3국 안보협의회(DTT)에서는 이러한 한일 국방장관회담에서의 논의를 구체화하고 있다고 보이며, 결국 자위대 역할 확대를 위한 통로로 이용되고 있다고 여겨진다.

4) 향후의 전망과 대응

평화헌법을 둘러싼 정치정세

이상과 같이 2015년의 일련의 '안보관련법'은 국제평화와 미군에 대한 후방지원이라는 깃발을 유지하면서도 집단적 자위권 행사를 위한 보폭을 질적으로 확장하고 있다. 일본에 대한 직접적인 무력공격이 아닌 경우라도 이를 '중요영향사태'로 파악하여 미군 등에 대한 후방지원의 폭을 확장하였으며, 한국 등 이웃나라나 우방국이 공격당할 경우에도 일본에 밀접한 관련 있는 다른 나라에 공격이 발생한 경우라고 판단하여 '존립위기사태'로 규정하고 무력행사를 행사할 수 있도록 하고 있어 헌법과 모순되는 근본적인 도전상황이 전개되고 있다.

자민당은 이러한 모순을 헌법 개정을 통하여 해소하려고 한다. 그 핵심은 전력(戰力)보유금지를 규정한 헌법 제9조 제2항을 삭제하고, 자위대를 국군으로 하는 것이다. 2012년 자민당의 헌법 '개정 초안'은 전쟁포기를 규정한 9조의 일부를 남겨두고, 제9조의2를 신설하여 국군(國防軍)

---

75) 한미연합사령부는 북한과 관련한 각종 사태에 대비하여 사태의 유형별로 연합 군사작전계획(Operation Plan)을 가지고 있는데, 북한 핵 시설을 파괴하기 위한 작전계획(OPLAN 5026), 남침에 대비하기 위한 작전계획(OPLAN 5027), 급변사태에 대비하기 위한 작전계획(OPLAN 5029)등을 준비하고 있다. 이 중 작전계획5027(OPLAN 5027)은 남침에 대비한 방어적인 것에서 시작하였으나 1994년 개정에서부터는 공격적인 성격이 가미되기 시작, 2002년 개정판에서는 더욱 공세적인 것으로 바뀌어 북미간 갈등을 증폭시키기도 하였다.

을 두고 있다. 여기에 국군의 법정주의(1항)와 국회통제(2항)를 규정하고 있다. 알기 쉽게 이야기하면, 현재 한국 헌법 5조와 거의 같은 내용을 담고 있다. 차선책은 제9조 제1항과 제2항을 남겨두되 제9조 제3항(또는 제9조의2)같은 것을 만들어서 여기에 자위대를 명기하는 방법일 것이다. 그런 의미에서 2020년 아베의 개헌론은 실현가능성을 중시한 다단계 개헌론의 첫발인 것이다.

잔존하는 헌법 제9조의 규제력

집단적 자위권을 용인하는 '안보관련법'안이 통과되었다고 하더라도 일본국 헌법 제9조의 규범력이 완전히 없어졌다고 단언 하기에는 운동론적으로도 그리고 현실적으로도 아직은 어렵다. 헌법에 배치되는 단계에까지 이른 해석개헌에 기초한 '안보관련법'으로 인하여 일본이 무력분쟁에 휩쓸릴 가능성이 높아졌으나, 일본국 헌법 제9조의 존재로 인하여 집단적 자위권의 행사는 당분간 필요최소한의 실력행사에 머무를 가능성이 높다. 한미상호방위조약과 같은 전면적 집단적 자위권 행사권에는 이르지 못하게 하는 정도의 대정부 규제력이 남아있다고 보아야 할 것이다.

형식만 있고 가치나 의미가 없게 되어 형해화 되었다고까지 극단적으로 비평할 수는 있겠지만, 헌법 제9조 특히 제9조 제2항이 삭제되지 않고 존재함으로 인하여, 비록 수세적인 의미이기는 하지만, 여전히 자위대를 군대라고 하지 못하고 있으며, 자위대의 무력을 필요최소한의 실력에 묶어 둘 수 있는 최소한의 규범력은 남아 있다고 볼 수 있기 때문이다. 나아가 이번 '안보관련법'으로 인하여 확대된 후방지원과 집단적 무력행사의 개연성에도 불구하고 그 무력사용은 필요최소한의 실력(무력행사 '신 3요건')을 벗어나지 못하게 견제하거나 주장할 수 있기 때문이다. '안보관련법'에 의해 전쟁참가의 길이 열렸음에도 불구하고 아베 정권이 2020년 개헌을 추진하는 이유이다.

한반도 평화와 일본평화헌법

일본의 '안보관련법'이 한반도의 유사시를 상정하고 있는 바, 한반도 평화는 일본 평화헌법의 존립기반을 강화하는 데 있어 매우 중요한 영향을 미칠 것으로 생각된다.

이러한 측면에서 지난 2005년의 한반도 평화 및 동아시아 평화 관련한 6자회담에서의 국제적 합의는 다시금 주목할 만 하다. 제4차 6자 회담의 결과로서 발표된 9 · 19 공동성명(2005.9.10.)에서는 "6자는 동북아시아의 항구적인 평화와 안정을 위해 공동 노력할 것을 공약하였다. 직접 관련 당사국들은 적절한 별도포럼에서 한반도의 항구적 평화체제에 관한 협상을 가질 것이다."(4조)라고 규정하고, 이를 실천하기 위한 행동원칙으로 "6자는 '공약 대 공약', '행동 대 행동' 원칙에 입각하여 단계적 방식으로 상기 합의의 이행을 위해 상호 조율된 조치를 취할 것"을 합의한 바 있다. 또한 '9 · 19 공동성명 이행을 위한 초기조치'인 (2007.2 · 13.)에서는 한반도 유사시를 평화로 바꾸기 위한 중대한 이정표를 다음과 같이 제시하고 있다. "미합중국과 조선민주주의인민공화국은 양자간 현안을 해결하고 전면적 외교관계로 나아가기 위한 양자대회를 개시한다.(Ⅱ.3)", "일본과 조선민주주의인민공화국은 불행한 과거와 미결 관심사안의 해결을 기반으로 평양선언에 따라 양국관계 정상화를 취해 나가는 것을 목표로 양자대화를 개시한다(Ⅱ.4)."

그리고 이러한 합의에 터잡아, 2007년 1월 30일에는 남북미중이 주체가 되어 포괄협정(umbrella agreement)을 맺고 여기에 남북간, 북미간 부속협정을 맺는 것이 한미간(캐슬린 스티븐스 국무성 동아태 수석차관보 – 김숙 외교부 북미국장)에 긴밀히 논의된 적도 있다.

최근에는 우여곡절과 교착상태에 빠져 있지만, 2018년 평창 동계올림픽을 계기로 큰 흐름에서 남북관계와 북미관계가 평화 국면으로 들어서 있고, 북일관계의 정상화도 물밑에서 타진되고 있다. 민간단체들도 한반도 평화논의를 재활성화하기 위해 민간회담을 오래전부터 지속하고 있는데, 6자회담 당사자 모두와 국교가 있는 몽골 정부의 주선으로 몽골의 수도 울란바토르에서 2015년 6월23~24일 무장갈등 예방을 위한 논의(울란바토르 프로세스)가 진행된 바 있다.

한편 일본 '안보관련법'을 폐지하는데 있어서는 한국 정부를 비롯한 아시아 각국 정부, 그리고 학계를 비롯한 시민사회의 비판적 역할이 무엇보다 중요하다. 일본 평화헌법은 전쟁을 다시는 일으키지 않겠다고 하는 아시아 각국과 민중에 대한 약속(부전 서약)이기 때문이다. 그럼에도 불구하고 2015년 '안보관련법'의 일본 국회 강행 · 통과시 한국 정부의 태도는 황교안 당시 국무총리의 국회에서의 발언(한국 정부 동의하의 자위대 상륙가능성)등에서 보듯 '안보관련법'을 용인하는 듯한 태도를 취한 바 있다. 한국 정부의 요청, 한국 정부의 동의와 같은 실효성도 진정성도 없는 면피용 대응이 아니라, 일본의 한반도를 비롯한 세계진출에 반대하여야 한다. 한미일 군사정보공유약정을 유예할 것이 아니라 폐기해야 하며, 한미일 합동군사훈련 중단 등의 강력한 조치가 필요하다고 여겨진다.

3장

일본 평화헌법의 아시아적 문맥

'안보관련법'은 그 대의명분을 한반도 유사시 및 중국의 위협 등 특히 아시아지역의 안보환경의 급변을 그 이유로 들고 있다. '일본의 안전'을 위하여 이러한 법이 필요하다는 것이다. 그러나 한반도를 비롯한 아시아 각국의 입장에서 보면 비록 미군의 후방지원을 위한 제한된 집단적 자위권 행사의 용인이라 하더라도 일본이 아시아지역에 있어 전쟁에 가담할 수 있는 개연성이 높아졌다는 점에서 오히려 '일본으로부터의 (아시아의) 안전'을 어떻게 지켜내야 할지 고민이 아닐 수 없다. 특히 아베 일본 정부는 역사수정주의에 입각하여 역대정부의 과거사 인식마저 부정하려는 입장에 있으며, 무기수출 금지 3원칙을 무기수출 3원칙으로 변경하는 등 아시아의 군사적 위협요인으로 등장하고 있다.

1946년 일본국 헌법은 제9조에 침략전쟁부인(제1항)과 비무장(제2항)을 규정하여 평화헌법으로 알려지고 있는데, 이러한 강도 높은 평화헌법이 성립한 것은 비록 실권을 배제한 상징이라고는 하나 천황을 존치(제1조)한 헌법에도 불구하고 비무장평화주의를 규정한다면 '일본으로부터의 안전'한 아시아지역 질서를 확립할 수 있을 것이라는 차선의 지역안보구상이자 일종의 대 아시아민중에 대한 약속이라고 할 수 있을 것이다.

그러나 이번 일련의 '안보관련법'에서는 이웃나라가 침략을 받는 경우에도 이를 존립위기사태로 보고 자위권을 행사할 수 있으며, 현재 전투가 벌어지지만 않는 곳이라면 한반도에서도 미군에 대한 후방지원을 할 수 있고, 자위대의 임무수행을 위한 무기사용도 가능케 함으로서 전쟁에 휩쓸릴 가능성을 높이는 등 전쟁할 수 있는 나라로의 탈바꿈을 시도하고 있다.

이를 방지하기 위해서는 아시아지역에 대한 부전결의로서의 일본국 헌법의 문맥에 대한 이해에 기초하여 '안보관련법'의 폐지, 비무장평화헌법에 기초한 평화외교, 과거사 반성에 기초한 동북아 평화공동체 건설이 필요하다.

1. 들어가는 말

일본 정부는 비무장평화주의를 규정한 평화헌법을 의식하여 개별적 자위권을 용인하되 집단적 자위권 행사를 부인하여 오던 종래의 입장을 바꾸어, 미군의 후방지원을 위한 집단적 자위권마저도 용인한 일련의 '안보관련법'을 2015년 중의원과 참의원에서 강행 · 통과시키고, 2016년 3월 29일 시행하였다.

2017년 9월 자민당 총재 선거에서 아베는 자위대를 헌법에 명기하는 개헌 이른바 가헌론을 내세웠다. 자민당 총재 임기를 '2연임 6년'에서 '3연임 9년'으로 바꾸어 3년속 자민당 총재에 당선된 뒤 2020년 1월 '연두소감'에서는 2020년 개헌 실현의지를 피력하였다.

'안보관련법'은 11개의 법을 포괄하는 명칭이다. 자위대법 개정안, '무력공격사태법 개정안'[1] 등 10개의 개정법률과 '평화유지활동법'을 묶어 이를 '안보관련법'이라고 한다.

이러한 '안보관련법' 논의에서 눈에 띄는 것은 그 대의명분을 한반도 유사시 및 중국의 위협 등 특히 아시아 지역의 안보환경의 급변을 그 이유로 들고 있는데, '일본의 안전'을 위하여 이러한 법이 필요하다는 것이다. 그러나 한반도를 비롯한 아시아 각국의 입장에서 보면 비록 미군의 후방지원을 위한 제한된 것이라 하더라도 집단적 자위권 행사를 용인 하는 것, 그러한 자위대를 이른바 제9조 가헌론의 형태로 헌법에 규정하는 것은 일본이 아시아 지역에 있어 전쟁에 가담할 수 있는 개연성이 높아졌다는 점에서 오히려 '일본으로부터의 (아시아의)안전'을 어떻게 지켜내야할지 고민하게끔 한다. 특히 아베 일본 정부는 역사수정주의에 입

1) 정식명칭은 「무력공격사태 및 존립위기사태 등에서의 일본의 평화와 독립성 및 국가와 국민의 안전 확보에 관한 법률」이다.

각하여 역대 정부의 소극적 과거사 인식마저 부정하려는 입장에 있으며, '무기수출금지 3원칙'을 '무기수출 3원칙'으로 변경하였으며, 우리 나라의 연간 국방예산보다 많은 연간 약 50조원 상당의 방위비 예산을 쓰는 방위비 대국이어서 아시아의 군사적 위협요인으로 등장하고 있다.

이하에서는 1946년 일본 평화헌법의 탄생을 '전쟁의 참화로부터 일본의 안전을 지키기 위한 것'[2]이라는 종래의 관점에 더하여, '일본의 군사적 위협 등으로부터 아시아의 안전을 지켜내기 위한 것'이라는 관점에서 재조명하고, 2015년의 일련의 '안보관련법'이 이른바 평화헌법에 부합하는지, 2020년 자위대 가헌론이 평화적 아시아의 미래를 위한 길인가를 살펴보고자 한다.

2. 일본 평화헌법의 탄생과 아시아

1) 일본국 헌법과 일본국 헌법 제9조

일본국 헌법의 개요

일본국 헌법(이른바 평화헌법, 정식명칭은 日本國憲法)은 전문과 103개 조항으로 구성되어 있으며, 1946년 11월 3일 공포되고, 6개월 후인 1947년 5월 3일 시행되었다. 한국전쟁 이후 자위대를 창설하는 등 교묘한 해석을 통한 위헌적 헌법운용으로 끊임없이 비판받는 등 우여곡절은 계속되고 있지만, 한차례의 명문 개헌 없이 70여년이 경과하였다.

---

2) 宮澤俊義, 『あたらしい憲法のはなし』(朝日新聞社, 1947年), 61쪽 이하; 杉原泰雄, 『憲法II』(有斐閣, 1989年), 108쪽 이하; 浦部法穂ほか, 『註解日本國憲法・上卷』(青林書院, 1984年), 164쪽 이하: 深瀬忠一, 『戰爭抛棄と平和的生存權』(岩波書店, 1987年), 68쪽 등.

천황을 제1조에 규정하고 있으나, 일본 제국헌법(이른바 메이지 헌법, 정식명칭은 大日本帝國憲法)과 달리, 국회에서 이미 선출한 국회의장에게 임명장을 수여하는 등의 의례적이고 상징적인 행위만을 하도록 하였으며, 일본국 헌법 전체는 기본적 인권의 존중과 국민주권을 기본으로 하면서도 평화주의를 헌법의 중요한 기본원리로 하고 있다.

일본 헌정사의 핫이슈인 평화주의 원리는 일본국 헌법의 전문과 제9조에 터잡고 있는데, 전문에서는 다시는 전쟁을 일으키지 않을 것을 결의하고, 평화 속에 생존할 권리를 확인하고 있다. 제9조 제1항에서는 "일본국민은, 정의와 질서를 기조로 하는 국제평화주의를 성실히 희구하고, 국가권력의 발동에 의한 전쟁과, 무력에 의한 위협 또는 무력 행사는, 국제분쟁의 해결수단으로서는, 이를 영구히 포기한다"고 하여 침략전쟁의 포기를 규정하고 있으며, 제2항에서는 "1항의 목적을 달성하기 위하여, 육해공군 그 밖의 전력은 이를 보유하지 않는다. 국가의 교전권은 인정하지 않는다"고 하여 비무장을 규정하고 있다. 이와 같이 강도 높은 비무장평화주의를 규정한 덕분에 일본국 헌법은 평화헌법이라 불리기도 한다.

제9조의 의미

일본국 헌법 제9조의 의미내용이 무엇인가에 대하여 전후 일본국 헌법학계의 태두라고 할 수 있는 미야자와 도시요시(宮澤俊義)를 비롯한[3] 다수는 일반적으로 전쟁포기, 군비철폐, 교전권의 부인[4]을 의미한다고 해석하였으나, 이와 같은 통설의 견해를 최고재판소가 적극적으로 받아들

3) 宮澤俊義, 앞의 책, 61쪽 이하.

4) 浦部, 앞의 책, 164쪽 이하.

이고 있는 것은 아니다.[5]

하지만 지방법원 차원에서는 이와같은 통설의 견해를 적극적으로 받아들여 보다 적극적인 사법적 판단을 시도한 바 있다. 예를 들어, 나가누마(長沼) 소송에서의 1973년 삿포로지방법원 판결이 그렇다. 방위청이 홋카이도(北海道)의 나가누마라는 지역에 항공자위대의 지대공 미사일기지를 건설하기 위해 보안림지정을 해제했는데, 이에 대하여 지역주민들이 들고 일어나 보안림지정해제처분의 취소를 청구한 이 소송에서, 삿포로지방법원은 다음과 같이 통설의 견해를 비교적 명쾌하게 수용했다. "헌법 제9조 제2항에서 모든 '전력(戰力)'을 보유하지 않는다고 한 이상 군대 그 밖의 전력에 의한 자위전쟁 · 제재를 위한 전쟁도 사실상 행할 수 없게 되었다. 일본국의 자위권 행사에는 외교교섭, 경찰력, 군민봉기, 침략국 국민의 재산몰수 · 국외 추방 등이 생각될 수 있을 뿐이다. 자위대의 편성 · 규모 · 장비 · 능력을 살펴보건 데 자위대는 명백히 '외적에 대해 실력적 전투행위를 목적으로 하는 인적, 물적 수단으로서의 조직체', 즉 군대이며, 제9조가 이를 금지하고 있는 '육해공군'이라는 '전력'에 해당한다."[6]

2) '일본으로부터의 안전'보장과 일본국 헌법 제9조

다면체로서의 일본국 헌법

일본국 헌법은 여러 가지 얼굴을 하고 있다.[7] 연합국의 입장에서 보면 군국주의 군대를 무장해제하고 침략전쟁을 금지한 헌법규정으로서의 성

5) 最判 1982. 9. 9, 民集 36券 9号.

6) 判例時報 712号, 1973. 9. 7.

7) 君島東彦ほか, 『戦争と平和を問いなおす』(法律文化社, 2014年), 170쪽 이하.

격이 강하다. 즉 일본국 헌법 제9조는 전후 서독 헌법 제26조(침략전쟁 준비의 금지), 이탈리아 헌법 제11조(전쟁제한 및 국제평화 촉진)와 흐름을 같이 하는 것이다.

같은 전범국이면서도 일본국 헌법의 경우 비무장평화주의에 이른 것을 설명하기 위해서는 천황의 존재를 언급하지 않을 수 없는데, 전범으로서 천황에게 돌아갈 전쟁책임을 대신하여 제9조 제2항과 같은 비무장 규정을 두었다는 점에서는 '피뢰침헌법'으로도 볼 수 있을 것이다.

일본의 평화를 옹호하는 민중의 입장에서 보면 군국주의 일본으로부터의 해방을 의미하는 신주단지로 보였을 것이나, 재일한국인 · 조선인의 입장에서 보면, 인권의 주체를 누구든(何人, person)으로 하지 않고 국민(國民, 다만 영문은 people)으로 하여 재일외국인의 인권주체성을 박탈한 차별의 헌법으로 비추어지기도 한다.[8] 1972년에야 비로소 독립한 오키나와의 입장에서 보면, 주일미군 기지의 74%를 일본 국토의 0.6%에 불과한 오키나와에 두고서 본토만 비무장을 주장하는 개념없는 헌법으로 비춰지기도 한다.

일본 보수정치세력의 입장에서 보면 군사력을 갖는데 걸림돌이 되는 강요된 헌법이며, 이 같은 측면은 패전 후 일본 헌정사에서 이른바 '자주헌법'을 갖자는 논의로 비화되기도 하였다.

8) 일본 정부의 재일한국인 등 외국인들의 인권을 제한 또는 배제하기 위한 정책은 집요하였는데, 일본국 헌법 제정 (1946년 11월) 이전 즉, 1945년 패전 직후의 중의원 선거법 개정에서는 재일한국인 등 소위 외지인을 제외하였으며, 일본국 헌법 제정 후인 1947년 5월에는 '외국인등록령'으로 재일 한국인 등을 외국인으로 취급하였다. 헌법 제정시에도 맥아더 사령부에서 인권의 주체를 누구든(何人, person)으로 제안하였으나 이를 국민(國民)으로 변형하였고 미군측의 불만을 의식하여 영문은 people로 남겨두는 등의 편법을 사용하기도 하였다. 이러한 점은 재일 외국인의 인권주체성과 관련한 해석상의 논란을 낳기도 하였다. 기타 일본 패전 후의 외국인의 인권주체성과 관련하여서는 이경주, 「전쟁책임과 일본국헌법」, 『법사학연구』 제19호(한국법사학회, 1998), 27~52쪽을 참조.

아시아에 대한 부전(不戰)결의로서의 일본국 헌법

이러한 다면성과 그 한계에도 불구하고 일본국 헌법의 성격 중에서 한국을 비롯한 아시아 각국이 주목해야 할 것은 일본국 헌법 제9조가 아시아 각국과 민중에 대한 부전결의로서의 성격을 갖는다는 점이다.

일본 내에서는 그다지 주목받지 못하고 있으나, 이러한 성격을 무엇보다 분명히 하고 있는 것은 다음과 같은 일본국 헌법의 전문이다. "일본국민은 평화를 유지하고, 전제와 예속 압박과 편견을 지상으로부터 영원히 제거하려하는 국제사회에서 명예 있는 지위를 차지하고자 한다."

뿐만 아니라, 무장을 해제하더라도 다른 나라가 일본의 주권을 침해하지 않을 것이므로 일본의 안전이 담보될 것이라는 의미로도 읽힐 수 있는 여지가 없는 것은 아니지만, 36년에 걸친 한반도 강점과 같은 주권침탈을 자행하였던 것에 대한 반성적 의미를 담아 "어떤 국가도 자기 나라만 생각하여 다른 나라를 무시해서는 안 되는 것이 정치도덕의 법칙 이며, 이 법칙에 따르는 것은 자국의 주권을 유지하고, 타국과의 대등관계에 서고자 하는 각국의 책무임을 일본국민은 믿는다"고 하고 있다.

이러한 부전결의 및 주권침해 방지서약을 제도적으로 뒷받침하는 것은 일본국 헌법 제9조 제1항(침략전쟁 부인)과 제2조(군비철폐, 교전권 부인)이다. 전쟁과 주권침해가 전쟁에 의해 이루어졌다는 점, 군사력에 의하여 이루어졌다는 점에서 이러한 결의와 서약을 구두선에 그치는 것이 아니라 비무장평화주의로 뒷받침하고 있다고도 읽을 수 있을 것이다.

다만, 이러한 획기성의 계기는 아무래도 천황의 전범처리 미수사건일 것이다. 메이지 헌법 하의 천황은 군통수권자였다. 도죠 히데키(東條英機)등 군부의 주도권에 의한 것이라는 논란이 없는 것은 아니나, 전쟁을 결의한 것도 천황이며, 전쟁을 종결한 것도 절대주의 메이지 헌법의 헌법기관인 천황이었다. 더군다나 중국 국민당정부 등에서 천황소추론이 강력하게 일어났으며, 그 밖에도 호주를 비롯한 아시아 각국에서는 천황을 전범처리하라는 요구가 잇달았다.[9] 1945년 8월 15일 이후 한반도를 비롯한 재일교포사회에서도 천황의 전범처리를 주장하는 목소리가 적지 않았다.[10] 미국 본토에서도 1945년 9월 18일 상원이 천황 히로히토(裕仁)를 전범으로 소추하자는 결의를 하였으며, 10월 6일 미국의 국무성, 육군성 등이 참여하여 결정하는 정책문서(SWNCC55-3)에서도 "천황 히로히토는 전쟁범죄인으로서 체포, 재판과 처벌을 피할 수 없다"는 내용을 담고 있었다.[11] 따라서 패전 후 천황의 전범처리는 그다지 의심할 여지가 없는 일이었고 천황 자신은 물론이고 일본 지배층도 무엇보다도 이를 염려하였는데, 이것이 다름아닌 천황제를 유지하려는 주장과 운동으로서 국체유지(國體護持) 문제이다. 천황의 목숨은 물론 천왕제 자체가 폐지될 것이 예상되는 바, 이른바 국체를 어떻게 유지할 것인가가 문제시 되었다.

일본으로부터의 안전보장과 평화헌법의 탄생

이러한 맥락에서 비교적 설득력 있게 지지를 받고 있는 것은 제9조의 제안자가 다름아닌 당시의 수상이었던 시데하라 기주로(幣原喜重郎)였다는 시데하라 제안설이다. 즉 천황측이 자신의 목숨 보전을 위하여 당시의 수상 시데하라를 통하여 일본국 헌법 제9조 제2항(비무장)을 전술

9) U.S. Dept. of State, *Foreign Relations of the United States*, 1945. Vol.V, p.908, pp.924-925.

10) 鄭栄桓, 「在日朝鮮人の戦争責任要求」, 『日本植民地研究』 28号(日本植民地研究会, 2016年).

11) 山極晃・中村政紀編, 『資料日本占領 1 天皇制』(大月書店, 1990年), 434~438쪽.

적으로 제안하였다는 것이다.[12] 결국 천황을 헌법기관으로 남기더라도 비무장조항을 둠으로써 천황을 중심으로 다시금 전쟁을 획책할 수 없게 하겠다는 것이다. 즉 하더라도 그 물적 기반인 군대가 없으므로 일본으로부터의 아시아 각국의 안전을 확보할 수 있다, 그러므로 천황의 존치에 대해서는 안심하라는 대외적인 효과를 노렸다는 것이다.

일본으로부터의 아시아의 안보를 지키기 위한 차원에서 일본국 헌법의 비무장평화조항이 명문화되었다는 것을 더욱 설득력있게 뒷받침하는 것은 맥아더가 「일본 비무장 조약안」의 비무장조항을 가로챘다는 주장이다. 미국무성은 독일의 비무장화를 위하여 4개국의 분할 점령에 의한 「독일 비무장화 조약안」을 1946년 1월 하순경에 구상, 2월 28일에 제안하였고 일본에도 그와 유사한 「일본 비무장 조약안」을 작성검토 중이었는데, 그 내용이 일본국 헌법 제9조 제2항의 기원이라는 것이다.

이 조약안은 '일본으로부터의 안전'을 위하여 일본의 무장해제와 비군사화를 완성하고 연합국 점령 후에도 25년간 일본에 대한 감찰체제를 두고 일본이 이 감찰체제를 수락할 것을 점령종결의 필요조건으로 하자는 것으로 구체적인 내용은 다음과 같다.

---

12) 시데하라 제안설 이전까지는 제9조의 제안자가 맥아더라는 주장이 일반적이었고, 그것을 뒷받침하는 것이 이른바 맥아더 노트의 발견이었다.이에 관해서는 "views of General of Army dogulas MacAther of rearmanet of Japan"(Annex of B of JCS 1380/48)Apri 16, 1948; 古関彰一「日本安保条約の締結と日本の自衛権」, 『獨協法学』 34号, 77쪽 이하 참조. 그러나 일본 보수층은 이를 악용하여 제9조 제2항(비무장)이 점령국 미국이 강요한 것이어서 이제는 자주적인 개헌을 해야 한다는 명분으로 삼았다. 다만 그 후 시데하라의 회고록 등이 발간되면서 일본 정부의 입장에서는 이러한 일본 정부측 제안설이 개헌에 걸림돌이 되는 바 오히려 이를 부인하고 있고, 호헌 평화세력의 경우에는 평화헌법이 강요된 헌법이 아니라 상황이 어찌되었던간에 사실은 오히려 일본 정부의 비밀 작업에 의한 것이었고, 비록 당시의 일본 지배층이 상황을 모면하기 위하여 전술적으로 제안되었더라도 그 가치를 뒤늦게 깨달은 광범위한 일본국민이 이를 전략적으로 받아들여 정착하게 되었다는 관점에서, 시데하라 제안설을 유력하게 받아들이는 주장도 있다. 田中英夫, 『日本国憲法制定過程の覚え書き』(有斐閣, 1979년), 94쪽.

제1조: 현존하는 육해군은 물론 헌병대, 특별경찰에 이르기까지 완전히 무장해제하며, 군사조직 또는 준군사조직을 금지한다. 무기탄약은 물론 비행기, 항공장비 및 군사물자는 물론이고 군사전용 가능한(dual use)물자의 생산과 수입도 금지하며, 군사시설을 금지할 뿐만 아니라 건조물이나 공장의 군사목적 사용도 금지한다.

제2조: 제1조의 목적달성을 위해 조약체결국은 점령종결과 동시에 발족할 4개국 감찰기구를 두기로 한다. 이 감찰기구는 4개국으로 구성되는 감독위원회에서 운영되고, 이 위원회의 위원장과 직원은 무장해제 및 비군사화규정의 준수현황을 감찰 · 심문 · 조사하기 위한 활동을 일본 전토에서 전개할 수 있다.

제3조: 조약체결국은 일본 점령 중에는 제1조의 실시에 대해 지지할 것을 일본에 의무지우고, 제1조와 제2조 규정을 명확히 수락하는 것을 조건으로 점령 종결을 합의할 수 있다.[13)]

이러한「일본 비무장 조약안」이 현실화될 경우, 가장 정치적으로 곤란해지는 것은 다름 아닌 맥아더였다. 천황을 활용하여 일본 점령을 성공리에 마치고 갈채와 환호 속에 귀국하여 대통령 후보로서의 정치적 입지를 다지려하였던 맥아더로서는 4개국 감찰기구 구성으로 자신의 귀국시기가 늦춰지는 것은 물론 일본비무장화의 일등공신이 바뀔 수 있는 상황이 감지된 것이다. 그래서 이「일본 비무장 조약안」의 제1조를 미리 가로채어 일본국 헌법 초안의 골자 역할을 하였던 맥아더 노트 제2항에 삽입하였고, 그것이 결국 현행 일본국 헌법 제9조 제2항으로 이어졌다는 주

13) 三輪隆,「日本非武装条約構想とマッカーサー · ノート第2項」,『埼玉大学紀要(教育学部)』47巻 第1号(埼玉大学, 1988), 52쪽 이하에서 재인용.

장이다.[14)]

일본국 헌법 제9조의 기원에 관한 이상의 주장은 서로 상반되는 듯이 보이나, '일본으로부터의 (아시아의) 안전'확보라는 관점에서 보면 종합적으로도 파악할 수 있다. 천황을 활용하여 원활하고 성공적인 점령통치의 성과를 업적으로 남기고 싶었던 맥아더가 아시아 각국의 반발을 의식하여 비무장조약 구상의 핵심을 헌법규정화하는 지침(이른바 맥아더 노트 제2조)을 제공하고, 천황의 목숨과 천황제 유지를 위하여 시데하라 등 당시의 일본 정치세력이 적극적으로 이를 받아들인 것으로 해석할 수 있다.

다만, 여기서 놓치지 말아야 할 것은 이러한 원동력이 무엇이었는가 하면, 아시아 각국이 일본으로부터의 안전에 대하여 강력히 우려하고 천황의 전범처벌을 주장하였기 때문에 맥아더와 일본 정부가 서로 주고받는 상황이 전개되었다는 것이다.[15)] 천황을 활용하여 원활한 점령통치 업적을 남기고자 하였던 맥아더에게는 연합국은 물론 아시아 각국의 일본에 대한 우려를 불식시키려는 방법으로 일본국 헌법 제9조를 통하여 '일본으로부터의 안전'을 지킬 수 있다는 나름의 방책을 제시하지 않을 수 없었던 것이다.

결국 오늘날 일본에서는 이러한 아시아적 문맥을 잊어버리고, 오로지 '일본의 안전'만을 염두에 두고[16)] '안보관련법'을 강행 · 통과 시켰고, 일본국 헌법 제9조를 유린하고 있지만, 과연 '일본으로부터의 안전'은 확보되었는지 의문이다. 일본은 약 23만(현원 약 22만 명)의 자위대를 가지

---

14) 이와 같은 주장을 하는 이는 미와 타카시(三輪隆) 교수이다. 그는 1945년 가을 맥아더가 일본 정부에 개헌안을 요구하였을 당시에도 비무장조항이 없었으며, 1946년 1월에도 없었는데, 1946년 2월 맥아더 노트에 비무장조항이 갑자기 등장한 것에 주목하고 있다. 三輪隆, 앞의 논문.

15) 古関彰一, 『新憲法の誕生』(中公文庫, 1995년), 105쪽 이하 참조.

16) 일본의 안전을 이유로 한 일본 정부 당국자들의 각종 발언 등에 대해서는 浦田一郎, 『自衛力の論理と歴史』(日本評論社, 2012年), 74쪽 이하.

고 있고, 군사비는 세계 9위(2019년 SIPRI 기준, 한국은 10위)이다. 역사수정주의에 입각하여 침략의 과거사를 반성하기는커녕 오히려 미화하고 있고, 전범재판을 억울해하고 있다. 특히 아베 정권은 2014년 4월 1일 종래의 '무기수출금지 3원칙'을 '방위장비이전 3원칙(이른바 무기수출 3원칙)'으로 바꾸고, 무기의 국제공동개발을 추진하는 등 일본의 군사력 증강의 길로 나서고 있다. 2015년에는 방위장비청을 발족하고, 군사기술로 전용가능한 과학기술정책(dual use)을 추진하고 있다. 제한적이긴 하지만 집단적 자위권 사용이 가능한 '안보관련법'을 시행하고 있으며, 2020년에는 자위대를 헌법에 명기하려는 의지를 불태우고 있다.

사실 일본국 헌법 제9조는 일본의 패전에도 불구하고 이탈리아 독일보다 극렬하였던 군국주의 일본으로부터의 아시아의 안전보장을 무엇보다 염려하였던 당시의 국제정세를 반영하고 있다고 보아야 할 것이다. 오로지 '일본의 안전'확보라는 관점에서 제시되고 있는 '안보관련법'과 이로 인한 헌법 유린은 '일본으로부터의 안전'에 대한 우려를 더욱 증폭시키고 있다.

일본국 헌법 제9조와 같은 '일본으로부터의 안전' 보장책이 제시되지 않았다면 전범 천황이 상징으로 격하되었다하더라도 패전 후 일본을 아시아의 일원으로 받아들이기 어려웠을 것이다. 일본국 헌법은 아시아 속의 일본이 되기 위한 또는 아시아의 일원이 되기위한 필요최소한의 서약이었을 것이다.

3) 집단적 자위권 부인론과 아시아

요시다 노선과 1972년 통일 견해

일본으로부터의 아시아의 안전보장 구상은 1948년을 전후한 냉전의 시작과 1950년 한국전쟁을 계기로 퇴색되기 시작하였다. 일본 정부는

1950년 8월 15일 7만 5000명 정원의 경찰예비대를 발족하였고, 1954년 7월 자위대법 시행과 함께 자위대로 탈바꿈하였다.

개별적 자위권에 대하여 일본 정부는 애초에는 비록 외교적 답변이었을지라도 부정적인 태도를 취하다가[17] 자위대가 발족하자 개별적 자위를 위한 '필요최소한의 실력'부대에 불과하다는 궤변을 늘어놓기 시작하였으나, 집단적 자위권까지 용인하는 것인가에 대해서는 아시아지역의 안보문제를 야기할 것을 염려하여 유보적이었다.[18]

1952년 안보조약이 발효되면서 미국과의 집단적 자위권 행사가 우려되자, 1954년에는 정부 견해로서 집단적 자위권을 아예 부인하였다.[19] 국회도 아시아 각국으로부터의 우려를 의식하여 "자위란 해외에 출동하지 않는다는 것을 의미하며, 어떤 경우에도 이러한 한계를 넘어 외국에 출동는 것은 일전의 태평양전쟁의 경험으로도 너무도 명백하다"[20]면서 '자위대 해외파병 금지결의'를 한 바 있다.

집단적 자위권에 대한 이러한 소극적 견해를 전개한 것은 요시다 수상이었다. 제45대 총리(1946.5.22.~1947.5.24.)를 담당하였던 요시다 수상은 재임 중 현행 일본국 헌법을 제정(1946.11.3.)하고 시행(1947.5.3.)

---

17) 개별적 자위권에 대해서 조차도 부정적이었던 헌법제정의회에서의 요시다의 답변, "전쟁포기에 관한 본안의 규정은 직접적으로는 자위권을 부정하고 있지는 않지만, 제9조 제2항에서 일체의 군비와 국가의 교전권을 부정한 결과 자위권의 발동으로서의 전쟁도 교전권도 포기한 것이다.…. 최근의 전쟁은 대부분 국가방위권 이름으로 이루어진 경우가 현저한 것이 사실이다. 따라서 정당방위권을 인정하는 것은 전쟁을 유발하는 것이라고 생각된다." 参議院事務局編, 『帝国憲法改正審議録戦争放棄編』(新日本法規出版, 1952年)48頁, 68頁; 山内敏弘, 『平和憲法の理論』(日本評論社, 1992年), 121쪽 이하 참조.

18) 요시다수상은 '당국자로서는 집단적 자위권의 실제적 형태를 보지 않으면 답할 수가 없다'고 하면서 답변을 회피. 第7回 国会衆議院外務委員会 会議録 第1号(1949年12月21日), 7쪽.

19) 第19回 国会 衆議院 外務委員会 議事録 第57号(1954年6月3日), 4쪽 이하.

20) 第19回 国会 参議院 会議録 第57号(1954年6月2日), 35쪽.

하였으며, 제48대~51대 총리를 지냈던 기간(1948.10.15.~1954.12.10.)에는 자위대법을 제정하고, 그 후 여론의 반대를 무릅쓰고 자위대를 발족하였는데, 본격적인 무장은 회피하되 연합군점령으부터의 독립을 꽤하던 시기였던 바, 논자에 따라서는 이 시기를 비무장평화주의로부터 경무장평화주의로의 전환기라 분석하기도 한다.[21)]

집단적 자위권에 대한 이러한 소극적 태도는 1961년 신 안보조약(1960.1.19.)체결 논란 하에서도 이어졌다. 기시 수상은 1960년 2월 10일 "자국과 밀접한 관계가 있는 타국이 침략당한 경우에 이를 자국이 침략당한 것과 마찬가지 입장에서 그 침략당한 타국에까지 출동하여 이를 방위하는 것이 집단적 자위권의 중심적 문제일 텐데, 이러한 것은 일본국 헌법에서는 불가능하다"[22)]고 답변하였다.

일본 정부의 **집단적 자위권 부인론은 다나카 내각 하에서 1972년 정부 통일 견해로 다시 한번 확인되었다.** "일본국 헌법 하에서 무력행사가 허용되는 것은 일본에 대한 급박하고 부정한 사태에 대처하기 위한 경우에 한정되며, 따라서 **다른 나라에 대하여 가해진 무력공격을 저지하기 위한 것을 내용으로 하는 이른바 집단적 자위권의 행사는 헌법상 허용되지 않는다고** 말하지 않을 수 없다."[23)]

'일본으로부터의 안전' 개념 희석화의 출발 국제공헌론

① 1990년대의 집단적 자위권론

1990년대 들어 미국주도의 평화유지군 활동에 파병을 요구하는 미국의 요구가 강력해지자 자위대 해외파병의 길을 모색하던 일본 정부는 국제

---

21) 渡辺治, 『日本国憲法改正史』, 日本評論社, 1987, 312쪽 이하; 渡辺治, 『現代日本社会論』(労働旬報社, 1996年), 43쪽 이하.

22) 第34回 国会 参議院会議録 第6号(1960年2月10日), 77쪽.

23) 浦田, 앞의 책, 71쪽.

공헌이라는 명분으로 미국의 요구에 호응하고, 1992년 'PKO협력법'을 제정하였다. 원래는 군사적 활동에 주안점을 둔 자위대 파병을 염두에 두었으나, 국민적 저항에 부딪혀, 결국 전투종결 지역에서의 비군사적 평화유지활동에 종사하게 한다는 것으로 톤다운하고 이를 자위대 해외'파견'이라고 설명하였다.

1999년에는 미군활동에 대한 폭넓은 후방지원을 요구하는 미국의 요구를 국제공헌이라는 이름으로 수용하여 '주변사태법'(정식 명칭은 「주변사태에 직면하여 일본의 평화 및 안전을 확보하기 위한 조치에 관한 법」)을 제정하였다. 후방지원이라고는 하지만 미군의 군사활동과 일체화되는 행위는 집단적 자위권 행사에 다름아니라는 국민적 저항에 직면하여 몇가지 꼬리표를 달고 통과되었다. 즉, 비전투지역(현재 전투행위가 일어나지 않고, 자위대 활동기간 동안 전투행위가 일어나지 않을 것으로 인정되는 지역)에서의 미군에 대한 각종 물자보급 · 운송 · 수리 등의 후방지원 활동은 가능하지만 탄약 등의 보급은 금지하였다. 결국 공해상에서의 급유 · 급수 정도의 후방지원이 이루어지는데 그쳤다.

2001년에는 '주변사태법'의 적용범위를 더욱 확장하여 일본 주변(한반도, 대만 등)이 아닌 중동지역이라도 테러방지를 위하여 자위대를 파견할 수 있다는 내용의 '테러특별법'을 제정하였다. 그러나 여전히 전쟁물자 보급을 위한 후방지원은 허용되지 않았다.

이러한 것은 일본의 해외파병으로 인한 국내외의 우려 즉 일본 국내에서는 제2차 세계대전 시의 해외파병을 연상케 하였고, 침략을 받았던 아시아 각국으로부터는 일본의 재침략에 대한 우려가 강력히 표명되었던 바, 이러한 아시아 각국의 반발을 우려한 것이다. 당시 한국 정부도 "과거 일본의 군국주의를 경험했던 한국을 비롯한 아시아 나라들의 우려를 충분히 고려해 자위대 해외파병이 군사대국화와 연결되지 않기를 바란다"[24]고 논평하였다. 다만, "일본이 경제력에 값하는 국제적인 활동을 하는데 반대하지 않는다"는 반쯤 용인하는 태도를 취하였다.

② 2010년대의 집단적 자위권론

2010년대 들어 추진되기 시작한 일련의 '안보관련법'은 질적 변질의 단계를 밟게 된다. 2015년의 '중요영향사태법'에서는 미군 등에 대한 후방지원을 일본의 주변사태뿐만 아니라 일본안보에 중요한 영향을 미칠 수 있는 사태로까지 확장하였고, '존립위기사태법'에서는 일본이 직접 무력공격을 받거나 받을 것이 예측되는 사태뿐만 아니라, 일본 아닌 나라 예를 들어 미국이나 한반도에 무력공격이 발생하거나 예측되는 경우에도 이를 존립위기사태라는 이름으로 상정하고 자위권을 행사할 수 있다는 집단적 자위권 행사 용인단계로 나아가고 있다.

이러한 일련의 '안보관련법'의 밑그림은 2015년 4월 27일 개정된 미일방위협력지침(일명 신신 가이드라인)이다. 미일 외교국방장관 연석회의(이른바 2+2회의)에서 양국은 자위대가 움직일 수 있는 상황을 5단계(평상시 상황–잠재적으로 일본이 위험할 수 있는 상황–일본과 가까운 나라가 공격받는 상황–일본이 공격받는 상황–일본에 대규모 재해가 발생한 상황)로 세분화하고, 미일 작전범위를 일본 주변(한반도, 대만)에서 전세계로 확장하였으며, 심지어 중국견제를 위하여 우주에서의 위성감시까지 추가하였다.

이러한 과정에서 열쇳말이 되고 있는 것은 국제공헌론이다. 국제공헌론은 일본의 군사정책이 확대 전개될 때마다 견제역할을 하였던 일본의 군사화 및 군사대국화에 대한 우려를 희석화시키는 역할을 하였다.

---

24) "자위대 조기파병우려", 〈한겨레신문〉(1992년 6월 7일).

그럼에도 불구하고 한국 정부는 집단적 자위권 용인과 관련한 일본의 군사정책 변화에 이렇다할 각을 세우지 못하고 있다. 오히려 당시 황교안 국무총리가 국회에서 '한국 정부 동의 하의 상륙가능성'을 언급함으로써 집단적 자위권 행사를 용인하는 태도를 취하여 일본 언론에 대서특필된 적이 있다.

2020년에는 국가와 국민의 안전을 명분으로 기존의 일본국 헌법 제9조 제1항과 제2항에 덧붙여 제3항(또는 제9조의2)을 만들어 자위대를 헌법에 규정하려고 하고 있다.

3. '일본으로부터의 안보'에 도전하는 '안보관련법'과 아베의 가헌론

1) 아시아적 문맥 망각한 각의결정

집단적 자위권을 용인한 일본의 '안보관련법'은 2014년 7월의 각의결정에서 비롯된다. 각의결정이란 내각법 제4조와 제6조에 따른 것으로 헌법과 법률에서 '내각의 직무권한'이라고 규정된 사항과 '국정에 관한 중요사항'으로서 내각의 의사결정이 필요한 것에 대하여 전각료가 합의하여 정부 방침을 결정하는 절차로 전원일치를 관습으로 하고 있다. 법률과 조약의 공포, 법률안, 예산안 등의 국회제출 등이 각의결정 사항이다. 그 밖에도 각의의 의사결정이 필요한 것으로는 각의 양해, 각의 보고 등이 있다. 우리의 국무회의 심의와 유사한 것으로 볼 수 있다.

일본 정부는 각의결정에 의한 헌법 해석의 변경을 '재량행위'이며, '안보관련법'에 대해서는 헌법 해석의 기본 틀도 바뀌지 않았다고 주장하고 있다.

이 각의결정은 전문 외에 다음과 같이 모두 네 부분으로 구성되어 있다. '무력공격에 이르지 않는 침해에 대한 대처', '국제사회의 평화와 안전에 대한 가일층의 공헌', '헌법 제9조 하에서 허용되는 자위의 조치', '향후 국내법정비의 진행'이 그것이다.

이중 가장 큰 논란이 되고 있는 것은 「헌법 제9조 하에서 허용되는 자위의 조치」의 부분이다. 해당 부분은 다음과 같다. "(3)……일본에 대한 무력공격이 발생한 경우뿐만 아니라, **일본과 밀접한 관계에 있는 다른 나라에 대한 무력공격이 발생하고**, 이에 따라 일본의 존립이 위협받고, 국민의 생명, 자유 및 행복추구의 **권리가 근저에서부터 뒤집힐 명백한 위험이 있는 경우**에, 이를 배제하고 일본의 존립을 지키고 국민을 보호하기 위한 다른 적당한 수단이 없을 때, **필요최소한도의 실력행사**를 하는 것은 종래의 정부 견해의 기본적 논리에 기초한 자위의 조치로서, 헌법상 허용되어야 한다는 판단에 이르렀다."[25)]

사실 일본 정부의 주장처럼 집단적 자위권이라는 말이 공공연히 사용되고 있지는 않다. 집단적 자위권이라는 말은 위의 '헌법 제9조 하에서 허용되는 자위의 조치'의 (3)을 부연설명하는 (4)에서 "헌법상 허용되는 '무력사용'이 국제법상 집단적 자위권이 근거가 되는 경우가 있다"고 언급한 부분에 불과하고, 나머지 부분에서는 사용을 적극적으로 피하고 있다.[26)]

그러나 일본 정부는 자위의 개념을 추상화하고 '자위의 조치'라는 일반화된 말로 대신 사용하면서 그 의미내용에 집단적 자위권을 끼워 팔기식

---

25) 閣議決定, 「国の存立を全うし国民を守るため切れ目のない安全保障法制の整備について」, 2015年7月1日. 출처, www.cas.go.jp.

26) 기무라 소타(木村草太)라는 교수는 이를 근거로 각의결정 자체가 집단적 자위권 용인의 근거가 될 수 없다고 주장하기도 한다. 木村草太, 『集団的自衛権はなぜ違憲なのか』(晶文社, 2015年)참조

으로 해석해 넣고 있다.[27] 이는 일본 정부의 종래의 견해(1972년)가 집단적 자위권은 당연히 부정하고 있는 바, 개별적 자위권이라는 표현을 사용하고 있지 않고 그냥 '자위권'이라고 표현하고 있었을 뿐인데, 이를 악용하는 것이기도 하다.

헌법과 국제법과의 관계에서 얘기하자면, 자위권에 대한 종래의 정부 견해의 기본논리는 자위권은 국제법상 가능할 수 있으나 헌법상 불가능하다는 입장이었는데, 이제는 앞뒤를 편의적으로 바꾸어 헌법상 가능하지 않지만, 국제법상의 권리로서 가능하다는 식이다.[28] 그리고 이러한 연장선상에서 '자위의 조치'로서 필요최소한의 실력에 의한 집단적 자위권이 가능하다고 왜곡하고 있는 것이다.[29]

또한 집단적 자위권을 부인하여 왔던 일본 정부 스스로의 헌법 해석(1954년 정부 견해, 1972년 견해)에 배치될 뿐만 아니라, 집단적 자위권이 위헌이라는 헌법학계의 압도적 다수설을 부인하는 것도 문제이지만, 이러한 위헌적인 헌법변경을 내각의 결정으로 한다는 것도 헌법적 절차를 무시하는 처사이다. 집단적 자위권 용인과 같은 실체적 내용의 변화에 대해서는 가령 필요하다면 국민적 동의에 기초하여 명문의 헌법 개헌을 통하여[30] 달성하여야 할 것이다.

뿐만 아니라 각의결정 내용의 대부분이 일본 주변의 안보환경에 대응하여 일본의 안전을 지키기 위한 것으로 일관하고 있는데, 일본국 헌법

---

27) 山内敏弘, 「立憲平和主義と集団的自衛権」, 『日本国憲法の継承と発展』(全国憲法研究会, 2015年), 125쪽 이하 참조.

28) 蟻川恒正, 「国際法の支配」, 『法律時報』(日本評論社, 2015年 11月号), 6~7쪽 참조.

29) 安部浩己, 「安保関連法の成立と国際法」, 『法律時報』(日本評論社, 2015年 11月号), 4~5쪽 참조.

30) '국민안보간담회'라는 단체의 주장이기도 하다. 이 단체는 일본 정부가 주도하는 안보간담회에 대항하기 위하여 히구치 요이치(樋口陽一) 교수 등 현행 헌법 옹호에 적극적인 저명인사로 구성된 단체이다. http://kokumin-anpo.com/

의 아시아적인 문맥 즉 일본의 군사화에 따른 아시아의 안보를 지키기 위한 견제장치라는 사실에 대해서는 완전히 망각하고 있다는데 문제의 심각성이 있다.

2) 한반도 평화와 아시아 평화를 위협하는 '안보관련법'

중요영향사태법과 아시아

미군의 군사활동에 대한 후방지원의 폭을 넓히기 위해 1997년에 제정된 '주변사태법'은 2015년 '중요영향사태법'으로 변경되었다. 그리고 법률의 목적을 규정한 제1조는 다음과 같이 길고도 모호한 문구로 변경되었다. "이 법률은, 그대로 방치하면 일본에 대한 직접적인 무력공격에 이를 위험이 있는 사태 등 일본의 평화 및 안전에 중요한 영향을 미치는 사태에 처하여, **미국 군대 등에 대한 후방지원 활동**을 함으로써 미일안보조약의 효과적인 운영에 기여할 것을 중핵으로 하고……, 일본의 평화 및 안전확보에 이바지 하는 것을 목적으로 한다." 그리고 이를 뒷받침하기 위해 후방지원 활동의 대상도 미군에서 '미국 군대 등'으로 하여 미군 이외의 외국군대로 확대하였다(3조 1항2호).

후방지원의 범위가 확대되고, 후방지원을 할 수 있는 '비전투지역' 개념이 완화되고, 후방지원의 대상을 미국에 한정하지 않으면서, 미국뿐만 아니라 오스트리아 및 인도해군도 지원할 수 있게 된 셈이다. 인도양에서 남중국해에 이르는 원유수송로를 미국을 중심으로 한 다국간 틀에서 방어하겠다는 미국의 대외전략이 반영된 것이다.[31] 이는 중국봉쇄의 일환이라고도 평가할 수 있을 것이다. 또한 후방지원의 내용물도 확대되었다. 여전히 무기제공은 안되지만, 탄약공급 및 발진 준비 중 항공기에 대

31) 길윤형,"자위대 중국봉쇄 참여했다가 공격대상 될 수도", 〈한겨레〉(2015년 4월 28일).

한 급유도 가능해졌다.

뿐만 아니라, 종래의 '선박조사활동법'(정식명칭은 「주변사태에 직면하여 실시하는 선박검사 활동에 관한 법률」)도 그 명칭을 「중요영향사태 등에 직면하여 실시하는 선박검사 활동에 관한 법률」(이하 '선박검사활동법')로 변경하여, 주변사태뿐만 아니라 중요영향사태의 경우에도 선박검사 활동이 가능하게 되었다. 대량살상무기의 확산방지(Proliferation Security Initiative:PSI)라는 명분으로 확대될 미국에 의한 국제적 선박조사활동에 참가의 길이 열린 셈이다. 즉 북한 선박에 대한 검문 등의 문제로 국제분쟁의 소지는 더욱 커지게 되었다.

그런데, '중요영향사태법'의 전신인 '주변사태법'에 비하여 지리적 한계가 확장되었다고는 하나, 이 '중요영향사태법'에서 '미국 군대 등에 대한 후방지원'(3조1항)을 말할 때의 미군의 주요활동범위는 여전히 한반도를 비롯한 아시아지역이다.

'주변사태법' 하에서는 후방지원을 주목적으로 하되 지리적 한계(예, 한반도 사태, 대만사태)와 더불어 후방지원의 내용도 급유와 급수 등에 한정되었으나, '중요영향사태법'에서는, 비록 직접적인 무기제공은 안된다고 하고 있지만, 내용적으로 확대되어 탄약보급 및 발진 준비 중인 전투기 등에 대한 급유까지도 가능해졌다. 예를 들면, 자위대의 이즈모(出雲)라는 소형항공모함에서 미 해병대의 오스프리(MV-22)라는 다목적 수직이착륙비행기 등에 대한 탄약보급 · 급유 등의 후방지원이 가능해지는 것이다.

'전투종결지역'으로 한정하였던 비전투지역이라는 개념을 확대하여 '현재 전투행위가 벌어지지 않는 지역'으로 확대하여 자위대의 병참부대가 후방지원을 하도록 하였다. 현재 총알이 날아오지만 않으면 전쟁이 벌어지고 있는 지역까지 접근해 미국과 다국적군에 대한 무기와 탄약을 지급할 수 있다는 것이다. 이를 한반도에 적용하면 다음과 같다. 한반도에서 전쟁이 발생할 경우 한국군과 미군이 한미상호방위조약에 근거하여 휴전선 인근에서 북한군과 전투를 하게 되고, 이를 '중요영향사태'로 파악한 일본은, 한국의 동의를 얻어, 자위대의 병참부대를 '현재 전투행위가 벌어지지 않는' 부산 등에 상륙하여 후방지원을 할 수 있는 체제가 만들어지게 되었다는 것을 의미한다.

애초의 법안에는 제3국의 동의를 전제로 하는 문안이 없었으나 국내외의 반발에 직면하여 "외국영역에 대한 대응조처는 당해 외국의 동의가 있을 때에 한정하여 시행하는 것으로 한다"[32)]는 조항이 추가 되었다. 그러나 이러한 제3국 동의조항이 과연 실효성이 있는가에 대해서는 의문이 있다.

일반에게는 잘 알려져 있지 않지만, 한반도에서 전쟁 등 유사시 상황이 되면 한국군의 전시작전권은 미국 태평양 사령관의 지휘를 받는 주한미군 사령관으로 이전되고, 거의 자동적으로 주일미군이 개입된다. 이미 일본 본토의 요코스카(해군), 요코타(공군), 자마(육군), 사세보(해군)의 4개 기지와 오키나와의 가데나(공군), 화이트비치(해군), 후텐마(해병대)의 3개 기지가 1954년의 '주일 유엔군 지위협정'[33)]에 따라 유사시 한반도 사태에 활용될 수 있는 유엔사 후방기지로 지정되어있다.

이러한 상황 하에서 전시작전권이 한미연합사(미군)에 있고 미국과 동맹관계에 있는 한국으로서는 '작전상 자위대 상륙이 필요하다'고 만일 미국이 요청해 온다면, 자위대의 한반도 상륙을 거부하기 어려울 것임은 긴

32) 김지훈, "2015년 4월27일 가이드라인에는 제3국 주권에 대한 완전한 존중(fully respect)를 언급", 〈한겨레〉(2015년 8월 5일).

33) 鹿島平和研究所編, 『日本外交主要文書 · 年表』 第1卷(原書房, 1893年); 外務省条約局編, 『条約集』第31集 第106卷, 614~626쪽.

설명을 필요로 하지 않는다.[34] 더군다나, 한미동맹이 북한에 대한 선제공격 가능성을 포함한 맞춤형 억제전략(tailored deterrence)을 취하고 있어 미군이 북한에 대한 군사행동을 개시하면, 이를 중요영향사태로 파악한 일본은 미군에 대한 후방지원 활동의 폭을 더욱 확대할 것이다.

나아가 만일 병참(탄약보급, 발진대기 중인 전투기에 대한 급유)을 위해 상륙한 자위대를 견제하기 위하여 북한이 자위대에 대하여 공중 폭격이라도 하게 된다면 일본은 무력공격을 당했다고 판단하고 전투행위에 돌입하는 최악의 시나리오도 배제할 수 없는 상황이 전개될 수 있다.[35]

존립위기사태법과 아시아 그리고 한반도

'존립위기사태법'의 정식명칭은 「무력공격사태 및 존립위기사태 등에서의 일본의 평화와 독립성 및 국가와 국민의 안전 확보에 관한 법률」이다. 이는 종래의 '무력공격사태법'(정식명칭은 「무력공격사태 등에서의 일본의 평화와 독립 및 국가와 국민의 안전확보에 관한 법률」)에 '존립위기사태'를 추가한 것이다. 종래의 '무력공격사태법'에서도 무력공격을 '무력공격사태'(무력공격발생사태와 무력공격절박사태)에 더하여 '무력공격예측사태'라는 불명확개념을 추가하여 자의적 행사의 위험성이 염려되었던 법률이었다.

여기에 새로이 추가된 '존립위기사태'란 "일본과 밀접한 관계에 있는 다른 나라에 대한 무력행사가 발생하고, 이로 인하여 일본의 존립이 위협받고, 국민의 생명 자유 및 행복추구권이 근저에서 뒤집힐 명백한 위험이 있는 사태"(2조4항)라고 규정하고 있다. 이처럼 개념규정이 불명확하여 자의적 해석의 위험성이 문제되었는데, 이에 대하여 일본 정부는 존

34) 정욱식, 『동맹의 덫』(삼인, 2005년), 42쪽 이하.

35) 水島, 앞의 책, 93쪽 이하 참조.

립위기사태의 예로 호르무즈 해협이 기뢰로 봉쇄되는 경우와 한반도 유사시를 들고 있다.[36] 이 '존립위기사태법'에서는 종래의 무력행사 개념과 이에 기초한 자위대 발동의 3요건(일본에 대한 위법적 무력공격, 다른 수단 없을 것 = 자위조치, 필요최소한의 실력행사)[37]이 다음과 같이 확대되었다. "① 일본에 대한 무력공격이 발생한 경우뿐만 아니라, **일본과 밀접한 관계에 있는 다른 나라에 대한 무력공격이 발생하고**, 이에 따라 일본의 존립이 위협받고, 국민의 생명, 자유 및 행복추구의 권리가 근저에서부터 뒤집힐 명백한 위험이 있는 경우에, ② 이를 배제하고 일본의 존립을 지키고 국민을 보호하기 위한(자위의 조치로서)다른 적당한 수단이 없을 때, ③ 필요최소한도의 실력행사를 하는 것은 종래의 정부 견해의 기본적 논리에 기초한 '자위의 조치'로서, 헌법상 허용되어야 한다는 판단에 이르렀다."[38] 즉, 일본에 대한 무력공격 뿐만아니라 일본과 밀접한 관계에 있는 나라에 대한 공격이 추가되면서 집단적 자위권의 논리로 탈바꿈된 것이다.

또한, 종래의 '무력공격사태법'에는 미군에 대한 지원활동에 한정하였던 것을 이제는 미군이외의 외국군대로 확장하고, 무력공격사태뿐만 아니라 존립위기사태에도 미군 이외의 외국군대에 대한 지원활동을 할 수 있도록 추가하였다.

한반도 유사시 일본은 한반도 사태가 일본에 그런저런 영향을 주는 사태에 그치지 않고 심각한 상황에 이를 경우 '중요영향사태'에서 한 단계 격상하여 '존립위기사태'(동법 제2조 제4항)로 인식할 수 있다. 이 경우

---

36) 〈産経新聞〉(2015年 7月 16日).

37) 「第71回 国会 衆議院 内閣委員会, 吉国一郎 内閣法制局長官 答弁」(1973年 6月21日), 飯田泰士, 『集団的自衛権』(彩流社, 2014年), 168~169쪽.

38) 앞의 閣議決定.

일본은 무력행사 '신 3요건'이라는 조건이 붙기는 하지만, 일본에 대한 직접적인 무력공격이 없음에도 불구하고 마치 한반도 유사시를 일본에 대한 무력공격이 있는 것으로 간주하여 미군과 동맹하여 집단적 자위권을 행사하려고 할 가능성이 높다. 일본 정부는 일본과 밀접한 관계에 있는 나라라는 일반적 표현을 쓰고 호르므즈와 한반도를 예로 들고 있으나 존립위기사태의 상당부분은 한반도 유사시를 상정하고 있다고 보아야 하기 때문이다.

아무튼 일본 정부는 2014년 5월, 집단적 자위권을 행사하게 되는 구체적인 사례로, 일본인을 운송하고 있는 미 함선의 호위,[39] 북한미사일을 경계하고 있는 미 군함의 호위, 미국을 향해 날고 있는 미사일 요격 등을 든 바 있다.[40] 심지어는 잠수정을 탄 북한 공작원이 도쿄 등 수도권에서 대규모 테러를 일으킬 가능성도 있는 바, 이를 존립위기사태라고 판단하자는 설명도 곁들여지고 있다.[41]

미국 함선에 대한 공격은 집단적 자위권을 통해 저지할 것이며, 북한 등 한반도로 자위대가 나가 미국과 함께 싸우는 일은 없다고 하고 있음에도 불구하고 이는 방심할 수 없다. 아베 수상은 참의원 예산위원회에서 (2014.8.24.) 무력행사 '신 3요건'에 해당되지 않으면 한반도에 자위대를 파병할 수 없다는 조건을 붙이기는 하였으나, 법률상 집단적 자위권 발동 대상에 한국도 포함된다고 한 바 있다.[42]

결국 한국과 국익이 일치하지 않는 일본이 한반도 유사시의 당사자가 될 가능성이 높아지고 있다.

---

39) 미군함에 의한 민간인 구출의 허구성에 대해서는 다음을 참조. 水島朝穂, 『集団的自衛権』(岩波, 2015年), 90쪽 이하.

40) 길윤형, "일본 안보 위해서라면 집단적 자위권 필요없어", 〈한겨레〉(2015년 8월 9일).

41) 〈毎日新聞〉(2015년 7월 18일).

42) 한승동, "독서무한", 〈한겨레〉(2015년 9월 24일).

3) 2020년의 가헌론

이상과 같이 '안보관련법'에 의하면 일본 자위대는 일본에 대한 직접적인 무력공격에서 한발 더 나아가 일본의 평화 및 안전에 중요한 영향을 미치는 사태에 미군 등에 대한 후방지원 활동을 할 수 있게 하였고('중요영향사태법'), 일본에 대한 직접적인 무력공격이 없더라도 일본과 밀접한 관계에 있는 나라에 대한 무력행사가 발생하면 일본의 존립이 위협받는 사태로 보고 미국과 더불어 자위권을 행사할 수 있도록 하였다('존립위기사태법').

미군 뿐만 아니라 미군 이외의 군대에 대한 후방지원 활동 과정에서 이를 적대적 활동으로 보는 나라가 공격을 감행하면 일본은 전쟁에 휩쓸리게 된다. 그리고 일본에 대한 직접적인 무력공격을 하지 않았는데도 일본의 자위대가 다른 나라(주로 미군)와 더불어 이른바 자위 차원의 군사력을 행사하는 경우 이를 적대활동으로 보아 일본에 대한 공격을 감행하게 되면 이때에도 일본은 전쟁에 휩쓸리게 되어 있다. 이른바 전쟁 가능한 나라가 된 셈이다.

그러나 여기에는 여전히 몇 가지 제약이 붙어 있다. '존립위기사태'의 경우에도 집단적 자위권 행사의 경우 첫째, 일본과 밀접한 관계에 있는 나라에 대한 무력공격일 것, 둘째, 자위의 조치로서 다른 적당한 수단이 없을 것, 셋째, 물리력을 행사하더라도 필요최소한도의 실력행사에 그칠 것 등이다. '중요영향사태'의 경우 후방지원을 하도록 하고 있다.

이러한 제약은 일본국 헌법 제9조 제2항이 있기 때문에 가능한 것이다. 즉 자위대가 헌법에 규정한 존재가 아니므로 이를 필요최소한의 실력이라고 설명하여야 하고, 필요최소한의 실력부대이기 때문에 갖가지 규제를 붙여서 법률을 만든 것이다. 그런데 미국도 그렇고 일본도 이러한 규제를 풀어야만 미일 공동방위 태세의 완성도가 높아지는 것이다. 그런데 한결음에 자위대를 군대라고 규정하기 어려워서 우선 국민들 다수가 호의적인 자위대를 헌법에 규정하고 다음으로 자위대를 자위군으로 하거나 아니면 헌법 개정 정족수를 낮추어 곧바로 국방군으로 가는 개헌을 하고자 하는 것이다. 2020년 아베의 개헌(이른바 가헌론)이 추구하는 바이다.

4. 일본국 헌법의 아시아적 문맥과 평화

1) '안보관련법'을 폐지하고 개헌 논의 중단해야

이상과 같이 2015년 제정, 2016년 3월 29일 시행된 일본의 '안보관련법', 그리고 현재 아베와 자민당을 중심으로 적극 논의되고 있는 2020년의 가헌론은 '일본으로부터의 (아시아의)안전' 즉 '일본이 다시는 전쟁을 하지 않을 것이니 아시아 사람들은 안심하세요'라는 의미를 담은 일본국 헌법의 평화주의에 대한 중대한 도전이다. 국제평화와 미군에 대한 후방지원이라는 깃발을 유지하면서도 보폭을 집단적 자위권으로 넓히며 군사협력을 강화하고 있기 때문이다. 일본에 대한 직접적인 무력공격이 아닌 경우라도 이를 '중요영향사태'로 파악하여 미군 등에 대한 후방지원의 폭을 확장하였으며, 한국 등 이웃나라나 우방국이 공격당할 경우에도 일본에 밀접한 관련 있는 다른 나라에 공격이 발생한 경우라 판단하여 '존립위기사태'로 규정하고 무력행사를 행사할 수 있도록 하고 있어, 헌법과 모순되는 근본적인 도전상황이 전개되고 있다. 또한 이번 '안보관련법'들은 위헌이라는 일본국 헌법학계의 '압도적 다수설'[43]에도 어긋나 많은 비판이 잇따르고 있다. 가헌론에 대해서도 그것이 일본국 헌법 제9조 제2항을

---

43) 자세한 내용은 제1부 제2장 주45)를 참조. 〈朝日新聞〉(2015年 7月 11日).

무력화시키려는 다단계 개헌론이라는 비판이 이어지고 있다.[44]

불행 중 다행히 개헌에 반대하는 선거연합이 일어나고 있고, 국민적 저항에도 불구하고 '안보관련법'이 강행 · 통과되기는 하였으나, 이번 '안보관련법' 강행 · 통과에 반대하는 호헌운동이 1960년 안보조약 개정에 맞서 펼쳐진 호헌운동 이래 가장 큰 대중 운동으로 전개되기도 하였다. 강행 통과 후에도 '안보관련법'들을 폐지하는 법안의 제출을 목표로 광범위한 사회운동도 전개되고 있다. 같은 야당이면서도 물과 기름처럼 분리되어 있었던 야당 민진당(현재는 입헌민주당과 국민민주당으로 분열)과 일본 공산당이 '안보관련법 폐지'를 슬로건으로 하여 공동전선을 전개한 바 있다. 그간 정치적 무관심층의 대명사였던 대학생들은 실즈(SEALD's: Student Emergency Action for Liberty and Democracy)[45]라는 연합체를 결성하여 '안보관련법'안 반대운동의 일선에 섰을 뿐만 아니라 의회정치의 개혁을 요구하고 있으며, 생활 보수의 상징이었던 어머니들이 '엄마들이 모임(ままの会)'을 결성하여 호헌운동에 나선 바 있다.

---

44) 纐纈 厚, 『自衛隊加憲論とは何か—日米同盟の深化と文民統制の崩壊の果てに』(日本機関紙出版センター, 2020年) ; 浦田一郎, 『自衛隊加憲論の展開と構造』(日本評論社, 2019年); 伊勢賢治ほか, 『9条「加憲」案への対抗軸を探る』(かもがわ出版, 2018年), 渡辺治, 『戦後史のなかの安倍改憲』(新日本出版社, 2018年) ; 渡辺治, 「安倍首相の改憲発言-そのねらいと危険性」, 『安倍9条改憲は戦争への道』(9条の会, 2017年).

45) 1980년대 이후의 일본의 대학생은 정치 무관심과 무정견(논뽀리: Non-Political)으로 세계적으로 유명해져서 일본의 미래가 어둡다는 탄식이 많았다. 영어의 방패에 해당하는 Shield와 일본어 발음이 같아 자유와 민주주의의 방패 또는 수호자라는 인상을 심어주고 있다. 이들은 매주 금요일 저녁 7시 반부터 9시까지 국회의사당 주변에서 '금요시위'를 열고 있다. 그 시위는 기성 시민단체들의 시위처럼 요란하지도 않고 결연하지도 않다. 일상의 언어로 일련의 '안보관련법'이 왜 문제인지를 얘기하고 편하게 피켓팅하고 샤우팅한다. 예를 들어 기성 시민단체들이 "전쟁조장하는 '안보관련법' 반대"라고 피켓팅을 하였다면 이들의 피켓에는 다음과 같은 식으로 적힌다, "허걱 웬 전쟁!!ㅋㅋㅋ." 페이스북 트위터 등을 기반으로 하는 이들의 활동은 2015년 9월 하순 15만 군중으로 국회를 에워싸는 감동적인 집회로 발전하였다. 이들의 최근의 관심사는 국회의원 군기잡기이다. 동맹(집단적 자위권)이라는 이름으로 전쟁을 조장하는 법안을 강행 · 통과한 국회의원을 뽑지 않기, 정책없이 갑질만 하는 국회의원 솎아내기 등등.

아베 수상, 8월 15일 전몰자 추도식에서 '부전결의와 가해자 책임 언급하지 않음 (朝日新聞, 2016. 8. 16.)

다만, 이러한 고무적인 시민사회의 움직임에도 불구하고 우려스러운 움직임도 적지 않다. 다름 아닌 아베의 개헌 이른바 가헌론이다. 다시 말하여 제9조 제1항과 제2항을 남겨두되, 제3항(또는 제9조의2)을 신설하여 자위대를 헌법에 명기하자는 개헌론이다. 이러한 개헌이 이루어지게 되면 비록 제9조 제2항이 남더라도 제9조 제2항의 규범력은 현저히 약화될 것이며, 합헌화된 자위대는 해외 파병 등 무력행사의 폭을 대폭 확장할 것이다. 현행 대한민국 헌법 제5조와 흡사하게 되어 그것이 뭐가 문제인가라는 의문이 있을 수 있는데, 한국 헌법의 경우 문민통제가 과연 엄밀히 작동하고 있는가 우선 성찰하지 않을 수 없다. 무엇보다 위기 및 위협에 대한 해석권이 한국 정부와 국방부에 독점되어 있어 유사시에 대한 상황판단과 문민통제가 구조적으로 어렵게 되어 있다.[46]

---

46) 위협해석의 민주화에 대해서는 다음을 참조. 참여연대 평화군축센터, 『동북아 신냉전과 평화운동–안보에서 안전으로』(참여연대, 2012년).

일본의 경우도 마찬가지 일 것이다. 지금까지는 헌법 제9조 제2항이 건재하기 때문에 그에 반하는 군사외교정책을 전개하는데 있어서 입증책임을 정부가 지고 헌법을 위반하지 않는다고 정부가 사사건건 설명을 해야 하는데, 그러한 제9조 제2항을 무력화시키는 제9조 제3항(자위대)이 신설되는 순간 우리 나라와 유사한 상태가 되어 '국가기밀', '국가안전보장'을 이유로 하여 많은 군사외교정책이 성역이 되고 문민통제가 구조적으로 어렵게 될 것이다.

2) 동북아 평화공동체 구상

일본의 '안보관련법'제가 한반도의 유사시를 상정하고 있는 바, 한반도 평화 그리고 동북아의 평화적인 공동체 건설은 일본 평화헌법의 존립기반을 강화하고 '안보관련법' 폐지의 근거를 강화한다.

다행히도 한반도 평화 및 동아시아 평화와 관련하여서는 이미 국제적 합의문서가 다수 존재한다. 북한의 핵문제로부터 시작되었다고는 하나 동아시아 평화를 위해 주요 당사자국들이 참여하고 있는 제4차 6자회담에서 참여한 각국은 2005년 9월 19일 공동성명(이른바 9 · 19 공동성명)을 내고 '동북아시아의 항구적인 평화와 안정을 위해 공동노력할 것'을 공약하였다. "직접 관련 당사국들은 적절한 별도포럼에서 한반도의 항구적 평화체제에 관한 협상을 가질 것이다"(4조)고 합의하였다. 이러한 약속이 실제로 이행되기 위한 행동원칙으로 6자는 2007년 2월13일 「9 · 19 공동성명 이행을 위한 초기조치」에 합의(이른바 2 · 13 합의)하고, '공약 대 공약', '행동 대 행동'원칙에 입각하여 단계적 방식으로 위에서 언급한 일련의 합의 이행을 위해 상호 조율된 조치를 취할 것을 합의하였다. 또한 한반도 평화협정뿐만 아니라 미국과 북한, 북한과 일본의 관계정상화를 위한 대화가 필수 불가결함을 인식하고 양자대화의 개시에도 합의하였다.[47] 실제 2007년 1월에는 남북미중이 주체가 되어 포괄협정을 맺고 여기에 남북간, 북미간 부속협정을 맺자는 외교적 논의가 캐슬린 스티븐스 국무성 동아태 수석차관보-김숙 외교부 북미국장(2007.1.30.)사이에서 이루어지기도 하였다.

2016년 서울에서는 광복 70주년을 맞이하여 이홍구 전 국무총리와 하토야마 유키오 전 일본 총리 등 국내외 각계 주요 인사 90여 명이 일본 평화헌법 제9조의 수호와 한반도 평화 정착 등을 촉구하는 '동아시아 평화선언'을 발표했다. 또한 참가자들은 동아시아 침략전쟁의 주범이었던 일본이 과거사에 대한 명확한 반성 없이 군사대국화의 길을 가면서 오래된 갈등 구조에 새로운 긴장을 불러일으키고 있다고 밝히고, 과거사 반성 등을 전제로 동아시아공동체 구축과 이를 위한 '동아시아 의회'창설 등이 제안되기도 하였다.[48]

2018년 평창올림픽을 계기로 우여곡절은 있었지만, 남북한 그리고 북미간의 평화무드가 전개되고 있다. 남북정상회담이 2018년 4월 27일, 같은 해 5월 26일, 9월 19일에 개최되었고, 북미간의 정상회담도 2018년 6월 12일, 2019년 2월26일, 2019년 6월 30일 모두 세 차례에 걸쳐 이어졌다. 4 · 27 남북정상회담에서는 '한반도의 평화와 번영, 통일을 위한 판문점선언'을 공동발표하였는데, 한반도 비핵화, 항국적 평화체제 구축, 남북관계의 획기적 개선 등의 내용을 담고 있다. 9 · 19 남북정상회담에

47) 미합중국과 조선민주주의인민공화국은 양자간 현안을 해결하고 전면적 외교관계로 나아가기 위한 양자대화를 개시한다.(II.3)일본과 조선민주주의인민공화국은 불행한 과거와 미결 관심사안의 해결을 기반으로 평양선언에 따라 양국관계 정상화를 취해 나가는 것을 목표로 양자대화를 개시한다(II.4)

48) 동아시아평화국제회의 조직위원회, 『2015 동아시아 평화선언』(2015년); 같은 조직위원회, 『동아시아평화 국제회의』(2015년). 그 밖에도 동북아평화공동체 관련하여서는 한일 양국간에 다수의 주장이 존재한다. 예를 들어, 백낙청, 『동아시아공동체 구상과 한반도』(역사비평사, 2010년); 강상중, 『동북아시아 공동의 집을 향하여』(뿌리와 이파리, 2002년); 와다 하루키(이원덕 옮김), 『동북아시아 공동의 집』(일조각, 2004년).

서는 4 · 27 판문점 선언의 이행합의서의 일환으로 지상 · 해상 · 공중에서의 상호적대행위의 전면 중지, JSA비무장화, DMZ내 상호 GP 시범철수 등을 내용으로 하는 '9 · 19남북군사합의서'를 체결하여, 사실상의 군축에 합의한 바도 있다. 6 · 12 북미정상회담에서도 북미관계의 정상화 추진, 완전한 비핵화, 평화체제 보장 등에 합의 한 바 있어, 동북아 평화공동체 구상에 있어서 중요한 합의의 축적이며 자산이 될 수 있다. (이에 대해서는 제4부 제1장에서 자세히 논의하기로 한다.)

3) 아시아 평화와 일본국 헌법

2020년 3월 현재 남북한 그리고 북미간 대화가 교착상태에 빠져있으나 이러한 교착을 해결하기 위한 시민단체의 움직임도 활성화될 필요가 있다. 또한 정상간의 결단에 의한 일괄해결이 쉽지 않다면 정부간 대화를 촉진하기 위한 비정부간 논의에도 다시금 주목할 필요가 있다.

남북한을 비롯한 정부간의 6자회담이 교착상태에 빠지면서 이를 촉진하기 위하여, 남한과 북한을 포함해 6자 회담 국가들인 중국, 일본, 러시아, 미국, 그리고 몽골의 민간단체 또는 반민반관의 인사들이 참여하여 2015년 6월 23일~24일 울란바토르 프로세스라는 것을 전개한 바 있다. 이란의 핵문제를 처리하는데 있어서 민간단체가 일정한 역할을 하였던 '헬싱키 프로세스(Helsinki Process)'에서 영감을 받은 이 민간 6자회담에는 일본의 피스보트, 한국의 시민사회단체로는 참여연대와 평화를 만드는 여성회가 참여하였으며, 반민반관이거나 관의 외곽조직일 수는 있어도 북한의 단체로는 조선평화옹호전국민족위원회(KNPC)[49] 등이 참여하였다. 여기에 6자회담 당사국 모두와 국교가 있는 몽골 정부와 민간단

49) 중국 및 북한의 이른바 참여단체의 성격에 대해서는 의문이 있을 수 있다. 다만, 그럼에도 불구하고 정부간 창구 이외의 대화통로의 확보라는 측면도 간과할 수 없다.

체인 '블루배너'가 주선자 및 촉진자로 참여한다는 점에서 반민반관의 회담형식도 주목할 만하다. 비무장 평화헌법국가인 일본의 시민사회도 과거사에 대한 반성에 기초하여 관계국간의 정상화를 위하여 이러한 논의에 일정한 역할을 하고 평화적 리더쉽을 확보하기 위해 보다 적극적으로 참여하지 못할 이유가 없다.

과거 동구권의 민주화 및 인권증진에 기여하였던 '헬싱키 프로세스'를 벤치마킹한 울란바토르 프로세스는 향후 4~5년간 한반도 평화와 동북아시아 비핵지대화 촉진을 목표로 하고 있다. 안보전문가나 정부기관간의 '안보'대화가 아니라 분쟁해결 전문가, 평화전문가들의 분쟁해결 대화이지만, 그 과정에서 각국 정부와도 긴밀한 의사소통과 상호작용을 통해 정부 간 대화 활성화에 기여할 것을 목표로 하고 있다.

이 프로세스는 지난 2009년 6자회담 당사국들이 합의한 '9 · 19 공동성명' 속에 거론되고 있지만 해결이 지체되고 있거나 당시에는 거론되지 않았던 제안들을 다루고자 하고 있다. 예컨대 한반도 정전체제를 평화체제로 바꾸는 것, 북한 핵 폐기만이 아니라 동북아시아를 비핵지대로 만드는 것 등. 프로세스에 참가하는 6자회담 참가국 민간단체들과 몽골 민간단체는 자유롭게 의견을 나누고 이를 바탕으로 정부간 협상의 진전을 가로막고 있는 불신과 갈등의 배경, 원인, 해결 대안에 대해 민간 차원의 권고안을 마련하기로 하였다. 특히 군사적 긴장과 적대의 악순환을 유발해온 군사적 억지(deterrence)위주의 대응에 대해 성찰하고 '평화를 위한 평화적 수단'을 마련하는데 주목하고 있다.

이는 다름 아닌 일본국 헌법 전문에서 표방하고 있는 바, 즉 "일본국민은 항구평화를 염원하고 인간 상호관계를 지배하는 숭고한 이상을 깊히 자각하며, 평화를 애호하는 각국의 국민들의 공정과 신의를 신뢰하여, 일본의 안전과 생존을 유지할 것을 결의했다"고 하는 것에 다름아니다.

비무장을 규정한 일본국 헌법이 현실주의적 국제사회의 흐름에 뒤쳐진 것은 결코 아니다. 세계 평화의 지름길이 무장갈등의 사전예방이라는 생각으로 2003년 코피 아난 유엔 사무총장은 무장갈등 예방을 위한 글로벌 파트너십(GPPAC · Global Partnership for Prevention of the Armed Conflict)을 주창하였고, 무장갈등 예방을 위한 시민사회의 역할을 논의하는 국제적 네트워크도 활성화되고 있는데, 이러한 사고를 헌법에 명문화하고 있는 것은, 그 제정경위야 어찌하였든 간에, 다름 아닌 일본국 헌법이다. '일본으로부터의 안전'을 필두로 하는 아시아의 평화유지야말로 '일본의 안전'을 지키는 궁극적이고 근본적인 길이다.

5. 맺음말

2016년 3월 29일부터 시행되고 있는 일본의 '안보관련법' 그리고 그 후속작업으로 2020년 현재 추진되고 있는 아베의 개헌은 현행 일본국 헌법 탄생의 아시아적인 문맥 즉 '일본으로부터의 (아시아의)안전'에 배치되는 것이며, 일본의 전쟁참여 가능성을 높힘으로서 오히려 전쟁의 참화로부터 '일본의 안전'을 지키기도 어려운 법이다. 무기수출금지원칙의 파기, 역사수정주의 하의 자위대 해외파병 등 증대되는 일본의 군사적 위협 등으로부터 아시아의 안전을 지켜내기 위한 일본 평화헌법의 수호가 절실하다. 한반도 평화체제수립은 일본의 '안보관련법'의 근거를 약화시키며, 일본은 '일본으로부터 (아시아의)안전'은 물론 '일본의 안전'을 위해서도 우선 '안보관련법'을 폐지하고, 비무장평화주의에 기초한 평화외교에 의한 평화적 리더십이 필요하다. 나아가, 과거사 반성에 기초한 동북아 평화공동체 건설논의가 적극 필요한 때이다.

2부

일본국 헌법의 제정과 동북아시아

1장

일본국 헌법의 제정과 평화주의

일본국 헌법은 상징천황제와 비무장평화주의를 특징으로 하는데 연합국의 점령 하에서 만들어졌다. 일본을 단독 점령한 미국은 소련 등이 참가하는 극동위원회가 출범하면 일본의 헌정질서에 대하여 이들의 승인을 얻어야 하였던바, 극동위원회 출범 전에 일본의 헌정질서를 미국이 생각하는 방향으로 재편하려 하였고, 당시의 일본 정부에 헌법 개정을 촉구하였다. 그러나 일본 정부의 개헌초안은 천황제를 유지하는 등 미국을 비롯한 연합국이 동의하기 어려운 내용이었다. 이에 서둘러 상징천황제와 비무장평화주의를 내용으로 하는 '맥아더 3원칙'에 기초한 'GHQ초안'을 만들고 이를 일본 정부에 제시하였으며, 천황의 안위에 대하여 고민하던 일본 정부는 이를 수용하여 일본 정부 헌법초안을 만들었고 일본 국회에서는 이를 의결하였는데 이것이 현재의 일본국 헌법이다.

아베를 비롯한 개헌세력들은 이를 외압이라고 하며 이제는 자주적인 헌법을 만들어야 한다고 주장한다. 하지만 1946년 일본국 헌법의 제정과정을 자세히 살펴보면 일방적인 강제가 아니라, 천황을 살리려는 일본정부의 물밑 교섭, 일본을 비무장화하려는 국제사회의 흐름, 공군 중심의 전략 구상에 기초하여 오키나와에 공군기지 등을 확보한다면 일본 본토는 비무장화할 수 있다는 맥아더의 생각 등이 맞물린 것이었다. 뿐만 아니라 1928년 부전조약 이후 침략전쟁의 부인을 헌법에 규정하는 흐름, 평화를 인권화하려는 움직임이 나타났는데 일본의 경우 이러한 흐름에 더하여 전범국가에 대한 징벌적 의미가 더하여져 육해공군 등의 전력을 포기한 비무장평화주의가 규정되게 되었다.

1. 일본국 헌법과 평화주의

일본국 헌법은 10개의 장, 99개의 조문, 4개의 보칙으로 구성되어 있다. 1948년 대한민국 헌법이 10개의 장, 98개 조문, 5개의 부칙으로 구성되어 있는 것과 유사하다. 다만 그 편제는 상당히 다르다. 대한민국 헌법은 국민주권 등을 규정한 제1장 총강, 기본적 인권에 대해 규정한 제2장(국민의 권리와 의무), 권력분립에 기초하여 국회를 제3장에서 규정하고, 대통령과 국무총리를 비롯한 정부에 대하여 제4장에서 규정하고, 사법부를 일반법원(제5장)과 헌법법원 제6장(헌법재판소)으로 나누어 규정하고, 이러한 중앙정치와 대별하여 지방자치를 제8장에서 규정하고, 헌법 개정에 대해서 제10장에서 규정하고 있다. 그리고 민주공화국에서 제일 중요한 선거관리에 대하여 제7장에서 규정하고, 경제민주화에 대하여 제9장에서 규정하고 있다.

〈표〉 한일헌법의 편장 비교

일본국 헌법(1946년)	대한민국 헌법(1948년)
전문	전문
제1장 천황	제1장 총강
제2장 전쟁의 포기	
제3장 국민의 권리와 의무	제2장 국민의 권리와 의무
제4장 국회	제3장 국회
제5장 내각	제4장 정부
제6장 사법	제5장 법원
제7장 재정	제6장 경제
제8장 지방자치	제7장 재정
제9장 개정	제8장 지방자치
제10장 최고법규	제9장 헌법개정
제11장 보칙	제10장 부칙

일본국 헌법의 경우 제1장이 상징천황제를 규정하고 있고, 제2장에서 전쟁 포기에 대하여 규정하고 있다. 제3장은 대한민국 헌법과 유사하게 기본적 인권에 대하여 국민의 권리와 의무라는 이름으로 규정하고 있고, 권력분립의 원리에 기초하여 국회에 대하여 제4장에서 규정하고 있으며, 정부형태가 우리나라(대통령제)와 달리 의원내각제인 바 제5장에서 내각에 대해 규정하고 있으며, 제6장에서 사법에 대해 규정하고 있다. 중앙자치에 대비되는 지방자치를 모두 확대된 형태로 제8장에서 규정하고 있다. 헌법 개정에 대하여 제9장에서 규정하고 있으며, 헌법이 기본적 인권을 보장하는 규범이며 법령에 비하여 최고규범이며 천황을 비롯한 국회의원, 재판관, 그리고 모든 공무원이 준수해야 함을 다시 한번 확인하는 내용은 제10장에 규정하고 있다.

편재상으로 보더라도 상징으로서의 천황제(제1장)와 비무장평화주의(제2장, 전쟁포기, 전력불보유, 교전권 포기)를 특징으로 한다.

이러한 일본국 헌법은 1946년 11월 3일 공포되어 6개월 후인 1947년 5월 3일부터 시행되어 한차례의 명문 개헌 없이 74여년의 세월을 보냈다. 일반적으로 근대적 의미의 헌법은 기본적 인권의 존중과 국민주권을 그 핵심원리로 하며 그 밖에 여러 헌법 원리들을 국가의 헌정사에 따라 추가하여 기본원리로 삼고 있는데, 일본국 헌법도 기본적 인권의 존중을 바탕으로 국민주권을 규정하고 있다. 그런데 일반적 인권의 존중과 더불어 평화도 인권화하여 평화적 생존권이라는 인권을 전문에 규정하고 있으며, 국민주권을 근간으로 하면서도 천황제를 상징의 형태로 남겨두었다. 그리고 여기에 더하여 비무장을 내용으로 하는 평화주의를 규정하고 있다. 이러한 내용상의 특징을 편재상으로도 명확히 드러냈다고 할 수 있겠다.

이러한 특징 중에서도 굳이 하나를 뽑자면, 역시 비무장평화주의이겠다. 일본국 헌법의 별명이 평화헌법인 이유이기도 하다. 이러한 평화주의 원리는 일본국 헌법의 전문과 제9조에 터 잡고 있다. 우선 전문에서는 평화적 생존권에 대하여 언급하고 이를 구체화하기 위하여 다음에서 보는 것처럼 제9조에서는 전력포기에 기초한 비무장평화주의를 규정하고 있다.

제1항 일본국민은, 정의와 질서를 기조로 하는 국제평화주의를 성실히 희구하고, 국가권력의 발동에 의한 전쟁과, 무력에 의한 위협 또는 무력의 행사는, 국제분쟁의 해결수단으로서는, 이를 영구히 포기한다.

제2항 전항의 목적을 달성하기 위하여, 육해공군 그 밖의 전력(戰力)[1]은 이를 보유하지 않는다. 국가의 교전권은 인정하지 않는다.

이러한 일본국 헌법 제9조를 일본의 헌법학계에서는 일반적으로 전쟁포기, 군비철폐, 교전권의 부인[2]을 의미한다고 해석하여 왔다. 전후 일본국 헌법학의 대부라고 할 수 있는 미야자와 도시요시(宮澤俊義)는 9조에 대하여 다음과 같이 설명한다.

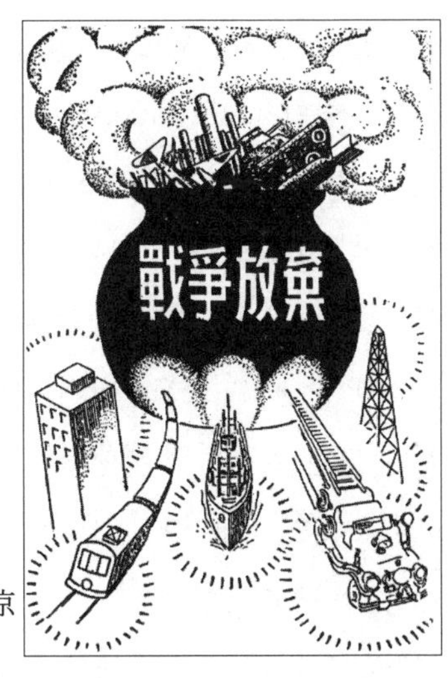

출전: 『새로운 헌법 이야기』(文部省, 東京出版, 1995年 復刻版)

1) 전력(戦力)의 의미에 대한 다툼에 관해서는 浦田一郎, 『自衛力論の論理と歴史』(日本評論社, 2012年), 222쪽 이하.

2) 杉原泰雄, 『憲法II』(有斐閣, 1989年), 121쪽 이하; 浦部法穂ほか, 『註解日本國憲法·上卷』(青林書院, 1984年), 164쪽 이하.

"세상에서 전쟁을 없애기 위해서는 모든 나라가 절대로 전쟁을 하지 않겠다고 결심할 필요가 있다. 그러나 결심만으로는 불충분하다. 수많은 군대와 군함, 비행기를 갖고서 전쟁을 하지 않겠다고 약속하는 것은 어불성설이다. 전쟁을 정말로 안 하겠다고 결심한다면, 군대는 필요 없는 것이므로 군대를 전부 없앨 필요가 있다. … 이런 생각에서 헌법 제9조에서 전쟁을 포기했다… 전쟁을 포기한다고 하는 것은 첫째는 전쟁을 부인한다는 것이고, 침략전쟁뿐만 아니라 자위전쟁도 포기한다는 뜻이다. 둘째는 무력의 행사나 위협도 포기한다는 뜻이다. 셋째는 군비를 철폐한다는 뜻이다."

이와 같은 견해를 최고재판소는 적극적으로 받아들이고 있지는 않다.[3] 하지만 지방법원 차원에서는 이와같은 통설의 견해를 받아들여 보다 적극적인 사법적 판단을 시도한 바 있다.

항공자위대 미사일기지 건설을 위한 보안림 지정해제 처분에 대한 처분취소 소송에서 삿포로지방법원은 1973년 다음과 같이 판시한 사례가 있다. "헌법 제9조 제2항에서 모든 '전력(戰力)'을 보유하지 않는다고 한 이상 군대 그 밖의 전력에 의한 자위전쟁 · 제재를 위한 전쟁도 사실상 행할 수 없게 되었다. 일본국의 자위권행사에는 외교교섭, 경찰력, 군민봉기, 침략국 국민의 재산몰수 · 국외 추방등이 생각될 수 있을 뿐이다. 자위대의 편성 · 규모 · 장비 · 능력을 살펴보건 데 자위대는 명백히 '외적에 대한 실력적 전투행위를 목적으로 하는 인적, 물적 수단으로서의 조직체', 즉 군대이며, 제9조가 이를 금지하고 있는 '육 · 해 · 공군'이라는 '전력'에 해당한다."[4]

뿐만 아니라 이 사건에서 삿포로지방법원은 보안림 해제처분이 일본

---

3) 最判 1982. 9. 9, 民集 36券 9号.

4) 判例時報 712号, 1973. 9. 7.

국 헌법전문에서 규정하고 있는 평화적 생존권을 침해하였다고 판단한 바 있다. 평화적 생존권의 재판규범성을 인정한 이러한 판시는 2008년 이라크파병 손해배상청구 소송으로 이어졌다. 나고야고등법원은 손해배상을 인정할 정도는 아니지만 이라크파병이 원고들의 평화적 생존권을 침해하여 정신적 고통을 입힌 것은 인정된다고 하였다.

이상과 같은 특징의 일본국 헌법을 이해하기 위해서는 두 가지 접근이 필요하다. 하나는 일본에 왜 이러한 평화주의 헌법이 제정 되었는가 그리고 국민주권을 규정하면서도 천황을 상징으로 남겨 둔 이유는 무엇인가 하는 점이다.

이하에서는 일본국 헌법의 제정과정을 통하여 비무장평화주의와 상징천황제를 규정한 경위에 대하여 살펴본다. 그리고 평화를 인권화하여 평화적 생존권을 규정하고 있는데 이에 대하여 살펴보기로 한다.

2. 전쟁책임과 일본국 헌법 제9조

1) 일본국 헌법 제9조의 제정과정

모스크바 3상회의와 극동위원회

현행 일본국 헌법은 제2차 세계대전에서 일본의 패전을 계기로 만들어졌다. 이러한 일본의 패전은 일본 정부가 1945년 8월 14일 포츠담선언을 수락하여 연합국에 무조건 항복을 하면서 시작되었다. 포츠담선언은 제2차 세계대전 종전 직전인 1945년 7월 25일 독일의 포츠담에서 미국, 영국, 중국 3개국 수뇌회담의 형식으로 열렸는데, 일본에 대하여 항복을 권고하고 제2차 세계대전 후의 대일 처리방침을 협의하기 위한 것이었다.

이 선언은 모두 13개 항목으로 되어 있는데, 전문에 해당하는 제1항~ 5

항에서는 일본의 무모한 군국주의자들이 세계인류와 일본국민에게 지은 죄를 뉘우치고 이 선언을 즉각 수락할 것을 요구하고 있다. 본문에 해당하는 제13항에서는 일본군대의 무조건 항복을 규정하였다. 이 선언 제8항에서는 일본의 주권을 일본의 혼슈, 홋카이도, 규슈, 시코쿠와 연합국이 결정하는 '작은 섬'에 국한될 것이라고 하여 한반도 해방의 근거가 된 것으로 유명하다. 또한 포츠담선언은 일본의 전후개혁의 큰 지침들이 규정되었는데, 일본국 헌법의 평화주의의 기초가 된 군국주의 배제(제6항), 군대의 무장해제(제9항), 전쟁범죄자의 처벌을 규정하였고, 민주주의의 부활과 기본적 인권의 존중(제10항)에 대해서도 규정함으로서 현행 일본국 헌법의 큰 틀이 사실은 이 포츠담선언에서 형성되었다고 보아야 할 것이다.

보통 근대적 헌법의 헌법 원리상의 급격한 변화는 시민혁명 등을 통하여 이루어지는데, 비록 외부로부터의 압력에 의한 것이기는 하지만 일본의 경우 이러한 포츠담선언의 수용을 통하여 헌법 원리상의 급격한 변화를 이루었다고 하여 이를 일본의 헌법학계에서는 '8월 혁명'이라고 주장하기도 하였다.[5)]

이러한 주장을 한 것은 당시 도쿄대학의 헌법학 교수였던 미야자와 도시요시(宮沢俊義)였는데, 1945년 8월 15일 일본이 포츠담선언 수락을 통하여 무조건 항복을 하였고, 그 내용이 1946년 11월 3일 새로운 헌법에 규정되었다는 의미를 강조한 것이다.

일본의 점령에 대해서는 제7항에서 보장점령을 할 것을 규정하였으나 누가 어떻게 어떤 방식으로 점령할 것인가가 명확히 합의되지 못하였다. 게다가 소련이 뒤늦게 참전하면서 합의가 미루어지고 결국 일본에 대한 점령은 독일 등에서와 같은 연합국에 의한 사전합의에 의한 분할점령이

5) 宮沢俊義, 「八月革命と国民主権主義」(世界文化』第1巻第4号(1946年5月), 山内敏弘 『改憲問題と立憲平和主義』(成文堂, 2012年), 69쪽 이하.

아니라 미국에 의한 단독점령으로 시작되었다.

미국은 미국 이외의 연합국가들이 일본에 대한 점령통치에 관여하기 전에 일본을 미국식의 체제로 재편해 두고자 하였으며, 그래서 1945년 가을부터 헌법 개정작업을 서둘렀다. 1945년 12월 모스크바에서 미·영·소 3국의 외무부장관이 모스크바에 모여 회의(모스크바 3상회의)를 개최할 것이 예정되었기 때문이다. 우리나라의 헌정 관련하여 신탁통치를 결의한 회의이기도 하다. 그 결과 대일 정책의 최고의결기관으로 소련 등 11개국이 참여하는 극동위원회를 설치한다고 결의하였다. 소련 등이 참가하는 극동위원회가 발족하면 일본의 헌정기구의 근본적 개편에 관해서는 극동위원회의 승인을 얻어야 하였으므로[6] 극동위원회가 활동을 본격화하기 이전에 일본의 헌정질서를 재편하여 미국이 원하는 방향으로 기정사실화 할 필요가 있었다.[7]

국체유지(國體護持)와 GHQ의 헌법 초안

그 때문에 일본점령군 사령관 맥아더는 일본 점령 초기부터 일본 정부에 메이지 헌법의 개정을 촉구하였다. 그러나 마쓰모토 조지(松本 烝治) 국무대신이 이끄는 헌법문제위원회의 작업은 진척이 느릴 뿐만 아니라, 이른바 갑안(甲案)이나 을안(乙案)과 같은 일본 정부측 초안[8]들은 모두가 점령군이 동의할 수 있는 수준과는 너무나도 동떨어진 것이었다.

---

6) 일본에 대한 점령관리방식을 둘러싼 1946년 12월 16일의 모스크바 3상회의의 결과에 의하면 「일본의 헌정기구(constitutional structure)의 근본적인 개혁」은 미국, 영국, 중국, 호주등 11개국이 참가하는 극동위원회가 활동을 시작하면(1946년 2월 26일)그 결정에 따르도록 하고 있었다. 豊下樽彦, 『日本占領管理體制の成立』(岩波書店, 1992年), 361쪽 이하.

7) 管英輝, 『米ソ冷戰とアメリカのアジア政策』(ミネルヴァ書房, 1992年), 195쪽 이하.

8) 佐藤達夫編, 『日本國憲法成立史』 第1卷(有斐閣, 1962年), 373쪽.

호주, 뉴질랜드, 필리핀, 소련 등 천황을 전범으로 처리하여야 한다는 주장이 힘을 더해가고 있었는데도 불구하고,[9] 1946년 2월 2일 마이니치 신문의 특종 보도의 형태를 빌어서 드러난 일본 정부 측의 이러한 두개의 자체적인 초안 모두가 결국은 천황을 패전전과 같은 형태로 온존시키는데 급급했다. 따라서 미국이 생각했던 어느 정도 설득력을 갖는 수준의 헌법 개정, 즉 천황제에 대한 과감한 손질과는 거리가 먼 것이었다.

그래서 연합국최고사령부(General Headquaters/Supreme Commander for the Alied Powers, 이하 GHQ로 통칭)의 사령관 맥아더는 1946년 2월 3일 민정국장 휫트니[10]에게 다음과 같은 3가지 원칙을 제시하면서 일본국 헌법의 초안을 작성할 것을 지시하였다.

① 천황은 국가를 대표하고 세습된다. 하지만 그 직무 및 권능은 헌법에 기초하여서 행사되며 헌법에 나타난 국민의 기본적 의사에 따라야 한다.

② 국권의 발동으로서의 전쟁은 폐지한다. 일본은 분쟁해결 수단으로서의 전쟁, 자기 안전유지를 위한 수단으로서의 전쟁도 포기한다. 일본의 방위와 보호는 세계를 움직이고 있는 숭고한 이상에 맡긴다. 일본의 육군 · 해군 · 공군을 보유할 권능은 장래에도 생각할 수 없으며, 교전권은 어떤 일본의 무력에도 부여되지 않는다.

---

9) 古関彰一, 『新憲法の誕生』(中央公論社, 1989年), 85쪽 이하.

10) Coutney WHITNEY는 1897년생 워싱턴 DC에서 태어났으며, 1918년 조지워싱턴 로스쿨에 입학하여 1921년 졸업한 후 1924년부터 1926년까지 필리린 마닐라에서 군복무를 하였다. 1927년 군제대 후 1939년까지 마닐라에서 변호사로 일하였다. 1940년 다시 군에 복귀하여 맥아더 사령부에서 게릴라 작전부대에서 일하였다. 1943년부터는 미태평양육군(USAFPAC)의 민정국에서 근무하였고, 1945년 4월부터는 연합국최고사령부(GHQ/SCAP)의 민정국장으로 근무(준장)하면서 맥아더의 직접 지시를 받아 일본국 헌법 제정에 관여하였다.

③ 일본의 봉건제도는 폐지한다. 귀족의 권리는 황족을 제외하고는 현재 생존하는 자를 넘지 못한다. 화족의 지위는 앞으로 어떠한 국민적 또는 시민적 정치권력도 갖지 못한다. 예산은 영국 제도를 따르기로 한다.

휫트니 국장은 케디스[11], 헛시[12], 라우엘[13] 등으로 운영위원회를 꾸리고 이러한 '맥아더 3원칙'에 터잡아 일본국 헌법 초안을 위한 기초작업을 급히 진행, 약 9일 후인 1946년 2월 13일 헌법 초안(이른바 맥아더헌법 초안, 이하 'GHQ초안'으로 약칭)[14]을 제시하고 이것을 일본 정부안으로 공표하도록 하였다. 그 골자는 천황(天皇)을 정치적 실권이 없는 상징적 존재로 하되 전력(戰力)은 폐지한다는 것이었다.

---

11) Charles Louis KADES는 1906년 뉴욕에서 태어났으며, 코넬대학에서 학사(A.B.)를 한 뒤 1930년 하버드 로스쿨을 졸업(LL.B)하고 1933년까지 실무에 종사하였으며, 1933년부터 1937년까지 행정부에서 일하였다. 1940년에는 재무성에 근무하였고, 1943년부터 1945년에는 전쟁성(Dept of War)에 근무하였다. 1945년부터 1949년까지 연합국최고사령부(GHQ/SCAP)민정국 운영위원회에 근무(육군대령)하면서 일본국 헌법제정과정에 관여 하였다.

12) Alfred Rodman HUSSEY는 1901생으로 1925년 하버드 대학에서 학사(A.B)를 취득하고 버지니아대학 로스쿨을 졸업(LL.B), 1930년부터 12년간 변호사로 일하다 1942년 9월 해군에 입대하였다. 1945년에는 하바드대학의 민정(Civil Affairs)프로그램에 참가하였다. 1945년 6월부터 연합국최고사령부(GHQ/SCAP)민정국의 운영위원회에서 근무(해군중령)근무하면서 일본국 헌법제정과정에 관여하였다.

13) Milo E. ROWELL은 1902년 캘리포니아의 프레즈노에서 태어났으며, 스탠포드 대학 졸업 후, 하바드 로스쿨에 입학하였다가 2년차에 스탠포드대학 로스쿨에 전입학하여 졸업하였다. 1926년부터 1943년까지 프레즈노에서 변호사로 실무에 종사하였으며, 회사와 정부기관 관련 법률업무를 주로 담당하였다. 육군군정학교, 시카고대학에 개설되었던 민정훈련학교 등을 졸업하고 태평양지구 육군 제30부대를 지휘하였다. 그리고 육군중령으로 연합국최고사령부(GHQ/SCAP)민정국 운영위원회에 근무하였다.

14) 古關彰一, 앞의 책, 96쪽 이하.

일본국 헌법 제9조의 제안자

전력폐지, 상징천황제를 골자로 하는 'GHQ초안'은 순수하게 맥아더가 낸 아이디어에 기초한 것인지, 천황을 살리기 위해 일본정부측이 맥아더에게 아이디어를 주고 그것에 기초하여 맥아더안 즉 'GHQ초안'이 나온 것인가에 대해서는 설왕설래가 있다.

현행 일본국 헌법을 개정하려고 하는 정치세력들은 맥아더의 아이디어이고 그것을 일본에게 강요한 것이라고 주장하였다. 그렇지만 헌법제정과정을 보다 더 깊이 실증적으로 살펴보면 일방적 강요라고 할 수 없다. 오히려 천황을 살리기 위한 일본측이 정치공학적으로 움직였고 이에 의한 결과라고도 할 수 있다.

① 시데하라 제안설

일본측이 천황을 살리기 위해 작업한 것이라는 주장의 대표적인 것은 이른바 시데하라 제안설이다. 이를 좀더 구체적으로 살펴보면 다음과 같다.

1945년 8월 30일 연합군최고사령관 맥아더는 일본 점령을 개시하여, 9월 2일에는 항복문서에 대한 조인을 받았다. 도쿄만에 정박한 미국의 전함 미주리호 위에서 시게미쓰 마모루(重光葵)와 우메즈 요시지로(梅津美治郎)가 전권을 위임받아 항복 문서에 조인하였다. 이어 맥아더는 일본에 군정을 실시할 것을 요구하였으나, 일본 외무성이 간접통치를 간청하여 결국 점령은 간접통치 방식을 취하였다. 그 결과 천황과 국가의 권한은 GHQ에 종속되었다. 그리고 GHQ는 비군사화와 민주화를 화두로 하는 점령정책을 실시하기 시작하였는데, 이때의 일본 측 행정 책임자는 시데하라 기주로(幣原喜重郎) 수상이었다.

GHQ는 10월4일, 천황에 대한 자유로운 토론, 정치범석방, 사상경찰 폐지, 내무대신과 특고경찰 전원 파면, 통제법규의 폐지 등을 주요 내용으로 하는 「민주화지령」을 발표하였다. 군국주의와 국가주의를 일소하기 위한 것이었다.

이와 같은 일련의 사태에 직면한 시데하라 수상의 고민은 천황제의 장래에 관한 것이었다. 특히 연합국의 일원인 소련, 호주 등은 천황의 존재 자체를 위험시하였다. 전쟁이 천황의 이름으로 시작되었고 천황의 이름으로 종결되었기 때문에 극동위원회를 비롯한 국제여론은 전쟁을 일으킨 장본인으로서의 천황 처벌을 강력하게 요구하고 있었기 때문이다. 그래서 시데하라는 병중에도 불구하고 천황제를 유지하는데 골몰하였다. 고민 끝에 그가 내린 결론은 다음과 같은 것이었다.

> 이(천황처벌문제–저자)때문에 맥아더가 상당히 곤란에 처해 있는 것 같다…전쟁포기를 세계에 밝히어, 일본국민은 이제 전쟁을 하지 않을 것이라는 결심을 밝혀 신용을 얻고, 천황을 정치적 상징으로 할 것을 헌법에 명시하면 강대국들도 이에 응할 수 있을 것이다.[15)]

맥아더 자신도 전쟁포기의 제안자와 관련하여, "이 아이디어는 시데하라가 가르쳐 준것이다"[16)]라고 회고하고 있다.

시데하라 제안설은 헌법 초안작성을 직접 지휘했던 휘트니(Whitney) 장군의 회고에서도 엿볼 수 있다. 휘트니는 '맥아더 3원칙'의 제2항(전쟁과 군비포기)은 맥아더 원수가 시데하라 수상과의 회견 직후에 적어넣은 일반원칙을 표현한 것이라며 다음과 같이 1946년 1월 24일의 상황을 술회하고 있다. "오후 두시 반에 시데하라가 물러난 뒤 맥아더를 만나러 방에 들어갔다. 회견 전과 다른 맥아더의 표정을 통하여 무언가 중대한 것

---

15) 田中英夫, 『日本國憲法制定過程の覺え書』(有斐閣, 1979年), 94쪽.

16) Douglas · MacAthur, *Reminiscences*, New York: McGraw–Hill, 1964, pp. 302–303.

이 일어났음을 직감하였다. 맥아더는 다음과 같이 설명하여 주었다. 그(시데하라–저자)는 새로운 헌법을 제정할 때 전쟁과 군비를 영구히 포기하는 조항을 넣을 것을 제안하였다.… 그리고 헌법 초안의 준비를 서두르도록 나에게 지령을 내렸는데 이 때 다음 원칙을 반드시 넣어야 한다고 하였다. 즉 '국권의 발동에 의한 전쟁은 포기한다.' 이 원칙은 총사령부의 운영위원회가 만든 초안('GHQ초안'–저자)에 들어있다. 총사령부와 마쓰모토위원회 멤버 사이에 한달여에 걸친 헌법 초안에 대한 토의가 있었음에도 불구하고 전쟁 조항만은 일본측으로부터 한 번도 그리고 어떠한 형태로도 반대나 고충을 들어본 적이 없었다."[17)]

② 맥아더 제안설

군비포기와 상징천황제는 맥아더도 일찍이 생각하였던 것으로 맥아더가 실제의 제안자라는 것이 이른바 맥아더 제안설이다.

맥아더가 원활한 점령통치를 위해 천황의 이용가치에 주목한 것은 제2차 세계대전이 끝날 무렵이었다고 한다. 맥아더는 세계대전의 전세가 이미 기울었음을 감지하고 일본 패전 이후의 점령과정에서 천황을 활용하는 것에 대해 생각하게 되었는데, 류오지마(硫黃島), 오키나와(沖繩)등을 점령하는 과정에서 일어났던 일본군의 격렬한 저항을 피하기 위한 묘안을 고민해 왔던 스팀슨(H · L · Stimson) 미육군장관과 더불어 일찍이 천황의 존재에 대하여 주목하였다는 것이다.

> 각지에 산재하여 아무런 권위에도 복종하려 하지 않는 일본군을 확실하게 항복시키기 위해서는 천황을 존속시켜 천황을 미군의 지휘감독 하에 둘 필요가 있다. 천황은 일본인의 국가관에 있어서 유일한 권위의 원천

17) 憲法制定の經過に關する小委員會,『日本國憲法制定の由來』(時事通信社士, 1961年), 271~272쪽.

이 아닌가.[18]

한발의 총성도 없이 한방울의 피도 흘리지 않고 일본 본토를 점령할 수 있었던 데에는 천황의 항복선언이 절대적인 영향력이 있었음을 간파한 맥아더는 이에 전율하면서도 동시에 천황을 점령통치에 효과적으로 이용하는 방법을 생각하지 않을 수 없었다.

그러나 맥아더 사령관이 군비포기를 규정한 이러한 헌법안 작성을 지시한 것은 단순히 천황을 살려 점령 통치에 이용하기 위한 것만은 아니었다. 게다가 그것은 일부에서 주장하는 것처럼 전쟁의 참화를 일선에서 겪은 맥아더가 전쟁에 대한 회의와 반성 때문에 평화주의자로 재탄생하다 보니 그런 것은 더더욱 아니었다. 그는 여전히 '병기와 전쟁, 더욱이 희생적 행위를 전문으로 하는 직업은 국가를 위해 여전히 필요하며 전쟁에서는 승리만이 최고이다'라고 직업군인으로서의 사고를 일본국 헌법 제정 후에도 변함없이 술회하고 있다.[19]

노회한 직업군인 맥아더는 제2차 세계대전을 좌우했던 것이 공군력이라고 본능적으로 판단하고 있었다. 그래서 "일본 본토를 전력(戰力)을 폐지한 형태의 헌법 하에 두고, 그대신에 강력한 공군기지를 오키나와에 두면 동북아시아에서의 미국 이해는 얼마든지 관철시킬 수 있을 것"[20]이라고 생각했다. "미국의 전략상의 경계선은 이미 남북아메리카의 서해안에 있는 것이 아니라, 아시아 대륙의 동해안선에 위치한다"고 전제하고 "과거에는 방위문제의 중심은 필리핀 부근에 있다고 보았지만 이제는 그

18) 같은 책, 75쪽.

19) Theodore H · McNelly, "General MacAther's Pacifism", *International Jounal on World Peace* 6(1), 1989, pp. 41~59.

20) Views of General of the Army Douglas MacArthur on Rearmament of Japan (Annex B of JCS 1380/48)April 16, 1948, U.S. National Archives.; 古関彰一, 「日米安保条約の締結と日本の自衛権」, 『獨協法学』第34号, 77頁에서 재인용.

렇지 않다"[21]고 맥아더는 생각하였다. "미국이 전략상의 경계선으로 삼아야 할 곳은 알레스카 알류샨 열도, 일본의 구 위임통치제도, 필리핀, 오키나와를 포함한 유자형 지역이고, 오키나와는 이중에서도 사활적 중요성을 갖는 지점"[22]이라고 보았던 것이다.

즉 맥아더는 오키나와의 군사화를 전제로 본토의 비무장화를 생각하고 있었다는 주장이다.

③「일본 비무장 조약안」설

일본을 비무장화하기 위해 연합국 4개국(미, 영, 중, 소)이 비무장을 내용으로 하는 조약을 일본과 체결하고자 하였는데, 이를 맥아더가 감지하고 선제적으로 일본국 헌법 제9조 제2항을 만들었다는 주장이다.[23] 이 주장은 시데하라 주장의 허점도 지적하는데, 시데하라가 맥아더를 찾아가 제안한 것은 1928년 부전조약의 전쟁포기인 것이지, 전력포기는 아니었다는 것이다. 결국 일본 비무장 4개국 조약구상의 전력포기 조항을 맥아더가 빌어온 것이라는 주장이다.

실제 이 조약안 제1조에는 "현존하는 육해군을 비롯하여 헌병대, 특별경찰에 이르기까지의 완전한 무장해제"(a항), "어떠한 형태, 가령 이런 저런 가면을 쓰더라도 일본에 군사조직 또는 준군사조직은 허용되지 않는다"(c항)고 규정하였으며, "심지어 군사전용 가능한 물자의 생산과 수입도 금지"(d항)한다고 규정되어 있다. 제2조에는 제1조의 무장해제와 비군사화를 완전 실시하기 위해 조약체결국은 점령 종결과 동시에 4개

---

21) *Foreign Relations of the United States 1948* VI, "Conversation between MacAther and Kennan" March 5, p.701.

22) 위의 문헌, p. 704.

23) 三輪隆「日本非武装化条約構想とマッカーサー・野と第二項」『埼玉大学紀要(教育学部人文社会科学編)』第47巻第1号(1998年)46쪽 이하

국 감시시스템을 가동할 것 등을 규정하고 있다.

이러한 주장에 의하면 맥아더는 「일본 비무장 조약안」이 실현되면 일본 비무장화의 업적을 미국이 독점할 수 없게 되고 소련이 일본 점령에 관여하게 되므로 급거 1946년 2월 3일 '맥아더 3원칙' 제2항에 "어떠한 일본 육해공군도 결코 허용되지 않는다"고 규정하게 되었고, 이를 이어 받아 'GHQ초안' 제8조에 전력포기 조항으로 들어가게 되었고 그것이 오늘날 일본국 헌법 제9조 제2항의 기원이라는 것이다.

④ 합작품으로서의 제9조

이상과 같은 주장과 맥아더의 인식은 헌법 제9조의 제안자가 누구였는가 하는 문제를 이해하는데 있어 많은 시사점을 준다. 일설에는 일본국 헌법 제9조에 대한 맥아더의 생각을 1935년의 필리핀 헌법에서 구하기도 한다. 물론 1935년 필리핀 헌법은 제2조 제4절에서 "필리핀은 국책수행의 수단으로서의 전쟁을 포기하고, 일반적으로 확립된 국제법의 제원칙을 국가법의 일부로서 채용한다"고 규정하고 있다. 그리고 맥아더가 1935년 필리핀 국민군의 군사고문이었고, 따라서 맥아더가 'GHQ초안'을 만들 때 필리핀의 1935년 헌법을 염두에 두었으리라[24]는 것은 충분히 생각해 볼 수 있겠다. 하지만 위에서 살펴본 바와 같은 맥아더의 비무장개념 = '본토만의 비무장'임을 생각해볼 때는 필리핀헌법과의 관련을 유추하여 맥아더를 평화주의자 · 이상주의자로 규정하는 것은 논리적 비약일 것이다.

일본국 헌법 제9조는 천황을 전범으로부터 제외하여 살려보고자 하는 일본측의 물밑교섭과 일본을 비무장화하여 관리하려던 국제적인 흐름, 미국 특히 맥아더의 군사전략 개념이 빚어낸 합작품이라 보는 것이 오히려

---

24) 古關彰一, 앞의 책, 105쪽.

타당할 것이다. 다시 말해 일본국 헌법 제9조를 평화주의자 맥아더가 자기 이상을 실현하기 위하여 일본 측에 일방적으로 강요했다는 주장은 그다지 현실성을 갖지 못한다.

2) '피뢰침'으로서의 일본국 헌법 제9조

일본 정부의 수락

이러한 우여곡절 끝에 만들어진 'GHQ초안'은 1946년 2월 13일 일본 정부측에 전달되었다. 이 자리에 일본 정부에서는 요시다 시게루(吉田茂) 외무대신, 마쓰모토 조지 국무대신 및 시라스 지로(白洲次郎) 종전(終戰)연락중앙사무국차장 등이 참가하였다.[25] 휘트니는 "일전에 일본측이 제출한 헌법 개정안은 자유와 민주주의의 문서라고 보기 곤란하여 최고사령관이 이를 수용할 수 없다고 합니다"고 전제하고서, 그러나 "일본국민이 과거와 같은 부정과 전제적 지배로부터 자신들을 지킬 자유롭고 근대적인 헌법을 강렬히 요망하고 있음을 고려하여 비추어 작성된 이 문서('GHQ초안'-저자)가 일본정세가 요구하고 있는 원리들을 구현하고 있으므로 이를 전하라고 명령하였습니다"[26]고 하였다.

이에 대한 일본 정부 내의 반발도 만만치 않았다. 3월 18일 마쓰모토 조지 국무대신은 자신의 안을 옹호하기 위해 「헌법 개정안 설명 보충」을 GHQ에 제출하였다. 그러나 GHQ는 이를 단호히 거절하였다. 2월 22일 일본 정부는 시데하라 수상으로 하여금 맥아더와 직접 회담하게끔 하여 맥아더의 진의를 확인코자 하였다. 그러나 맥아더와의 회담후 시데하라

25) リチャード・B・フィン, 『マッアーサーと吉田茂』 上(同文書院インアーナショナル, 1993年), 156쪽 이하.

26) 高柳賢三 外, 「一九四六年二月一三日, 最高司令官に代わり, 外務大臣吉田茂氏に新しい日本國憲法草案を手交した 際の出來事の記錄」, 『日本國憲法制定の過程』 第1卷(有斐閣, 1972年), 323쪽.

맥아더와 쇼와천황
(『일본의 평화주의를 묻는다』, 논형)

수상은 이 'GHQ초안'의 포인트로서 "천황을 국가의 상징으로 하는 규정과 전쟁포기 규정을 맥아더가 대단히 열심히 설명하였음을 각료들에게 생생하게 소개하였을 뿐이었다." 천황이 실권 없는 상징에 불과할 수도 있다는데 놀란 각료들이 기나긴 난상토론에 들어간 것은 너무나 당연한 일일지도 몰랐다.

그러나 한편으로는 당시의 시데하라 수상을 비롯한 일부의 권력자들은 오히려 연합국에 의한 점령관리체제의 진전이 천황제의 폐지에까지 이르게 될지도 모른다는 데에 더 큰 두려움을 가지고 있었다.

이러한 사태의 추이와 관련하여 자신의 안위를 누구보다 민감하게 받아들인 것은 천황이었다. 전범문제를 누구보다 고민하였던 천황은 이를 위한 보여주기의 하나로 1946년 1월1일 '인간선언'[27]을 하기도 하였다.

---

27) 다음은 인간선언의 내용이다. 맥아더 등 연합국 또는 외국의 입장에서 보면 당연한 내용이지만, 천황을 현인신(現人神)으로 취급하고 천황의 뜻대로 정치를 하여 왔던 일본인들에게는 매우 쇼킹한 선언이었다. 천황이 이제는 공론에 따라야 한다는 점과 평화주의를 추구해야 한다고 밝힌 점은 전범처리에 대한 압력을 피하기 위한 것으로 매우 정치적인 선언이었다고 평가할 수 있을 것이다.

그간 현인신(現人神)으로 군림하였던 천황의 안간힘으로서의 '인간선언'은 차라리 측은하기까지 하였다. 아무튼, 요시다 시게루 외무대신을 데리고 시데하라 수상이 천황을 방문하여 이 헌법 개정안에 관한 의견을 요구하였으나, "놀랍게도 천황은 주저하는 기색도 보이지 않았다. 오히려 천황은 시데하라에게 설령 자신의 정치적 기능 모두를 빼앗기더라도 전면적 지지를 보내도록 권유하였다"[28]는 것이다.

결국 천황을 전쟁범죄인으로 처벌할 것을 요구하는 세계 여론이 끓어오르는 가운데, 마쓰모토 조지의 헌법 개정안 정도로는 이 파고를 헤쳐나갈 길이 없다는 것을 누구보다 빨리 간파한 것은 다름아닌 천황과 시데하라 수상이었던 것이다. 시데하라 수상과 천황은 결국 맥아더 사령부가 작성한 헌법 초안을 받아들이는 것만이 천황의 목숨을 보전하는 길임을 알고 이를 수락하였다.[29]

'GHQ초안'을 1946년 2월 13일 전달받은 일본 정부는 2월 27일부터 일본 정부 헌법 초안에 착수하여 3월 4일 GHQ에 제출하고 6월 22일 메이지 제국의회의 '제국헌법 개정특별위원회'에 상정하였다. 일본국 헌법은 천황주권에서 국민주권으로 헌법 원리의 근본적 전환이 있었다는 점

---

1. 널리 논의를 일으키고, 천하의 정치는 공론으로 결정해야 한다.
1. 상하의 마음을 하나로 하고, 왕성하게 경륜을 펴야 한다.
1. 관리와 무사, 그리고 서민에 이르기까지, 각기 그 뜻을 이루어, 뭇 사람의 마음으로 하여금 게을리 하지 말 것을 요한다.
1. 예로부터의 나쁜 습관을 타파하고, 세상의 도리에 기초해야 한다.
1. 지식을 세계에서 구하고, 크게 황국의 기틀을 떨쳐 일으켜야 한다.

짐의 생각은 공명정대하고, 또 무엇을 덧붙이겠는가? 짐은 이에 서약을 새롭게 하여 국운을 열어 가고 싶다. 당연 이 취지에 맞추어, 예로부터의 나쁜 습관을 제거하고, 민의를 창달하며, 관민 모두 평화주의를 관철하고, 교양을 풍부히 하여 문화를 구축하고, 그럼으로써 민생의 향상을 도모하고, 신일본을 건설해야 한다. "

28) 憲法制定の經過に關する小委員會, 앞의 책, 301쪽.

29) 浦田一郎, 『現代平和主義立憲主義』(日本評論社, 1995年), 6쪽.

에서 일반적으로 '제정'되었다고 하지만, 형식적으로는 메이지 헌법 제73조의 개정절차에 따라 이루어졌다. 10월 7일에 중의원에서 최종 가결되었고, 11월 3일 공포되었고, 1947년 5월 3일 시행되었다.

징벌적 의미로서의 일본국 헌법 제9조

이상과 같이 일본국 헌법 제9조는 천황에게 돌아갈 낙뢰를 회피하기 위한 피뢰침으로서의 역할을 하였음을 알 수 있다.

물론 일본국 헌법 제9조가 평화주의 이념을 선구적으로 구현하고 있음은 부정할 수 없다. 앞에서도 언급하였지만, 헌법학자 미야자와 도시요시는 제9조의 대하여 다음과 같이 설명했다. "세상에서 전쟁을 없애기 위해서는 모든 나라가 절대로 전쟁을 하지 않겠다고 결심할 필요가 있다." 이와 같은 논지는 1928년의 브리앙 · 켈로그 조약(부전조약)을 염두에 두고 있는 것 같다. 이를 체계화하여 후카세 타다카즈(深瀬忠一)는 일본국 헌법 제9조는 1928년의 부전조약을 헌법에 선구적으로 명문화했다고 하였다.[30] 그러므로 일본국 헌법 제9조는 비록 점령 하에 만들어졌다고 할지라도 보편적인 이념을 구현한 것이며, 이를 지켜야 한다는 논리이다.

하지만, 이러한 논리에도 문제점이 없는 것은 아니다. 일본국 헌법 제9조를 이와 같은 몰역사적인 헌법정신에 근거하여 강조하는 것은 자칫하면 일본국 헌법 제9조에 대한 징벌적 의미를 망각하는 논리와도 연결될 가능성이 있다.[31] 그리고 왜 군비철폐를 명문으로 규정하였는가에 대한

---

30) 深瀬忠一, 『戰爭抛棄と平和的生存權』(岩波書店, 1987年), 68쪽; 155쪽 이하.

31) 직접적인 연관성은 없으나 전쟁책임을 망각하고자 하는 정치논리로 등장한 '보통의 국가'론, '보통의 헌법'론 역시 몰역사적인 헌법정신에 기초하고 있다. '보통의 헌법'론이란 군대를 규정한 헌법을 지칭하는 것으로 군대를 갖지 못하도록 규정한 헌법은 '이상한 헌법'이라는 것이다. 이는 자위대를 합헌화시키려는 개헌논의에 다름 아니다. 이러한 비판적 논지를 펴는 것으로서는 浦田一郎, 『現代平和主義立憲主義』(日本評論社, 1995年), 31쪽 이하 참조.

직접적 계기를 설명하지 못하는 맹점도 가지고 있다.

아무튼 일본국 헌법 제9조는 그 획기성에도 불구하고 전범 천황을 위한 피뢰침으로서의 역할도 하였던 것이다. 그것은 일본국 헌법 제9조가 결과적으로 전쟁책임에 대한 징벌의 의미를 함축하고 있음을 알 수 있다.

3) 전세계 인민의 평화권

일본국 헌법 전문의 평화권

비무장평화주의는 일본국 헌법제정과정에서 권리로 업그레이드 되었다. 앞에서 보았듯이 평화주의를 철저화하기 위하여 전력(戰力)을 폐지하는 규정을 두어 평화주의를 실질화하였지만, 동시에 헌법에 평화권을 명문화하였다. 즉 일본국 헌법 전문 제2단에는 '우리는 전세계의 인민(all peoples of the world)이 다같이 공포와 결핍으로부터(free from fear and want)벗어나 평화 속에 생존할 권리(the rights to live in peace)를 갖고 있음을 확인한다'고 명시되었다. 1984년 유엔총회에서 이루어진 인민의 평화에 대한 권리선언(Declaration on the Right of Peoples to Peace)이 1946년 일본국 헌법의 전문에는 이미 명시되어 있었던 것이다.

원래 일본 정부가 마련한 헌법 개정안들 예를 들면 마쓰모토 초안 등에서는 평화권에 대한 명문의 규정이 없었다. 천황과 군대의 존재를 전제로 하되, 군부독재의 위험성을 완화하는 정도의 개혁에 그쳤던 헌법이었던 바, 평화권에 대한 명문 규정이 없었던 것은 물론이었다.

평화권과 관련한 조항 즉 전 세계의 인민이 평화적 생존을 위하여 공포와 결핍으로 벗어나야 한다는 컨셉은 GHQ가 마련하여 일본 측에 제시한 헌법안, 즉 'GHQ초안'에서 비롯한다. 그런데 '평화 속에 생존할 권리'를 확인한다는 표현은 GHQ의 1946년 2월 10일 이전의 초안에는 없었던 문구이다. 2월 10일 이전의 초안에서는 '일본은 평화를 유지하고 전제와 예속(slavery), 압박과 편협을 지상으로 지상으로부터 영구히 제거할 것을 지향하며 이를 위해 헌신하는 국제사회에서 명예로운 지위를 차지하려 한다'고 되어 있었다.

그런데 이것이 1946년 2월 12일 초안에서는 다음과 같이 변화한다. '우리들은 평화를 유지하고, 전제와 예속, 압박과 편협을 지상으로부터 영원히 제거할 것을 지향하며, 이를 위해 헌신하는 국제사회에서 명예로운 지위를 차지하려 한다. 모든 나라의 인민은(all peoples)다같이 공포와 결핍으로부터 벗어나 평화 속에 생존할 권리를 갖는다'고 추가되었다.

평화를 인권화하려는 이러한 움직임은 일본국 헌법 제정과정에서 뿐만 아니라 유엔에서도 지속되었는데, 1976년 유엔 인권위원회는 "모든 사람이 국제평화와 안전이 유지되는 가운데 살 권리 및 경제적 · 사회적 · 문화적 그리고 시민적 · 정치적 권리를 완전히 향유할 권리를 가진다. 인권과 근본적 자유를 완전하게 증진하기 위해서는 국제평화와 안전이 필요하다"고 하였다. 1984년에는 유엔 총회에서 "평화에 대한 인류의 권리선언"을 결의하였다.[32] 2016년 11월 18일 유엔총회에서도 "평화권 선언"이 채택된 바 있다.

전쟁과 평화적 생존

제2차 세계대전 종전을 전후하여 영국과 미국 등 연합국 진영에서는 전쟁의 참화에 대한 반성과 평화적 생존을 갈구하는 내용을 각종 선언과 헌장의 명분으로 전면에 내세우는 경향들이 있었는데 2월 10일 이전의

32) 이경주, 『평화권의 이해』(사회평론사, 2014년), 41쪽 이하.

'GHQ초안'도 이러한 경향을 반영한 것이었다.

우선 영국과 미국이 중심이 되어 발표한 (Atlantic Charter)은 그 대표적인 문서이다. 제2차 세계대전 당시인 1941년 8월 14일 미국 대통령 루즈벨트와 영국 총리 처칠이 대서양 해상의 영국군함 프린스 오브 웨일스(Prince of Wales)호에서 회담 후 발표한 공동선언인 이 대서양헌장은 제2차 세계대전 후의 전세계 인민의 복지와 평화에 관한 양국 정책의 공통 원칙을 다음과 같이 밝히고 있다.

① 양국은 영토의 확대를 원하지 않는다. ② 관계 주민의 자유의사에 의하지 아니하는 영토 변경을 인정하지 않는다. ③ 주민이 정치 체제를 선택하는 권리를 존중하며, 강탈된 주권과 자치가 회복될 것을 희망한다. ④ 세계의 통상 및 자원에 대한 기회균등을 도모한다. ⑤ 노동조건의 개선과 경제적 진보 및 사회보장을 확보하기 위하여 경제 분야에서 국제협력을 도모한다. ⑥ 나치스의 폭정을 파괴한 다음 **모든 인류가 공포와 결핍으로부터 해방되어 생명의 보전이 보장되는 평화를 확립한다.** ⑦ 항행의 자유를 확보한다. ⑧ 침략의 위협을 주는 나라의 무장을 해제하고, 항구적이며 전반적인 안전보장제도를 확립하며, 군비부담을 줄여간다.

모든 인류가 공포와 결핍으로부터 해방되어 평화적 생존이 확보되어야 한다는 사고는 그 연원을 거슬러 올라가면 루즈벨트의 생각과도 밀접하게 연관되어 있다.[33]

1940년 11월 대통령에 당선된 루즈벨트는 1941년 6월 의회에 보내는 연두교서에서 "언론의 자유, 신앙의 자유, 공포로부터의 자유, 결핍으로부터의 자유"를 언급하며 민주국가를 하나로 뭉쳐 이 네 가지의 자유를

33) 山内敏弘, 『平和憲法の理論』(日本評論社, 1992年), 253쪽 이하.

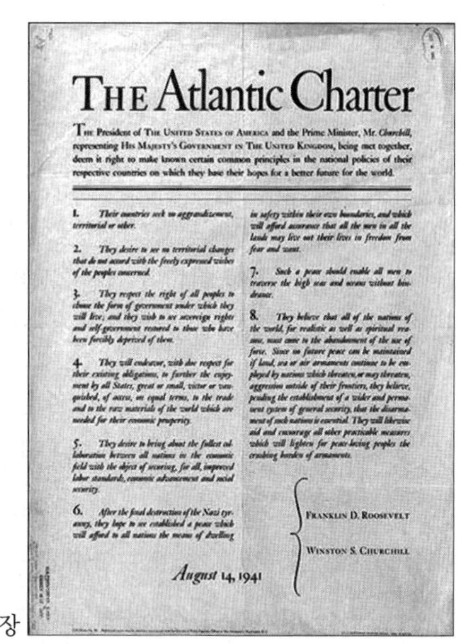

THE Atlantic Charter

THE President of THE UNITED STATES OF AMERICA and the Prime Minister, Mr. *Churchill*, representing HIS MAJESTY'S GOVERNMENT IN THE UNITED KINGDOM, being met together, deem it right to make known certain common principles in the national policies of their respective countries on which they base their hopes for a better future for the world.

1. *Their countries seek no aggrandizement, territorial or other.*

2. *They desire to see no territorial changes that do not accord with the freely expressed wishes of the peoples concerned.*

3. *They respect the right of all peoples to choose the form of government under which they will live; and they wish to see sovereign rights and self-government restored to those who have been forcibly deprived of them.*

4. *They will endeavor, with due respect for their existing obligations, to further the enjoyment by all States, great or small, victor or vanquished, of access, on equal terms, to the trade and to the raw materials of the world which are needed for their economic prosperity.*

5. *They desire to bring about the fullest collaboration between all nations in the economic field with the object of securing, for all, improved labor standards, economic advancement and social security.*

6. *After the final destruction of the Nazi tyranny, they hope to see established a peace which will afford to all nations the means of dwelling in safety within their own boundaries, and which will afford assurance that all the men in all the lands may live out their lives in freedom from fear and want.*

7. *Such a peace should enable all men to traverse the high seas and oceans without hindrance.*

8. *They believe that all of the nations of the world, for realistic as well as spiritual reasons, must come to the abandonment of the use of force. Since no future peace can be maintained if land, sea or air armaments continue to be employed by nations which threaten, or may threaten, aggression outside of their frontiers, they believe, pending the establishment of a wider and permanent system of general security, that the disarmament of such nations is essential. They will likewise aid and encourage all other practicable measures which will lighten for peace-loving peoples the crushing burden of armaments.*

FRANKLIN D. ROOSEVELT

WINSTON S. CHURCHILL

August 14, 1941

대서양 헌장

구현하는 세계를 재건해야 한다고 역설한 바 있다. 물론 루즈벨트는 이러한 세계를 재건하기 위하여 평화적 수단에 호소한 것이 아니라 현실에서는 무력에 호소하였다. 즉, 미국의 이익을 위해 꼭 방위할 필요가 있다고 생각되는 국가들에게 무기대여 협정에 따라 원조를 해줄 것을 의회에 호소하였고 이를 위하여 공포와 결핍으로부터 해방된 인류의 평화적 생존을 역설하였을 수도 있다. 실지로 미의회는 루즈벨트의 이 연두교서에 호응하여 70억 달러의 지출을 승인하는 무기대여법(Lend Lease Act)를 통과시키기도 하였다.

하지만, 보편적인 언어와 가치로 표현된 이 '네 가지 자유'는 1941년의 대서양헌장, 1942년의 연합국 공동선언을 거쳐 국제연합 헌장의 인권과 평화관련 조항으로 진화하였고, 1948년 12월 10일 국제연합 총회에서 채택된 세계인권선언의 전문에 자리잡게 된다.

평화권의 명문화

이상을 보면 일본국 헌법의 평화권은 그 근원을 거슬러 올라가면 전쟁의 참화에 대한 반성과 새로운 인류사회에 필요한 보편적인 인간의 권리를 명문화한 것이었다고 보아야 할 것이다. 비록 일본국 헌법에 명문화된 것이기는 하지만, 인류의 염원을 반영한 것이고 그래서 후일 유엔 등 국제사회에서도 평화권이 논의되고 명문화되었던 것이라 볼 수 있을 것이다.

이러한 계기를 마련한 것은 GHQ 민정국이었다. GHQ 민정국장은 휘트니가 담당하고 있었는데, 헛시, 케디스, 라우엘 등의 장교들의 합작품이었다고 할 수 있을 것이다. 당시 GHQ에는 미국의 뉴딜(New Deal)기에 로스쿨을 다니면서 형성된 리버럴한 사고의 법률가 출신 장교(위관급, 영관급)들이 다수 자리하고 있었는데,[34] 이들 역시 비록 큰 틀에서는 미국의 이익을 위해 복무하고 있었지만, 패전국 일본을 인류의 보편적 이념과 전향적 권리로 재구성하고자 하는 노력을 하기도 하였다. 이러한 이들의 노력은 평등권, 사상의 자유 등 여러 분야에서 엿보이는데, 비록 전문에 쓸 수밖에 없었다고는 하나 평화권을 헌법에 명문화하였던 것도 이러한 시대적 흐름과도 무관하지 않다.

특히 평화권이 규정된 전문에 힘을 쏟은 것은 헛시였다. 케디스의 증언에 따르면, 문장에 일가견이 있어 참모로서 맥아더 사령관의 연설문 초고 등을 늘 썼던 헛시가 다소 이상적으로 보이기까지 한 내용의 전문 작성에 심혈을 기울였다는 것이다.[35] 그리고 전문 작성의 주요한 근거가 되었던 것은 대서양헌장, 유엔 헌장, 그리고 미국헌법, 링컨의 게티스버

---

34) 古関彰一,『新憲法の誕生』(中央公論社, 1989年), 101쪽.

35) 鈴木昭典,『日本国憲法を生んだ密室の9日間』(創元社, 1995年), 276쪽 이하.

그연설, 테헤란회의선언, 미국독립선언 등이었다고 한다.[36)]

평화권 논의의 원조격인 도쿄대학의 요코타 기사부로(横田喜三郎) 교수는 '공포와 결핍으로부터 벗어나 평화 속에 살 권리를 갖는다'라는 전문의 표현 중 '공포와 결핍으로부터 벗어나(free from fear and want)'에 주목하고 이것이 루즈벨트의 4개의 자유 즉 신앙의 자유, 언론의 자유, 공포로부터의 자유, 결핍으로부터의 자유 중 평화와 관련한 후반부의 두 개의 자유에서 연유한다고 분석하고 있다.[37)]

돌이켜보면, 평화와 관련된 인류의 이상과 염원을 1946년 2월 12일의 초안에서 화룡점정한 셈이 되었다. 이와 같은 맥락을 보면, 평화를 권리화하려던 보편적인 국제사회의 흐름이 패전국 일본의 헌법 제정이라는 특별한 계기를 맞아 명문화하였고, 이러한 명문화된 평화권 조항이 유엔에서의 평화권에 관한 각종 논의를 거쳐 다시 인류사회에 반향되는 형태를 띠고 있다고 볼 수도 있을 것이다.[38)]

이러한 평화권은 1984년과 2016년의 유엔총회에서의 평화권 선언 결의로 이어졌으며, 한국 사회도 2000년 이후 평화권에 관한 논의가 활발해지고 있다.

---

36) 같은 책, 275쪽.

37) 横田喜三郎, 『戦争の放棄』(国立書店, 1947年), 36쪽 이하.

38) 山内敏弘, 위의 책, 258쪽 이하.

2장

일본 근현대사와 평화주의 사상

사실 일본의 근현대사를 살펴보면 평화주의에 대한 나름의 사상과 철학이 전혀 없었던 것은 아니다. 일본에 서구의 인권 개념을 비롯한 사상이 소개되기 시작하던 1800년대 말의 이른바 자유민권운동기의 유명한 사상가 나카에 초민은 평화에 대한 각기 다른 생각을 가진 세 사람의 문답형식을 통하여 비무장평화주의를 피력한 바 있으며, 러일 전쟁기에는 우치무라 간조가 비전론 형태의 기독교적인 평화주의를 설파하였으며, 고도쿠 슈스이라는 사회주의 사상가는 사회주의 실현을 통한 평화 실현을 주장하였다. 1946년 일본국 헌법 제정시에는 다카노 이와사부로 등 민간 헌법개정 초안들이 있었는데 여기에서도 평화주의를 규정하였으며 'GHQ초안'의 작성 과정에도 많은 영감을 주기도 하였다.

평화주의가 나름 정착하는 과정에도 일본인들의 여러 가지 평화의식의 변화가 있었다. 패전 직후에는 전쟁에 대한 비교적 단순한 비호감이 큰 몫을 하였고 일본국 헌법이 제정되고 나서는 주어진 변화를 수용하는 정도의 평화의식이 있었다. 냉전이 격화되면서는 중립을 지켜야 전쟁에 휩쓸리지 않겠다는 생각이 들기 시작하였으며, 자위대가 출범하고 기지가 확장되고 군비가 증강되는 1950년대 후반부터는 일본국 헌법 제9조에 기반한 평화의식이 확산되었다. 신 안보조약이 체결되고 일본 정부의 개헌 움직임이 활발해졌던 1960년대에는 이에 저항하는 헌법 제9조에 기초한 법정투쟁, 헌법회의 등 호헌운동이 활발해지고 운동론적으로도 이론적으로도 평화 의식이 심화되던 시기이기도 하였다. 한편 1960년대의 고도 경제성장에 따른 생활의 변화는 '자유롭고 평화롭게 살고 싶다'는 의식을 '평화로운 가운데 풍족하게 살고 싶다'는 즉 풍족하게 살기 위해서는 자위대와 같은 '필요최소한의 실력'도 필요하다는 정부논리에 공감하는 의식이 태동되기 시작하였다. 1970년대 오일 쇼크 등의 경제 위기를 겪으면서는 비무장평화주의를 규정한 헌법 제9조도 필요하지만, 그에 배치되는 자위대도 '필요최소한의 실력'으로서 필요하다는 현상 모두를 긍정하는 모순된 평화의식이 자리잡기 시작하였다.

이처럼 변화와 우여곡절이 있기는 하지만, 일본국 헌법의 평화주의는 단순히 일방 강요된 것이 아니라 일본의 시대적 현실 속에서 수용되고 긍정되고 변화 또는 변질되면서 현재에 이르고 있다.

1. 들어가는 말

일본국 헌법에서 차지하는 평화주의의 위치가 이렇게 중요함에도 불구하고 이에 대한 회의의 목소리가 전혀 없는 것은 아니다. 비무장평화주의가 지나친 이상론이라는 주장, 평화주의가 외부로부터 강요된 외래사상이라는 주장은 그 대표적인 예일 것이다. 이 중 평화주의가 외부로부터 강요된 것이라는 주장은 일본국 헌법을 개정하려는 움직에서 비롯된 것이고 일본국 헌법을 옹호하려는 다수로부터 많은 반발을 사기도 하였다. 또한 헌법제정사에 대한 본격적인 연구와 평화주의 사상의 뿌리에 대한 연구를 촉발하는 계기가 되기도 하였다.

평화주의는 과연 외부로부터 강요된 것에 불과한 것일까. 패전 후 일본인들은 평화에 관한 어떤 의식을 갖지고 있었을까. 이하에서는 자유민권기의 대표적 사상가 중의 하나인 나카에 초민(中江兆民), 러일전쟁기의 우치무라 간조(內村鑑三), 고도쿠 슈스이(幸德秋水), 일본국 헌법제정기의 다카노 이와사부로(高野岩三郎)의 평화주의 사상들을 조명하여 보고, 패전 후의 일반인들의 평화에 대한 의식변화를 살펴보기로 한다.

2. 일본 근현대의 평화주의 사상과 평화의식

1) 자유민권기의 나카에 초민과 평화주의

나카에 초민과 이와쿠라(岩倉)사절단 비판

나카에 초민(1847년~1901년)은 일본 남쪽 시코쿠(四國) 섬의 도사(土佐)지역(지금은 고치(高知) 현)의 하급무사의 아들로 태어나 나가사키(長

崎)등에서 프랑스학문(佛學)을 배우고 1871년의 이와쿠라 사절단에 유학생으로 참가하였으며, 일본에 프랑스의 사상가인 장 자크 루소를 소개한 사람으로도 널리 알려져 있다. 1874년 귀국 후에는 원로원에서 서기관으로 일하기도 하였다. 그러나 1877년 이후는 메이지 정부에 대한 비판적인 관점에서 자유민권운동진영의 이론가로 문필활동을 하였다. 일찍이 목도한 서구사회의 경험을 통하여 그는 메이지 정부의 군사대국주의 노선에 비판적이었다.

메이지 정부는 조선의 1882년의 임오군란과 1884년의 갑신정변 등을 계기로 군비를 증강하고 중국진출을 위한 군비증강을 서두르는 한편, 이러한 대국주의 노선을 법적으로 체계화하기 위한 메이지 헌법 제정에 착수하였는데, 이것이 나카에 초민에게는 수백 년 축적된 외국 문명에 현혹되어 하룻밤에 일본을 영미와 유럽의 국가처럼 만들고자 하는 겉모습에만 현혹된 부질없는 짓으로 보였다. 나카에 초민은 이와쿠라 사절단에 참여하여 살펴 본 서구사회를 일종의 반면교사로 삼고자 하였던 것이다.

삼취인경륜문답(三醉人經綸問答)과 평화주의

이와 같은 나카에 초민의 생각은 세 명의 취중 토론집이라는 의미의 '삼취인경륜문답'이라는 책을 통하여 간접적으로 표출되었다. 이 책에는 3명의 인물이 등장하는데 양학신사(洋學紳士)는 비무장 · 중립 · 절대평화 · 민주주의자를 상징하며, 동양호걸군(東洋豪傑君)은 부국강병 · 아시아 침략론자를 상징한다. 그리고 남해선생(南海先生)은 점진적 개량주의자를 상징한다.

여기에서 평화주의자를 상징하는 양학신사는 다음과 같이 평화주의의 필요성을 역설하였다. 즉 "육 · 해군과 같은 군비를 철거하고 열강국의 만분의 1에도 미치지 못하는 무력을 버릴 것, 무형의 의리를 가지고 학술을 진흥하고 국가를 예술작품처럼 잘 다듬어나갈 것, 이를 통하여 서구열강으로 하여금 감히 내 나라를 침범하지 못하게 하는 것이 진정한 옳은 길이다."[1)]

이에 맞서 동양호걸은 열강에 맞서기 위하여서는 나라의 부를 살찌우고 군사력을 증강하여야 한다고 주장하면서 아시아침략론을 전개한다.

한편 남해선생은 다음과 같이 점진적 개량주의를 역설한다. 즉 "입헌제를 수립하고 평화우호 외교를 원칙적으로 전개해야 한다고 주장한다. 이에 기초하여 국위를 손상받지 않는 한, 고압적으로 나오거나 무력을 휘두르지 아니하며, 언론 출판 등에 관한 모든 규제는 점차 완화하고 교육과 상공업은 차츰 융성하게 하여야 한다"[2)]고 주장한다.

이 중 누가 나카에 초민의 본심을 나타내고 있는가에 대한 의견은 분분하지만, 부국강병론과 침략전쟁론이 조류를 이루던 시대에 군비철폐에 기초한 평화주의를 역설할 수 있었던 안목과 혜안에 대하여서는 높은 평가를 하여야 할 것이다.

토착병론(土着兵論)

나카에 초민은 시노노메(東雲)라는 신문에 기고를 통하여도 징병제에 기초한 상비군을 폐지하고 민병대에 해당하는 토착병만을 둘 것을 주장

1) "水陸軍備を撤去し,諸强國萬分の一にも足らざる腕力を棄てて,無形の理義を用ひ,大に學術を興して,其國をして極て精細に彫鐫したる美術の作物の如き者と爲らしめ,諸强國をして,愛敬して犯すに忍びざらしめんと欲する,是なり"; 中江兆民,『三醉人經綸論』(岩波文庫,1997年),14쪽; 色川大吉,『自由民權』(岩波新書,1981年),96~97쪽.

2) "立憲制を設け, … 外交の方針としては,平和友好を原則とし,國威を傷つけられないかぎり,高壓的に出たり,武力を振ったりせず,言論,出版などあらゆる規則は,しだいにゆるやかにし,教育や商工業は,しだいに盛んにする"; 深瀬忠一,『戰爭抛棄と平和的生存權』(岩波,1988年),94쪽.

하였다. 이는 천황의 군대를 해체하여 인민의 군대를 창설하자는 뜻이었다. 나카에 초민은 상비군의 피해를 다음 세 가지로 주장하였다. "첫째, 징병은 빈민의 자식들이 가장 큰 희생자이다. 둘째, 평시에도 병사를 상비군으로 두는 것은 인민의 부담을 무겁게 하며 조세를 낭비하며 경제원칙에 반한다. 셋째, 상비군은 인민을 억압하는데 사용된다. 넷째, 상비군은 무기를 독점하고 인민을 무기로부터 격리하여 무력한 존재로 전락시키는 등 잠재적 위험성이 큰 존재다"[3]라는 것이었다.

2) 러일전쟁과 평화주의 사상

우치무라 간조의 기독교적 비전(非戰)론

후발 자본주의국 일본은 19세기 말 20세기 초반을 전쟁으로 지세웠다. 그러나 이러한 전쟁의 시대에도 불구하고 어떠한 전쟁도 결국은 탐욕과 타락으로 점철되고 말 것이라고 주장한 기독교 사상가가 있었으니 그의 이름 우치무라 간조였다.

우치무라 간조(1861~1930)는 지금의 도쿄 북서부에 있는 군마(群馬)현에 해당하는 조슈(上州)의 다카사키(高崎)라는 지역의 무사(藩士)의 아들로 도쿄에서 태어나 도쿄외국어학교 등에서 공부하였다. 1778년 세례를 받고, 1884년 미국에 유학하여 신학 등을 공부하고 귀국하였다. 1897년부터 이듬해인 1898년에 걸쳐 진보잡지 『요로즈초호(万朝報)』의 기자가 되어 활동하였으며, 사회주의 사상가로 알려진 고도쿠 슈스이(幸德秋水) 등과 이상단(理想団) 등을 결성하기도 하였으며, 제1차 세계대전을 전후하여 평화주의를 주창하였다.

하지만 우치무라 간조가 처음부터 평화주의를 역설한 것은 아니었다.

---

3) 色川大吉, 앞의 책, 99쪽.

청일전쟁과 관련하여 우치무라 간조는 「일청전쟁의 의미(日清戰爭の義)」라는 글을 쓰고 오히려 일본의 전쟁목적의 정당성을 옹호하기도 하였다. 그는 일본의 역할을 「일본의 천직(日本國の天職, 1892)」이라는 논문에서 '동서양의 매개자'로 보고 진보적 서양에 의해 보수적 동양을 계몽하는 '중재인'으로 보았다. 즉 청나라가 조선을 예속화하고 근대화를 방해하고 있으므로 조선의 진보를 돕고 있는 일본을 방해하는 청나라를 각성시킬 필요가 있고 조선의 독립을 실현시켜 '동양의 개혁'을 이루어야 한다는 취지이다.

그러나 정의의 전쟁이라고 생각했던 청일 전쟁이 탐욕스러운 전쟁으로 타락하고 승리에 대한 과다한 배상과 영토할양을 강요하였으며 일본도 결국 사회 · 풍속, 도덕의 모든 면에서 피폐해지고 있음을 자각하게 되었다. 청일전쟁의 결과 중국의 분할이 촉진되고 만 사실도 알게 되었다. 이러한 현실을 직시하고 그는 다음과 같이 전쟁에 대한 비판을 시작하였다.[4)]

> 나는 러일전쟁만을 그만두어야 한다고 주장하는 것이 아니라 전쟁은 절대 폐지되어야 한다고 주장하는 사람이다. 전쟁은 사람을 죽이게 되는데 이는 대죄악이며 대죄악을 범한 개인도 국가도 이익을 얻을리 없다고 생각한다.[5)]

그는 비전론(非戰論)으로 전향하는 이유를 다음과 같이 주장하였다.

---

4) 鈴木範久, 『平和の道−內村鑑三目錄7』(教文館, 1995年), 47쪽.

5) "余は日露非開戰論であり許でない, 戰爭絕對的廢止論である, 戰爭は人を殺すことである, 爾うして人を殺すことは大罪惡である, 爾うして大罪惡を犯して個人も國家も永久に利益を收め得やう筈はない"; 鈴木正, 『時代に反する思想』(北樹出版, 1997年), 61쪽 이하.

첫째, 신약성서 전체의 정신에 의하면 십자가의 복음은 전쟁을 부정하고 어떠한 경우에도 전쟁을 부정한다. 둘째, 자신의 경험상 폭력에 대하여 선을 가지고 대항하는 것이 마음의 평화를 가져왔고 신을 위한 사업에 정진할 수 있었다. 셋째, 과거 10년간의 전쟁은 전승국이든 패전국이든 쌍방에 백해무익함을 가르쳐 주었다. 넷째, 미국의 평화주의적 신문의 전쟁비판론에 대한 영향을 받았다.[6)]

고도쿠 슈스이의 사회주의적 평화주의

우치무라 간조가 기독교에 기초한 평화주의자였다고 한다면 고도쿠 슈스이(1871~1911)는 사회주의에 터잡은 평화주의자였다. 그는 나카에 초민과 동향으로 시코쿠(四國)섬 남쪽의 도사(土佐)의 하타(幡多)군의 역술관 가정에서 태어났으며, 16세에 해당하는 1887년 도쿄로 상경하여 나카에 초민의 문하생이 되었다. 그는 청년기에 많은 영향을 미쳤던 나카에 초민의 자유민권사상을 급진화하여 혁명적 민주주의 및 사회주의사상을 전개하고 러일전쟁 전부터 제국주의론에 기초한 반전평화를 주장하였다.[7)] 고토쿠 슈스이는 1901년 『20세기의 괴물 · 제국주의』를 출판하고 제국주의전쟁의 필연성과 자본주의 체제의 몰락 그리고 노동자 공유 사회로의 변혁을 강조하고 형제애에 의한 세계평화가 약탈적 제국주의를 타도하는 길이라고 주장하였다. 그의 사회주의적 평화주의는 다음과 같은 문장에서 가장 축약적으로 표현되고 있다 할 것이다.

만일 세계만방에 지주나 자본가 계급이 없고 무역시장의 경쟁이 없고, 재화와 부의 생산이 증대하면서도 그 분배가 공평하게 되어 저마다의 인생이 즐거워지기를 원한다면, 과연 누가 군비를 확장하고 전쟁을 하

---

6) 深瀨忠一, 앞의 책, 97쪽.

7) 幸德秋水, 山本正美 解題, 『帝國主義論』(岩波文庫, 1952年).

려고 하겠는가. 전쟁의 비참한 죄과가 일소되어야 전 인류의 이상이 비로소 실현된다고 할 것이다. 사회주의는 한편으로는 민주주의를 의미하고 다른 한편으로는 위대한 세계평화주의를 의미한다할 것이다.[8)]

3) 일본국 헌법 제정기의 민간 헌법 초안과 평화주의 사상

이러한 자유민권기, 그리고 러일전쟁기의 평화주의 사상은 패전 후 일본국 헌법이 제정되던 시기에도 면면히 이어졌다. 다카노 이와사부로(高野岩三郎)는 1945년 11월 일본공화국 헌법사안 요강(日本共和國憲法私案要綱)이라는 민간 헌법 초안을 만들고 이어 1945년 12월 28일에는 헌법연구회를 통하여 헌법초안요강(憲法草案要綱)을 발표한 바 있다.

그런데 이때에 벌써 그는 평화주의 사상에 터잡아야 일본인들의 인격완성과 사회도덕이 확립될 수 있음을 주장하고 다음과 같이 이를 헌법 초안에서 조문화하였다.

日本國ノ統治權ハ日本國民ヨリ發ス
(일본국의 통치권은 일본국민으로부터 나온다)
天皇ハ國政ヲ親ラセズ國政ノ一切ノ最高責任者ハ內閣トス
(천황은 국정을 친히 관장하지 않고 모든 국정의 책임자는 내각으로 한다)
天皇ハ國民ノ委任ニヨリ專ラ國家的儀禮ヲ司ル
(천황은 국민의 위임에 의해서만 국가적 의례를 주관한다)

---

8) "若し世界萬邦, 地主資本家の階級存するなく, 貿易市場の競爭なく, 財富の生産饒多にして, 其分配公平なるを得, 人人各生を樂しむに至らば, 唯が爲めにか軍備を擴張し, 唯が爲にか戰爭を爲すの要あらんや.是等悲慘なる災厄罪過は爲めに一掃せられて, 四海兄弟の理想は於是手始めて實現せらるるを得可き也.社會主義は一面に於て民主主義たると同時に, 他面に於て偉大なる世界平和の主義を意味す."

國民ハ民主主義竝平和思想ニ基ク人格完成, 社會道德確立,
(국민은 민주주의와 평화사상에 기초한 인격완성, 사회도덕의 확립
諸民族トノ協同ニ務ムルノ義務ヲ有ス.
(다른 민족과의 협동에 종사할 의무를 갖는다)

이러한 다카노 이와사부로의 헌법 초안은 국민주권, 천황의 지위 변경, 평화주의를 선구적으로 규정한 것이었다. 메이지 헌법이 절대적 군주의 지위를 고집하며, 평화주의에 대해 침묵하였고, 패전 직후의 마쓰모토 조지 등에 의한 헌법 초안이 천황제 유지와 군대의 존속을 규정하였던 것에 비하면 그야말로 괄목상대할 만한 것이었다. 더구나 'GHQ초안'의 기본골자가 천황의 헌법상의 지위변경과 국민주권, 전쟁포기, 봉건제의 철폐였다는 점을 고려한다면 다카노 이와사부로의 민간 헌법 초안은 오늘날 주목받고 있는 일본국 헌법의 평화주의와 가장 근접한 것이라고 할 수 있을 것이다. GHQ가 마련한 일본국 헌법 초안 작성에 직접 관여하였던 비아테 실로타 고든(Beate Sirota Gordon)은 도쿄대 도서관, 히비야(日比谷)도서관 등을 돌며 세계 각국의 헌법을 망라적으로 수입하고, 민간의 헌법논의를 수집하였다고 밝히며, 일본국 헌법이 다름 아닌 다카노 이와사부로 등의 민간 헌법 초안에서 구체적인 아이디어를 얻고 있음을 밝히고 있다.[9)]

일본국 헌법제정과정 연구의 권위자인 고세키 쇼이치(古関彰一)교수는 GHQ 민정국에서 헌법 초안작성의 역할을 하였던 알프레드 헛시(Alfred R, Hussey)의 보존문서에 다카노 이와사부로 등이 작성한 헌법 초안요강(憲法草案要綱)영역본이 있었던 것 등을 이유로 들면서 다카

9) ベアテ・シロタ ゴードン,『1945年のクリスマス: 日本国憲法に「男女平等」を書いた女性の自伝』(柏書房, 1995年), 149쪽 이하 참조.

노 이와사부로 초안이 GHQ초안 작성에 실질적인 영향을 미쳤다고 분석하고 있다.[10]

민간 헌법 초안 가운데는 후세 다쓰지(布施辰治, 1880.11.13~1953.9.13.)의 평화 관련 사상도 주목하지 않을 수 없다. 후세 다쓰지는 일제 강점기 박열(1902.3.12.~1974.1.17.)등 재인조선인들의 인권변론과 조선에서의 각종 인권변론의 선두에 있었던 인권 변호사인데, 1946년에 '조선건국헌법 초안'을 작성하였으며, 그와 쌍둥이라고 할 만한 (일본) '헌법 개정사안'을 작성한 바 있다.[11] 일본 '헌법 개정사안'에는 메이지 헌법과 달리 병역의무 및 군대와 전쟁에 관한 조항이 없다. 1946년 일본국 헌법이 제9조에 비무장평화주의를 적극적으로 규정하고 있는 것에 비하여 임팩트는 적지만, 소극적인 방법으로 평화주의를 표현하고 있다고 볼 수 있겠다. 후세가 쌍둥이 헌법 초안인 '조선건국헌법 초안'을 작성하고 쓴 해설서에 의하면, 해방 직후 아직 국군을 갖지 않은 상태의 조선이 평화주의를 적극적으로 실현하기 좋은 조건이라고 보았다.[12]

이 '헌법 개정사안'을 보면 후세 자신이 평소에 가지고 있던 전쟁에 대한 부정적 생각(비전론)이 적극전인 반대(반전론)로 발전하고 있는 것으로 보인다. 일련의 전쟁행위를 절대적으로 포기해야 하며, 일체의 비무장국가가 문화국가라고 주장하기도 하였다. 다만, 전쟁의 원인에 대한 평가는 매우 협소하였다. 후세는 전쟁의 원인은 군벌 · 관료 · 재벌이라고 보았으며, 이들에 대하여 국민에 의한 전쟁책임 추궁이 필요하다고

---

10) 古関彰一, 『新憲法の誕生』(中央公論社, 1989年), 42쪽.

11) 자세한 것은 이경주, 「후세 다쓰지와 박열의 헌법의식」, 『한일민족문제연구』(2019년6월호)을 참조.

12) 布施辰治, 「朝鮮建国憲法草案私草」, 『世界評論』 Vol.1 No.3(1946年4月), 90쪽.

본 반면, 미국과 천황에 대하여서는 감사의 대상으로 보기도 하였다.

3. 전후 일본의 평화의식

1) 패전과 전쟁비호감 분위기의 확산

1946년에 제정된 일본국 헌법의 비무장평화주의가 민중들 사이에서 비교적 쉽게 수용되게 된 데에는 패전 직후의 전쟁에 대한 비호감 분위기의 광범위한 확산도 큰 몫을 하였다.[13)]

전쟁 말기 민중 생활이 극한에 이르기까지 궁핍화되었을 뿐만 아니라 전쟁이 가져단 준 실상과 참상이 이루 말할 수 없었다. 예를 들면, 중국 주둔군 제1연대의 부대 역사기술에 의하면, 1937년 중일전쟁 개시 후 이 부대의 전몰자수는 2525명인데, 이 중 1944년 이후 전몰자가 76%이다. 그리고 전몰자의 73%는 전사자가 아니라 전병사자(1475명)였다. 전투가 아니라 전장에서 군생활을 하다 병들어 죽은 것이다.

다른 기록에 의하면 1937년 중일전쟁 개시 이후 군인 · 군속의 총 전몰자수는 230만 명인데, 영양실조에 의한 아사자의 수와 영양실조에 따른 체력소모의 결과 말라리아 등에 감염되어 병사한 넓은 의미의 아사자의 합계는 140만 명으로 전체의 61%였다고 한다.[14)]

이러한 상황이 되다 보니 일본군 병사들 사이의 식량쟁탈전도 이루 말할 수 없었는데, 참전군인 기록에 의하면 다음과 같다. "아사가 심각해지면 식량강탈을 위한 살해, 심지어는 인육을 위한 살해까지 횡횡하게 되었다.(중간생략)육군 군의관 중위 출신의 야마다 슌이치(山田淳一)는 일

13) 藤原彰ほか, 『天皇の昭和史』(新日本出版社, 1984年), 108쪽 이하.

14) 吉田裕, 『日本軍兵士ーアジア · 太平洋戦争の現実』(中公親書2465, 2018年), 31쪽.

본군의 제1의 적은 미군, 제2의 적인 필리핀 게릴라 부대, 그리고 제3의 적은 일본인 게릴라라고 부르던 일련의 일본병사들이었다", "그들은 전황이 불리해지고 식량이 궁핍해지면서 전의를 상실했다. 전쟁에 대한 비호감분위가 확산되기 시작하면서 부터는 자기 부대를 이탈하였다. 게다가 식량수집을 위한 체력 정도를 남겨 일하지 않으면서도 일본군 타부대의 식량에 대한 절도나 횡령 · 강탈을 하기 시작하였고, 심지어는 살인강도 사건도 적지 않았다."[15]

심지어는 부상병에 대한 자살강요도 이어졌다고 한다. "전투에서 지고 전선이 급속히 붕괴되면서 포로가 되는 것을 방지하기 위해 자력으로 후퇴할 수 없는 다수의 부상병을 군의관이나 위생병 등이 살해하거나 자살을 부추기는 일이 비일비재하였다." 최초의 사례는 서태평양 솔로몬 제도의 가다르카날(Guadalcanal) 섬 전투였다고 한다. 철수작전을 실시하고 철수는 성공리에 끝났으나 이 때 움직일 수 없는 부상병들에 대한 살해가 이루어졌다. 시찰을 위해 같은 솔로몬 제도의 부겐빌(Bougainvill) 섬에 도착한 참모차장이 도쿄에 보낸 보고전문에는 다음과 같은 부분이 남아있다. "당초 가다르카날 섬 육상상륙 총병력의 약 30%는 수용가능하다고 보고 특별한 상황을 제외하면 대부분 철수할 수 상황임.(중략)단독보행 불가능자는 각 부대와 마지막까지 진지에 잔류시키고 그 중 사격가능한 자는 적에 대한 저지사격을 하고, 적이 가까운 거리에 진격하면 자결하도록 강한 독성을 가진 살균제를 두 알씩 배부하기로 함."[16] 말하자면 병력의 70%가 전사 또는 전병사(그 중 대부분은 아사)하였고 나머지 30%가 생존하였는데 그 중 몸을 움직일 수 없는 부상병은 자살하도록 하고 단독보행 가능한 자만을 철수시킨 것이다.

---

15) 같은 책, 78쪽.

16) 같은 책, 70쪽.

특히 전쟁 말기 사상자가 많았던 것은 군사력과 물리력에 뒤지면서 '돌격대 정신'과 같은 정신주의를 강조하면서이다. 우리가 알고 있는 가미카제 특공대(神風特攻隊)는 그런 대표적인 인간을 무기화한 표본일 것이다.[17]

그 밖에도 어뢰에 인간이 들어가 적함을 공격하는 인간어뢰 가이텐(回天), 한반도 남단 제주에까지 배치되어 화제가 되었던 특공폭단 신요(震洋) 보트 등이 있었는데, 이들은 모두 패전 직전의 일본군군주의가 전황을 숨기고 인간을 도구화 한 것들이다. 여담이지만 더 가관인 것은 이러한 것들을 도쿄의 야스쿠니 신사 경내의 전쟁자료관인 유슈칸(遊就館)에 이렇게 정신력으로 싸웠다고 자랑이라고 전시하고 있다는 것이다.

미군의 우세한 기관총과 대포 앞에 바위에 계란치기식으로 착검한 군인들을 돌격시키는 전술전개가 비일비재하였다. 1905년 무렵의 러일전쟁에서는 그러한 전술로 인한 부분적 승리가 가능하였을지도 모르나 그것을 병기가 월등히 발달한 제2차 대전 말기에 적용하였던 것은 전황의 불리를 숨기고 이탈자를 막기위한 것이었다. 그리고 그 희생자는 일반 군인들이었다.

뿐만 아니라 반항하는 부하에 대한 사적 제재도 용인되었다. 예를 들면 신병교육대의 조교가 신병들에 대한 집요할 정도의 사적 제재를 가하여 그 조교의 반에 배속된 28명 대부분이 전치 수일간의 안면타박상을 입었고, 이러한 구타로 탈영을 결심한 신병이 자살을 하려고 총을 발사하였다가 다른 신병에게 명중하는 사건도 발생하였다고 한다(『육군군법회의 판례모음집 1』).[18] 결국 병사들은 굶어죽거나 버려져 자살을 강요당하는 것 뿐만이 아니라 사적 제재도 각오하지 않으면 안되었다.

병사들의 귀환과 더불어 이러한 전쟁의 실태가 하나 둘 구전되거나 전

17) 같은 책, 52쪽.

18) 같은 책, 169~170쪽.

해지면서 이른바 천황폐하를 위한 성전의 신화는 깨지고 뭐가 뭔지 모르겠고 전쟁이 지긋지긋하고 신물이 난다는 식의 전쟁비호감 감정이 확산되었다.[19] 비록 그것이 적극적인 반전운동은 아니었지만, 그리고 평화주의에 대한 적극적이고 이성적인 인식은 아니었지만, 일본 정부와 군부에 대한 비판으로 이어지고, 일본국 헌법의 제9조와 같은 비무장평화주의를 수동적인 형태로 용인하고 받아들일 수 있는 광범위한 토양이 되었다고 보아야 할 것이다.

2) 평화주의 조항의 무자각적 수용(1945~1950)

1945년 8월부터 12월까지 미국전략폭격조사단이 만든 「패전 직후 일본인 의식」이라는 조사에 의하면 패전 직후의 일본인들의 마음에는 다종다양한 생각이 뒤섞여 만감이 교차되었던 것 같다. 한편으로는 후회 · 비참 · 유감, 놀라움 · 두려움, 혼동, 점령에 대한 걱정 · 근심, 환멸 · 공허감, 심지어 천황에게 미안하다는 생각까지, 또 한편으로는 전쟁 끝 행복시작과 같은 안도감이 있었다고 한다.[20]

아무튼 살아남았다는 생각, 일종의 안도감이 새로운 헌법의 비무장평화주의를 어떻게 수용하였을까 하는 점이 궁금하지 않을 수 없다. 국가총동원 체제 하에서 다종다양한 형태로 동원되어 그 중 300만 명이 넘는 사망자를 발생시키면서 민중들의 삶은 파괴되었으나, 자유와 인권을 억압하던 국가시스템으로부터 어느 정도 해방되면서 '전쟁은 진저리난다' '평화롭게 살고 싶다'는 실감이 확산되었는데, 그것을 뒷받침한 것은 전사, 전병사, 아사, 공습, 소개(疏開) 등과 같은 생생한 전쟁 체험이었다.

---

19) 藤原彰, 『天皇制と軍隊』(青木現代叢書, 1975年), 226쪽.

20) 栗屋憲太郎編, 『資料日本現代史2』(大月書店, 1980年).

우리 나라의 입장에서 보면 일본국민도 군인도 모두 가해자이기는 하지만, 일본인들의 입장에서 보면 이러한 전쟁체험은 압도적인 피해체험이기도 하였다. 이러한 압도적인 피해체험은 전쟁이 비참하다는 인식을 증폭시켰고 평화에 대한 강한 열망도 불러 일으켰다. 평화주의 원리에 대한 자각적이고 가치적인 인식은 아니었지만 체험에 기초한 수용 또는 긍정이라고 할 수 있을 것이다.

새로운 헌법은 일본국민들이 쟁취한 것은 아니고, 연합국이 일본의 지배체제를 해체하면서 만들어진 것이었다. 미군이 점령하면서 대일본 정책상 필요에 따라 서두르면서 제정되었기 때문에 자각할 시간적 여유가 없었던 측면도 있었다. 당장 급한 것은 헌법의 평화주의의 의미보다는 '밥'이었고 생활고로부터의 탈출이 급선무였을 것이다. 이미 무장이 해제되고, 점령 하에서 비무장평화주의 헌법이 제정되고 따라서 당장 헌법에 의해 일상생활이 변한 것이 아니라 이미 어느 정도 상황이 변한 상태에서 새로운 일상이 전개되었다고도 할 것이다. 비무장평화주의는 선택이 아니라 현상의 추인이었다고도 할 수 있겠다.

일본국 헌법 초안단계에서 마이니치(毎日) 신문에 의한 거의 유일한 전국적인 여론조사(1946년 5월 27일)가 남아 있는데 그에 따르면, '전쟁포기 조항이 필요한가'에 대하여 필요하다고 응답한 사람은 69.8%였으며, 불필요하다는 사람은 28.4%였다. 그런 의미에서 보면 일본국 헌법 제9조는 비록 평화주의에 대한 자각에 기초하거나 일본인 스스로가 가치적 선택에 의한 것은 아니었지만, 패전 직후의 일본인들의 전쟁에 대한 비호감, 평온하게 살고 싶은 생각들 그런 것들과 맞아떨어진 측면이 있었다.[21]

---

21) 和田進, 『戦後日本の平和意識』(青木書店, 1997年), 80쪽 이하.

3) 평화운동의 대두와 평화의식의 형성(1950~60년)

패전에 의해 주어진 것으로서의 평화의식으로부터 한걸음 더 나아가 조금 더 자각적인 형태의 평화의식이 싹트게 된 것은 1950년대 였다. 한편으로는 맥아더 사령부가 한국전쟁 등을 계기로 비무장 평화헌법에도 불구하고 군대로의 변화를 염두에 둔 경찰예비대를 창설하는 등 정책전환을 서두르고 있었고, 또 한편으로는 동서간 냉전이 가속화되는 가운데 하루빨리 연합국의 독립으로부터 벗어나 비무장 평화헌법 하에서 일본의 안전을 지켜야 한다는 의식이 확산되기 시작하던 시기이기도 하였다. '평화 = 군비철폐'라는 생각보다는 '평화 = 일본의 안전보장'이라는 의식이었다고 할 것이다.

특히 미국을 중심으로 한 서방세계 중심의 연합국과의 평화조약이 추진되면서 하루빨리 소련을 포함한 연합국 전체와 평화조약을 맺고 독립하여야만 평화가 보장될 수 있다는 전면강화운동이 전개되었다. 이 무렵 사람들의 입에 오르내리는 핵심 키워드는 전면적인 평화와 독립이었다. 사회당 등 야당은 '전면 강화, 중립, 군사기지 제공 반대, 재군비 반대'를 내용으로 하는 '평화 4원칙'을 적극적으로 제시하였고, 노동조합, 일본교직원조합(이하 '일교조')등이 여기에 호응하면서 평화운동이 자각적으로 전개되었다.[22]

그러나 미국은 소련과 중국을 배제한 체 일본과 전쟁을 종결하는 평화조약을 맺고 후속조치로 미군을 주둔시키고 군사기지를 제공받는 등의 방법으로 일본을 군사적으로 종속시키려고 하였다. 미국 등 서방 국가가 중심이 된 반쪽짜리 강화조약에 대한 국민적 반대에도 불구하고, 1951년 9월 8일 샌프란시스코에서 평화조약이 체결되고 같은 날 미일안보조

---

22) 같은 책, 85쪽 이하.

약이 체결되었다.

1950년 6월 한국전쟁, 8월 경찰예비대의 설치, 1952년 9월의 평화조약 및 미일안보조약의 발효, 1952년 7월 경찰예비대의 보안대로의 확대개편, 1954년 미일방위원조협정의 체결 및 자위대의 발족과 같은 재군비의 진행은 일본인들의 평화의식, 평화헌법에 대한 의식에도 부정적인 영향을 미쳤다. 당시의 3대 주요신문(아사히, 요미우리, 마이니치)이 군대가 필요한가라고 설문조사를 하였을 때 대체로 과반수 넘게 필요하다고 답하였을 정도이며, 비무장평화주의를 규정한 일본국 헌법 제9조의 개정여부에 대한 찬반 물음에 대하여서도 30~40% 내외로 개정에 대해 찬성하는 여론이 상대적 다수를 차지하기도 하였다.

비록 1950년대 전반의 '평화 4원칙' 운동이 재군비의 격랑에 휩쓸려 다수를 차지하지는 못하였지만, '평화 4원칙'으로부터 자양분을 공급받은 1950년대 후반의 각종 평화운동(미군기지반대운동, 원수폭금지운동, 헌법옹호운동)은 일본인들의 평화의식을 크게 바꾸어 놓게 되었다.

한국전쟁, 그리고 동서 냉전이 격화되면서 미국은 주일미군기지의 신설 및 거듭되는 확장을 요구하였고 이를 계기로 전국적으로 격렬한 반기지 운동이 전개되었다.(제3부 제2장 참조). 1952년 9월부터 시작된 미군사격훈련장 설치에 반대하는 이시가와(石川)현 우치나다(内灘)에서의 반기지 투쟁의 불길이 솟았다. 생업의 기반을 빼앗긴 어민 농민들의 반기지 투쟁은 전국적 규모의 반기지 투쟁으로 전개되었는데, 도쿄의 요코다 미군비행장 확장반대투쟁으로 이어지고, 도쿄의 다치가와(立川)의 스나가와(砂川) 마을에서의 미군기지 반대투쟁은 반기지투쟁의 정점을 이루었다. 미군 지배하의 오키나와에서의 반기지 투쟁도 확대일로를 걷게 되는데 1954년 오키나와의 의회격인 입법원에서 의원 전원일치로 '군용지 사용료를 일괄반대하고 적정보상을 할 것과 신규 군용지반대' 결의를 하였다. 1956년 6월에는 오키나와 현민의 20~50%에 걸친 주민들이 참가하는 크고 작은 기지반대 운동이 전개되는 등 전국적인 반기지 투쟁이 전개되었다.

1950년대 전반 미군 점령 하에서 보도통제 등이 심하여 나가사키, 히로시마의 피폭실상이 잘 알려지지 않았으나 그러한 실상들이 1950년대 후반에는 차츰 알려지기 시작하였다. 1950년 3월 스톡홀름에서 열린 평화옹호세계대회에서 원자력병기 절대금지를 전세계에 호소하기 시작하였는데 일본에도 그러한 소식이 전해졌다. 또한 1954년에는 미국의 비키니 섬에서 수소폭탄실험이 이루어지고 이 근처에서 참치잡이를 하던 제5후쿠류마루(第５福竜丸)라는 일본 선박이 피폭을 당해 그 결과 구보야마 아이기치(久保山愛吉)씨가 사망하면서 전국각지에서 원수폭 금지 서명운동이 자발적이고 폭발적으로 고양되었다(자세한 것은 제4부 3장 참조).

1954년 8월에는 원수폭금지서명운동 전국협의회가 결성되었는데 1955년 8월에는 서명자가 무려 3238만명(당시 일본국민은 약 8000만 명)에 달하였다. 1955년 8월에는 제1회 원수폭금지 세계대회가 히로시마에서 개최되었고, 같은 해 9월에는 '원수폭금지 일본협의회'(이하 원수협)이 결성되었다.

일본노동조합 총평의회(이하 '총평')을 비롯한 노동조합, 농민, 어민, 학생 그리고 지식인들에 의해 광범위하게 전개된 평화운동은 3000만 명이 넘는 원수폭 금지 서명운동에서 상징적으로 드러나듯 폭넓은 대중적 기반을 형성하게 되었다.

한국전쟁, 샌프란시스코 평화조약, 미군의 군사기지화, 재군비, 비키니 섬에서의 피폭 등을 경험하면서 일본국민들도 전쟁과 평화 그리고 안전보장 문제에 대한 생각이 조금씩 체계화되기도 하였다. 패전 직후의 전쟁은 신물난다, 이제 좀 평화롭게 살고 싶다와 같은 정서적인 평화의식과 다른 형태로, 즉 미소 냉전 격화의 와중에서 군사적으로 휘말리고 싶지 않다는 의미의 일종의 중립이라는 개념이 중심이 된 나름의 주체적이고 자각적이 평화의식들이 확산되는 시기이기도 하였다.

패전 전 군국주의 하에서 형성된 멸사봉공의 전체주의 의식으로부터 어느 정도 벗어나 사적 생활이라든가 개체로서의 의식이 고양되는 가운데, 피해자로서의 전쟁의 참화가 강렬이 남아있던 일본인들에게 전쟁에 다시금 휩쓸리는 위험만은 피하고 싶고 그러기 위해서는 냉전의 와중에서도 중립의 위치를 지켜야 한다는 의식이 형성되었다고 할 것이다. 천황을 위한 군대의 실상과 참상, 전쟁이 불의의 전쟁 = 침략전쟁이었음을 증명하는 사실들이 속속 드러나는 가운데 군대와 전쟁의 비합리성과 비인간성에 대한 의식이 형성되었다고 할 수 있겠다.[23)]

이러한 의식들은 1954년을 기점으로 전개되었던 정치권의 헌법 개정 움직임, 예를 들어 1954년 자유당과 개진당(改進党)에 의한 헌법 개정안의 작성, 1955년 헌법 개정을 당의 사명으로 하는 자유민주당의 탄생, 1956년에 내각에 헌법 개정을 염두에 둔 헌법조사회가 설치되면서 이에 대항하기 위해 일기 시작한 **호헌평화의식**으로 한단계 업그레이드하게 되었다.[24)]

1950년대 초반의 평화운동이 일본국 헌법의 비무장평화주의를 명확한 논거로 하지 않은 것에 비하여, 1950년대 후반의 평화운동 즉 정부측의 개헌움직임과 대항하면서 확산된 평화운동은 일본국 헌법 제9조를 필두로 하는 평화주의를 자각적으로 평화운동의 근거로 삼기 시작하였다. 1950년대 전반의 평화운동이 전쟁의 참화에 대한 반발의식에 기초한 방향성 없는 평화의식이었다면 1950년대 후반부터는 비무장평화라

23) 같은 책, 96쪽.

24) 같은 책, 98쪽.

는 **일본국 헌법 제9조로의 방향성을 갖는 평화의식**으로 전개되었다고 할 수 있겠다. 이 시기를 기점으로 헌법 제9조 개헌에 반대하는 여론이 찬성하는 여론보다 우위를 점하게 된다. 아사히 신문에 의하면 1957년에는 일본국 헌법 '제9조 개정 반대'가 52%로 개정 찬성 32%보다 우위를 점하게 되며, 안보투쟁이 격화되던 1962년에는 '제9조 개정반대'가 61%로 개정 찬성 26%를 압도하기 시작하게 된다.[25] 동시에 1954년 자위대가 이미 발족한 이상 '굳이 헌법 제9조를 개정하면서까지 새로운 군대를 둘 필요가 있겠는가' 하는 의식도 배경에 깔려 있다고 할 수 있겠다.[26]

4) 평화의식의 심화와 경제적 풍요와 결합된 평화의식(1960~1973)

1960년대는 평화의식이 헌법과 매우 밀접하게 융합하며 심화되는 시기이기도 하였다. 이 시기 가장 눈에 띄는 평화운동은 일본국 헌법 제9조를 둘러싼 각종 재판투쟁이다.

1954년에 발족한 자위대는 1958년부터 제1차 방위력 정비계획에 따른 증강을 시도하기 시작하였고, 자위대의 기지확장과 연습에 따른 생활상의 어려움이 농민, 기지주변 주민에 의해 사회적으로 공론화되었다. 에니와(恵庭) 소송, 햐쿠리(百里)기지 소송, 나가누마(長沼) 미사일기지 소송으로 대표되는 헌법 제9조를 둘러싼 재판투쟁이 전개되었다.

전쟁의 비참함에 기초하였던 전쟁 비호감의식이, 1950년대의 개헌 움직임과 안보투쟁을 겪으면서 군사적인 가치를 부정하는 자각적이고 능동적인 헌법의식으로, 규범적 가치의식으로 진전되게 되었다. 군사적인 것으로 인한 생활 침해를 거부한다는 의식은 군사적인 것에 공적인 가치를

25) 같은 책, 99쪽.

26) NHK放送世論調査所編, 『図説戦後世論史』(日本放送出版協会, 1975年), 174쪽 이하 참조.

인정할 수 없다는 것을 의미하게 된다. 예를 들면 나가누마 소송에서 나가누마에서 낙농업을 하던 주민들은 미사일기지 설치를 목적으로 한 보안림 해제처분이 공익과 무관하다고 주장하였는데, 제1심 판결에서 법원은 "일본국 헌법에 비무장평화주의를 규정하고 있는데도 그 규모로 보나 장비로 보나 군대에 해당하는 자위대를 두는 것은 헌법 원리에 반하며, 따라서 자위대의 일부인 항공자위대의 미사일기지 건설을 위한 보안림 지정해제는 공익과 무관하며 일본국민의 평화적 생존권을 침해한다"(1973년 9월 7일)고 판결한 바 있다. 군의 논리에 대항하는 생활의 논리였고 이러한 의식을 지탱하였던 것은 일본국 헌법 제9조였다.

내각 산하에 1956년 설치되었던 헌법조사회가 1964년 최종보고서를 내면서 개헌 논의에 다시금 군불을 지피는 듯하자 이에 대항하기 위하여 평화의식을 뒷받침하는 각종 연구도 심화되었다. 헌법학자를 중심으로 하는 연구자들 사이에서는 '전국헌법연구회'(1965년)라는 실천성 강한 대규모 학회가 발족하였으며, '헌법 개정저지 연락회의'(이하 '헌법회의', 1965년)가 발족 하였다. 두 단체 모두 2020년 현재도 활동 중이다. 전국의 헌법연구자들은 에니와 소송, 나가누마 소송 등 일본국 헌법 제9조를 둘러싼 재판에 적극적으로 참가하여 일본국 헌법의 평화주의원리의 의미를 명확히 하는 계기가 되었다. 제9조에 대한 실천적 해석론뿐만 아니라 자위대에 대한 실태분석, 평화주의의 역사적 사상적 전개에 대한 분석, 평화주의에 대한 비교헌법적 분석, 비무장평화주의에 기초한 평화보장을 위한 각종 정책론이 꽃을 피우던 시기이기도 하였다. 특히 평화주의의 핵심이라고 할 수 있는 인권으로서의 평화 즉 평화적 생존권의 개념과 내용이 명확히 되었고 이론화가 활발히 전개되었다.[27] 결국 이와

27) 和田進, 앞의, 108쪽.

같은 전국적인 호헌평화운동의 저항에 영향을 받아 헌법조사회의 최종 보고서도 사실상 사장되었다.

또 한편으로 베트남전쟁이 격화되고 미군기지가 베트남전쟁을 위한 군사기지로 사용되면서 베트남전 반대운동이 일본국 헌법의 평화주의의 외연을 넓혀갔던 시기이기도 하다. 1964년 8월 이케다 내각은 미국의 원자력 잠수함의 일본 기항을 승인하였고, 같은 해 11월에는 사세보(佐世保)항에, 1966년 5월에는 요코스카(横須賀)항에 미원자력 잠수함이 기항하였다. 1968년에는 원자력항공모함 엔터프라이스가 사세보항에 기항하였다. 이러한 원자력항공모함의 기항에 반대하는 격렬한 대규모 항의 운동이 전개되었다.

또한 1960년대에는 동양최대의 미군기지인 오키나와를 일본으로 반환하고자 하는 운동이 전개되었다. 결국 1969년 3월 사토 에이사쿠 수상은 핵 무기없는 반환 방침을 발표하기도 하였으며, 같은 11월 미일공동성명에서는 1972년 중 일본반환을 약속하였다.

그러나 한편으로는 평화의식이 경제적 풍요와 결합되면서 변질되기 시작하는 시기이기도 하였다. 일본 경제는 1955년을 기점으로 패전 전의 수준으로 회복하고 1960년대에는 독일을 추월하여 미국 다음의 국민총생산을 자랑하게 되었다. 각 가정에 전기세탁기, 전기냉장고, TV, 전기청소기 등이 급속히 보급되고 자신이 중산층이라고 생각하는 사람들이 70년대에는 일본인의 90%가 넘게 되었다.[28] 평화가 경제성장과 생활향상을 가져온다는 의식이 강해지게 되었는데, 평화가 독자적인 가치로 발전하기 보다는 경제성장과 생활향상을 위한 방편으로서의 의미를 갖게 되었다. 1950년대 미군기지에 반대하는 투쟁, 개헌에 대한 반대 투쟁,

28) NHK放送世論調査所編, 앞의 책, 70쪽.

1960년대의 안보투쟁을 거치면서 독자적인 의미로 자각화되기 시작하였던 평화의식이 방편 또는 부차적인 것으로 밀려나기 시작하던 시기이기도 하다. '**자유롭고 평화롭게 살고 싶다는 의식**'**이** '**평화로운 가운데 풍족하게 살고 싶다는 의식**'**으로 바뀌기 시작하였다는** 의미인데,[29] 풍족하게 살기 위해서는 평화 아닌 다른 방편 예를 들면 어느 정도의 군사력도 필요하다는 의식이 잉태될 수 있는 여지와 틈새가 생기기 시작한 때이기도 하다.

헌법을 옹호하는 측과 헌법을 변질시키려는 세력들이 각기의 방식으로 헌법의 의미를 정착시키는 계기이기도 하였다.[30]

5) 현상긍정과 대국의식(1973~1982)

1973년을 기점으로 일본인들의 평화의식은 큰 전환점을 맞이한다. 다수를 차지하던 무당층이 엷어지고 자민당 지지율이 증대하였다. 미일안보조약에 대한 부정적 태도가 긍정적 태도로 변화하였으며 경제성장에 대한 비판적 평가가 긍정적 재평가로 변화하기 시작하였다. 1973년 오일쇼크로 경제성장이 정체하면서 그간의 고도성장과정에서 획득하고 실감하였던 경제적 풍요에 대해 회고와 기득권 의식이 확대되면서 '평화로운 가운데 풍족하게 사는 것' 중에서 '풍족한 삶'을 어떻게 지켜낼 것인가와 같은 현상긍정의식이 증대하였던 것이다. 1960년대의 고도성장기에 형성된 '회사를 위해 열심히 일하다보면 자신의 생활도 풍족해진다'는 기업주의적 의식과 기업지배 현상은 더욱더 강화되었다.[31]

29) 和田進, 앞의 책, 119쪽.

30) 和田進, 같은 책, 106쪽.

31) 渡辺治, 『企業支配と国家』(青木書店, 1992年), 145쪽 이하; 渡辺治, 『「豊かな社会」日本の構造』(労働旬報社, 1990年), 107쪽 이하; 平田清明ほか, 『現代市民社会と企業国家』(お茶の水書房, 1994年), 47쪽 이하.

이러한 현상긍정의식은 평화의식에도 결정적인 악영향을 미치게 된다. 일본국 헌법 제9조에 반하는 자위대, 그리고 안보조약을 서로 대립물로 보는 것이 아니라, 자위대도 필요하고 안보조약도 필요하고, 헌법 제9조도 필요하다는 모순된 의식이 혼재하게 되는 계기가 되었다. 미일 안보조약에 대하여 1974년까지만 하여도 찬성하는 사람이 30%대 였던 것이 1970년대 후반에 들어서면 50%로 진입하게 된다. 자위대가 필요한가에 대해서는 1970년대 전반에는 70%가 넘는 사람이 찬성하게 된다.[32] 자위대를 어떻게 할 것인가에 대하여 이대로 좋다는 사람이 1992년대에는 더욱 늘어 70%에 육박하게 된다.

1980년대 자위대에 대한 여론조사[33]

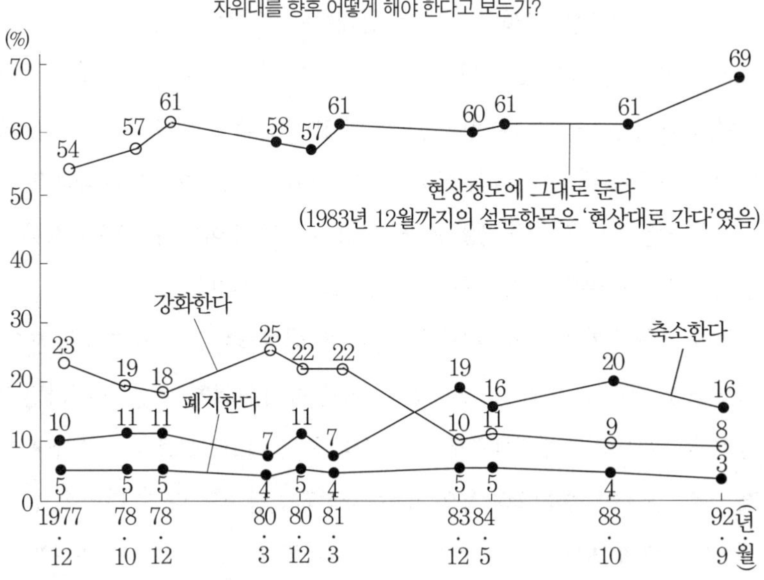

기타, 그리고 무응답은 생략
출전: 〈아사히 신문〉(1992. 9. 28.).

32) NHK放送世論調査所編, 앞의 책, 175쪽.

33) 和田進, 앞의 책, 128쪽.

1980년대 일본군 규정 개헌에 대한 여론조사[34)]

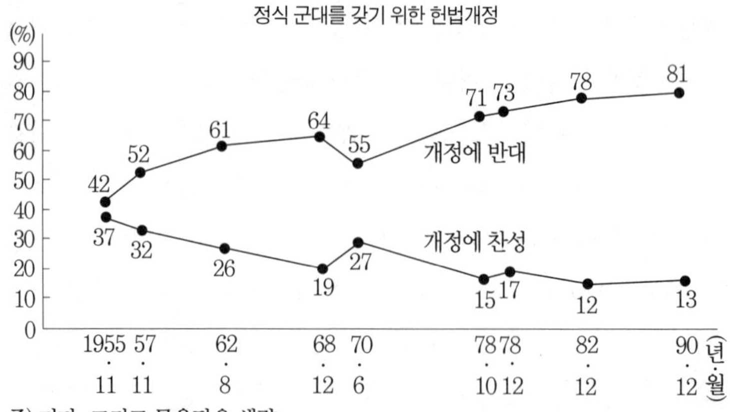

주) 기타, 그리고 무응답은 생략.
1970년의 설문항목은 약간 다름.
출전: 아사히신문 조사연구실 편, 『헌법을 어떻게 대할 것인가』(아사히 소노라마, 1994).

그렇다고 비무장평화헌법 개정에 반대하는 여론이 줄었는가 하면 그것도 아니었다. 군대를 갖기 위해 헌법 제9조를 개정하는 것에 대해서는 개정에 반대하는 여론이 60년대 후반부터 1970년대 초반에 대략 50~60%였던 것이 70년대 말이 되면 80%를 넘는 기이한 여론 변화가 나타난다.

자위대는 일본국 헌법 제9조에 금지하는 전력이 아니라 '필요최소한의 실력'이라는 정부의 입장도 동시에 먹혀들어간 것이다.

1960년대에 자민당 정부가 전개하여 온 해석개헌 노선에 기초한 미일안보조약, 자위대 용인 및 전수방위, 집단적 자위권의 부정, 해외파병의 금지 등 일본국 헌법 제9조에 의한 제약 하의 미일안보조약 · 자위대 체제 이런 것들이 뭉뚱그려 용인 또는 긍정되었던 셈이다.[34)] 따라서 헌법 제9조 개헌에 반대하는 여론이 증대하였다고 하여 반드시 평화주의 의식이 가치적으로 증대한 것은 아니었다. 경제적 풍요를 방위하기 위해

34) 後藤道夫ほか, 『日本社会の対抗と構造』(大月書店, 1998年), 271~272쪽.

현상긍정의 의식이 모순된 현상들을 모두 긍정하는 평화 의식으로 나타나기 시작한 것이다.

세계 9위의 방위비(2019년 기준)를 쓰는 자위대를 두면서도 74년간 일본국 헌법의 한 글자도 고치지 않을 수 있었던 것에는 평화운동의 치열함도 있었지만, 이런 일종의 기득권 의식과 현상긍정 의식도 함께 자리 잡고 있었다.

4. 맺음말

우선 일본 근현대 사상사에 대한 이상과 같은 인식에 터잡아 보면 일본국헌법의 평화주의 사상은 단순한 외래사상이라기보다는 일본의 근현대기 평화주의 사상과도 맥을 같이하고 있으며, 전쟁 말기와 패전 직후의 전쟁에 대한 비호감의 확산 등이 평화주의 정착의 큰 배경이 되었다고 볼 수 있을 것이다.

패전 후에는 전쟁에 대한 비호감에서 시작하여, 1950년대에는 패전에 의해 그저 주어진 것으로서의 인식하였던 평화를 조금 더 자각적인 형태로 인식하는 평화의식이 싹트게 되었으며, 1960년대는 평화의식이 헌법과 매우 밀접하게 융합하며 심화되는 시기이기도 하였다. 이 시기 가장 눈에 뛰는 평화운동은 일본국 헌법 제9조를 둘러싼 각종 재판투쟁이었다. 그런데 1973년 오일쇼크로 경제성장이 정체하면서 그간의 고도성장 과정에서 획득하고 실감하였던 경제적 풍요에 대해 회고와 기득권 의식이 확대되면서 '평화로운 가운데 풍족하게 사는 것' 중에서 '풍족한 삶'을 어떻게 지켜낼 것인가 하는 현상긍정의식도 증대되었다. 헌법 제9조에 위배되는 자위대도 미일안보조약도 모두 긍정하는 모순된 평화의식이 나타나기 시작한 것이다.

3장

일본국 헌법 평화주의의 한계

무자각적으로 수용되었던 일본국 헌법의 평화주의가 1960년대를 거치면서 자각적인 평화주의로 전개되고 심화되었다. 여기에는 아시아 태평양전쟁의 피해자이고 세계 최초의 원폭 피해국가라는 의식이 광범위하게 자리 잡고 있는데 1950년대 후반의 폭발적인 원수폭금지운동의 배경이기도 하다. 이러한 한계와 연관되어 위헌적인 존재인 자위대도 용인하는 모순된 인식이 확산되고 평화주의가 전반적으로 후퇴하거나 풍화되는 현상이 진행되고 있다. 우선 일본은 세계 유수의 방위비와 자위대를 보유하고 있다. 유사시 입법을 강행하고 후방지원이라는 이름의 해외파병이 이루어지고 있고, 일본으로부터 피해를 받은 적이 있는 동북아 국가와 민중들의 염려는 안중에 두지 않고 자위대를 헌법에 규정하려는 등의 개헌논의를 추진하고 있다.

일본 정부는 일본국 헌법의 제정 과정에서도 가해자였다는 사실, 전쟁의 책임자였다는 사실을 도외시하고 재일외국인들을 적극 배제하는 악의적인 노력을 계속하였는데, 일본국 헌법의 인권 향유주체를 누구든(person)이 아니라 국민(nation)으로 변형하여 재일외국인을 배제하고자 하였으며, 전후 보상과 관련된 각종 원호 입법에서도 재일외국인을 호적에 기초한 국적법에 의거하여 배제하였다. 1980년대의 일본 정부의 교과서 왜곡사태를 거치면서 일본이 아시아 태평양전쟁의 가해자였다는 사실이 동북아시아인의 기억에 소환되기도 하였으며, 가해자로서의 책임의식이 비로서 형성되기 시작하기도 하였으나 확산되지 못하였으며, 오늘날에 있어서는 오히려 전쟁책임과 일제 강점 책임에 대한 문제 제기를 혐한외교에 활용하기도 한다.

일본국 헌법의 평화주의가 풍화되지 않고 나아가 보편성을 갖는 것으로 심화되기 위해서는 피해자로서의 평화의식에 더하여 가해자로서의 평화의식이 확산되어야 한다

1. 기로에 선 일본국 헌법의 평화주의

세계 유수의 방위비를 쓰는 자위대를 긍정하면서도 일본국 헌법 제9조를 지키는 여론이 많았던 이유 가운데는 일본 정부의 주장 즉 "자위대는 헌법 제9조에서 규정한 전력(戰力)이 아니라 자위를 위한 필요최소한의 실력이다"[1]는 주장이 일반인들의 평화의식을 교란한 것도 있었다. 현재 일본의 자위대는 466억달러를 쓰는 세계 제9위(2018년 기준)에 이르는 군사예산을 쓰고 있으며 한국(430억달 러, 세계 10위)보다 많은 예산을 쓰는 군사적 조직이다.[2] 제2차 아베 내각은 지난 2012년 발족하고 그 다음 해인 2013년도(2013년4월~2014년 3월부터)방위예산을 11년만이기는 하지만 다시 증액하고 있다. 노다 요시히코(野田 佳彦) 정부(2011년 9월 2일~2012년 1월 13일)에서 책정해 두었던 방위예산 4조 6천 536억엔(약 56조원)에 약 1천억엔(약 1조 2천억원)을 늘리기로 하였는데, 미국, 중국, 영국에 뒤를 이어 많은 방위비를 쓰고 있다. 1998년 일본의 방위비는 남북한의 방위비를 합한 것보다 많고, 대한민국 방위비(약 30조원)의 약 2배에 이른 적도 있다.[3]

육상자위대 · 해상자위대 · 항공자위대의 인원과 각군 종별 부대 편성, 방비 등 방위력의 정비 · 유지 · 운용에 대해서는 「국방의 기본방침」에 따른 「방위계획의 대강」과 매단계에서의 「중기(5개년)방위력 정비 계획」 등에 명시되어 있는데, 병력 정원은 육상자위대 15만 834명(이하 괄

1) 이와같은 일본 정부의 공식견해가 정식화된 것은 '하토야마(鳩山) 내각 통일 견해'(1954년 12월 22일, 자세한 내용은 이 책의 〈자료〉편 참조)이다. 이와 같이 조문을 바꾸지 않고서 문안의 해석만을 달리하여 개헌에 버금가는 효과를 거두는 편법을 일본의 헌법학계에서는 '해석 개헌'이라고 비판하고 있다. 명문 개헌을 하지 못하는 것은 여러 가지 이유가 있지만, 헌법학계와 국민들의 반대여론이 거센 것이 가장 큰 이유이겠다.

2) https://www.sipri.org/databases/milex (2020년 1월 22일 열람)

3) 防衛廳, 『防衛白書』(1998年), 142쪽.

일본의 방위비 추위

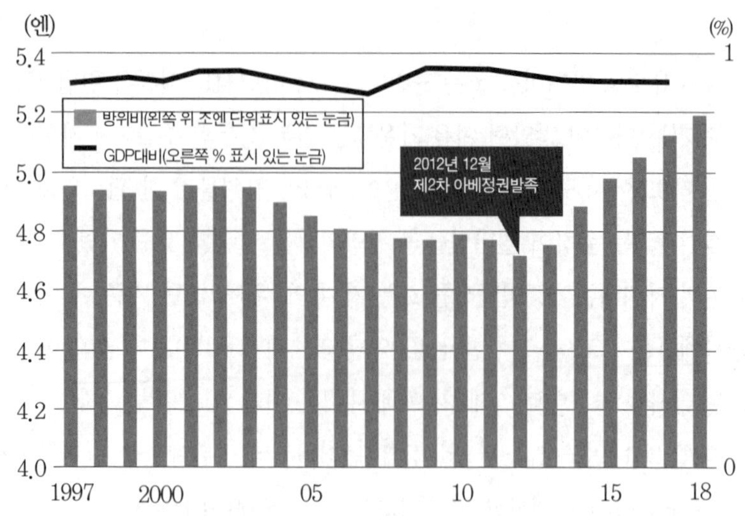

일본 정부예산자료를 기초로 〈nippon.com〉 편집부가 작성한 것임.
일본방위비의 추이, 〈nippon.com〉(2018. 5. 18.)

호 안은 2019년 3월 31일기준, 현원 13만 7,634명), 해상자위대 4만 5,360명(현원 4만 2천 550명), 항공자위대 4만 6,936명(현원 4만 2,750명), 통합막료간부 등 4,024명(현원 3,613명), 합계 24만 7,154명(현원 22만 6,547명)을 정원으로 하고 있다.[4]

이러한 조직을 일본에서는 군대라고 표현하지 않고 자위대로 표현한다든지, 병사를 대원(隊員)이라고 하고 장교를 간부(幹部)라고 한다든지, 구축함이라는 용어를 쓰지 않고 호위함(護衛艦)이라고 한다. 이는 헌법에서 금지하고 있는 전력(戰力)에 해당한다는 비판을 피하기 위한 개념조작을 하고 있는 것인데 그 실질은 사실상의 군대에 근접하여 있다. 물론 이러한 개념조작에 발목을 잡혀 자위대의 행동에 많은 제약이 뒤따르

4) https://www.mod.go.jp/j/profile/mod_sdf/index.html (2020년 1월 22일 열람)

고 있는 것도 사실이고 이러한 제약을 없애기 위하여 명문 개헌을 역대 일본 정부 특히 아베 정부가 집요하게 추진하고 있는 측면도 동시에 존재하기도 한다.

게다가 1997년 9월 17일에는 국제평화유지활동에 협력한다는 명분으로 육상자위대 시설(공병)대대를 캄보디아에 파병하였다. 육상자위대라는 이름으로 재군비한지 꼭 43년만의 일이었다. 게다가 2015년부터는 종래의 개별적 자위권만 가능하다는 견해를 바꾸어 제한적이기는 하지만 집단적 자위권 용인의 길을 열어 놓았다.

알다시피, 냉전 해체 후 논리적으로는 무력에 의한 평화주의보다는 무력에 의하지 않는 평화주의의 가능성이 더욱더 높아지고 있다할 것이다. 그러한 의미에서 일본국 헌법의 평화주의 사상은 그 실천을 위한 좋은 조건을 갖추고 있다고 할 수 있다. 역사적 우여곡절이야 어찌되었건 가장 철저한 형태의 비무장평화주의를 규정하고 있고 평화주의의 관점에서만 본다면 가장 선구적 헌법이라고 할 수 있다.

그런데도 일본 정부는 오히려 이러한 시대의 흐름에 역행하여 대미종속 하의 군사대국화의 길을 모색하고 있다. 1990년대 이후에는 미국의 압력을 명분으로 'PKO협력법'(1992년), '주변사태법'(1999년), '테러특별법'(2001년), '이라크 특별법'(2003년), '무력공격사태법'(2003년), '중요영향사태법'(2015년), '존립위기사태법'(2015년) 등으로 이어지는 유사시법제를 정비하면서 자위대의 해외파병을 일보일보 진행시키고 있는 실정이다. 일본의 국회에는 2000년부터 공산당을 제외한 여야 정당이 합의하여 헌법조사회를 설치하고 2020년 현재도 활동 중이며, 집권자민당은 지난 2012년 4월 천황을 국가원수로 하고 자위대를 자위군으로 하는 복고적인 헌법 개정안을 마련한 바 있다. 그리고 2019년에는 헌법 제9조의2(또는 제9조 제3항)을 신설하여 자위대를 명기하는 원포인트 개헌론 이른바 가헌론을 전개, 2020년 실현을 공언하고 있다.

헌법 개정의 핵심은 아무래도 일본국 헌법 제9조 개정을 통한 자위대의 국군으로의 전환일 것인데 일본국 헌법의 평화주의는 이제 커다란 기로에 서지 않을 수 없게 되었다. 아베 정권은 제9조 개헌을 우회하기 위하여 헌법 개정절차에 대하여 규정한 일본국 헌법 제96조를 먼저 개정할 것을 2013년도 제안한 바도 있다. 2012년 12월 중의원 총선 승리 후, 2013년 1월 30일 중의원 본회의에서 '일본 유신의 회(日本維新の会)'의 히라누마 다케오(平沼赳夫, 고이즈미 내각에서 경제산업상 대신 등 역임)의원의 질문에 대한 답변의 형식으로 "헌법 개정에 대해서는 당파별로 다른 의견이 있으므로 우선은 많은 당파가 주장하고 있는 헌법 제96조를 먼저 개정하고자 합니다"고 하였다.

일본국 헌법 제96조는 헌법 개정절차에 대해 규정하고 있는데 중의원과 참의원 2/3 이상의 찬성과 국민투표에서 과반수의 찬성을 얻도록 규정하여 개정을 매우 어렵게 하고 있다. 이와 같이 개정을 어렵게 하기 위해 정족수를 높인 것을 경성헌법이라고 하는데, 자민당 등 개헌추진세력들은 개헌의 탄력성이 떨어져 시대변화에 능동적으로 대처하기 어렵다는 명분으로 이를 먼저 개정하자고 주장하였던 것이다.

그러나 야스쿠니 신사참배를 공언하고, 자위대를 자위군으로 규정한 헌법 초안을 마련한 자민당 정권에서의 '제96조 우선 개헌론'이 무엇을 의미하는가 하는 것은 불을 보듯 뻔한 일이 이었다. 결국은 위헌적인 존재인 자위대를 헌법합치적 존재로 만들려는 것인데, 아시아 각국은 물론이고 일본 국내에서조차 논란이 가열되어 일단 '제96조 우선 개헌론'은 좌초되었다. 그러자 2019년에는 이제 다시 다른 측면에서 실현가능성을 중시한 개헌론을 내세우고 있는데 이것이 바로 이 책에서 타켓으로 삼고 있는 아베의 2020년 가헌론이다. 평화주의 헌법의 선구적 모델로서의 일본국 헌법이 세계평화에 이바지하느냐 아니면 군사대국화의 논리에 후퇴하여 과거로 회귀하느냐 중대한 갈림길에 있다하겠다.

이러한 갈림길에서 세계 평화에 이바지 할 수 있기 위해서는 두 가지 한계가 극복되어야 하겠다. 첫째는 피해자로서의 평화주의를 가해자로서의 평화주의에 대한 인식으로까지 확산하여야 할 것이다. 둘째는 가해자로서의 평화의식 확산을 위해서는 침략의 과거사 문제를 직시하여야 한다. 대표적인 예가 일본국 헌법의 국민개념이다. 우리 헌법도 인권 관련 조항의 주어를 대부분 국민으로 하고 있기 때문에 이것이 무슨 문제이냐고 할 수 있지만, 사실 인권조항의 주어는 인간은 또는 누구든(person)이 되어야 한다. 더군다나 조선인, 중국인을 강제연행하여 수많은 재일 외국인이 있는 일본의 경우 이에 대한 문제의식이 각별하여야 한다.

2. 피해자로서의 평화주의와 가해자로서의 평화주의

전후 일본 정치의 핵심적 화두는 일본국 헌법과 그 평화주의를 둘러싼 평화운동이라고 하여도 과언이 아닐 것이다. 또한 1800년대 말의 자유민권운동기 이래의 평화주의 사상과 같은 저류의 흐름도 현행 일본국 헌법의 평화주의를 지켜내고 일본 정치의 복고화 또는 반동화를 막는 견인차 역할을 하였던 것도 사실일 것이다.

그러나 이러한 전후의 평화주의는 몇 가지 점에서 특징을 갖고 있다. 그것은 첫째, 전후의 평화주의 운동이 주로 피해자로서의 평화주의 의식에 기초하고 있다는 점일 것이다. 다시 말하여 제2차 세계대전과 같은 전쟁을 일으킨 결과 히로시마, 나가사키에서의 피폭과 같은 막대한 전쟁의 폐해를 경험하였지 않느냐 이제 또다시 전쟁의 피해를 입어서는 안 되겠다는 식의 피해자로서의 평화의식이 폭넓은 국민적 공감을 형성하고 있다.

1954년부터 시작된 원수폭금지운동에는 광범위한 국민이 참가하여 평화운동이 대중적으로 성립하는 계기가 되었는데, 1951년 원수폭금지세계대회에 제출된 원수폭금지서명운동에는, 앞에서도 살펴보았듯이, 무려 3000만명이 넘는 사람이 서명을 하였다. 1981년 가을부터 1982년 6월에 걸쳐 개최된 제2회 유엔군축특별총회(SSDII)를 맞이하여서도 전국적인 서명운동이 전개되었는데 무려 8000만 명의 서명용지를 모아 제출하기도 하였다.[5)]

원수폭금지운동을 통한 평화운동 이외에도 비핵화를 추구하는 지방자치단체라고 선언하는 평화운동(이하 비핵자치체 운동)이 활발하게 전개되었다. 비핵자치체임을 선언한 지방자치단체의 수는 1982년부터 점점 증대하기 시작하여 1999년에는 1455개 지방자치단체에 이르렀는데, 이는 전국 지방자치체의 44%에 이르렀다.[6)]

둘째, 가해자로서의 평화주의 의식의 결핍이다. 물론 전후의 일본 정치가 대미종속하의 재무장을 시시때때로 강행 추진하다보니 평화운동이 이러한 당장의 발등의 불을 저지하는데 총력전을 벌여야 하였고 평화의식의 외연을 굳이 넓히지 않아도 이 문제에 대항할 수 있었던 사정도 전혀 이해할 수 없는 바는 아니지만, 일본국 헌법의 평화주의가 갖는 가해자책임의 의미를 평화운동이 적극적으로 살려 가시적 성과를 거두지 못한 것도 사실이다.

---

5) 安田浩, 「戦後平和運動の特質と当面する課題」, 『日本社会の対抗と構想』(大月書店, 1998年), 271쪽.

6) 安田浩, 같은 책, 277쪽.

예를 들면 일본 정부는 샌프란시스코 강화조약에 의해 주권을 회복하면서 전쟁희생자에 대한 원호를 재개하였다. 우선 「전상병자 전몰자 유족등에 관한 원호법」(이하 '원호법')이 제정되었다. 하지만 구 식민지 출신자들은 외국인이라는 이유로 배제되었다. 1953년 8월 '군인은급(恩給)법'이 부활되고 이후 미귀환자, 인양자, 피폭자를 대상으로 하는 각종 원호입법이 제정되었는데 원폭피해자의 의료 등에 관한 3개의 법률을 제외하고는 국적조항을 이유로 식민지시대 일본이 피해를 입혔던 사람들을 오히려 제외시켰다. 그러나 이에 대한 폭넓은 저항은 강하지 않아 보인다.

또한, 일본 정부의 역사교과서 왜곡문제도 지적하지 않을 수 없다. 1982년 역사교과서 왜곡파동 때 일본 정부는 3.1운동을 데모와 폭동으로 규정하였으며 출병을 파견으로 고쳐 쓰도록 하였다. 2001년 교과서 왜곡에서 '새로운 역사교과서를 만드는 모임'은 '일본군' 위안부를 매춘부라고 하였다. 이러한 의미에서 일본의 평화주의 사상이 가해자로서의 책임에 기초한 평화주의 사상으로 폭을 넓히기 위해서는 이러한 앞으로도 예견되는 교과서 공방에 적극적인 모습을 띠어야 할 것이다.

아베 총리의 망언과 망동도 이어지고 있다. 지난 2006년 제90대 총리에 취임하여 평화헌법의 개정을 공언하고 야스쿠니(靖国)신사 참배를 주장하였다가 총선에서 패배하여 단명 총리로 불명예 퇴진하였던 자민당의 아베 신조는 지난 2012년 12월 제96대 총리에 오르자마자 또다시 평화헌법 개정을 위한 헌법 제96조의 개정을 주장하며, 야스쿠니 참배를 공언한 바 있다. 이를 염두에 둔 것인지, 일본 최강의 야구팀 요미우리 자이언츠 팀의 프로야구 경기에 시구를 하러 나아가 96번 등번호의 유니폼을 입고 시구를 한 일도 있었다. 일본국 헌법 제96조를 우선 개정하여 비무장평화주의를 규정한 일본국 헌법 제9조를 다시 개정하고, 이를 통하여 일본을 군대를 갖춘 자이언트(Giant)로 만들겠다는 메시지를 담은 퍼포먼스였다. 그로부터 일주일 후에는 후쿠시마(福島)지진 피해지역을 방문하는 길에 항공자위대를 방문하였는데, 731이라는 숫자가 선명한 항공자위대의 비행기에 올라 '엄지척'을 하면서 득의양양한 포즈를 취하기도 하였다. 731부대는 조선 중국 등 식민지인을 생체실험의 대상으로 하였다는 점에서 악명 높은 군부대였다.

2018년 10월 30일 우리 대법원의 일제 하 강제동원 피해자들의 신일본 제철 등을 상대로 한 손해배상 소송에서 원고 승소 판결을 하자, 국제규범을 지키지 않는 나라, 약속을 지키지 않는 나라라고 비난하는 한편 "무역관리도 지키지 않을 것"이라며 대일본 수입의존도가 높은 분야(불화수소, 감광액, 플루오린 폴리이미드)에 대한 수출규제를 2019년 단행하기도 하였다. 1965년 한일 청구권 협정으로 해결된 것은 국가의 외교보호청구권에[7] 불과하며 개인의 배상청구권은 남아있다는 것이 국제법의 상식인데도 오히려 국제법을 지키지 않는 나라라고 하며 이를 빌미삼아

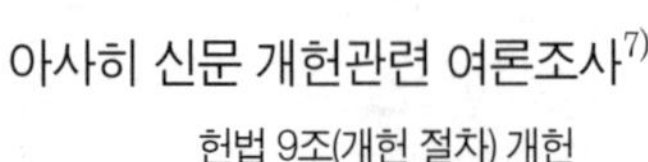

헌법 9조(개헌 절차) 개헌

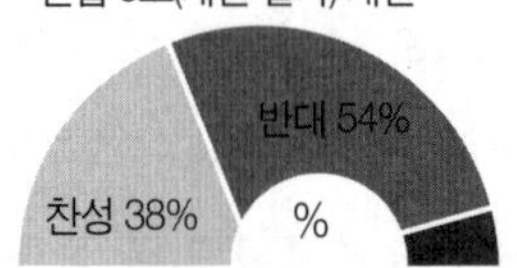

헌법 9조(군대 보유금지 및 전쟁 불참) 개헌

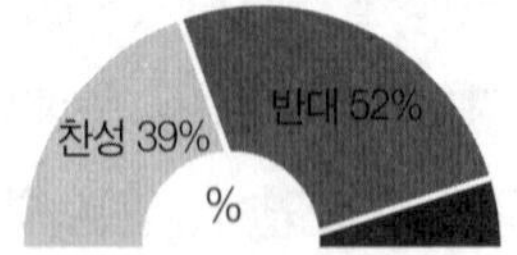

집단적 자위권 행사 가능하게 헌법 해석 변경

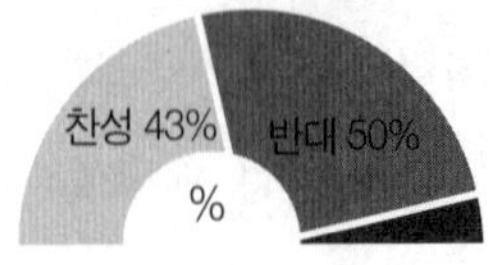

---

7) 〈한겨레신문〉(2013년 5월 2일)

협한 외교를 전개하고 있는 것이다.

가해자 의식이 결핍된 평화주의 사상은 평화문제에 대한 분열된 헌법 의식으로 나타나기도 한다. 비무장평화주의를 규정한 일본국 헌법을 개정하는 것에 대해서는, 물론 시기에 따라 다소의 부침은 있지만, 다수의 국민이 반대하면서도, 비무장평화주의에 배치되는 자위대의 존폐에 대해서는 60%이상의 국민들이 이 정도로 괜찮다고 하는 여론분포를 보이고 있다. 비무장평화주의 헌법 덕분에 군사비를 줄여 경제를 발전시키고 현재의 윤택한 생활이 보장되는 것도 잃고 싶지 않으며, 반대로 현재의 안정된 생활을 송두리째 앗아갈지도 모를 개헌에도 역시 반대하는 어떤 의미에서는 자기 중심적인 평화주의라고도 할 수 있을 것이다.

일본 내각 자위대 및 방위문제에 대한 여론조사[8)]

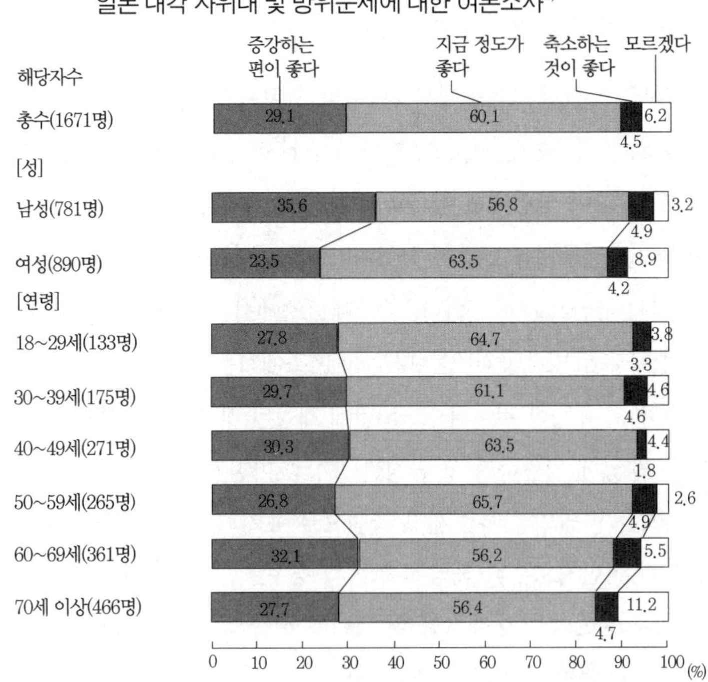

8) https://survey.gov-online.go.jp/h29/h29-bouei/zh/z05.html (2020년 1월 22일 열람).

무엇보다 문제는 전후 평화주의 운동이 재군비 즉 일본국 헌법 제9조의 개정에 반대하면서도 전쟁책임자로서의 천황 히로히토의 전쟁책임 문제에 대하여 적극적으로 언급하지 않는다는 점이다. 일본국 헌법의 제정 과정에서도 언급하였듯이 일본국 헌법의 제9조는 천황의 전쟁책임을 면하기 위한 피뢰침 역할을 하였다는 사실을 직시한다면 일본국 헌법 제9조에 대한 개정논의는 동시에 본격적인 전쟁책임 문제의 공론화로 이어져야 할 것이기 때문이다.

3. 전쟁책임 몰각한 국민개념

1) 재일외국인 배제위한 '국민'

일본국 헌법은 제1조에서 "천황의 지위는 주권이 존재하는 일본국민의 총의에 기초한다"고 하여 천황이 주권자임을 부정하고, 전문 제1단에서는 "주권이 국민에게 있음을 선언하고 이 헌법을 확정한다"고 함으로써 국민주권주의를 명확히 하였다. 그리고 기본권의 향유주체를 신민(臣民)에서 국민으로 바꾸었다. 즉, 제11조에서는 "국민은 모든 기본적 인권의 향유를 방해받지 않는다", 제14조에서는 "모든 국민은 법앞에 평등하다"고 규정한 것이다. 1948년에 제정된 대한민국 헌법에서 "모든 국민은 법 앞에 평등하다"고 규정한 조항과 마찬가지다.

그러나 인권의 향유주체가 국민으로 표기되었다고 하더라도 패전 후 일본과 식민지로부터 해방된 한국의 경우, 그 상황은 180도 달랐다. 패전 직후 일본에는 강제징용 및 기타의 사유로 일본에 체류하고 있는 외국인이 500여만 명(그중 재일한국/조선인은 250여만 명)을 헤아렸다. "일본국민의 요건은 법률로 정한다" 고 하여 기본권의 향유주체를 국민이라는 협소한 울타리에 가두려고 하였다. 그와 같은 움직임은 일련의 입법에서 찾아볼 수 있다. 자신들의 의지와는 상관없이 일본에 강제연행되어 일본에 체류하고 있던 재일외국인에 대한 아무런 법적처우가 언급되지 않은 채 1950년 5월 4일 「국적법」이 제정되었다. 이어 소련을 제외한 연합국과 일본간의 전쟁종결선언에 해당하는 샌프란시스코 강화조약(일명 평화조약)[9]이 발효되는 1952년 4월 28일부터는 한반도가 분리되었으므로 이제 법형식 논리상으로도 재일외국인들은 외국인일 수 밖에 없었다.[10] 그리고 1952년 4월 30일의 '원호법'의 부칙 제2항에서는 "호적법의 적용을 받지 않는 자는 당분간 이 법률을 적용하지 않는다"고 함으로써 결국 호적법의 적용을 받는 것이 국민임을 명확히 하였다.

물론 표현의 자유와 같이 모든 사람들을 인권의 향유주체로 규정한 조항도 있다. 그러나 그 밖의 주요한 규정에 대해서는 '국민'을 그 향유주체로 하고 있다. 특히 법앞의 평등과 관련하여서는 집요하게도 국민이 그 주체임을 명시하고 있다.

인권의 향유주체를 헌법에서 '누구든(person)'으로 통일하지 않고 '국민'으로 한 것은 헌법 조항만의 돌출적인 일은 아니었다. 일본국 헌법이 제정되기 이전인 1946년 4월 2일에 발표된 「일본에 있는 비(非)일본인

9) 샌프란시스코 강화조약은 1951년 9월 8일 조인되어 1952년 4월 28일 발효되었다. 그 주요한 내용은 첫째, 연합국과 일본국 사이의 전쟁상태를 종결, 주권을 회복한다(제1조)는 것이고, 둘째 일본의 영토주권을 제한한다(제2조~4조)는 것이다. 특히 제2조에서는 '일본국은 조선의 독립을 승인하고 제주도, 거문도 및 울릉도를 포함한 조선에 대한 모든 권리와 권원 및 청구권을 포기한다'고 규정함으로써 한국의 독립을 추인하였다. 조약의 전문 및 교섭경위에 대해서는 다음을 참조할 것. 大嶽秀夫, 『戰後日本防衛問題資料集』 第2卷(講和再軍備本格化), (三一書房, 1992年), 177쪽 이하.

10) 1952년 4월 19일, 일본 법무부민사국장에 의한 통달(「平和條約の發效に伴う朝鮮人・臺灣人等に關 する國籍および戸籍事務の處理について」)에서는 조선 및 대만이 조약발효일로부터 일본국 영토에서 분리됨에 따른 조치로서 '조선인 및 대만인은 일본 내지에 있는 자를 포함하여 일본국적을 상실한다'고 규정하였다(法務民事甲 第438号).

의 입국 및 등록에 관한 각서」와 1947년 5월 2일 「외국인 등록령」에서는 재일외국인을 "당분간 외국인으로 본다"고 하여 외국인을 인권의 향유 주체로부터 배제할 뜻을 내비추었다. 특히 1945년 12월 '중의원선거법' 부칙에서는 "호적법의 적용을 받지 않는 자의 선거권을 당분간 정지한다"[11]고 규정하였다. 그러나 전범수형자의 보상요구에 대해서는 국민이 아니라는 이유로 '원호법' 부칙2항을 들어 이를 거부하면서도, 수형자에 대한 형집행만은 계속하였다. 샌프란시스코 강화조약 제11조에 의해 형집행의무가 규정되어 있기 때문에 형집행을 계속한다는 것이었다. 즉 전쟁범죄시에 일본국적이었으면 샌프란시스코 강화조약까지는 일본국적 소유자라는 것이다.

여기에서도 엿볼 수 있듯이, 일본 정부는 강제연행되어 일본에 체류 중인 재일외국인들의 권리향유에 대해서는 적극적으로 제한하면서도 이들에 대한 권리제한에 대해서는 폭넓게 인정하는 등 '국민' 개념이 이중 기준으로 운용되고 있다.

2) 의무만 부과하는 '신민'

호적에 의한 내지인과 외지인의 구별

외국인을 배제하기 위해 내지인과 외지인을 구별하고 그 기준을 호적법을 중심으로 하던 법해석은 식민통치시대의 법제에 그 뿌리를 두고 있다. 패전 전 일본은 조선과 대만을 합병하여 식민통치를 행하면서도 메이지 헌법을 식민지에 적용하지 않았다. 식민지에 메이지 헌법이 적용되는지 여부에 대해서는 입헌주의학파라 불리는 미노베 다쓰키치(美濃部

11) 비록 일본 내지(內地)에 국한되었다고는 하지만, 패전 전에는 조선인과 대만인에 대하여도 일본내지에 사는 경우 제국신민(帝國臣民)으로써 참정권이 인정되었다. 중의원 선거에는 총 12명이 입후보하였고, 박춘금(朴春琴)씨가 도쿄에서 2번 당선된 바 있다.

達吉)[12]조차도 식민지에는 메이지 헌법이 적용되지 않는다고 하였다. 식민지에 메이지 헌법의 적용을 주장한 것은 오히려 신권주의 학파인 호즈미 야쓰카(穗積八束)[13]였다. 그러나 그 경우도 인권보장 또는 내외평등과는 거리가 멀었고 제국의 영토인 이상 당연히 적용되어야 한다는 차원의 패권주의적 발상에 지나지 않았다.

결국 메이지 헌법의 적용을 받는 것은 '일본인으로서 피를 나눈 사람들' 즉 (일본)호적법(戶籍法)의 적용대상자에 불과하였다. 조선민사령(朝鮮民事令, 1912년)과 조선호적령(朝鮮戶籍令)적용대상자 그리고 대만인(臺灣本島人)에 대한 특별율령(特別律令, 1932년), 대만총독부령(臺灣總督府令, 1933년), 호구규칙(戶口規則, 1935년)적용대상자는 외지인으로 취급되어 일본 신민의 축에도 끼지 못하였다. 인권조항이 있으면서도 장식적 의미 밖에 갖지 못하였던 메이지 헌법, 그리고 거기에서의 신민에도 외지인들은 끼지 못하였던 것이다. 외지인들에게는 그저 식민지 백성으로서의 의무만이 존재할 뿐이었다.

국적보유자란 호적을 내지에 두고 있었던 자

호적에 의한 내외차별은 일본이 전쟁에 패한 후에도 계속되었다. 1945년 12월에 개정된 '중의원선거법' 부칙에서는 여전히 '호적법 적용을 받지 않는 자의 선거권을 당분간 정지'한다고 하여 일본 민족으로서의 피를 공유하지 못한 자를 배제하고 있다.[14] 재일조선인은 치안문제와 결부시켜 생각하였을 뿐이며, 단속의 대상일 뿐이었다. 1946년 4월 2일 「일

---

12) 미노베의 헌법사상에 대한 분석으로서는 김창록, 『일본에서의 서양헌법사상의 수용에 관한 연구』(서울대학교 박사학위논문, 1994년). 특히 68쪽 이하 참조.

13) 호즈미의 헌법사상에 대한 분석으로는 김창록, 같은 논문, 33~51쪽 참조.

14) 姜尙中, 『アジアから讀む日本國憲法』(かもがわ出版, 1993年), 21쪽.

본에 있는 비(非)일본인의 입국 및 등록에 관한 각서」가 GHQ에 의해 발표되자 일본 정부는 「외국인 등록령」(1947년 5월 2일)을 발표하고, '당분간'이라는 조건을 붙였지만 외국인으로 간주한다는 뜻을 명확히 하였다. 등록대상이 된 조선인들은 등록과 관련된 각종 의무를 지워야 했고 의무 위반자에 대해서는 형벌과 퇴거명령을 가하였다.[15)16)]

그리고 일본의 군국주의 저지를 통한 평화와 민주화를 달성하기 위한 목적으로 만들어진 일본국 헌법이 제정된 이후에도 이러한 상황은 그다지 변하지 않았다. 1947년 5월 2일 일본국 헌법이 시행되기 하루 전날 마지막 천황 칙령으로 「외국인 등록령」을 발령하여 아무런 경과조치도 없이 재일조선인들을 하루아침에 외국인으로 보기 시작하였으며, 1950년 5월 4일 「국적법」에서는 재일외국인 특히 60여 만 명에 달하는 재일조선인에 대한 법적 처우에 대하여 아무런 규정을 두지 않았다. 다만 1952년 「법률 제126호」에서 재일 조선인의 잠정적 체류만을 인정하고 있었을 뿐이었다.[17)] 1965년 한일기본조약이 체결되고 그에 따라 '한일협정 실시에 따른 출입국관리 특별법'이 제정되어 비로서 영주권(협정영주권)이 부여되었다. 그리고 1991년 「일본과 평화조약에 기초한 일본 국적이탈자 등의 출입국 관리에 관한 특별법」(이하 '출입국 특례법')이 제정되었고 재일교포 3세 이후에게도 동일한 영주권(특별영주권)이 부여되게 되었다. 그러나 이를 특권이라고 하여 '재특회'('재일특권을 용납하지 않는 시민의 회')라는 것이 만들어지고 차별언어가 난무하는 가운데 일본 우익들은 위와 같은 특별영주권을 철폐하라고 외치고 있는 실정이다.

15) 姜徹, 『在日朝鮮人の人權と日本の法律』(雄山出版社, 1994年), 151쪽.

16) 福岡安則, 『在日韓國人・朝鮮人』(中公新書, 1993年), 38쪽; 內海愛子, 『朝鮮人BC級戰犯の記錄』(勁草書房, 1982年).

17) 姜徹, 위의 책, 152쪽.

더군다나 1952년 4월 30일 제정된 '원호법' 부칙 제2항에서는 "호적법의 적용을 받지 않는 자는 당분간 이 법률을 적용하지 않는다"[18]고 하여 호적에 의한 내외차별을 명확히 한 바 있다.

3) 인권의 향유주체와 '국민'

호적에 의한 내외차별이 일소될 수 있는 역사적인 계기가 전혀 없었던 것은 아니었다. 미국을 비롯한 연합국은 새로운 헌법 제정을 통하여 일본의 전쟁책임을 묻고 평화적이고 인권을 존중하는 국가로 태어날 수 있도록 하고자 하였다. 포츠담선언 수락은 일본의 최종적이고 무조건적인 패전을 의미하였으며, 패전국 일본에 대한 연합국의 태도는 강고하였다. 일본이 다시금 전쟁을 일으키지 않도록 당장은 무장을 해제하는 것이 급선무였다. 그리고 그에 못지않게 중요하게 생각되었던 것은 일본이 두 번 다시 군국주의 국가가 되지 않도록 국가적 토양을 바꾸는 작업이었다.

이러한 방침은 점령이전 단계에서도 명확히 드러났다. 미국의 국무성, 육군성, 해군성의 정책 협의 및 조정기구인 삼성조정위원회(SWNCC)가 1945년 6월 12일 작성한 「(일본)항복 후의 미국의 초기 대일 방침」(이하 '초기대일방침')에서는 군정의 목적을 비군사화, 민주화, 자유주의화라고 설정하고, '인권존중'을 강조하였다. 그리고 이러한 '초기대일방침'을 구체화한 것이 「일본통치제제의 개혁」(Reform of Japanese Government System)이라는 문서였다.

18) 姜徹, 같은 책, 173쪽.

인권의 주체로 '사람'을 제안한 'GHQ초안'

미국이 1946년 1월 7일 「일본통치제제의 개혁」이라는 문서에서 인권을 강조한 것은 메이지 헌법 하의 인권상황에 대한 통렬한 비판을 표현한 것이었다. "일본의 국민은 특히 과거 15년간 사실상 헌법이 그들에게 보장하고 있는 인권의 대부분을 빼앗겼다. 헌법에서조차 법률에 의하면 제한할 수 있다고 하여 많은 국민이 무권리상태에 있었을 뿐만 아니라 이를 일본 신민에 한정하고 있어서 더욱더 문제였다"고 지적하여[19] 군국주의 국가의 토양은 다름 아닌 인권무시와 내외차별에 의해 형성되었음을 밝혔다.

이와 같은 상황인식에 기초하여 「일본통치체제의 개혁」이라는 문서에서는 "일본신민 및 일본의 통치권이 미치는 범위에 있는 모든 사람(all persons within Japanese jurisdiction)에 대하여 기본적 인권을 보장해야한다"고 특별히 명시하였던 것이다. 자신들의 의사와 관계없이 일본에 끌려와 있는 재일조선인 등 많은 외국인을 겨냥하여 이 문서가 위와 같이 규정한 것임은 두말할 나위 없을 것이다.

> "일본의 헌법(메이지 헌법-저자)은 다른 헌법에 비하여 기본적 권리가 제대로 보장되고 있지 않다. 모든 사람(all person)에 대하여 기본권을 인정하는 것이 아니라 일본 신민에 대해서만 적용한다고 규정하여, 일본에 있는 다른 사람들은 보호대상에서 제외하고 있기 때문이다."[20] (그러므로) "일본 신민 및 일본의 통치권이 미치는 범위내에 있는 모든 사람에 대하여 기본권을 보장한다는 취지를 헌법에 명문으로 규정해야 한다(explicit provision in the constitution). 이는 민주주의 이념 발달을 위한 건전한 조건을 창출하고, 일본에 있는 외국인

---

19) 高柳賢三ほか, 『日本國憲法制定の過程』(有斐閣, 1972年), 429쪽.

20) 高柳賢三ほか, 같은 책, 431쪽.

(foreigners in Japan)에게도 이제까지 누리지 못하였던 보호를 부여하기 위한 것이다."[21]

1946년 2월 13일에 일본 정부측에 전달된 'GHQ초안'[22]은 이상과 같은 「일본통치제제의 개혁」이라는 문서의 지적을 다음과 구체화하고자 하였다.

제13조: 모든 자연인은 법 앞에 평등하다.(All natural persons are equal before the law)인종, 신조, 성별, 사회적 신분, 카스트 제도나 출신국(national origin)에 따라 정치적 관계, 경제적 관계 또는 사회적 관계에서 차별해서는 안 된다

제16조: 외국인은 법의 평등한 보호를 받는다.(Aliens shall be entitled to the equal protection of law)

일본 정부의 꼼수 '국민'

'GHQ초안'을 비밀리에 전달받아 일본 정부가 자신들의 문장으로 재구성하여 처음 선보인 것은 1946년 3월 5일이었다. 'GHQ초안'에서 "모든 자연인은 법 앞에 평등하다"고 한 것을 일본 정부의 3월 5일 초안은 "모든 국민은 법률 앞에서 평등하다"고 수정하였다. 이에 대하여 GHQ측에서는 '국민'을 '자연인'으로 되돌려 놓으라고 지적하였다. 그리고 일본 정부안이 '인종, 성별, 사회상의 신분 및 문벌'이라고 표현한 곳에 national origin(외무성 번역으로는 국적기원)이 들어 있지 않다고 지적하였다.

이에 대하여 일본 측에서는 'GHQ초안'의 제16조에 "외국인은 법의 평등한 보호를 받는다"고 규정하고 있는데, 이 조항과의 관계는 어떻게 되

---

21) 高柳賢三ほか, 같은 책, 433쪽.

22) 高柳賢三ほか, 같은 책, 274~275쪽.

느냐고 반문하였고, 이에 대하여 GHQ측은 일본국민과 평등하게 보호를 받는다는 의미라는 응답을 하였다.[23)]

결국 'GHQ초안'의 제16조가 삭제되었으나 일본 정부의 3월 5일 초안은 다음과 같이 수정되어 「일본통치제제의 개혁」의 지적을 아직은 크게 벗어나지 않았다.

> "모든 자연인은 일본국민인가의 여부를 묻지않고 법 앞에 평등하며, 인종, 신조, 성별, 사회상의 신분 또는 문벌 또는 국적에 의한 정치상 경제상 또는 사회상의 관계에서 차별을 받지 않는다."[24)]

GHQ 측은 이상과 같이 협의된 내용을 포함한 초안 전체를 3월 5일 안으로 발표할 것을 제안하였다. 그러나 일본 정부는 자구정리와 그 밖의 준비 등의 형편을 이유로 하루 연기하였다. 그리고 이 단계에서도 재일외국인을 평등조항으로부터 배제하기 위한 개악의 시도가 있었다. GHQ의 지적에 의해 삽입하기로 되어 있었던 national origin을 삭제하였으며, '일본국민의 여하를 불문하고'(日本國民タルト否ト=Japanese or alien)가 다시 삭제되었다.

이상과 같은 일본측과 GHQ와의 줄다리기 끝에 발표된 3월 6일 초안의 평등조항은 그 주어를 '모든 사람은'이라고 유지하기는 하였으나 다음과 같은 문구로 바뀌어 있었다. 다시 말해서 'GHQ초안'으로부터 점점 멀어져 가고 있었던 것이다.

---

23) 佐藤達夫, 『日本國憲法成立史』 第3卷(有斐閣, 1994年), 118쪽.

24) "凡テノ自然人ハ其ノ日本國民タルト否トヲ問ハズ法律ノ下ニ平等ニシテ人種, 信條, 性別, 社會上ノ身分若ハ門閥又ハ國籍ニ依リ政治上, 經濟上又ハ社會上ノ關係ニ於テ差別セラルルコトナシ"; 佐藤達夫, 같은 책, 165쪽.

> 모든 사람은 법 앞에 평등하며, 인종, 신조, 성별, 사회적 지위 또는 문벌에 의한 정치적, 경제적 또는 사회적 관계에서 차별을 받지 않는다.[25]

일본 정부 측은 여기에 만족하지 않고 그 후에도 세 차례에 걸쳐 GHQ와의 불순하고도 끈길긴 줄다리기를 시도하였다. 특히 일본 정부측은 '모든 사람은'을 '국민은'으로 바꿀 것, '누구든'을 '국민'으로 변경한다는 내부방침까지 정하였다.[26] 그러나 GHQ의 긍정적인 대답을 얻지 못할 것으로 예상하여 결국은 세 차례에 걸친 교섭에서도 이를 내비치지 않았다. 교섭의 결과라고 내세운 4월 13일 초안에서는 교묘하게도 영문은 그대로 놓아둔 채 일본어 번역문을 다른 조항과 함께 슬그머니 다음과 같이 바꾸었다. 명분은 이 조항이 속한 장의 명칭이 '국민의 권리와 의무'이므로 그 주어도 모두 국민으로 바꾸어야 한다는 것이었다. 그 결과 다음과 같이 '모든 사람은'이 '모든 국민은'으로 바뀌고 말았다.

> 모든 국민은 법앞에 평등하며, 인종, 신조, 성별, 사회적 지위 또는 문지에 의한 정치적, 경제적 또는 사회적 관계에서 차별을 받지 않는다.[27]

다만, 제16조(청원권), 제18조(고역(苦役)금지), 제20조(신교의 자유), 제31조~제35조(적법절차 등)의 주어는 GHQ의 요구대로 그 주체가 누구든(person)으로 남겨 두었다.

이와 같은 줄다리기는 자신들의 의사와 관계없이 일본에 끌려와 일본에 정주하고 있는 많은 외국인들을 전후보상으로부터 배제하기 위한 것이었다. 정확히 이야기하면 의무는 지우되 권리의 향유주체가 되지 못

---

25) "凡テノ人ハ法ノ下ニ平等ニシテ人種, 信條, 性別, 社會上ノ身分若ハ門閥ニ依リ政治上, 經濟上又ハ社會上ノ關係ニ於テ差別セラルルコトナシ"; 佐藤達夫, 같은 책, 190쪽.

26) 佐藤達夫, 같은 책, 242쪽.

27) 佐藤達夫, 같은 책, 338쪽.

하도록 하기 위한 일본 정부의 나쁜 의도가 깔려 있었던 것이다.

4) 전후보상과 '국민'

새로운 헌법의 제정으로 말미암아 일본 민족이라는 말은 우익의 전매특허가 되고 평화주의에 공감하는 일본인 또는 양식 있는 일본 사람들에게는 기피해야 하는 단어로 바뀌었다. 그러나 일본 민족에게만 인정되던 신민의 권리가 일본인으로 바뀌었다고는 하지만 내용상 변한 것은 별로 없었다. 일본국민 또는 국민주권이라는 말의 국민이라는 범위가 결국은 호적법을 토대로 하였기 때문에 일본 국내에 거주하는 구 식민지 출신자는 여전히 국민으로부터 배제되고 있었던 것이다. 대표적인 예가 호적에 의한 원호대상자의 차별[28]이다.

원래 일본 패전 전부터 실시되고 있던 전쟁희생자에 대한 원호정책에 대하여 점령군은 못마땅해 하였다. 특히 1945년 11월의 GHQ각서 제338호에서 GHQ는 "군대에 복무하였다하여 일반인보다도 두텁게 보상하는 제도는 군국주의의 온상이므로 이를 인정할 수 없다"고 하였다. 결국 1946년 2월 군인은급은 폐지되고, 같은 해 9월에는 공습피해자를 대상으로 한「전시재해보험 및 전상자에 관한 군사부조법」까지 폐지하였다. 그리고 필요한 경우는 일반적인 사회보장제도에 의해 구제하여야 한다고 하고 이를 위해 '생활보호법'이 제정되었다.

미군점령기에는 이러한 정책이 유지되었으나, 1952년 4월 28일 샌프란시스코 강화조약의 발효에 의해 일본이 주권을 회복하게 되자 일본 정부는 다시금 전쟁희생자의 원호를 재개하였다. 우선 '원호법'(1952년)이 제정되고 '전상병자'와 '전몰자유족'이 그 대상이 되었다.

---

28) 佐藤達夫, 같은 책, 173쪽.

그러나 군에 복무했으면서도 구 식민지출신자들은 외국인이라는 이유로 배제되었다. 전범수형자의 보상요구에 대해서는 '원호법' 부칙 제2항을 들어 "조선인들은 일본의 국적은 가지고 있어도 식민지에 호적을 두고 있기 때문에 일본의 호적법이 적용되지 않는 자들이므로 원호법의 적용대상에서 제외"[29]되었다. 이후 미귀환자, 인양자, 피폭자 등을 대상으로 각종 원호관련법이 제정되었다. 이들 대부분은 '국적조항'을 두고 있었다.[30][31] 그 밖에 각종 사회보장 관계 법령으로부터 국적에 의한 차별이 이어지고 있다. '국민연금법'이 피보험자의 자격을 '일본국내에 주소를 둔 20세이상 60세 미만의 일본국민(제7조)'으로 하였다가, 김현균(金鉉鈞)씨 소송[32]을 계기로 1982년 '일본 국내에 주소를 둔 20세 이상 60세 미만인 자'로 개정되었다. '생활보호법'(1950년) 제1조에서 "생활이 곤궁한 국민에 대하여…최저생활을 보장한다"고 규정하였다가, 1981년 일본이 난민조약에 가입하면서 국적조항을 삭제하기 위해 국민을 주민으로 바꾸었을 뿐이었다.

앞에서도 잠시 언급하였지만, 일본 패전 직후의 재일교포들의 법적 지위문제도 여전히 논란거리이다. 현행 일본국 헌법이 시행되기 하루 전날인 1947년 5월 2일 '외국인 등록령'(칙령207호)을 내어 "당분간 이(재일

---

29) 구서독의 연방전쟁희생자원호법(Bundesversorgungsgesetz)은 독일 국적보유자의 여부를 묻지않고 해당자는 급부청구권을 갖는 것이라고 하였다.

30) 예외적으로 「국적조항」이 없는 법률이 있는데, 그것은 「원폭피해자의 의료등에 관한 법률」, 「원자폭탄피해자에 대한 특별조치에 관한 법」, 「원자폭탄피해자에 대한 원호에 관한 법률」이다. 이 법에서는 일본에 재류하는 원폭피해자에 대해서는 국적과 관계없이 수혜대상이 된다.

31) 예외적으로 「국적조항」이 없는 법률이 있는데, 그것은 「원폭피해자의 의료등에 관한 법률」, 「원자폭탄피해자에 대한 특별조치에 관한 법」, 「원자폭탄피해자에 대한 원호에 관한 법률」이다. 이 법에서는 일본에 재류하는 원폭피해자에 대해서는 국적과 관계없이 수혜대상이 된다.

32) 1910년부터 일본에 거주하고 11년에 걸쳐 보험료를 납입, 1983년 항소심에서 승소. 吉岡增雄ほか, 『在日外國人と日本社會』(社會評論社, 1984年), 141쪽 이하.

조선인 등)를 외국인이라고 본다"고 하여 재일조선인을 일본인으로부터 분리하였다. 재일조선인 등은 일본국적을 가졌으나 외국인이라는 모습이 만들어졌다. 그리고 샌프란시스코 강화조약 발효직전인 1951년 4월 19일 법무국(지금의 법무성)민사국장이 발령하는 행정규칙의 하나인 통달(通達) 「평화조약 발효에 따른 조선인 · 대만인 등에 관한 국적 및 호적 사무의 처리에 대하여」를 발령하고 재일조선인과 대만인의 일본국적을 박탈하였다. 그리고 샌프란시스코 평화조약 발효와 동시에 재일 조선인을 일률적이고 일방적으로 외국인으로 만든 다음에 이를 관리하기 위해 '외국인 등록법'과 '출입국 관리령'을 만들었다.[33] 이에 따르지 않으면 추방하겠다는 것에 불과하였다.

1965년 한일기본조약이 맺어지자 60여만 명의 재일 조선인의 법적 지위문제를 해결하기 위해 「한일협정 실시에 따른 출입국 관리특별법」이 제정되고 재일조선인들에게 처음으로 영주권(협정영주권)이 부여되었다. 그리고 1991년 「일본과 평화조약에 기초한 일본국적을 이탈자 등의 출입국관리에 관한 특별법」(이하 '출입국 특례법')이 제정되어 3세대 이상에게도 영주권이 부여되게 되었다. 그리고 이들을 특별영주권자라고 부르게 되었는데, 일본의 우익들은 이러한 특별영주권 부여가 특권이라며 '재일 특권을 허용하지 않는 시민의 모임'(이하 '재특회')를 만들어 오히려 출입국 특례법 폐지를 주장하고 있는 실정이다.

아베 정부는 2016년 「전몰자의 유골수습 추진에 관한 법률」을 제정하면서도 그 대상을 일본인으로 한정하였다. 국제인도법은 사망자의 수색과 신원확인 그리고 매장, 유해송환과 가족 통보 등을 전쟁 당사국의 의무로 규정하고 있다. 자국 병사뿐만 아니라 적국 병사에게도 시행하여야

---

33) 在日本大韓民国民団中央民族教育委員会, 『在日コリアンの歴史－歴史教科書(第2版)』(明石書店, 2013年), 72쪽 이하.

할 의무를 강제로 끌고 간 사람에게도 하지 않고 있는 것이다. 끌고 갈 때 '일본인'이라고 하고 보상을 할 때는 '조선인'이라고 제외하고 있는 실정이 2020년에도 이어지고 있다. 더군다나 2015년 아베 총리는 '전후 70주년 담화'를 통하여 "더는 과거사와 관련해 사죄하지 않겠다"고 선언 한 바 있어, 국적에 의한 인권차별 문제, 전쟁책임 문제의 해결이 아득하게만 느껴지는 오늘이다.

4. 가해자로서의 평화주의를 위하여

1) 1980년대 들어 형성되기 시작한 가해자 책임의식

패전 후의 일본인들의 평화의식은 주체적이고 자각적으로 형성되었다기 보다는 GHQ의 강력한 지도 하에서 평화주의 헌법이 주어지고 전쟁 말기의 민중 생활의 궁핍함, 전쟁의 실상과 참상 그리고 패전에 따른 전쟁 비호감 분위기와 맞아떨어지면서 일본에 수용된 측면이 있다. 그러다 보니, 비록 그 이후 즉 1950년대와 1960년대를 거치면서 상당히 자각적이고 가치적인 평화주의 의식으로 함양되었다고는 하나 가해자로서의 평화주의 의식은 적극적으로 형성되기 어려웠다.(제2부 제2장) 더군다나 전후 책임이 전쟁지도자들의 책임 즉 도조 히데키(東条英機)를 비롯한 군부에 의한 책임으로 왜소화되면서 주체적인 전쟁책임론, 식민지 책임론이 형성되지 않았다. 나아가 일본의 패전이 연합국의 압도적 군사력에 의한 것도 있지만, 한국을 비롯한 중국 등 아시아 민중들의 대일 항전의 결과라는 점은 과소평가되고 미국의 전후처리 즉 도쿄재판으로 왜소화되면서 평화주의의식이 균형을 찾을 기회가 없었다.

가해자로서의 평화주의 의식은 아이러니칼하게도 1980년대 들어서 일본의 자본주의가 다시금 아시아에 대량 진출하면서 대두되기 시작하였다. 일본 정부는 일본 자본의 아시아 진출을 염두에 두고 역사교과서와 관련하여 검정제도를 두고 아시아 침략사실을 애매하게 처리하고자 하였다.

이에 반발하여 교과서 저자의 한 사람인 이에나가 사부로(家永三郎)가 문부성의 교과서 검정이 자신의 사상의 자유를 침해하는 위헌행위라고 1970년 도쿄 지방재판소에 소송을 제기하였고, 교과서 검정이 일시 완화되기도 하였다. 그럼에도 불구하고 자민당이 1980년 이른바 교과서 공세를 개시하였는데, 이를 계기로 일본의 아시아 침략이 외교문제화되었다. 1980년 7월 오쿠노 세이스케(奥野誠亮)당시 법무부장관이 우리나라의 국무회의에 해당하는 일본의 각의(閣議)에서 "현재의 교과서는 나라를 사랑하는 마음을 함양하지 못하고 있다"고 발언하고, 10월에는 다나카 다쓰오(田中竜夫)당시 문부상이 중의원 문교위원회에서 "현행 교과서는 애국심 기술에 문제가 있다"고 발언 하면서 일본 내에서 우선 정치문제화되었다. 1982년 여름, 검정 고등학교 일본사, 세계사 교과서가 공개되고 검정실태가 대서특필되었는데, 이에 따르면 조선의 3.1운동은 폭동으로 바뀌고, 중국의 난징대학살은 중국인들의 폭행·약탈·방화에 대응한 것으로 기술되고 사망자 20만 명의 수치가 삭제되어 있었다. 중국 정부는 1982년 7월 26일, 한국 정부는 1982년 8월 3일 검정 교과서의 기술을 시정할 것을 요구하였고, 한국의 신문들은 군국주의의 왜곡이며 미화라고 비판하기 시작하였고, 중국의 인민일보도 전쟁책임을 모호하게 하는 것이며 침략전쟁을 미화하였다고 강력하게 비판하기 시작하였다.

사태를 수습하기 위하여 당시의 스즈키 젠코(鈴木善幸) 내각(1980년 7월 17일~1982년 11월 27일)은 1982년 8월 26일 당시 관방장관이었던 미야자와 기이치(宮澤喜一)의 담화를 통하여 시정을 약속하기도 하였다. 이 교과서 왜곡문제는 결과적으로 일본의 아시아 침략을 대내외적으로 환기하는 역사적인 계기가 되었다. 우리나라에서는 독립기념관(1987년), 중국에서는 난징대학살 기념관(1985년), 항일전쟁기념관(1987년), 7 · 31부대 범죄 증거 진열관(1982년)등의 설립이 이루어지고, 일본의 전쟁책임 즉 가해자 책임문제가 본격적으로 논란이 되게 되었다. 일본 내에서도 이에나가 사부로의 『전쟁책임』(1985년)이라는 책을 필두로 하여, 1995년까지 10년간 발행된 책이 1945년부터 1995년간 발행된 전쟁책임에 관한 책의 80%를 차지하였다고 한다.[34)]

이러한 움직과 결부되어 아시아 민중과 연대하여 일본의 전쟁책임을 묻는 운동도 등장하게 된다. 1986년에는 '아시아 태평양 지역 전쟁희생자를 마음에 새기는 회'가 오오사카에서 집회를 열기도 하였다. 이러한 의식은 종교단체에도 영향을 미쳐 1987년에는 '일본 기독교단의 책임에 대한 고백'이 발표되었고, 1990년대에는 진종(眞宗)오타니(大谷)파, 정토진종(淨土眞宗) 본원사(本願寺)파, 조동종(曹洞宗)등 불교계가 전쟁가담과 협력에 대한 책임을 고백하고 사죄하는 움직임이 발생하였다. 1992년부터는 히로시마 · 나카사키 평화선언에 아시아 민중에 대한 책임, 사죄라는 말이 등장하게 된다.

그러나 전 국민의 평화 의식 속에는 이미 풍화현상이 진행되고 있었다. 교과서 왜곡문제가 한창이던 1984년 '청일전쟁부터 패전까지의 50년간의 일본역사가 아시아에 대한 침략의 역사였는가'라는 물음에 51.4%가 찬성하기도 하였으나 '아시아 태평양 전쟁이 아시아 국가들의 독립회복을 촉진하였다'는 물음에 대하여서도 45.5%가 그렇다고 대답

34) 和田進, 『戦後日本の平和意識』(青木書店, 1997年), 165쪽 이하.

하였다.[35)]

개헌에 대한 여론도 풍화현상이 진행되고 있다. 정국에 따라서 부침이 있어 단정하기는 어려우나 2019년 NHK의 개헌관련 여론조사에 따르면 개헌에 반대한다는 사람이 31%로 찬성한다는 여론 27%에 비하여 상대적 다수이기는 하나, 개헌에 대해 잘 모르겠다는 응답자가 38%로 최다수를 차지하고 있다.

'모두의 헌법' 여론조사(NHK, 2019.11.8~10.)[36)]

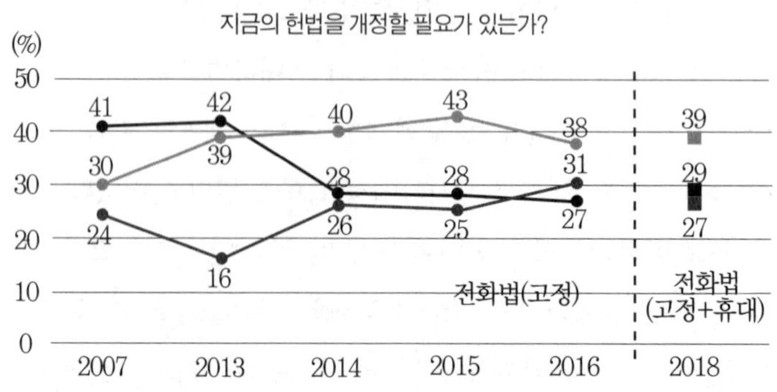

최근 들어서는 전쟁책임을 묻는 위안부 문제, 식민지 책임을 묻는 강제동원 배상판결에 대하여 아베 정부의 혐한 외교에 많은 일본인들이 침묵하거나 동조하는 모습을 보이고 있다. 보수적인 요미우리 신문의 여론조사이기는 하지만, 향후 한일 관계에 대하여 "일본이 한국에 다가가는

---

35) 吉田裕, 『日本人の戦争観』(岩波書店, 1995年), 12쪽.

36) 조사방법이 다르기 때문에 이번 조사와 직접 비교하기는 불가능하지만, 2014년 조사에서 '필요'가 계속 줄어듦. '필요 없음'이 늘고, 그 후, 찬반이 길항하는 상태가 계속되고 있다. 여론조사의 설문방식도 바뀌고 있는데, 정치의식에 대한 월례조사에서는 '개헌이 필요한가?'라는 설문을 '개정논의를 진행해야 하는가'로 바꾸고 있다.

것도 생각해야 한다"는 응답이 29%였던 것이, 2019년에는 "받아들이기 힘든 주장을 하는 한 한국과의 관계가 개선되지 않아도 어쩔 수 없다"는 응답이 64%로 증가하고 있다.[37] 아사히 신문의 보도에 따르면, 일본 내각이 실시한 '외교에 관한 여론조사'(2019년 10월)중 한일관계 여론에서 "한국에 친근감을 느끼지 않는다"고 답한 사람이 71.5%에 달하고 있어 1978년 여론조사 이래 최고치를 기록하고 있는 실정이다.[38] 아베 총리의 혐한 외교가 확대되고 한국에 대한 수출규제 조치를 내놓은 것도 이러한 여론의 풍화현상과도 깊은 관련이 있다.

2) 가해자로서의 평화주의 확산될 수 있을 것인가

일본국 헌법은 평화주의 사상의 측면에서 보면 선구적 헌법이라 할 것이다. 그것은 일본이 전범국가였기 때문에 가능한 것이었다. 물론 이러한 평화주의가 패전 후 일본 민주주의 운동의 근간이 된 것은 자유민권운동기 이래의 전통적인 평화주의 사상에도 간접적으로 기초하고 있다 할 것이다. 그러나 보다 직접적인 계기가 되었던 것은 그리고 같은 전범국가이면서 일본이 유독 군비철폐를 동반한 비무장평화주의 헌법을 규정하게 된 이유는 이 조항이 천황의 전쟁책임을 회피하기 위한 피뢰침의 역할을 하였기 때문일 것이다. 그리고 이러한 역사적 우여곡절에 더하여 전후 일본국민의 평화주의 사상과 운동이 일본국헌법의 개악을 저지하여 현재에 이르고 있다할 것이다. 일본 한 나라의 관점이 아닌 동북아시아적인 관점이 필요하다 할 것이다.[39]

그러나 이때의 평화주의는 피해자로서의 전쟁의 참화에 대한 기억에

---

37) "아베, 혐한감정 확산 힘입어 수출규제", 〈Newsis〉(2019년 8월 29일)

38) "韓国に「親しみを感じる」過去最低26%, 政府世論調査"〈朝日新聞〉(2019年12月20日).

39) 水島朝穂,『改憲論を診る』(法律文化社, 2005年), 205쪽.

기초하고 있는 것이어서 가해자로서의 전쟁책임을 동반한 평화주의로의 발전의 과제를 안고 있는 것이라 할 것이다. 결국 일본국 헌법의 평화주의가 보다 보편적인 평화주의의 모델이 되기 위해서는 가해자로서의 평화에 대한 폭넓은 인식의 제고가 필요하며 천황의 전쟁책임을 비롯한 일본군 '위안부'문제의 진상규명과 사죄 등과 같은 역사문제에 대한 진지한 노력이 필요하다 할 것이다. 특히, 재일조선인을 비롯한 재일외국인을 배제하기 위하여 의도적으로 바꿔치기한 '국민'개념에도 불구하고 이를 글자 그대로 해석하는 것이 아니라 '누구든(person)'으로 확대해석하고 그에 걸맞는 각종 법률의 제정과 시행이 뒤따라야 할 것이다.

국민주권 원리의 근저에는 한 나라의 정치와 그에 관심을 갖을 수 밖에 없는 모든 사람들의 의사에 기초하여 결정해야 한다는 생각이 깔려있다. 더군다나 인권문제를 생각할 때 중요한 것은 국적보유 여부에 따른 국민인가 비국민인가의 여부가 아니라 생활실태이다. 일본의 경우 체류외국인의 다수가 재일한국인 · 재일중국인과 같은 여사적 우여곡절에 의해 일본에 체류하게 된 사람들이며, 생활의 기반과 실태가 일본에 있는 외국으로 인권의 향유주제가 되어야 할 것이다.

3부

일본국 헌법 개헌론의 역사적 전개와 평화 운동

1장

일본국 헌법 개헌론의 역사적 전개

일본국 헌법을 개악하려는 움직임은 역사적으로 뿌리가 깊다. 1940년대 후반부터 1950년대 초반까지 요시다 정권을 비롯한 일본 정부는 정권의 안정과 천황의 안위 등을 고려하여 개헌에 비교적 소극적인 입장을 취하였다. 그러나 1951년 샌프란시스코 강화조약이 체결되고 1954년 자위대가 발족하면서 패전 전의 정치체제로 복귀하려는 복고적인 개헌론이 추진되기도 하였다. 하지만 사회당 등 호헌 정당의 분투와 평화애호 세력의 저항에 부딪혀 좌절하였다. 1960년대 안보투쟁을 거치고 호헌평화 운동이 확산되면서는 한동안 명문 개헌보다는 해석 개헌 즉 자위대는 필요최소한의 실력에 불과하여 일본국 헌법 제9조에서 금지하는 전력에 해당되지 않는다는 논리 하에 군비 증강을 꽤하기도 하였다. 1980년대에는 다국적화한 일본 자본의 해외자본 진출과 이들의 안정적 이윤 창출과 보호를 위하여 '전후 총결산', '종합 안전보장' 등의 명분으로 나카소네 정권에서 개헌을 추진하기도 하였으나 역사교과서 왜곡 등에서 보듯이 군국주의 부활과 천황제 국가로의 회귀 냄새가 나면서 평화애호세력의 저항에 부딪혀 좌절하였다. 1990년대 이후에는 국제평화에 공헌한다는 헌법적 가치를 내세우며 개헌이 추진되었고 개헌이 여의치 않자 'PKO협력법', '주변사태법' 등 유사시 입법을 통한 군사적 스탠스 확보가 추진되었다. 2000년대 들어서도 각종 개헌 추진 움직임이 지속되고 있는데, 2005년 자민당 창당 50주년을 맞이하여 자위군을 명기한 자민당 '신헌법초안'이 나왔고, 샌프란시스코 강화조약 60주년을 맞는 2012년에는 천황을 국가원수화하고 국방군을 규정한 자민당 헌법 '개정초안'이 출현하였다. 2019년부터는 실현가능성을 높이기 위하여 자위대를 헌법에 명기하는 개헌 이른바 제9조의2(또는 제9조 제3항) 가헌론이 아베 정권에 의해 추진되고 있다.

1. 들어가는 말

일본국 헌법의 평화주의는 태동과정의 징벌적 성격과 출산 과정의 우여곡절에도 불구하고 전쟁의 참화를 뼈저리게 경험한 일본국민에게는 대단히 전향적인 의미를 갖는 것이었다. 일본국 헌법 제9조가 있는 한 징병제도는 부활할 수 없는 것이며, 군사기지 건설을 위한 토지 수용이나 군사기밀보장을 이유로 한 표현의 자유 등에 대한 규제는 적어도 헌법 논리상으로는 불가능하기 때문이라 할 것이다.

따라서 일본국 헌법의 평화주의는 '전후 민주주의'[1)]의 견인차 역할을 하였으며 호헌운동은 '전후 민주주의' 운동의 핵심적 요소였다. 이하에서는 이러한 인식에 터잡아서 일본국 헌법을 개정하려는 움직임과 일본국 헌법을 지키고자 하는 평화주의 세력의 헌정사적 공방전의 과거를 살펴보기로 한다.

시기적으로 이 책에서 초점을 맞추고 있는 아베의 개헌(2005년 자민당 '신헌법 초안', 2012년 자민당 헌법 '개정초안', 2019년의 가헌론) 이전의 시기, 즉 제1장 제1부에서 충분히 서술하지 못한 개헌공방의 역사를 중심으로 서술하기로 한다.

2. 미국의 개헌요구와 요시다의 개헌 소극정책(1948~1954년)

일정까지 정하여 개헌에 돌진하는 오늘날의 아베 개헌과 달리, 전쟁포

1) 일본에서 '전후 민주주의'라는 말은 많이 쓰이는데, 이에 대한 학문적 정설이 있는 것은 아니지만, 일반적으로 1945년 8월 15일 패전 이후 비무장화, 국민주권, 인권보장이 하나의 새로운 가치로 부상하고 이를 일본국 헌법에 규정하고 이러한 헌법의 가치들을 옹호하는 경향을 통칭한다. 경우에 따라서는 패전 전의 다이쇼(大正)시기(1911~1924)의 '다이쇼 데모크라시'와 비교되기도 한다. 전후라는 것은 패전을 의미하는데 이를 전후라는 중립적인 용어로 뭉뚱거리는 것에 대한 비판도 없지 않다.

기 · 군비철폐 · 교전권의 부인을 핵심적 내용으로 하는 일본국 헌법의 제9조에 대하여 일본 정부와 일본지배층의 주류는 헌법제정 직후 10여 년간은 개헌을 공공연히 내걸지 않았다. 패전 직후의 국제사회의 엄혹한 비판여론, 천황제 유지에 대한 눈치보기 등등이 작용을 하였을 것이다. 그 결과 일본 정부를 비롯한 당시 일본 지배층의 주류는 새로이 만든 헌법전을 당장 부정하기 보다는 한동안 현실체제에 합치되도록 하는 정책을 추진하기도 하였다.

이러한 개헌소극정책의 주요한 담당자는 요시다 시게루(吉田茂)수상이었다. 시데하라 수상의 뒤를 이어 수상이 된 요시다 시게루는 1946년부터 1954년까지 약 10년(사회당의 가타야마 테쓰(片山哲) 수상의 10개월(1947.5.21.~1948.3.10), 자유당의 아시다 히토시(芦田均) 수상의 약 6개월(1948.3.10.~10.15. 제외))간에 걸쳐 수상을 지내면서(재직 일수로는 2616일, 패전 후 세 번째 장기 재임) 전후 일본 정부의 헌법정책의 근간을 형성하기도 하였다. 요시다 정권의 소극적 헌법정책은 한마디로 헌법 제9조를 유지하면서 주일 미군을 받아들이는 것이었다.

그러나 군국주의 일본의 부활저지라는 미국의 대일정책은 1948년 초부터 동요하기 시작하였다. 미 국방성은 일본을 소련으로부터의 반공의 보루로 생각하고 일찍부터 재군비를 주장하였으나 국무성의 유보적 태도에 밀려 이렇다할 진전을 보지 못하였다. 그러나 1949년 10월 중국이 공산화되고 1950년 한반도에서 전쟁이 일어나면서 소련으로부터의 반공의 보루로서의 일본의 역할이 부각되었다.

1950년 7월 8일 일본을 점령하고 있던 연합군 최고사령관 맥아더는 일본 수상 요시다에게 경찰예비대(National Police Reserve)의 창설을 지시하고 포츠담 정령(政令)제260호로 경찰예비대를 발족시켰다. "질서유지를 위해 경찰력을 보충하려는 목적"(제1조)으로 발족한 이 경찰예비대는 경찰에 불과할 뿐 평화헌법 제9조에서 금지하고 있는 전력(戰力)에 해당하지 않는다는 것이었다.

하지만 경찰예비대 발족에서 엿볼 수 있는 바와 같이, 미국의 대일정책 변화는 평화헌법의 개정을 염두에 둔 것이었다. 그간 평화헌법에 대한 개정논의가 천황제의 존폐문제로 확산되는 것을 우려하고 전쟁으로 지친 국민들의 전쟁 비호감의식이 확산되는 것을 경계하고, 아시아 각국의 반대를 염려하여 개헌에 소극적이었던 일본 정부와 달리 미국은 일본의 헌법 개정을 통한 재군비를 적극적으로 요구하였다.

1951년 1월 25일부터 시작된 미국의 덜레스(Dulles)특사와 요시다 수상간의 일련의 회담은 역설적이게도 헌법 개정을 통한 재군비에 적극적인 미국의 태도와 국민의 반대를 이유로 유보적 입장을 취하는 일본 정부의 소극적 태도가 한동한 평행선을 그리는 양상이었다. 미국측의 요구는 첫째, 강화조약 체결 후에도 일본을 군사기지로 자유로이 사용할 수 있도록 할 것, 둘째, 미군 헤게모니 하에서 미국의 전략 수행에 협력하는 일본군을 창설하고 이를 증강할 것, 셋째, 이를 위해 방해가 되는 평화헌법을 개정할 것이었다.

결국 개헌을 통한 공공연한 재군비는 유보되었지만, 점진적으로 재군비를 추진할 것과 강화조약 후에도 미군을 계속 일본에 주둔시키는 선에서 회담은 종결되었다. 그 결과 1951년 9월 8일 샌프란시스코에서 일본과 아시아태평양전쟁을 종결한다는 강화조약이 체결되었고 같은 날 「미국과 일본 간의 안전보장조약」(이하 구 안보조약)이 체결되면서 미군이 일본에 주둔하게 되었다. 게다가 구 안보조약에는 일본에서 내란 등이 일어났을 때 미군이 개입한다는 조항(제1조)을 두어 일본의 공산화 또는 일본의 독자적 재군비에 대한 안전판을 두기도 하였다.

그 후 경찰예비대는 장비가 강화되어 1952년에는 나름의 전투력을 갖춘 육상보안대, 해상경비대로 개조되었다. 사태가 이렇게 되지 육상보안대 · 해상경비대가 헌법에서 금지하는 전력(戰力)에 해당하지 않느냐는 내외의 강한 비판이 일어났다. 이에 대하여 일본 정부는 원래 전력(戰力)이란 '근대적 전쟁을 수행할 만한 정도의 것'(근대전 수행능력)을 말한다, 즉 다른 나라와 싸워서 이길 수 있을 정도의 실력을 말하는 것이지 육상보안대와 같이 규모가 작은 실력부대는 헌법에서 금지하는 전력에 해당하지 않는다고 주장하였다.[2)]

육상보안대 · 해상경비대는 1954년 그 이름을 자위대로 바꾸었다. 일본 정부는 헌법 위반이라는 비판을 의식하여 "자위를 임무로 하고 이를 위한 필요한 실력부대를 갖는 것이며 이는 헌법에 위반되지 않는다"고 주장하였다. 일본국 헌법 제9조에서 금지하는 것은 "자위를 위한 필요 최소한도의 실력을 넘는 것"이므로 자위를 위한 필요최소한의 실력으로서의 자위대는 헌법에서 금지하는 전력이 아니라는 것이다.

3. 복고적 개헌론의 좌절과 호헌평화운동의 대두(1955~1959년)

1952년 샌프란시스코 강화조약이 발효되면서 일본국 헌법의 운영은 새로운 시대에 접어들었다. 평화헌법을 일본 정부에 '강요한' 점령군이 없어졌기 때문에 보수지배층은 공공연한 헌법 개정과 패전 전 통치체제로의 복귀를 시도하였다.

개헌 소극정책의 요시다(吉田)내각에 반대하는 보수세력의 분파는 1952년 2월 8일 개진당(改進党, 1954년부터 민주당)을 결성하고 반(反)

2) 杉原泰雄, 『日本国憲法と共に生きる』(勁草書房, 2016年), 40쪽.

요시다의 기치를 선명히 하였다. 대미의존적 색채를 강하게 띠고 있는 요시다 정권을 비판하고 내셔널리즘을 이데올로기로 내세웠다. 그리고 이를 위해 자주외교 · 자주방위를 하여야 하며, 안보조약을 개정하고, 일본국 헌법도 개정해야 한다고 내세웠다. 특히 자위력의 점진적 증강을 내세우는 요시다 수상의 자유당에 반대하여 민주당은 공공연한 재군비를 주장하고 이를 위해 일본국 헌법 제9조 제2항을 삭제하자는 개헌론을 주창하였다.[3)]

한편, 미국 측도 '상호방위원조(MSA)법'에 의거한 방위원조를 이유로 일본측에 군비증강을 요구하였는데 이를 위해서는 일본국 헌법 제9조의 개헌이 필요하였다. 특히 1953년 일본을 방문한 닉슨 부통령이 "전쟁포기 헌법을 제정한 것은 실수였다"고 연설한 것은 미국의 압력을 상징하는 것이기도 하였다.

급기야 개헌에 소극적이었던 요시다의 자유당은 1953년 4월의 총선에서 과반수를 넘지 못하자 '미일상호방위원조협정'에 따른 미국 측의 군비증강요구라는 현안을 해결하기 위해 개헌에 적극적이었던 개진당과 제휴하였다. 결국 개헌론이 보수층의 합의사항처럼 되었다. 그리고 개헌을 목적으로 하는 헌법조사회를 양당의 산하에 설치하였으며 국회 내 헌법조사회의 설치를 요구하였다. 그러나 사회당을 비롯한 야당이 호헌을 천명하며 거세게 반발하였다. 그 결과 국회 내 설치가 무산되고, 내각 산하의 헌법조사회가 1956년 6월 31일 설치되었다. 헌법조사회의 장을 맡은 것은 아베의 외할아버지 기시 노부스케(岸信介)였다.

재군비에 따른 헌법과의 모순을 해결하는 것에서 출발하였으면서도, 헌법조사회의 활동은 개헌을 대대적으로 내걸지 못하고 헌법조사라는

3) 渡辺治, 『日本國憲法改正史』(日本評論社, 1987年), 238쪽.

명분을 내걸고 비교적 신중 행보를 취하는 듯하였다. 그러나 이데올로기적으로는 일본국 헌법이 점령군에 의해 강요된 것이며 따라서 자주적 헌법을 개정하여야 한다는 기시 노부스케의 노골적인 개헌 주장에 의해 내부 동요와 갈등을 겪기도 하였다. 하지만 이 헌법조사회의 다수는 기시의 주장처럼 천황을 통치체제의 근간으로 재정립할 것을 염두에 두었으며, 전후개혁의 일환으로 제정된 일본국 헌법의 도입과 그에 따른 민주적 시스템을 폐기하고 천황제 하의 중앙 집권적 시스템으로의 회귀를 지향하였다. 복고적 개헌론이 대세를 차지하였다고 할 것이다.

개진당의 뒤를 이은 민주당은 1955년 총선에서 제1당으로 부상하였고, 요시다 시게루의 자유당은 민주당과 1955년 합당하여 자민당이 되었다. 그러나 합당 후 처음 선거인 1958년 총선에서는 참패하였다. 복고적 개헌론에 반대하는 국민여론을 등에 업고 호헌을 천명한 사회당이 개헌저지선을 훨씬 넘어서는 166석(450석 중)을 차지하였다. 개헌을 당론으로 채택한 거대 여당의 출현에 대한 견제심리도 작용하였다. 1950년대 이후의 경제성장과 일본국헌법에 따른 지방자치제의 도입과 실시와 같은 전후개혁은 복고적 개헌론에 쉽게 동의할 수 없는 전국적 분위기를 창출하였고, 무자각적으로 수용되었던 평화주의 조항도 자각적인 평화의식으로 형성되어 가는 시기이기도 하였다. 결국 사회당 등 호헌세력의 분투와 평화애호세력의 저항에 부딪혀 복고적 개헌론은 일단 좌절하였다.

이러한 움직임의 원동력은 호헌운동에 터잡은 일본 패전 후의 각종 민주주의 운동이었다. 이 운동은 정부가 추진한 미국과의 일방적 강화조약과 안보조약에 반대하여 소련 등 다른 연합국 과의 전면적인 강화를 주장하는 운동에서 시작하여, '파괴활동방지법'반대, 안보조약에 따른 기지확장에 대한 반대운동, 원수폭 반대 평화운동으로 대중적 기반을 넓혔다. 그리고 이러한 투쟁의 과정에서 사실상 사회당 · 공산당 · 노동조합과 지

식인의 연합이 형성되어 1960년 안보투쟁에서 정점에 달하였다.[4]

4. 호헌 평화운동과 해석개헌(1960~1979년)

1950년대 후반부터 1960년에 걸쳐 정부의 복고주의적인 정책에 반대하여 일어났던 전후민주주의운동, 평화주의 운동의 고양, 특히 1960년 안보조약 개정반대투쟁, 호헌운동의 고양은 자민당 정부의 복고주의적 정책의 포기를 압박하였다. 1954년에 발족한 자위대는 1958년부터 제1차 방위력 증강을 시도하였고, 자위대의 기지 확장과 연습확대에 따른 생활상의 어려움이 농민, 기지주변 주민에 의해 사회적으로 공론화되었다.

에니와(恵庭)소송, 하쿠리(百里)기지 소송, 나가누마(長沼) 미사일기지 소송으로 대표되는 헌법 제9조를 둘러싼 재판 투쟁이 전개되었다. 이 시기 헌법학자 호시노 야사부로(星野安三郎)는 일본국 헌법 전문에 있는 '평화 속에 생존할 권리'라는 개념을 체계화하여 평화적 생존권을 주창하였다.[5] 에니와소송과 나가누마소송이 벌어지고 있던 홋카이도대학 헌

생전의 호시노 야사부로

4) 渡辺治, 『現代日本社會論』(勞動旬報社, 1996年), 40쪽 이하.

5) 星野安三部ほか, 『日本憲法, 平和的生存權への道』(高文研, 1997年)

법교수인 후카세 타다카즈(深瀨忠一) 교수를 비롯한 많은 연구자들이 재판과정에 참여하여 자위대가 제9조 위반이며 미사일기지 건설이 평화적 생존권 침해임을 논증하였다.[6)]

안보투쟁의 고양에 불안해진 일본 정부는 헌법을 개정하는 것을 일단 단념하고 '소득증대 계획'으로 대표되는 경제주의적 정치와 정책을 전개하였다. 신 안보조약 체결(1960년 1월 19일)에 따른 책임을 지고 1960년 7월 9일 사임한 기시 노부스케(岸信介)내각의 뒤를 이은 이케다 하야토(池田勇人)내각(1960년 7월 19일~1964년 11월 9일)은 재임 중에는 헌법 개정을 하지 않겠다는 성명을 내고 헌법정책의 전환을 표명하였다. 헌법 개정안을 만드는 것을 목적으로 내각에 설치되어 심의를 계속하였던 헌법조사회가 1964년에 보고서를 제출하였지만 이를 사장시켰다. 이후 자민당 내각은 이러한 이케다 하야토의 개헌 소극정책을 답습하게 되었다. 안보투쟁의 충격을 뒤늦게 나마 심각하게 받아들인 지배층이 보수정치의 연명을 위해 일본국 헌법에 규정된 민주적 통치제도와 시민적 자유를 일단 승인하는 형태로 통치방식을 정비한 것이다.

여기에는 개헌에 반대하는 국민운동의 본격화가 일정한 역할을 하였다. 1965년 시민들은 '헌법회의'를 결성하였고, 교수 및 학자들은 '전국헌법연구회'를 출범시켰다. 그리고 각종 재판운동과 베트남전 반대 운동을 포함한 평화헌법옹호운동이 계속되었다. 평화적 생존권은 호헌평화운동의 중요한 권리개념이 되기도 하였다. 안보투쟁을 계기로 하는 평화운동의 배후에는 안보조약 개정으로 일본이 미국에 의한 전쟁에 휩쓸려 들어가 평화적 생존이 위태로워지지 않을까 하는 국민의 반발과 경계심

6) 稲正樹ほか, 『深瀬忠一の人と学問, 平和憲法とともに』(新教出版社, 2020年) 141쪽 이하.

이 있었기 때문이다. 1960년대에는 에니와(惠庭) 소송[7], 나가누마(長沼) 소송과 같이 자위대에 반대하는 헌법재판운동이 평화적 생존권을 기반으로 전개되었다.

재군비를 위한 개헌에 반대하는 국민여론도 증대되었다. 아사히 신문에 따르면 1952년 32%에 불과하던 개헌 반대 여론은 1978년에는 71%로 늘어났다. 보수적인 요미우리 신문의 여론조사에서 1952년 39%에 불과하던 개헌반대여론이 1981년에는 71%로 늘어날 정도였다.

그러나 일본 지배층의 정책변화는 전면적 개헌 또는 천황제로의 복고적 개헌을 유보하고 새로운 통치방식을 추구한다는 것을 의미할 뿐, 재군비 노선자체의 포기를 의미하지는 않았다. 일본 정부는 '자위를 위한 필요최소한의 실력에 불과한 자위대는 헌법 제9조에서 금지하는 전력에 해당하지 아니하므로 합헌'이라는 논리를 내세우며 재군비를 추진하였다.

전면적인 명문 개헌의 추진이 어렵다고 판단하여 이를 유보하고 고도성장정책에 전념한 일본 지배층의 방향전환은 사회적 지배구조에도 커다란 영향을 미쳤다. 기업의 성장에 따른 혜택과 기업의 공산품 수출 호조 및 해외진출에 따른 초과이윤 확대와 그에 따른 혜택이 현실화되면서 대기업 노동자의 대부분은 기업의 발전과 자기 생활을 동일시하는 풍조가 확산되었다.[8] 그러한 기업주의 이데올로기는 협조주의적 노사관계의 구축을 넘어 투표와 선거활동에서조차 기업에 대한 충성도가 기준이 되게끔 하는 기업주의적 사회질서를 강고히 했다. 정치적 의사표명 외에 개인의 자유와 권리에 대한 주장도 기업의 틀 내에서 이루고지고, 기업 내에서 자기 지위의 유지와 관계없는 부분에서 제한적으로 이루어지게 되었다. 노

---

7) 홋카이도 에니와 마을에서 자위대법 위반으로 1962년 3월 주민이 기소당한 최초의 사건으로 평화적 생존권 위배여부가 논란이 되었다.

8) 渡辺治, 『企業支配と国家』(青木書店, 1982年), 145쪽 이하.

동자들의 자유와 권리는 회사 내의 능력주의적 경쟁과 승진기회의 평등 그리고 이를 통한 자기 생활의 향상을 추구할 자유로 변질되었다. 국민들은 이러한 기회를 부정하는 천황제로의 복귀를 위한 개헌에는 반대하였지만, 기업의 발전과 기업 내에서의 지위승진과 모순되는 권리와 자유의 행사는 생각하지 못하는 기형적인 모습을 띠게 되었다. 시민사회가 형성되었으되 기업지배에 의해 왜곡 흡수된 시민사회의 형성이라 할 것이다.

이것은 국민의 헌법의식에도 많은 왜곡현상을 가져왔다. 국민들은 재군비를 위한 개헌에는 반대하지만 자위대도 필요하다는 식의 이것도 좋고 저것도 좋고 좋은 것은 다 갖고 싶다는 모순된 인식이 일반화되기도 하였다.

한편, 안보투쟁, 베트남전쟁 반대 평화운동의 고양 등으로 인하여 정권의 안위가 위태롭게 되자 일본 정부는 자위대가 '자위를 위한 필요최소한의 실력'이므로 헌법에 위반되지 않는다고 강변하는 한편 자위대의 팽창에 대한 갖가지 제약을 받아들일 수 밖에 없었다. 일본 정부는 1967년 '비핵 3원칙'[9]을 표명하고 '무기수출금지 3원칙'[10]도 발표하였는데 이 중 '비핵 3원칙'은 1971년 국회에서 결의의 형태를 취하게 되어 일본 정부를 구속하게 되었다. 이러한 원칙들로 인하여 일본은 강대국 가운데 유일하게 핵무기를 보유하고 있지 않으며 일본의 대기업은 군수산업계 진출하는 것을 한동안 주저하게 되었고 일본은 경제대국이면서도 미국과 같은 군산복합체는 존재하지 않게 되었다. 또한 1967년 일본 정부는

9) '비핵 3원칙(Three Non-Nuclear Principles)'이란 핵무기를 갖지 않고, 만들지 않고, 반입하지 않는다를 내용으로 하는데 사토 에이사쿠(佐藤英作)정권 하에서 정부입장으로 확인된 것이다. 자세한 내용은 이 책의 〈자료〉편을 참조.

10) '무기수출금지 3원칙'이란 1967년 4월 사토 에이사쿠 총리가 중의원 결산위원회에서 답변한 것으로 공산권, 국제연합 결의 등에서 무기수출이 금지되어 있는 국가, 국제분쟁의 당사국 또는 그 우려가 있는 국가로의 무기수출을 인정하지 않는다는 것을 그 내용으로 하고 있다. 자세한 내용은 이 책의 〈자료〉편을 참조.

방위비를 GNP의 1% 범위 내에서 억제한다는 방침을 각의에서 결정하여 방위비를 증강하는데 적지 않은 제약이 뒤따르기도 하였다.

5. 전후 총결산 명분의 개헌추진과 종합안전보장론(1980년대)

1980년대 들어 헌법상황은 크게 변화하는 계기를 맞는다. 그 배경에는 일본의 경제대국화의 진전이 자리 잡고 있었다. 좀 더 구체적으로 이야기하면 다국적화한 일본자본의 해외진출이 늘어나 이를 군사적으로 보호할 필요성이 증대하였고, 미국은 재정적자 등으로 경제적 기반이 약해지면서 일본에 대한 군사비의 증액을 요구하는 등 각종 군사적 요구가 늘어난 시기이다. 자본주의 체제의 불안정성이 확대되고 시장원리가 세계화되는 시기이기도 하다.[11] 이러한 국내외의 변화에 군사적으로 대응하기 위해 일본에는 헌법 개정에 대한 요구가 증대되었다.

이러한 내외의 정치경제적 지형의 변화에 기초하여 헌법 개정을 정력적으로 추진하였던 것은 나카소네 야스히로(中曾根康弘)수상이다.[12] 나카소네는 '전후정치의 총결산'을 슬로건으로 내세우고 방위비의 총량규제틀이었던 GNP 1%를 무너트리고 예산가운데 방위비의 비율을 25년만에 증대시켰다.[13] 뿐만 아니라 유사시 법제의 정비추진, 국가비밀법안의 추진, 이란 · 이라크전쟁에 기뢰제거를 위한 자위대의 함정(掃海艇)파견을 추진하는 한편 내셔널리즘을 환기하기 위해 교과서 검정을 강화하고 야스쿠니 신사에 참배하는 등 우익적인 활동을 추진하였다.

11) 杉原泰雄, 『憲法と資本主義』(勁草書房, 2010年), 111쪽 이하.

12) 杉原泰雄, 『日本国憲法と共に生きる』(勁草書房, 2016年), 65쪽.

13) 같은 책, 69~70쪽.

이러한 1980년대의 개헌 추진 움직임은 1980년대 이후 본격적으로 아시아 지역으로의 일본의 자본수출이 본격화되는 시작한 것과 깊은 상관관계가 있다. 사실 아시아지역으로의 자본수출은 많은 불안정성을 내포한 것이었다. 1978년 이란으로부터 안정적인 석유확보를 위해 설립한 '이란-재팬 석유화학'의 실패가 말해주듯이 자본을 투자한 나라의 정권이 혁명이나 정변에 의해 뒤집히고 자본의 국유화 등 자본활동에 중대한 지장을 초래한다면 큰일이 아닐 수 없었다.

다국적 기업의 아시아 진출 확대에 따른 재계의 불안감을 헌법 개정과 관련하여 대변한 것이 바로 나카소네 야스히로 내각이었다. 나카소네는 안전보장은 일본 영토를 방위하는데 그치지 않고 일본경제가 국제적 활동영역에서 안전을 보장받는 종합적인 안전보장이어야 한다고 주장함으로써 방위비를 GNP의 1%에 한정하였던 미키 다케오(三木武夫)내각의 약속을 뒤집고 다국적 기업의 활동기반을 마련하기 위해 개발도상국에 대한 원조(ODA)확대를 주장하며 침체상태의 개헌론에 활기를 불어넣고자 하였다.

게다가 전후 평화주의운동의 중심축 중의 하나이었던 노동조합운동이 기업주의적으로 변질되고[14] 시민사회의 군국주의 부활에 대한 경계심이 약해져 자위대와 안보조약을 용인하는 현상유지적인 것으로 민심이 변화하기 시작하였다. 그 결과 전후 정치의 총결산과 종합안전보장 추구라는 이름으로 군사대국화를 지향하려는 나카소네류의 개헌주장이 힘을

14) 일본의 기업이 연공서열과 종신고용 등에 기초한 노사관계를 구축하면서 노동조합이 회사측과 대립하기 보다는 회사측에 적극 협력하여 고용을 안정시키고 회사를 통한 복지를 증진시키게 되는 노사협조주의로 전환된 상황을 일컫는다. 일본의 저명한 정치학자이자 헌정사연구자인 와타나베 오사무는 이를 기업에 의한 사회적 경제적 지배 즉 '기업지배'라는 개념으로 분석하였다. 渡辺治, 『豊かな社会日本の構造』(労働旬報社, 1990年)참조.

얻기도 하였다.

그러나 '종합안전보장론'에 기초한 군사대국화노선과 이에 기초한 헌법 개정 추진움직임은 그 아이디어의 거창함에도 불구하고 국민들의 반대로 성공할 수 없었다. 1982년 교과서 검정을 강화하여 과거 일제의 아시아 침략을 미화하고 1985년에는 패전 후 일본 총리로서는 처음으로 야스쿠니 신사를 공식 참배하였으며 국가기밀법 제정을 추진하여 군국주의 부활을 앞날을 기약하는 등 천황제 국가로의 회귀의 냄새가 풍겼기 때문이다. 자위대가 필요하다는 생각이 확산되기는 하였지만, 헌법을 개정하면서까지 논란을 초래하고 싶지 않은 현상긍정 또는 일종의 기득권 유지 심리도 큰 몫을 하였다.

나아가 자위대의 해외출동과 국가비밀보호법의 추진과 같은 군국주의의 부활을 상기시키는 움직임이 노골화되자 일본국민의 평화주의적 의식도 다시금 고양되었다. 결국 국가기밀보호법은 국민적 반대에 부딪쳐 폐안되었고, 유사법제는 아예 국회제출마저 좌절되었다. 야스쿠니 신사 참배도 중단되었다. 나카소네는 복고주의적 국가의식을 함양하기 위하여 야스쿠니 신사 공식참배를 '결행'하였으나 한국 중국 등 아시아 각국의 거센 반발에 부딪혔고 결국 중지하였다.

이란 · 이라크 전쟁시에는 걸프만에 기뢰제거를 명분으로 소해정(掃海艇, minesweeper)을 파견하려고 하였으나 평화운동 세력의 반발에 부딛혔고, 정부내에서조차 이견이 분분하여 결국 포기하였다. 예를 들어, 당시 관방장관이었던 고토다 마사하루(後藤田正晴)는 국무대신임에도 불구하고 국민감정을 이유로 들어 소해정 파견에 반대하였다.

결국 일본국민들의 평화주의적 의식의 고양에 의해 나카소네가 추진하였던 1980년대의 개헌은 개헌안도 제대로 마련하지 못한 채 기세만 올리고 말았다.

6. 호헌적 개헌론과 국제공헌론(1990~2010년)

1990년부터 2000년 초반까지는 평화헌법의 가치를 인정하되 이를 강화한다는 명문 즉 국제공헌을 명문으로 개헌을 추진하고 PKO파병을 위한 각종 법률의 제정을 통하여 평화헌법의 기반을 흔들며 일본 정부가 군사적 스탠스를 넓히던 시기이다. 군사소국주의에 기초하여 자위대는 유지하되 해외파병과 같은 적극 움직임을 자제하였던 그간의 정책을 '일국 평화주의'로 폄훼하고 군사적으로 공헌하는 것을 적극적 국제공헌이라고 하며 그간의 비군사적 국제공헌을 깎아 내리는 방법을 취하였다.[15]

다국적 기업의 아시아진출과 군사대국화정책

패전 후 지속되던 경무장(輕武裝) 평화주의[16]에 기초한 군사소국주의 노선은 1990년대에 들어서면서 크게 동요하기 시작하였다. 그것은 다름 아닌 군사소국주의 노선을 버리고 군사대국주의노선으로의 정책 전환이 시도되었기 때문이다.

사실 37년간의 장기집권당이었던 자민당의 전통적인 지지기반은 농민과 자영업자였다. 이들에 대한 보호와 이들의 이익확보를 주요한 통치술로 삼았지만, 1980년대 중반부터 본격화한 다국적기업의 해외진출은 자민당의 전통적인 지지기반을 경시하고 새로운 지지기반의 선택을 강요하였다.

이는 일본 사회의 구조변화와 밀접한 관련이 있다할 것이다. 상품수

15) 渡辺治編, 『「憲法改正」批判』(労働旬報社, 1990年), 249쪽 이하.

16) 일본 정부는 자위대를 필요최소한의 실력이라고 주장하지만, 자위대 정도의 무장(경무장)에 그치면서 평화주의를 유지하는 정책노선을 말한다. 평화주의라는 말을 붙일 수 있을 것인가 하는 논란이 없는 것은 아니지만 군대를 가지고 침략전쟁을 부인하는 정도의 정책노선은 중무장 평화주의라고 할 수 있겠다.

출주도형의 일본경제는 1970년대의 오일쇼크를 거치면서 커다란 변화를 보였다. 감량 경영과 노동자 압박을 통하여 강화된 경쟁력을 바탕으로 재빨리 오일쇼크로부터 벗어났고, 그에 기초하여 미주유럽시장에 물밀듯이 수출을 전개하였지만 그 반대급부도 만만치 않은 것이었다. 무역마찰이 강화되면서 미국은 물론이고 유럽에서도 무역제한이 취하여졌기 때문이었다.[17] 그래서 상품수출에 따른 무역마찰을 피하면서도 미국과 유럽에서의 시장을 유지하기 위하여 본격적인 자본진출이 개시된 것이다. 상품수출주도형 경제의 한계를 실감하여 가전산업 등의 제조업이 수출판매거점을 확보하기 위한 자본진출을 본격화한 것이다.

그러나 다국적기업의 이해를 보장한다는 것은 일국 내의 규제완화와 정치노선의 변화만으로는 달성될 수 없는 것이었다. 자본운동이 일국 내에 그치지 않고 다국적인 자본진출에 근거하고 있기 때문에 한편으로는 인건비 등이 비싼 국내 자본투자보다는 풍부한 이윤확보의 길을 열고 있지만, 또 한편으로는 자본을 투자한 나라의 정치정세 등에 따라서는 원금확보도 힘들다는 불안정성을 가지고 있기 때문이다. 따라서 이를 위해서는 다국적 자본이 진출하는 지역에서의 정치적 · 군사적 힘의 우위가 확보되어야만 한다.

그러나 일본이 경제력의 우위에 기초한 자본투자에 그치지 않고 정치적 · 군사적 힘의 우위를 확보하기 위해서는 넘어야할 산이 험난하기만 하였다. 특히 일본은 침략전쟁에 대한 반성의 진실성 여부는 차치하더라도 침략전쟁에 대한 반성 위에 무력없는 평화국가로 거듭날 것을 다짐하고 있는 일본국 헌법(일명 평화헌법)을 가지고 있다. 이러한 헌법의 명문규정은 평화운동진영의 입장에서는 버팀목이 되었으나 개헌세력의 입장에서는

17) 渡辺治, 『豊かな社会日本の構造』, 212쪽 이하.

걸림돌이 되었다. 사실상의 군대라고도 할 수 있는 자위대가 존재하지만, 그 역시 명분상으로는 일본에 대한 외부의 침략으로부터의 자위를 내걸고 있기 때문에 해외에 군대를 파병하는 것은 원칙적으로 불가능하였다.

기로에선 일본 정부가 추구하는 타개책은 두가지로 요약된다. 첫째는 자위대를 '자위를 위한 필요최소한의 실력'이 아니라 일본의 국군으로 규정하는 헌법 개정을 시도하는 길이다. 다른 하나는 미국에 편승하여 해외파병관련 한시적 법률들을 만들고 해외파병의 실적을 야금야금 축적하여 자유로운 해외파병의 길을 확보하는 것이다.

PKO법안과 국제공헌론

자위대의 해외파병 실적을 쌓은데 일본 정부가 포착한 절호의 기회는 1991년의 걸프전쟁이었다. 1990년 8월 이라크가 쿠웨이트를 침공하고 이에 대하여 미국을 중심으로 한 동맹군이 대항하였다. 이때 일본 정부는 국제공헌을 내세우면 자위대의 해외파병을 위한 돌파구를 만들고자 하였다. 우선 미국 중심의 동맹군에 국제공헌 명목으로 총 130억 달러에 이르는 자금협력과 수송협력을 하였다.[18]

또한 걸프전쟁이 종결 된 직후인 1991년 4월 24일에는 자위대법 제99조에 근거하여 '기뢰제거 및 처리'라는 국제협력을 명분으로 걸프만에 함대를 파견하고, 이는 무력행사가 목적이 아니므로 헌법에서 금지하는 무력행사에 해당하지 않는다고 발표하였다.[19]

그러나 전선에서의 전투와 구별된다고 발표한 정부의 견해와 달리, 그 실질을 보면, 물자수송 등의 후방지원도, 재정지원도 일본국 헌법 제9조

---

18) "북한 이용해 족쇄 풀려는 자위대", 〈한겨레21〉(2010년 12월 24일).

19) 緑風出判編輯部編,『PKO問題の爭點(分析と資料)』(增補版)(緑風出版, 1992年), 290쪽.

에서 금지하는 전쟁수행을 사실상 가능케하는 힘, 즉 전력(戰力)의 행사에 다름없다.[20] 후방지원도 일본국 헌법 제9조에서 금지하는 무력행사에 해당하였지만 백보 양보하여 무력행사에 해당하지 않는다고 하더라도 같은 법에서 마찬가지로 금지하고 있는 '무력에 의한 위협'에 해당한다 할 것이다. 그리고 기뢰의 제거 및 처리가 군사활동임은 상식에 속하는 것으로 결국 이 또한 헌법에서 금지하는 무력행사에 다름아니었다.

결국 애초 제출되었던 평화유지활동(PKO)법안은 국민적 저항과 야당의 비협조로 폐안이 되었다. 1992년 6월 15일 'PKO협력법'(정식명칭은 「국제연합평화유지활동 등에 대한 협력에 관한 법률」)으로 옷을 갈아입고서야 국회를 통과할 수 있었다. 무력행사를 목적으로 하지 않는, 평화유지활동에 협력하기 위한 자위대의 참가는 헌법위반이 아니라는 논리였다. 이는 무력행사를 목적으로 하든 하지 않든 간에 해외에 자위대를 파병하는 것은 위헌이라는 종래의 견해를 변경한 것이었다. 다만, 새로운 법안에는 다음과 같은 다섯가지의 전제조건이 붙었다. 첫째, 분쟁당사자간의 정전합의가 존재할 것, 둘째, 일본이 참가하는 것에 대하여 분쟁당사자가 합의하여 줄 것, 셋째, 분쟁당사자에 대하여 중립적일 것, 넷째, 이상의 조건이 무너졌을 때는 자위대를 철수할 것, 다섯째, 무기의 사용은 자위를 위한 최소한도에 그칠 것('PKO참가 5원칙')이 포함되었다. 'PKO참가 5원칙' 이외에 '평화유지군(PKF:Peace Keeping Forces) 불참가의 원칙'이 덧붙여졌다. 즉 해외에 파병된 자위대원이 군사적인 유엔평화유지활동에는 참가해서는 안된다는 것이었다.[21]

---

20) 浦田一郎, 『現代平和主義立憲主義』(日本評論社, 1995年), 26쪽.

21) PKO법은 2001년 가을 임시국회에서 일부개정되었다. 개정내용은 해외에 파견된 무장자위대원이 군사적인 유엔평화유지활동(PKF본체업무)을 실시할 수 있도록 하는 것이었다. 자세한 내용은 澤野義一, 「PKO改定とPKO協力の問題点」, 山内敏弘 編, 『有事法制を検証する』(法律文化社, 2002年), 68쪽 이하를 참조.

가이드라인과 주변사태법

'전투행위 종결 후'의 후방지원을 내용으로 하는 'PKO협력법'이 우여곡절 끝에 국회를 통과하였으나 이는 미국과 일본 정부가 원래 의도하는 바와는 거리가 있는 것이었다. 미국은 미군의 유사시 작전행동에 대한 일본측의 보다 전폭적인 후방지원을 강하게 요구하고 있었고, 일본으로서도 유사시 자위대의 해외파병을 가능케하는 법제도의 정비의 필요성을 느끼고 있었기 때문이었다.

미일간에 1997년에 마련된 미일방위협력지침(이른바 신가이드라인)은 이러한 미국의 대외정책변화가 동북아에 적용된 경우이다.[22]

여기에서 미국은 미국이 지배하는 국제사회의 질서를 형성하는데 있어서 일본의 제한적인 군사적 기능을 적극적으로 요구하였다. 이러한 가이드라인에 기초한 1999년의 '주변사태법'은 한반도 유사시 등 일본의 주변에서 전투행위가 일어났을 때도 자위대를 파견할 수 있도록 하는 내용을 담게 되었다.

일본 주변지역에서의 일본의 평화 및 안전에 중대한 영향을 주는 사태에 일본이 미군에 대하여 실시하는 후방지원을 정한 이 '주변사태법'은 'PKO협력법'에 비하여 미국의 후방지원 요구에 대하여 보다 적극적인 일본 정부의 자세를 보이고 있는 것이었다. 'PKO협력법'이 정전 후에 자위대를 파병하는 것을 통하여 평화유지 참여 및 후방지원 등을 하겠다는 내용을 골자로 하고 있는데 비하여 '주변사태법'은 정전 후가 아닌 전투행위 지역이라도 일본의 주변사태인 경우에는 파병할 수 있다는 내용을 담았기 때문이다. 국내외의 반발을 우려하여 후방지원과 '일본 주변의 사태'에 대해서만이라는 두 개의 단서를 단 것이었다.

---

22) 杉原泰雄, 『試練にたつ日本国憲法』(勁草書房, 2016年), 81쪽 이하.

1992년의 'PKO협력법'과 1999년의 '주변사태법'은 개헌을 우회하면서도 일본의 군사적 참여를 확대하고 결과적으로 개헌의 명분을 쌓기 위한 수순밟기였던 것이다. 특히 'PKO협력법'이 평화유지를 위한 명분하에 해외파병의 물꼬를 텃다는 점에서는 획기적이기는 하나 정전후의 파병에 불과하여 실효성이 떨어진다고 생각했던 미국과 일본은 전투행위시의 일본의 후방지원을 끌어낼 필요성을 절감하였다할 것이다. '주변사태법'은 이러한 미국의 요구에 부응하기 위한 법이었다.

호헌적 개헌론과 헌정 초유의 국회 내 헌법조사회

자위대 해외 파병 및 유사시 입법에 대한 이러한 일본 정부와 집권여당의 적극성은 대미군사 종속하의 경제대국 추구 노선에 안주하던 이른바 보수 본류조차도 군사소국주의를 버리고 대미 종속 하의 군사대국주의 노선을 취하게 되었다는 것을 의미한다.

이에 따라 보수 지배층 내의 대항관계도 커다란 변화를 거듭하였다. 일찍이 급진적 군사대국 노선을 제시했다가 자민당을 탈당한 오자와 이치로(小澤一郎)와 자민당 내 나카소네 야스히로(中曽根康弘)등의 세력을 한편으로 하는 군사대국화 급진추구파, 미야자와 기이치(宮澤喜一)등의 자민당 내 구주류파와 자민당으로부터 떨어져 나온 하토야마 유키오(鳩山由紀夫)등의 민주당 주류파를 다른 한편으로 하는 군사대국화 점진추구파가 소속 정당을 합종연횡하면 대립갈등하는 국면이 전개되었다. 소선거구제 중심의 선거제 개편과 맞물려 1994년에는 무라야마 도미이치(村山富市)를 수상으로 하는 사회당 연립정권이 탄생하기도 하였으며, 2009년에는 하토야마 유키오를 수상으로 하는 민주당 연립정권(2009년 9월 16일~2010년 6월 8일)이 성립하기도 하였다.

그러나 급진적이든 점진적이든 군사대국화의 무드는 현행 평화헌법과 전면적으로 배치되는 것이었다. 따라서 이들의 대립은 갈등에도 불구하고 공통의 착지점을 찾아가고 있었다. 2002년 2월 일본 헌정사상 처음으로 국회에 설치되었던 헌법조사회가 그것이다. 군사대국화 점진추구파가 다수를 차지하는 민주당 내 주류는 개헌론을 전면적으로 내세우는 것을 피하기 위해 "군대를 부정한 헌법의 문언과 자위대라는 현실이 괴리를 빚고 있으므로 헌법을 논의하여 볼 때도 되었다"(論憲)는 명분으로 개헌을 염두에 둔 헌법조사회의 국회 내 설치에 동의하였다.

그런 의미에서 지난 2000년 2월 17일은 일본의 평화주의 헌법의 개악사에 기록될 만한 날이었다. 왜냐하면 1947년 현행 일본국 헌법 시행 후 거듭되는 개헌과 호헌의 공방이 일어났지만 국회에 설치된 헌법조사회에서 헌법 개정에 대해 논의하는 것은 처음 있는 일이었기 때문이다. 그간의 헌법공방이 주로 정부여당과 야당 및 시민사회간의 정치적 공방의 형태로 벌어졌다고 한다면, 이번에는 국회 내에 여야가 합의하여 헌법조사회를 설치하고 시민사회가 반발하는 양상을 띠게 되었다.[23] 소선거구제를 중심으로 하는 선거구제의 개편을 내용으로 하는 이른바 정치개혁으로 사회당이 사실상 해체되고 자민당의 2중대격인 민주당이 제1야당으로 등장하면서 가능해진 일이었다.

물론 일본 헌정사상 헌법조사회가 설치된 것은 처음 있는 일은 아니다. 이미 1956년 6월 1일 공포된 '헌법조사회법'에 따라 1956년 6월 31일 헌법조사회가 설치된 적이 있다. 그러나 그것은 어디까지나 국회가 아니라 자민당이 집권하는 내각 산하였다. 현행 일본국 헌법이 제정된 이래 헌법을 개정하려는 움직임은 1952년 샌프란시스코 강화조약 이래 파상적으로 되풀이 되었는데, 헌법조사회가 설치된 1956년은 헌법 개정

23) "日 헌법조사회, 전쟁포기 개정도 검토대상", 〈연합뉴스〉(2002년 7월 24일).

의 움직임이 고양되던 시기이기도 하였다. 즉 1953년에는 헌법 개정을 위한 '국민투표법안'이 만들어지고, 자유당과 개진당(改進黨)이 헌법 개정안을 발표하는 등 어느 때보다도 개헌을 위한 집권여당의 움직임이 고양되던 시기였다. 그러한 무드는 1956년 6월 31일 정부 산하에 헌법조사회를 설치하는 것으로 이어졌다. 하지만 그것은 집권 여당이었던 자민당의 세찬 공세에도 불구하고 계속되는 시민사회의 반대로 국회차원의 설치로 이어지지 않고 결국 정부에 설치하는 형태에 그친 것이었다. 게다가 야당인 사회당과 공산당이 참가를 거부함으로서 명분을 잃었으며, 소기의 조사활동 조차도 이렇다 할 결론이 없는 보고서를 1964년에 작성하는 것으로 수명을 다하였다.[24)]

하지만, 2000년 2월의 헌법조사회는 국회 내에 설치되었다는 특징을 갖는다. 이러한 헌법조사회는 5년 기간으로 활동하며, 헌법의 제정과정 및 개정논의에 대한 보고서를 작성하여 이를 중참의원에게 제출하는 것을 그 임무로 하였다. 헌법조사회장 무라카미 마사쿠니(村上正邦)에 따르면, "헌법조사회의 5년간의 조사활동 후 제출되는 보고서에 따라 3년 정도에 걸쳐 새로운 헌법 초안을 만들고 이를 기초로 하여 2008년 정도이면 일본 국회가 새로운 헌법 제정에 착수할 수 있을 것"[25)]이라고 하였다. 2007년부터 헌법심사회로 이름을 바꾸었으며, 2010년부터는 헌법개정안에 대한 심의도 가능해졌다.

자민당은 자민당 창당 50주년이 되는 2005년까지 새로운 헌법 초안을 만들고, 헌법 개정절차법을 만들기로 하였으며, 2003년 자위대의 이라크 파병 후 개헌작업을 가속화하였다. 고이즈미에 이어 수상이 된 아베 신조(安倍 晋三) 내각(제1차 내각 2006년 9월 26일~2007년 9월 26일)

---

24) 法律時報臨時增刊, 『憲法調査會報告書』(日本評論社, 1964年).

25) "日 개헌가능성 첫 시사 '2008년 초안'" 〈동아일보〉(2000년 1월 18일).

은 임기중 개헌을 공약하기도 하였다. 임기 중 개헌을 공약한 첫 번째 내각이기도 한 제1차 아베 내각은 개헌절차법의 제정에 착수하였고, 자민당 출신의 오자와 이치로(大澤一郎)가 제1야당 민주당의 당수가 되면서 개헌관련 절차법인 「국민투표법」이 2007년 5월 가결되었다.

1990년대 중반 이후 등장하여 2000년 초반 무렵까지 등장한 이러한 호헌을 명분으로 한 개헌론(이른바 호헌적 개헌론)은 종래의 개헌론과 몇 가지 다른 접근방식을 보이고 있다. 첫째, 종래의 개헌론이 복고적 형태로 이루어진 탓에 결국 국민의 강한 저항과 반발에 부딪쳐 실패했던 것을 반면교사로 삼아 평화헌법의 가치를 인정하되 이를 강화하기 위하여 개헌이 필요하다는 논리를 전개하였다. 예를 들어 환경권과 알권리 같은 새로운 인권목록을 헌법에 추가하고 한국처럼 헌법재판소를 설치해야 한다는 등이다. 그 결과 평화헌법의 기본권 규정을 부정하고 천황의 원수화를 집요하게 추구했던 종래의 개헌론과 달리 천황에 대해서는 상징으로서의 지위에 안주시키는 모양새를 취하였다.

둘째는 미군 점령 하에서 미국에 의해 강요된 헌법을 탈피하고 미국과 대등한 안보조약을 맺기 위해 개헌해야 한다는 반미적 색채가 옅어졌다는 것이다. 그것은 개헌에 의해 실현하려는 국가구성과 밀접한 관계가 있다고 할 것이다. 미국에 대항하는 형태의 내셔널리즘으로부터 미국의 군사정책에 적극적으로 편승하려 군사대국화를 달성하려고 하는 친미적 내셔널리즘, 즉 국제공헌을 명분으로 하는 개헌론이 전개되었다.

하지만, 환경권과 알권리와 같은 새로운 인권목록은 현행 평화헌법에 대한 체계적인 해석을 통해서도 얼마든지 인정할 수 있는 권리이며, 현행 평화헌법 하에서도 최고재판소에 의한 위헌법률심사가 가능하다는 점을 상기한다면, 평화헌법을 지키면서도 현실과의 괴리를 수정하다는 명분의 '호헌적 개헌론'들은 결국 현실과 헌법간 괴리의 핵심인 자위대의 국군화를 목적으로 하고 있었다 할 것이다.

2005년 9월 11일 제44회 중의원 총선에서 압승(480석 중 296석 차지, 연립여당인 공명당과 합하면 개헌 발의석인 2/3석 이상 획득)한 자민당은 창당 50주년을 맞이하여 '신헌법 초안'을 작성 발표하였다. 상징천황제는 유지하였으나 일본국 헌법 제9조 제2항을 삭제하고 자위대를 자위군으로 규정한 것이었다.[26] 2006년 9월 수상이 된 아베는 '신헌법 초안'에 기초한 개헌에 착수하였다. 그러나 개헌을 목표로 한 아베 정권의 질주에 불안을 느낀 국민들의 견제심리와 평화운동의 재점화로 인하여 2007년의 참의원선거에서 자민당이 대패하고 제1차 아베 내각은 붕괴하였다.

아베 정권을 붕괴시키는데 일조한 평화운동에는 과거와 다른 새로운 운동주체가 형성되었다. 호헌정당이었던 사회당이 해체되고 그 뒤를 이은 민주당이 보수 자민당의 2중대 노릇을 하였기 때문이다. 노벨문학상을 수상한 오에 겐자부로(大江健三郎)등 지식인 9명이 2004년 6월 발기한 일본국 헌법 제9조를 지키기 위한 모임 즉 '9조의 회'가 바로 그것이다. 아베 신조가 임기중 개헌을 공언하며 발족한 2006년 가을에는 전국적으로 5000여개의 '9조의 회'가 생겨났으며, 2011년 가을에는 7, 528개의 '9조의 회'[27]가 결성되었다.

'9조의 회'는 이제까지의 호헌운동과는 다른 새로운 특징을 가지고 있다. 특히 과거의 평화운동 그리고 호헌운동에는 미일안보조약과 자위대의 존재에 반대하는 사람들이 주로 참여하였으나, '9조의 회'에는 현실적으로 존재하는 자위대를 인정하지만 그렇다고 자위대가 해외에서 군사행동까지 하는 것에는 찬성할 수 없다는 사람들도 대거 참여하였다는 점

26) 梓澤和幸,『改憲』(同時代社, 2017年)

27) '9조의 회'일본 홈페이지 주소는 http://www.9-jo.jp.

이다. 또한 '9조의 회'는 과거의 호헌운동조직과는 달리 중앙조직을 갖지 않고 각 지역과 직장의 '9조의 회'가 자발적으로 자기들이 하고 싶은 방식으로 활동하는 방식을 취하였다. 이른바 네트워크형 사회운동조직이 등장한 것인데, 발기인과 중앙의 사무국은 필요최소한의 조직에 그치고 하는 일도 전국적인 동향의 파악과 소개, 개별 '9조의 회' 상호간의 교류 촉진과 년 1회의 강연회의 개최를 주관하는 정도에 그쳤다.

'9조의 회'는 대규모집회나 기민한 통일행동은 취하지 않았으나 개헌에 대해 반대하는 분위기를 고양시켰다. 고이즈미내각이 한참 개헌에 열을 올리던 2004년 개헌에 찬성하는 여론이 65%나 되었으나 '9조의 회' 발족 이후 점점 낮아져서 2005년에는 60.6%, 2006년에는 55.5%, 2007년에는 46.2%로 내려갔으며, 급기야 2008년에는 개헌찬성파가 42.5%에 불과한 반면 개헌반대파가 43.1%를 차지하는 역전극이 벌어지기도 하였다.

이러한 '9조의 회'의 운동에 호응하여 자위대의 이라크 파병에 반대하는 운동이 고양되었고, 전국적으로 이라크 파병이 평화적 생존권을 침해하는 것이라는 이라크 파병 위헌소송이 이어졌다. 많은 경우 패소하였고, 2008년 나고야 고등법원에서도 소송의 결과는 패소였지만, 이라크 파병이 일본국 헌법 제9조 제1항에 위반하여 평화적 생존권을 침해한다는 판시사항을 얻어 내었다.[28] 평화적 생존권이 재판 규범이 될 수 있다는 것을 법원이 인정한 것은 일본 헌정사상 나가누마 판결 이래 35년만이었다.

제1차 아베 내각이 붕괴하였고 2009년~2012년 12월 26일까지 민주당이 집권여당이 되었다. 민주당 당수 하토야마 유키오(鳩山由紀夫)는

---

28) 『判例時報』 2056호(2008.4.7), 74쪽.

수상이 되기 전에는 개인적으로 헌법 초안을 발표하는 등 개헌에 열심이었으나 수상 취임 후에는 국민여망을 의식하여 구체적인 개헌조치를 취하지 않았다. 그 뒤를 이은 간 나오토(菅 直人)수상은 자민당의 요청을 받아들여 휴면상태에 있던 국회의 헌법심사회를 다시 가동시키도 하였다.

그런데, 2012년 12월 26일 제46회 중의원 총선거에서 노다 요시히코(野田佳彦)대표가 이끄는 여당인 민주당이 기존 230석의 1/4에도 미치지 못하는 57석을 얻어 참패를 당한 반면 아베 신조 총재가 이끄는 제1야당이 자민당이 무려 294석을 얻어 압승하면서 제2차 아베 신조 내각이 탄생하였다. 자민당은 2005년 '신헌법 초안'에도 불구하고 제1차 아베 정권 붕괴 후 이렇다 할 적극적인 움직임을 보이지 않다가 2012년 2월에 자민당 헌법 개정 요강을 발표하고 4월 28일에는 자민당 헌법 '개정초안'을 발표하기도 하였다. 천황을 상징이 아니라 실권이 있는 원수로 규정하고, 자위대를 군대로 규정하는 한편 국가긴급권을 규정하는 내용으로 역사수정주의에 입각한 반동적인 내용이었다.[29] 평화애호 세력으로부터는 역사에 대한 모독이라는 비판이 줄을 이었다.[30] 아베 총리는 참의원 선거에서도 과반수 이상의 의석을 차지하여 중, 참의원을 자민당이 지배하는 시대가 다시 열렸다. 다만, 참의원선거의 압승에도 불구하고 개헌발의선인 2/3이상의 의석을 단독 확보하는 데는 성공하지 못하였다. 그러나 총선에서의 승리를 개헌안에 대한 찬성이라고 자의적으로 변경 해석하여 개헌론이 다시 쟁점화하였다.

제2차 아베 내각에서의 개헌론은 1990년대부터 2000년대 초반 무렵까

29) 국가긴급권 조항의 문제점에 대해서는 梓澤和幸, 『前夜』(現代書舘, 2017年), 143쪽 이하 참조.

30) 岡野八代, 『戦争に抗する-ケアの倫理と平和の構想』(岩波書店, 2015年), 147쪽 이하.

지 지속되었던 국제공헌을 내세운 이른바 '호헌적 개헌론'이 좌절한 후, 새로이 등장한 것인데 과거와 다른 점은 '일본회의'라는 새로운 개헌추진 동력을 달고 있다는 점이다. (최근 논의는 제1부 제1장 참조).

2장

평화헌법에 위배되는 자위대 해외파병

현행 일본국 헌법은 연합군의 점령 하에서 군국주의에 대한 제한적 반성의 뜻을 담고 만들어졌다. 전범이었던 천황을 정치적 실권 없는 상징적 존재로 규정하는 대신 군대를 비롯한 일체의 전력을 갖지 않을 것임을 명확히 하였다. 국제사회의 평화를 위하여 일본이 공헌하는 길은 다름 아닌 군대 등을 갖지 않는 것임을 확인한 셈이다.

그러나 '테러특별법'(2001년)은 국제사회에 대한 이러한 약속과 이를 명문화한 헌법에 역행하는 것이었다. 국제사회의 평화와 질서회복에 반대할 나라와 개인은 이 지구상의 어디에도 없을 것이나 이 '테러특별법'은 자위대를 해외파병하기 위한 것이며, 경제대국으로부터 군사대국으로 변신하기 위한 행보임이 곳곳에서 드러나고 있다.

사실 자위대를 사용한 국제공헌은 이번 테러대책에만 국한된 일이 아니다. 1991년 걸프전이 일어났을 때도 일본은 이른바 'PKO협력법'(1992년)에서 미국에 대한 협력을 약속하였다. 하지만 '전투행위시'에 자위대를 파병하는 것에 대한 일본 국내외의 우려와 반발에 부딪혀 결국 '전투행위 종결 후'에 파견하되 기뢰제거 등의 임무에 종사하는 것으로 귀착된 바 있다.

그러나 이러한 '전투행위 종결 후'의 후방지원이 실효성이 떨어진다고 생각했던 미국과 일본은 1997년에 방위협력을 위한 새로운 지침 이른바 신 가이드라인을 만들고, 이에 터잡아 '주변사태법'(1999년)을 만들었다. 여기에서도 일본은 전투행위가 일어나면 미국을 돕겠다는 약속을 한 바가 있다. 다만, 국내외의 반발을 우려하여 후방에서만 미국을 돕겠으며 '일본 주변의 사태'에 대해서만이라는 두 개의 단서를 달았었다.

2015년에는 '주변사태법'을 무한확대하여 일본 주변이 아니더라도 중요한 영향이 미칠 것으로 판단하는 경우 미군 등의 후방지원을 할 수 있도록 하는 '중요영향사태법'을 제정하였다. 나아가 일본에 대한 직접적인 무력공격이 없더라도 일본과 밀접한 관계에 있는 나라에 대한 무력공격에도 자위권을 행사할 수 있다는 내용의 '존립위기사태법'을 강행통과시켰다. 자위대는 일본국 헌법 제9조에 반하는 존재이며, 그런 자위대가 해외까지 진출하는 것은 비무장평화주의에 배치된다.

1. 들어가는 말

1992년 자위대의 PKO참가를 기점으로 자위대의 해외파병이 줄을 잇고 있다. 2015년 강행 · 통과된 국제평화협력법 등에 근거하여 남수단에 연 인원 수백 명의 육상자위대를 2017년 5월까지 파견하였으며, 이 기간 중 비록 반환되기는 하였으나 한국군 공병부대에 자위대가 실탄 1만발을 제공하기도 하였다. 2020년에는 규모가 축소되어 4명의 자위관이 파견되어 있다. 이러한 일련의 움직임은 일본의 강제점령을 경험한 인접국인 한국은 물론 전 세계의 이목을 받기에 충분한 것이었다. 왜냐하면 이러한 파병은 전범국인 일본이 제2차 세계대전 후 금기시되었던 자위대를 계속적으로 해외에 파병하고 있기 때문이며, 동시에 동아시아의 평화와 인권에 대한 중대한 상황변화를 의미하기 때문이다.

그러나 이에 대한 한국사회의 대응은 의외로 대단히 소극적이다. 매스컴의 사실보도중심의 일회적인 스폿트라이트가 있었을 뿐 지속적인 분석과 대응논의가 이루어지고 있는 것은 아니다. 우리 나라도 국민적 반대를 무릅쓰고 국군을 해외파병 하였던 사실이 있기 때문일 것이다.

자위대의 해외파병을 헌법학 차원에서 분석하고 그 함의를 살펴볼 필요가 있다. 이를 위하여 우선 일본국 헌법의 제정경위에 비추어 일본국 헌법의 평화주의가 의미하는 규범적 내용을 다시한번 살펴보고, 이에 기초하여 해외파병을 위한 1990년대 이후의 움직임을 분석하여 보고자 한다. 그리고 이러한 분석에 기초하여 일련의 자위대 해외파병이 갖는 일본국 헌법과의 긴장관계를 분석하여 보고자 한다.

2. 일본국 헌법 평화주의의 규범구조와 해외파병

1) 전쟁책임과 일본국 헌법

제2차 세계대전을 일으켰던 군국주의 일본의 군통수권자는 천황이었으며 전쟁을 시작하는 것도 전쟁을 종결하는 것도 천황의 이름으로 이루어졌다. 메이지 헌법에서의 천황은 다음과 같은 규정에서 알 수 있듯이 왕위를 세습하는 것은 물론 국가의 원수이며 모든 국가권력의 화신이었다. 이러한 메이지 헌법의 군주주권은 일본식 왕권신수설에 기초한 외견적 입헌군주제를 본질로 하였다.[1)]

제1조 대일본제국은 만세일계의 천황(天皇)이 이를 통치한다.
제4조 천황은 국가의 원수로서 통치권을 총람한다.
제11조 천황은 육해군을 통수한다.
제12조 천황은 선전포고와 강화 및 제반의 조약을 체결한다.

이와 같은 이유로 인하여 연합국측은 천황을 전범으로 처벌할 것 그리고 천황제를 폐지할 것을 요구하였다. 이에 대하여 일본 정부와 황실은 한편으로는 전쟁의 책임은 1억 일본인 모두가 책임져야한다는 이른바 '1억 총참회론' 들고 나왔고, 또 한편으로는 천황의 군통수권행사는 군국주의자들의 '보필'에 의한 것이었다고 대응하였다.

물론 군통수권을 군령권과 군정권으로 분리하고 "군령권의 행사에는 육 · 해군대신의 보필을 필요로 하였다"[2)]는 해석이 없는 것은 아니다. 즉 군통수권을 실제로 행사하였던 것은 대본영(大本營)의 도조 히데키(東条

1) 杉原泰雄, 『憲法II』(有斐閣, 1989年), 12쪽 이하 참조.
2) 美濃部達吉, 『憲法撮要』(1929년판), 270쪽, 370쪽.

英機)를 비롯한 군국주의자들이었으며 천황은 이들의 보필에 따르지 않을 수 없었다. 따라서 진정한 전범이 아니라는 식이다.

그러나 이러한 '보필'론은 천황의 군통수권 남용을 통제하기 위한 해석에 불과하였으며 전쟁과정에서의 천황의 실제 행동과도 다른 것이었다. 영국과 미국을 상대로 한 전쟁을 준비한 「제국정책수행요령」을 결정한 것도 천황이 주재한 1941년의 어전회의였으며, 1941년 12월의 어전회의에서는 대미전쟁을 재확인하였다. 물론 1920년대 이후의 일본의 대외팽창전략의 견인차는 군부이었다. 특히 육군은 독자적인 세계전략을 구상하고, 팽창·강경노선을 견인하였다. 하지만 군부의 총사령탑인 대본영의 명령을 발령하는 것도 역시 천황이었고, 천황은 육·해군의 군사정보를 동시에 파악할 수 있는 유일한 존재였다.[3] 실제 천황 전쟁의 실태에 대하여서도 잘 알고 있었다. 방위청국방연구소 도서관에 소장되어 있는 대본영 해군부의 전황보고서(「秦上書綴」)에 의하면 1일 최저 1회, 전황이 활발한 경우는 하루에도 2~3차례 전황보고가 이루어졌다.[4]

그런 의미에서 극동국제군사재판(이른바 도쿄재판)당시 오스트리아 법관 출신의 웹(William Flood Webb)판사가 개별의견을 제출하며 천황 면책론을 신랄히 논파한 것은 어떤 의미에서는 당연한 것이었다. 즉 전쟁은 천황의 허가를 필요로 하였으며 천황의 권한은 전쟁을 그가 종결시켰을 때 의문의 여지없이 명백한 것이었다. 결국 천황은 보필을 받는 입장에 불과하였다는 논리는 패전 후 천황의 전쟁책임을 회피하기 위한 논리에 불과하였으며[5], 임박한 도쿄재판에서의 천황의 전쟁책임 추궁을 회

3) 山田郎ほか, 『日本の戰爭犯罪』(雄山閣, 1995年), 43쪽.

4) 같은 책, 45쪽.

5) 笹川紀勝, 『自由と天皇制』(弘文堂, 1995년), 8쪽 이하 참조.

피하기 위한 해석놀음에 불과하였다.

사실 전쟁책임을 회피하기 위한 천황과 일본 정부의 움직임은 집요하고도 치밀하였다. 천황은 1945년 9월 27일 연합군 사령관 맥아더를 전격 방문하여 전쟁을 피하고 싶었지만 어쩔 수 없었으며 앞으로는 평화를 추구하겠다는 다짐을 하기도 하였다.[6] 패전 처리를 위해 구성된 시데하라 기주로(幣原喜重郎) 내각에서는 1946년 1월 24일 맥아더를 방문하여 새로운 헌법에 전쟁과 군비를 영구히 포기할 것을 제안하기도 하였다.[7] 그것은 천황제 폐지는 물론이거니와 천황을 전범으로 처벌하여야 한다는 연합국의 강고한 주장과 아시아 각국의 반응 때문이기도 하였다. "전쟁포기를 세계에 밝히고 일본국민은 이제 더 이상 전쟁을 하지 않겠다는 결심을 밝히어 외국의 신용을 얻고 천황을 상징에 불과하다고 헌법에 명시한다면 천황제의 존폐로까지 논의가 미치지는 것을 막을 수 있을 것"[8] 이라고 생각하였던 것이다.

이상과 같은 의미에서 현행 일본국 헌법은 천황의 전쟁책임을 회피하기 위한 피뢰침으로서의 성격을 갖는 것이며, 전쟁에 대한 전면적인 반성의 의미보다는 제한적인 반성의 의미를 갖고 있다할 것이다.

2) 일본국 헌법 제9조와 비무장평화주의

전쟁책임에 대한 제한적인 반성의 의미를 갖는 한계 있는 헌법임에도 불구하고 일본국 헌법은 평화주의의 관점에서 보면 대단히 괄목할 만한 규정을 두고 있다.[9] 그것은 다음과 같이 철저히 전쟁을 부인하고 이를 위

6) 信夫清三郎, 『戰後日本政治史I』(勁草書房, 1965年), 170쪽 이하 참조.

7) 憲法調査會, 『日本國憲法制定의 由來』, ((時事通信社, 1961년), 271쪽 이하.

8) 田中英夫, 『日本國憲法制定過程의 覺書』(有斐閣, 1979年), 94쪽 이하 참조.

9) 여기에서 본격적으로 논의하지는 않지만 전쟁과 평화주의에 대한 비교헌법적 논의, 일본국 헌법의 평화원칙의 보편성과 독창성에 대한 상세한 논의로서는 深瀨忠一, 『戰爭抛棄 平和主義』(岩波書店, 1987年), 149쪽 이하 참조.

하여 전력(戰力)을 부정하고 있기 때문이다.

제9조 (전쟁포기, 군비철폐 · 교전권부인)

① 일본국민은 정의와 질서를 기초로 하는 국제평화를 성실히 희구하고 국권의 발동에 의한 전쟁과 무력에 의한 위협 또는 무력의 행사는 국제분쟁을 해결하는 수단으로서는 영구히 이를 포기한다.

② 전항의 목적달성을 위해 육해공군 그 밖의 전력은 이를 보유하지 않는다. 국가의 교전권은 이를 인정하지 않는다.

전문 중(평화적 생존권 부분)

일본국민은 항구평화를 염원하고 인간상호관계를 지배하는 숭고한 이상을 깊히 자각하며, 평화를 애호하는 각국 국민들의 공정성과 신의에 기초하여 우리의 안전과 생존을 유지하고자 결의했다. 우리는 평화를 유지하고 전제와 예속, 압박과 편견을 지상으로부터 영구히 제거하고자 노력하는 국제사회에서 명예로운 지위를 차지하고자 한다. 우리는 전세계의 국민이 평등하게 공포와 결핍으로부터 탈피하여 평화 속에 생존할 권리를 갖는다고 확인한다.

이에 대해 1950년대의 일본국 헌법학계의 다수설은 이러한 일본국 헌법 제9조가 의미하는 바는 다름아닌 전쟁포기 · 전력보유금지라는 것이다. 이를 좀더 부언하면 다음과 같다. 즉 첫째는 전쟁을 부인한다는 뜻이고, 침략전쟁뿐만 아니라 자위전쟁도 포기한다는 뜻이다. 둘째는 무력의 행사나 위협도 포기한다는 뜻이다. 셋째는 군비를 철폐한다는 뜻이다."[10)11)]

이와 같은 다수설의 견해를 최고재판소는 적극적으로 받아들이고 있지

---

10) 法學協會, 『註解日本國憲法 · 上卷』, (1953年, 有斐閣), 187쪽 이하; 樋口=佐藤=中村=浦部, 『註解日本國憲法 · 上卷』, (青林書院, 1984年), 164쪽 이하; 杉原泰雄, 『憲法 II』, (有斐閣, 1987年), 93쪽.

11) 宮澤俊義, 『あたらしい憲法のはなし』, (朝日新聞社, 1947年), 61쪽 이하.

는 않고 헌법판단을 회피하고 있다.[12] 하지만 지방법원 차원에서는 이와 같은 통설의 견해를 받아들여 보다 적극적인 사법적 판단을 시도한 바 있다. 예를 들어 나가누마(長沼) 사건에 대한 삿포로지방법원의 판결[13]이 그것이다. 항공자위대가 미사일기지를 건설하기 위해 공익상의 이유를 들어 홋카이도의 나가누마의 국유보안림지정을 해제하자 자위대를 위한 기지건설은 일본국 헌법 제9조에 위반할 뿐만 아니라 자위대를 위한 기지 건설은 공익에 해당하지 않는다고 하였다. 이 보안림지정 해제처분 소송[14]에서 삿포로지방법원은 다음과 같이 통설의 견해를 비교적 흔쾌하게 수용한 바 있다.

> 헌법 제9조 제2항에서 모든 '전력(戰力)'을 보유하지 않는다고 한 이상 군대 그 밖의 전력에 의한 자위전쟁 · 제재를 위한 전쟁도 사실상 행할 수 없게 되었다. 일본국의 자위권행사에는 외교교섭, 경찰력, 군민봉기, 침략국 국민의 재산몰수 · 국외 추방 등이 생각될 수 있을 뿐이다. 자위대의 편성 · 규모 · 장비 · 능력을 살펴보건 데 자위대는 명백히 '외적에 대한 실력적 전투행위를 목적으로 하는 인적, 물적 수단으로서의 조직체', 즉 군대이며, 제9조가 이를 금지하고 있는 '육 · 해 · 공군'이라는 '전력'에 해당한다.[15]

사법부의 소극적인 태도에도 불구하고 학설을 통하여 형성된 이상과 같은 일본국 헌법 제9조에 대한 설명에서 알 수 있는 것은 현행 일본국 헌법 제9조가 비무장평화주의를 규정하고 있다는 것이다. 현재 학계의

---

12) 最判1982.9.9. 民集36券9号.

13) 방위청이 홋카이도(北海道)의 나가누마라는 지역에 항공자위대의 지대공 미사일기지를 건설하기 위해 보안림지정을 해제한 것에 대하여 지역주민들이 반발하여 보안림지정 해제처분의 취소를 청구한 소송.

14) 浦田一郎, 『基本判例憲法』(法學書院, 1999年), 5쪽.

15) 判例時報 712号(1973年9月7日).

다수 의견은 1950년대의 다수설(제1항-전쟁전면 포기, 제2항-전력 보유금지하여 재확인)로부터 제9조 제1항이 전쟁을 부분포기(침략전쟁)하였으나 제9조 제2항에서 전력을 보유하지 않도록 하고 있으므로 일본은 무력에 의한 자위를 할 수 없다는 입장(시위, 외교, 군민 봉기와 같은 방법으로 침략에 대응할 수 있을 뿐이라는 입장)이지만, 여전히 자위대가 위헌이라는 입장이 다수이다. 이에 대하여 일본 정부는 제9조 제2항에서 전력을 금지하고 있는 것은 인정하지만, 자위대는 전력이 아니라 필요최소한의 실력이므로 헌법위반이 아니라는 입장이다.

3) 집단적 자위권과 해외파병

이상과 같은 현행 일본국 헌법 제9조에 대한 학계의 다수의 해석은 일본국 헌법은 개별적 자위권을 부인하고 있거나 개별적 자위권은 존재하되 그것이 현실적으로 사용될 수 없는 규범구조를 가지고 있음을 알 수 있다. 따라서 규범논리적으로는 자위대라는 현실적인 군대가 존재할 여지는 없다고 보아야 할 것이다.

그런데도 일본 정부는 1950년 한국전쟁을 계기로 7만 5000명의 경찰예비대를 설치하였다. 일본 정부는 일본국 헌법 제9조가 군대를 금지하고 있는 까닭에 경찰예비대는 글자 그대로 경찰의 예비부대에 불과하며 군대가 아니라고 하였으나, 1952년에는 보안대라고 이름을 바꾸어 규모를 확대하였고, 1954년에는 자위대라고 하였다. 그리고 이 자위대법에서는 명문으로 '국가의 안전을 위해 직접침략으로부터 국가를 방위하는 것을 주요한 임무'로 한다고 규정함으로써 사실상의 재군비를 시작하였다.

그러나 자위대의 출범은 일본 국외는 물론 국내로부터도 많은 반발과 저항을 불러일으켰다. 집권여당의 일부에서는 개헌을 통하여 무력을 갖을 수 있도록 하자는 강력한 요구가 있었으나 일본국 헌법 제9조에 자위대가 배치된다는 여론이 더 강하게 일었다. 그러자 일본 정부는 국민의 반발을 의식하여 직접적인 명문의 헌법 개정의 방식을 취하지 못하고 제9조에 대한 헌법 해석을 통하여 자위대를 변명하고자 하였다.

1972년 다나카 가쿠에이(田中角栄) 내각에서는 궁여지책으로 자위대는 일본국 헌법 제9조에서 금지하고 있는 '전력'이 아니라 자위를 위한 필요최소한의 '실력'에 불과하다는 공식견해를 정리 발표하였다.[16] 또한 자위대는 자위를 위한 활동밖에 할 수 없으며 이를 넘어서 군사적 동맹을 맺거나 타국의 전쟁에 참가하는 것은 불가능하다는 입장을 밝혔다. 결국 군대를 해외에 파병하지 않겠다는 것은 너무도 당연한 이치이며 이 또한 다름 아닌 일본 정부의 자위대 파병과 관련된 공식견해[17]이기도 하였다.

그러나 자위대의 규모가 커지면 커질수록 이러한 일본 정부의 궁색한 변명에 대한 의문은 커져갔고 나가누마(長沼) 소송을 비롯한 자위대 위헌 소송이 1960년대 이래 2020년 현재에 이르기 까지 줄을 잇고 있다.

따라서 동맹국에 대한 공격을 자국에 대한 공격으로 간주하고 반격할 수 있는 권리를 의미하는 집단적 자위권을 부정된다는 것이 다름아닌 일본 정부의 공식견해이기도 하였다. 그런데 2014년 7월의 각의(閣議)에서는 '안보관련법'을 강행 · 통과시키기 위한 준비작업으로 이를 뒤집었다.(자세한 것은 제1부 제2장 3 참조)

3. 군사대국화와 해외파병

1) 대미 종속 하의 경무장 평화주의와 군사소국주의

자위대가 존재하고 미일안보조약에 따른 주일미군이 존재함에도 불구

16) 現代憲法研究會編, 『日本国憲法-資料と判例』(法律文化社, 1990年), 75쪽.

17) 浦田一郎, 『現代の平和主義と立憲主義』(日本評論社, 1995年), 19쪽.

하고 전력보유를 금지한 일본국 헌법 제9조가 가지고 있는 규범적 의미는 적지 않은 것이었다. 우선은 헌법생활에 있어서 군사적 가치가 국가의 최우선가치가 될 수 없었다. 자위대의 기지를 만들기 위해 토지를 강제수용할 수 없었고[18], 군국주의 시절의 '군사기밀보호법'(1937년)과 '군용자원기밀보호법'(1939년)과 같은 것이 일본국 헌법 제9조로 인하여 성립할 수 없었다. 나아가 국민총생산 가운데 차지하는 방위비의 비율도 1966년 이래 상당기간 1%를 넘을 수 없었다. 1971년 중의원에서는 핵을 만들지고 않고 반입하지도 않고 보유하지도 않겠다는 '비핵 3원칙'을 결의하고 정부는 이를 공식적인 견해로 표명하기도 하였다.

일본국 헌법 제9조의 존재로 말미암아 군사대국화의 발걸음에도 각종 규제와 제약이 뒤따랐고 나카소네 정권 하에서 1987년 '방위비 GNP1% 틀'을 철회하고 3년 연속 1%를 상회하였으나 현재는 GDP기준이기는 하지만 대체로 1% 내외를 유지하고 있다. 일본은 오랫동안 자위대 정도의 경무장에 기초하면서 평화주의 깃발은 내리지 않는 이른바 경무장 평화주의에 기초하여 군사소국주의 노선을 걸으며 경제발전에 주력하여 왔다. 이러한 노선은 앞에서(제3부 제1장)에서 살펴보았듯이 요시다 정권에서 비롯된다. 요시다 정권은 지금까지 국론을 분열시켰던 안보체제 = 대미 종속이라는 부정적 이미지를 전환시키기 위하여 미일안보조약으로 인하여 미군이 주둔하기 때문에 자위대 정도의 경무장군대를 가지고서도 안보를 지켜낼 수 있으며 이러한 여력이 일본의 경제성장으로 이어질 수 있음을 역설하고 경제대국 일본의 설계자임을 자처하였다.[19] 그리고 개헌에 대하여서도 몇차례의 부침은 있었지만 군사대국화에 대해 비교적 소극적인 자세를 취하는 한편 일본국 헌법에 대한 편법적 해석으

---

18) 같은 책, 20쪽 이하 참조.

19) 渡辺治, 『日本国憲法改正史』(日本評論社, 1991年), 82쪽 이하 참조.

로 자위대를 합리화하는 정도에 그쳤다. 이케다 하야토(池田勇人) 정권(1960년 7월 19일~1964년 11월 9일)은 소득증대정책에 매진하였다.

헌법 제9조와 일본국민의 평화 · 헌법 운동 하에서 일본 정부가 취하였던 제9조에 대한 편법적 해석론(이른바 해석개헌론)은 자위대는 자위를 위한 필요최소한의 실력이며 합헌이다는 것이었다. 이러한 해석은 궁색하기 짝이 없는 것이었지만 명문의 개헌없이도 오랫동안 점진적인 재군비의 길을 보장하는 역할을 하기도 하였다. 그리고 필요최소한의 실력으로서의 자위대에 대한 해석을 통한 개헌론에 비판적인 국내외의 여론과 평화운동에 대응하기 위하여 일본 정부는 자위대에는 다음과 같은 제한이 있음을 정부 스스로 또한 공언하였다.

"무력행사를 목적으로 무장한 부대를 타국의 영토, 영해, 영공에 파견한다는 의미에서의 해외파병은 헌법상 허용되지 않는다"(1954년 6월 2일, 참의원결의, 1960년 4월 28일 기시 노부스케 수상). "일본은 전수방위의 국가이다"(1960년 2월 20일, 나카소네 방위청장관), "제9조가 인정하는 자위권은 개별적 자위권에 한정되며 집단적 자위권은 인정되지 않는다"(1972년 10월 14일 참의원 결산위원회 제출자료). "성질상 타국의 괴멸적 파괴를 위해 이용될 수 있는 병기는 보유할 수 없다"(1978년 2월 14일, 중의원 예산위원회 제출자료).

2) 다국적 기업의 아시아 진출과 군사대국화 정책

1980년대 중반부터 본격화한 다국적 기업의 해외진출은 자민당의 전통적인 지지기반의 방기와 새로운 지지기반의 선택을 강요하였다. 군사소국주의 노선을 버리고 군사대국주의 노선으로의 전환이 시도되었다.

일본자본의 해외진출은 1950년대 말부터 이루어졌지만, 본격적인 해외진출은 1984년을 하나의 기점으로 비약적인 증가를 보이기 시작한다.

일본의 해외직접투자는 84년도에 100억 달러였지만, 89년도에는 675억 달러를 기록하는 등 비약적인 신장세를 보였다.

아시아 지역에 대한 자본진출도 예외가 아니었다. 종래의 아시아 지역 자본진출이 안정적인 원재료의 확보를 위한 자원개발에 중점이 놓여져 있었다면, 1980년대의 아시아 지역 자본진출은 미국과 유럽을 향한 수출의 새로운 생산거점을 마련하기 위한 것이었다. 게다가 아시아지역으로의 진출은 구미 지역에 비하여 자본의 입장에서는 대단히 매력적인 요소를 갖추고 있었다. 우선은 원생적 노사관계가 유지될 수 있고, 그에 따른 저임금노동력을 활용할 수 있었기 때문이다.

그러나 다국적 기업의 이해를 보장한다는 것은 일국 내의 규제완화와 정치노선의 변화만으로는 달성될 수 없는 것이었다. 자본운동이 일국 내에 그치지 않고 다국적인 자본진출에 근거하고 있기 때문에 한편으로는 인건비 등이 비싼 국내에서의 자본투자보다는 풍부한 이윤 확보의 길을 열고 있지만, 또 한편으로는 자본을 투자한 나라의 정치정세 등에 따라서는 원금 확보도 힘들다는 불안정성을 가지고 있기 때문이다. 따라서 이를 위해서는 다국적 자본이 진출하는 지역에서의 정치적 · 군사적 힘의 우위가 확보되어야만 한다.

그러나 일본이 경제력의 우위에 기초한 자본투자에 그치지 않고 정치적 · 군사적 힘의 우위를 확보하기 위해서는 헌법 개정이라는 험난한 산을 넘어야 했다. 일본의 보수지배층으로서는 이러한 헌법의 명문 규정이 군사적인 힘을 확보하는데 결정적인 장애물이라고 생각되었을 것이다. 자위대라는 사실상의 군대가 존재하지만, 그 역시 명분상으로는 일본에 대한 외부의 침략으로부터의 자위를 내걸고 있기 때문에 해외에 군대를 파병하는 것은 원칙적으로 어려웠기 때문이다. 또한 일본은 미국과 미일안보조약이라는 군사조약을 체결하고 있었다.

그러한 의미에서 식민지에서의 초과이윤을 안정적으로 확보하기 위해 미국에 맞서 영토분할 전쟁에 뛰어들었던 전통적인 제국주의와는 달리 현대의 일본은 다국적 기업의 안정적 초과이윤확보를 위해 미국의 눈치를 보면서도 아시아지역에서의 정치 · 군사적 힘의 우위를 확보하기 위해 헌법 개정을 과제로 하지 않을 수 없었다.

3) 군사대국화노선과 해외파병의 명분쌓기

2000년 국회 내에 헌법조사회를 설치한 것은 군사대국화를 위한 초석쌓기를 개헌을 통해 이루겠다는 의지의 표현이기도 하였다. 물론 국회내 헌법조사회 설치에 대한 여야간의 입장이 반드시 일치하는 것은 아니었다. 여당의 경우 현행 헌법이 연합군 특히 미군 점령 하에서 이루어진 강제된 헌법이라는 것이고 따라서 자주적인 헌법을 제정하자는 전통적 개헌론이 있는 한편, 군대없는 나라는 비정상인 국가이므로 일본도 이제 군대를 갖는 '보통국가'가 되어야 하며 이를 위해서는 새로운 헌법이 필요하다는 개헌론 등이 그것이다. 제1야당인 민주당의 경우 적극적이고 전면적인 개헌론을 전개하고 있지 못하지만, 현행 헌법이 전후의 일본의 평화와 민주주의에 미친 영향은 긍정하면서도 개헌에 대하여 논의하여 볼 때도 되었다는 입장(이른바 論憲)이다. 이는 과거의 사회민주당을 중심으로 한 야당이 개헌에 대하여 적극적으로 반대하였던 것에 비하면 실로 세월의 변화를 느끼게 할 정도이다.

그러나 이러한 개헌 기도는 리스크를 동반한 것이기도 하였다. 앞 장(제3부 제1장)에서도 상세히 살펴보았듯이 1950년대 일본의 지배층은 일본국 헌법은 미국에 의해 강제된 것이므로 자주적인 헌법을 만들어야 한다는 개헌론을 펼쳤지만 오히려 국민들의 호헌의지를 굳혀 헌법 개정보다는 헌법의 평화주의를 옹호하고자 하는 헌법의식이 확산되었을 뿐이었다. 1960년대의 미일안보조약 개정에 의해 일본국 헌법의 평화주의가 형해화되고 내각에 헌법조사회가 설치되는 등 헌법 개정이 초읽기에 들어간 듯 하였으나 결국은 국민적인 저항에 부딪혀 좌절하였다.[20)]

실제로 일본국민의 호헌의식도 부침을 거듭하기는 하였으나 지배층의 개헌움직임을 전후하여 고양되고 집권여당을 곤경에 빠트리는 모습을 보이기도 하었다.[21)]

헌법조사회의 개헌을 위한 움직임은 장기적인 개헌포석이지만 이제까지의 일본의 헌정사적인 경험을 돌이켜보면, 언제 또다시 국민적 저항에 부딪힐 줄 모르는 불확실성 투성이의 행마였다. 반면 국제공헌을 명분으로 한 자위대의 해외파병 실적쌓기는 비록 속내가 뻔히 들여다 보이는 행마이기는 하지만 헌법 무너뜨리기 정책의 21세기판 버전이다.

4. '테러특별법'에 의한 해외파병과 일본국 헌법

1) PKO법안과 국제공헌론

자위대의 해외파병 실적을 쌓는데 일본 정부가 포착한 절호의 기회는 1991년의 걸프전쟁이었다. 1990년 8월 이라크가 쿠웨이트를 침공하고 이에 대하여 미국을 중심으로 한 동맹군이 대항하였다. 이때 일본 정부는 이러한 전쟁을 국제공헌=자위대의 해외파병을 위한 돌파구로 활용하고자 하였다. 우선 동맹군에 대한 총 130억 달러에 이르는 자금협력과

20) 渡辺治,『日本国憲法「改正」史』(日本評論社, 1991年), 233쪽 이하.

21) 개헌 여론조사는 부침이 있지만 1957년 이후 개헌반대파가 국민의 반대파를 넘기시작하여 1970~80년대에는 대체로 70%이상이 개헌에 반대하기도 하였다. 伊藤公雄,『憲法と世論』(社会評論社, 1996年), 196쪽 참조.

수송협력을 하였다.[22)]

하지만 이것은 또다른 고민의 시작이기도 하였다. 동서 냉전이 종식되면서 냉전 중에는 충분한 기능을 발휘하지 못하였던 유엔의 역할이 지역분쟁의 해결이라는 차원에서 증대하면서 일본도 유엔의 평화유지 활동에 공헌해야하는 것은 아닌가하는 문제가 국제사회로부터 제기되었다. 하지만 이에 군사적으로 호응하기에는 무리가 있었다. 일본 정부는 이제까지 자위대는 방위를 위한 필요최소한의 실력에 불과하므로 헌법에서 금지하는 전력에 해당하지 않는다고 합리화하는 한편 해외파병은 있을 수 없다는 입장을 취하여 왔기 때문이었다.

그러나 그렇다고 하여 해외파병의 실적쌓기를 포기할 수는 없는 노릇이었다. 이러한 상황에 대한 일본 정부의 대답은 다음과 같은 것이었다. "무기, 탄약, 병사는 수송의 대상에 포함되지 않는다. 다국적군에 대한 원조는 자금에 그치며 무력원조는 하지 않는다"고 설명하였다. 1990년 10월 16일 각료 회의에서 결정된 '유엔평화협력법안'에서도 일본 정부는 '평화협력업무(3조2호)'란 후방지원과 그 밖의 업무일뿐 전선의 전투행위와는 구별되므로 전력의 행사에 해당하지 않는다고 하였다. 또한 동법안 제3조 3호에서 규정한 '해외파견'이란 '외국에서 평화협력업무에 종사하는 것'이고 무력을 행사할 목적으로 무장하는 '해외파병'과는 다르다고 설명하였다.

또한 걸프전쟁이 종결 된 직후인 1991년 4월 24일에는 자위대법 99조에 근거하여 '기뢰제거 및 처리'를 명분으로 걸프만에 함대를 파견하고, 이는 무력행사가 목적이 아니므로 헌법에서 금지하는 무력행사에 해당하지 않는다고 발표하였다.[23)]

---

22) 〈朝日新聞〉(1990년 8월 30일).

23) 綠風出判編輯部編, 『PKO問題の争點(分析と資料) · 增補版』(綠風出版, 1992年), 290쪽.

그러나 전선에서의 전투와 구별된다고 하는 물자수송 등의 후방지원도, 재정지원도 일본국 헌법 제9조에서 금지하는 전쟁수행을 가능케하는 힘 즉 전력의 행사에 다름없으며[24], 후방지원도 일본국 헌법 제9조에서 금지하는 무력행사에 해당하는 것은 물론 같은 법에서 마찬가지로 금지하고 있는 '무력에 의한 위협'에 해당한다. 그리고 기뢰제거 및 처리가 군사활동임은 상식에 속하는 것으로 결국 이 또한 헌법에서 금지하는 무력행사에 다름없었다. 이에 따라 호헌파 정치세력과 국민적 비판이 거세어졌다.

결국 원안은 폐안이 되었다. 1992년 6월 15일 「국제연합평화유지활동 등에 대한 협력에 관한 법률('PKO협력법')」으로 명칭과 내용을 일부 바꾸면서 국회를 통과할 수 있었다. 내각 법제국은 다음과 같은 원칙을 지킨다면 그것은 파병이 아니라 평화유지 활동에 협력하기 위한 파견이며 정부의 현행 헌법 해석의 범위에 있다고 면죄부를 주었다.[25]

첫째, 분쟁당사자 간의 정전합의가 존재할 것. 둘째 일본이 참가하는 것에 대하여 분쟁당사자가 합의하여 줄 것. 셋째, 분쟁당사자에 대하여 중립적일 것. 넷째 이상의 조건이 무너졌을 때는 자위대를 철수할 것. 다섯째, 무기의 사용은 자위를 위한 최소한도에 그칠 것('PKO참가 5원칙').

2) 가이드라인과 '주변사태법'

천신만고 끝에 국회를 통과하였지만, '전투행위 종결 후'의 후방지원을 내용으로 하는 'PKO협력법'은 미군의 유사시 작전행동에 대한 일본측의 전폭적인 후방지원을 강하게 요구하고 있었던 미국의 요구와도 다소의 거리가 있었고, 보다 안정적으로 유사시 자위대의 해외파병을 가능케하

24) 浦田一郎, 앞의 책 , 26쪽.

25) 中村明, 『戦後政治にゆれた憲法9条』(中央経済社, 1997年), 21쪽.

는 법제도의 정비의 필요성을 느끼고 있었던 일본 정부의 의도와도 다소 거리가 있었다.

미국이 일본의 적극적인 후방지원을 요구하게 된 것은 1980년대 이후의 미국의 급격한 경제력 저하 및 장기적 시점을 결여한 외교안전보장 정책의 결여와 밀접한 관련이 있다.[26] 소련 붕괴 후 유일 강대국으로 남은 미국을 중심으로하는 국제공동체(이른바 팍스 아메리카)의 새로운 재건에 있어서 경제대국 일본의 제한적인 참여가 필요하게 되었던 것이다.

이러한 미국의 새로운 대외정책의 틀이 마련된 것은 클린턴 행정부이다. 클린턴 행정부는 경제적 국익실현을 위한 외교 · 안전보장정책을 목표로 내세웠다. 이는 레이건 정부를 비롯한 과거 정권의 경제와 안보정책의 실패에 대한 반작용의 성격을 갖는 것이었다. 레이거노믹스로 불리우는 일종의 자유방임주의적 내외경제정책에 따라 추진된 규제완화라는 국제적 조류는 국제금융시장의 자유화에 그치지 않고 국제적 투기자본의 발호를 더불어 초래하였다. 그 결과 미국의 재정 · 경제상의 체질은 약화될대로 약화되었다. 국제투기금융자본의 대부분이 미국에 본거지를 두었다고는 하나 그들이 얻는 이윤이 그대로 미국경제를 윤택하게 하는 것은 아니었고 미국에 의한 규제를 회피하려는 노력도 경주한 결과 미국경제의 체질강화보다는 오히려 체질약화로 이어졌기 때문이었다. 더군다나 구태의연한 냉전정책을 답습하면서 비롯된 적자는 새로운 외교 · 안전보장정책과 재정 · 경제정책의 수립을 불가피하게 하였던 것이다.[27]

미일간에 1997년에 마련된 미일방위협력지침(이른바 신가이드라인)은 이러한 미국의 대외정책변화가 동북아에 적용된 경우이다. 여기에서

---

26) 山內敏弘,『日米新ガイドラインと周辺事態法』(法律文化社, 1999年), 4쪽 이하 참조.

27) 같은 책, 4쪽 이하 참조.

미국은 미국이 지배하는 국제사회의 질서를 형성하는데 있어서 일본의 제한적인 군사적 기능을 적극적으로 요구하였다. 1992년의 'PKO협력법'과 1999년의 '주변사태법'은 이러한 일본의 군사적 참여를 위한 수순밟기이다. 특히 'PKO협력법'이 평화유지를 위한 명분하에 해외파병의 물꼬를 텄다는 점에서는 획기적이기는 하나 정전 후의 파병에 불과하여 실효성이 떨어진다고 생각했던 미국과 일본은 전투행위시 일본의 후방지원을 끌어낼 필요성을 절감하였다할 것이다.

사실 미국과 일본이 방위협력을 위한 지침을 만든 것은 1997년이 처음이 아니었다. 1978년에 만들어진 미일방위협력지침(일명 가이드라인)에서도 미국은 동북아 방위에 관한 일본측의 적극적인 역할을 요구하고 극동유사시의 미일공동작전에 대한 일본의 후방지원을 요구하였다.[28] 그러나 국내외의 저항을 무릅쓰면서까지 적극적인 후방지원을 하는 것이 기회비용이 너무 커 일본 정부는 일단 소극적인 자세로 대처하여 왔다. 그러나 1980년대 이래 모색되어 온 경제대국으로부터 군사대국으로의 정책변화의 흐름에 편승하여 일본 정부도 보다 적극적으로 미국의 이러한 방위협력요구에 호응하기 시작하였다.

일본 자본의 다국적화가 1990년대에 본격화함으로써 일본의 해외진출자본의 안정적 활로 확보를 위한 군사력 확보 요청이 경제계로부터 강해지고 있었기 때문이었다. 다만 그것은 제2차 세계대전 전과 같은 열강들에 의한 식민지 쟁탈전의 모습이 아니라 국제평화와 국제공헌이라는 이름의 공동관리체제였다.[29] 1992년의 'PKO협력법'에서 일본이 국제공헌을 명분으로 비록 정전(전투행위 종결) 후였다고는 하나 자위대를 해외에 파병한 것은 바로 이와 같은 이유때문이었다.

---

28) 吉岡吉田,『日米安保体制論』(新日本出版社, 1978年), 82쪽 이하 참조.

29) 渡辺治,『現代日本의 帝國主義化』(大月書店, 1996年), 303쪽 이하 참조.

일본 주변지역에서의 일본의 평화 및 안전에 중대한 영향을 주는 사태에 일본이 미군에 대하여 실시하는 후방지원을 정한 이 '주변사태법'은 'PKO협력법'에 비하여 미국의 후방지원 요구에 대하여 보다 적극적인 일본 정부의 자세를 보인 것이었다. 'PKO협력법'이 정전 후에 자위대을 통한 평화유지 참여 및 후방지원 등을 골자로 하고 있는데 비하여 '주변사태법'은 정전 후가 아닌 전투행위 중이라하더라도 비전투지역에서가 일어나면 미국을 돕겠다는 내용을 담았기 때문이다. 다만, 국내외의 반발을 우려하여 후방(비전투지역)에서만 미국을 돕겠으며 '일본 주변의 사태'에 대해서만이라는 두 개의 단서를 달았었다.

3) '테러특별법'과 해외파병

이러한 단서를 비웃기라도 하듯 '일본의 주변'이라도 하기에는 도저히 무리가 있는 중동에서 전투행위가 발생하였다. 미국은 뉴욕에서 2001년 9월 11일에 일어난 동시다발 테러로 수많은 인명손실과 치명적인 자존심의 훼손을 당하여 이를 반전시켜 세계질서의 적극적인 재편에 나서고 있으며 이를 위하여 세계각국에 군사적 협력을 요청하였다.

이러한 미국의 요청에 가장 적극적이고 민감하게 반응한 것은 다름 아닌 일본 정부였다. 고이즈미 준이치로(小泉純一郎) 수상(2001년 4월 26일~2006년 9월 26일)은 미국에 대한 동시다발 테러가 있은 지 불과 2주일도 지나지 않은 9월 25일 신속하게 미국을 방문하여 테러현장을 찾는 한편 미국으로 출발하기 직전인 9월 22일에는 다음과 같은 내용을 골자로 하는 모두 7개 항목의 테러대응책을 발표하였다. 첫째, 미군 등의 보복공격에 자위대가 후방지원한다. 둘째, 주일미군시설경비를 강화한다. 셋째, 정보수집을 위한 자위함을 파견한다. 넷째, 출입국관리에 관한 국제협력을 강화한다. 다섯째, 주변국에 대하여 경제지원을 한다. 여섯째,

난민지원을 한다. 일곱째, 경제의 혼란회피를 위한 국제적인 협력을 한다. 전쟁위기가 몰아치는 국제현안이 발생했을 때 일본의 수뇌가 이처럼 발빠르게 움직인 일은 한 동안 없었던 일이었다.

뿐만 아니라 '돈으로만 하는 국제공헌'이 아니라 '군사력에 의한 눈에 보이는 공헌'을 슬로건으로 내걸고 자위대파병과 관련한 외교 총력전을 벌였다. 외무성 차관이 파키스탄에 달려갔고, 중동쪽에 안면이 있는 전직 총리와 자민당 파벌 보스를 급파하는 한편 테러와의 전쟁에 협력하겠다는 파키스탄에 약 4000만달러의 긴급경제지원을 제시하고, 이란을 대테러전선에 가담시키기 위해 경제원조를 공약한 것도 일본이었다.

그러나 자위대를 아프카니스탄에 파병할 수 있는 법률적 근거가 어디에도 없었다. 왜냐하면 첫째, 미일안보조약은 일본국 헌법이 집단적 자위권의 행사를 금지하고 있다는 것을 전제로하여 조약의 적용구역과 발동조건을 일본에서의 무력공격으로 한정하였는바, 일본에서 무력공격이 발생하지 않은 이번 사태에 대하여 안보조약이 적용될 수 없었다. 둘째, 주변사태법에서 상정하는 극동의 범위도 넘었기 때문에 주변사태법도 적용할 수 없었다.

결국 2001년의 '테러특별법'을 제정하여 '일본 주변의 사태가 아니더라도' 어디든 자위대를 파병하려고 하였다. 테러에 대응하는 외국군대에 대한 물자보급 수송과 같은 지원협력활동, 수색구조활동, 피해민 구원활동을 주요한 내용으로 하는 이 법률은 미군지원이라는 색깔을 완화하기 위하여 유엔의 권위를 빌리기도 하였다. 그 결과 '테러특별법'의 정식 명칭은 법률이름으로서는 세계적 유례를 찾아볼 수 없이 긴 문장으로 구성되었다. 즉 「2001년 9월 11일 미국에서 발생한 테러공격 등에 대응하여 이루어진 유엔 헌장의 목적달성을 위한 외국 국가들의 활동에 대하여 일본이 실시하는 조치 및 관련된 유엔의 결의 등에 기초한 인도적 조치에 관한 특별조치법」이다.

이 유례 없이 긴 이름의 '테러특별법'은 공동여당 내의 이견으로 인하여 2년간의 한시입법으로 되어 있기는 하지만, 종래의 해외파병을 위한 미군지원법에 비하여 몇 가지 특징을 갖고 있다.

첫째, 정전합의를 전제로 하지 않는다. 1992년의 'PKO협력법'에서는 정전 합의가 성립된 곳에만 자위대를 파병할 수 있도록 제한하였는 바, 캄보디아, 모잠비크, 루완다, 골란고원, 동티몰과 같이 정전합의가 성립한 지역에만 파견하였다. 그러나 '테러특별법'은 비록 전투행위가 이루고지고 있지 않은 지역, 즉 후방에 자위대를 파병할 수 있도록 제한하고 있다고 하더라도 정전합의 후가 아닌 전투행위시에도 파병할 수 있도록 하고 있다.

둘째, 일본 주변이 아니더라도 자위대를 파병할 수 있도록 하였다. '주변사태법'이 자위대를 파병하여 미군을 지원할 수 있는 범위로서의 일본 주변을 극동아시아 및 동남아시아로 제한하고 있는데 비하여, '테러특별법'은 인도양과 파키스탄과 같은 지역 즉 세계의 어느 곳이라도 파병할 수 있도록 하고 있다.

셋째, 무기사용의 기준을 완화하였다. '주변사태법'에서는 자신과 동료 대원의 신체를 지키기 위한 경우에 한정하여 무기사용을 허용한다는 규정을 두었으나, '테러특별법'은 난민과 미군 등의 부상병을 방호하기 위하여서도 무기를 사용할 수 있도록 하고 있다. 이에 따르면 난민이나 미군 부상병을 치료하고 있는 야전병원에 파키스탄군 또는 알카에다의 군인들이 침입해 올 경우 무기를 사용하여 이를 격퇴할 수 있게 된다. 그리고 그것은 자위권행사를 위한 자위대 파병으로 이어질 것이다. 더군다나 오사마 빈 라덴이 이끄는 조직이 미군뿐만 아니라 미군을 지원하는 나라를 대상으로 또 다른 보복공격을 하겠노라고 호언하였던 점, 인도네시아

일본 해상자위대

의 일본대사관이 위협을 받았다는 점 등을 감안한다면 일본이 전쟁에 휩쓸릴 개연성을 한껏 높인 것이었다.

넷째, 국회의 사전승인 없이 자위대를 파병할 수 있다. '테러특별법'은 사전승인 없이 자위대를 해외파병 결정을 하고서 20일 이내에 국회의 승인을 구하도록 하고 있다.

다섯째, 비록 육상수송은 제외하기는 하였으나 외국영역에서 그것도 전투행위시에 무기와 탄약의 수송을 가능하게 하고 있다.

결국 일본의 **'주변사태가 아니더라도'**, **'전투행위시 해외파병'을 하여 '후방지원'**을 할 수 있는 법을 만든 것이다. 이를 뒷받침하기 위하여 일본 정부는 '테러특별법'에 그치지 않고 자위대법도 개정하였다. 즉 방위비밀의 누설을 엄별하는 자위대법도 지난 2001년 9월18일 중의원에서 통과되었다.

4) 이라크 공격과 '이라크 특별법'

2003년 3월 20일 미국이 이라크전쟁을 개시하였다. 고이즈미 정권의 일본은 이를 계기로 자위대의 해외파병의 길을 더욱 넓히고 유사법제의 구축을 위해 발빠르게 움직였다.

우선 고이즈미 정권은 2003년 '무력공격사태법'이라는 유사법제의 제정에도 박차를 가하였다. 그 결과 '무력공격사태법' 제정, 자위대법의 개정, '안전보장회의설치법'의 개정에 성공하였다. '무력공격사태법'에 따르면 자위대는 일본에 대한 무력공격이 이루어진 경우와 **무력공격이 예측되는 경우에도 대응**할 수 있도록 하였다. 이러한 '무력공격예측사태'라는 개념은 전수방위 개념의 근간을 무너뜨리는 것이기도 하다. 가령 미국이 북한을 공격하는 경우 상대국인 북한이 미국의 우방인 일본을 공격하기 전이라도 무력공격이 예측되는 사태의 경우에는 자위대가 출격할 수 있다는 것이된다. 뿐만 아니라 **민간기업과 지방자치단체도 전쟁에 동원**할 수 있게 되었다. 평화주의원리에 따라 국가긴급권을 부인한 일본국헌법을 뒤흔드는 법률의 제 · 개정이 이어진 것이었다.

그리고 2003년 7월 26일에는 '이라크특별법'이 제정되었다. 미국의 이라크 군사점령에 대한 지원을 위해 자위대를 파견할 수 있는 근거법이었다. 이에 기초하여 같은 해 12월에는 선발대가 파견되었고, 이듬해인 2004년 1월부터는 본진이 파견되었다. 무장한 **자위대가 전쟁이 이루어지고 있는 지역에 최초로 파병**된 것이었다. '이라크특별법'에서는 '안전확보지원활동'이라는 이름으로 외국땅에서 무기와 탄약, 병력수송을 중심으로 하는 활동을 자위대가 할 수 있도록 하였다. 일본 주변**이 아닌 외국에서 전투행위시에도 자위대를 해외에 파병하여 병력수송 등의 전투행위나 다름없는 지원활동을 하는 법으로 한발 더 나아간** 것이었다. 일본국 헌법의 제9조를 무색하게 하는 내용이었다. 일본을 사실상 전쟁에 휩쓸리게

역사적, 이라크 파병금지 소송 · 나고야고등재판 위헌 판결
(일본 아이치현 변호사회 회보SOPHIA, 2008. 4.)

할 수 있는 이러한 활동은 평화적 생존권을 침해하는 것으로서 일본의 평화운동진영의 위기감을 더욱 고조시켰다.

그러나 이에 대한 일본 내 평화애호 세력의 반발과 저항도 만만치 않았다. 전국 각지에서 평화적 생존권 소송이 제기되었다. 대부분의 평화적 생존권 소송이 각하되었으나 나고야에서 제기된 평화적 생존권에서는 전후 평화운동 사상 정말 획기적인 판결내용이 나왔다. 자위대의 이라크 파병 금지 등을 다툰 이 소송에서 나고야고등재판소는 자위대의 이라크파병이 '이라크특별법'에 근거한 행동이라고 하여 파병을 금지하지는 않았지만, 2008년의 이 판결의 내용은 평화적 생존권이 구체적인 재판규범이며 이라크 파병이 평화적 생존권을 침해한다고 밝혀 평화적 생존권 소송의 새로운 지평을 열었다. 1973년 9월 7일의 나가누마 소송 1심판결에서 평화적 생존권을 재판규범이라고 인정한 이래 35여년만의 일이었다.

〈일본 유사입법의 추이〉

	일본내외	전투종결 여부	후방지원 여부	무기 사용	국회 동의	수상
PKO 협력법 1992년	일본외 단, 평화유지 활동	전투종결 (종전합의)	비군사활동 출동경호 (2015년)	X, 기뢰제거 O	사전 동의	미야자와
주변 사태법 1999년	일본외 단, 주변	전투중	· 비전투지역 후방지원 · 탄약보급X	자기보존 목적O	사전 동의	오부치
테러 특별법 2001년	일본외 중동까지도	· 전투중 · 한시법	· 비전투지역 후방지원 · 물자보급수송O (외국 영역)	무기 사용 완화	사후 승인 가능	고이즈미
무력공격 사태법 2003년	일본 무력공격	· 전투중 · 무력공격 예측상황 까지	· 방위출동, · 민간기업과 지자체동원	'행동지역' 에서의 무기사용, 자기 보전형 무기사용	사전 동의	고이즈미
이라크 특별법 2003년	일본외 중동까지도	· 전투중 · 한시법	· 후방지원 물자보급수송, 수색구조, 피해민구원, 안전확보지원활동(무기탄약병력 수송)	무기 사용 완화	사전 동의	고이즈미
존립위기 사태법 2015	일본과 밀접관계국 무력공격	전투 중	방위출동 (필요최소한도의 실력행사) (무력공격사태법 확대)	무기 등 경호를 위한 무기사용	사후 승인 가능	아베
중요영향 사태법 2015	방치하면 일본에 대한 무력공격 이를 위험	비전투 지역	미군+다른 나라 후방지원(탄약보급, 발진대기 중 전투기 급유) (주변사태법 확대)	임무 수행형 무기사용	사후 승인 가능	아베

5) '안보관련법'과 해외파병

일본 정부는 2015년 해외파병을 더욱 확대하기 위한 일련의 유사시 입법을 국회에서 강행 · 통과 시켰는데 앞에서도 살펴보았듯이(제1부 제2장) 이를 총괄하여 '안보관련법'이라고 한다. 안보관련법이란 10개 법의 개정안(「자위대법」, '중요영향사태법', '존립위기사태법', '선박검사법', 'PKO협력법', '해상수송규제법', '미군 등 행동 원활화법', '특정공공시설 이용법', '외국 군용품 등 해상수송규제법', '포로에 관한 법', 「국가안전보장회의 설치법」)의 일괄개정을 내용으로 하는 '평화안전법제 정비에 관한 법'과 새로이 제정된 '국제평화지원법'을 포괄하는 명칭이다.

그러나 2015년의 일련의 '안보관련법'은 국제평화와 미군에 대한 후방지원이라는 깃발을 유지하면서도 그 보폭은 계단을 달리하며 질적으로 확장하고 있다. '중요영향사태법'에서는 일본에 대한 직접적인 무력공격이 아닌 경우라도 이를 중요영향사태로 파악하여 미군 등에 대한 후방지원의 폭을 확장하였으며, '존립위기사태법'에서는 한국 등 이웃나라나 우방국이 공격당할 경우는 이를 격상하여 '존립위기사태'로 규정하고 필요최소한의 무력행사를 행사할 수 있도록 하고 있다.

'중요영향사태법'에 의하면, 한국 정부의 동의라는 꼬리표를 달았다고는 하나 미군에 대한 후방지원을 위한 한반도 상륙의 길이 열렸으며, 미군에 대한 호위 등의 과정에서 북한은 물론 가장 밀접한 관계에 있는 남한의 동의 없이도 일본이 북한의 미사일기지 등을 공격('적기지 공격론')할 수 있다는 논의로 비화될 여지가 생겨나게 되었다. '존립위기사태법'에 의하면 '필요최소한의 실력에 의한 집단적 자위권'행사라는 꼬리표를 달았다고는 하나, 한반도 유사시 등의 경우에 전쟁에 본격적으로 휘쓸릴 가능성이 높아지고 있다. 동시에 일본국 헌법과의 논리적 정면충돌도 높아지고 있다.

5. 맺음말

이상에서 살펴본 바와 같이, 현행 일본국 헌법은 1946년에 연합군의 점령 하에서 군국주의에 대한 제한적 반성의 뜻을 담고 만들어 졌다. 전범이었던 천황을 실권없는 상징적 존재로 규정하는 대신 군대를 비롯한 일체의 전력을 갖지 않을 것임을 명확히 하는 선에서 일본국 헌법이 만들어졌던 것이다. 국제사회의 평화를 위하여 일본이 공헌하는 길은 다름 아닌 군대 등을 갖지 않는 것임을 확인한 셈이다. 하물며 이를 해외에 파병하는 것은 이유여하를 막론하고 더더욱 허용되지 않음을 명확히 한 것이다.

그러나 1992년 'PKO협력법'을 필두로 2001년 10월 18일과 26일 일본의 중의원과 참의원을 통과한 '테러특별법', 2015년의 '안보관련법'을 비롯한 일련의 해외파병법 및 유사시 입법은 헌법에 역행하는 것이었다. '테러특별법'에 따르면 후방지원 등을 명분으로 전투행위 시에도 자위대를 해외에 파병할 수 있게 되었다. 비록 그러한 파병이 후방지원에 그친다고 하나 병참기능을 수행하는 전시파병은 일본국 헌법이 금지하고 있는 집단적 자위권의 행사에 다름 아니다. 심지어 2015년 '안보관련법'에서는 제한적이기는 하나 집단적 자위권 행사의 길을 열었다.

일본은 경제대국으로서의 영향력뿐만 아니라 군사적인 영향력을 확보하기 위하여 자위대를 해외파병하기 위한 길을 1990년대 이후 줄곧 모색하여 2020년 현재에 이르고 있다. 'PKO협력법', '주변사태법', '안보관련법'이 그러한 것이다. 하지만 앞의 두 법 모두 일본 국내외의 반발에 부딪혀 소기의 목적을 달성할 수 없었다. 'PKO협력법'은 '전투행위 종결 후'에 한정하여 파병할 수 있게 하였으며, '주변사태법' 역시 일본 국내외의 주변사태에 한정하여 후방지원을 위한 자위대파병을 규정하였다. 하지만 '테러특별법'은 테러방지를 위한 국제공헌이라는 이름으로 전격적으로 '전투행위 중' 해외파병의 길을 열었다. 그런데 2015년의 '안보관련법'에 이르러서는 한걸음 더 나아가 제한적이기는 하지만 집단적 자위권 행사의 길을 열고 있다.

일본국 헌법은 그 전문에서 정부의 행위에 의해 전쟁의 참화가 다시 일어나서는 안될 것임을 결의하고 평화를 유지하려는 국제사회에서 명예있는 지위를 차지할 것을 다짐하며 평화적 생존권이 필요함을 역설하고 있다. 이러한 헌법 전문의 정신은 오늘날에 있어서도 여전히 유효하다.

3장

미일안보조약과 기지 재편

미군은 미일안보조약에 근거하여 일본 전역에 미군기지를 두고 있는데, 이러한 전토기지 방식으로 인하여 전후 70여 년 동안 반기지 투쟁이 끊임없이 이어지고 있다. 1950년대 후반에는 다치카와의 미군비행장을 주민동의 없이 스나가와까지 확장하려고 하다가 주민들의 반기지투쟁에 부딪혔다. 1심법원은 주일미군도 일본국 헌법에서 금지하는 전력에 해당되므로 위헌적 조약이라고 판단하고 미군시설 확장에 반대한 일련의 행동에 무죄를 선고한 바 있다.

1960년대 후반 홋카이도의 나가누마에서는 나이키 미사일기지를 건설하기 위하여 공익이라는 명분으로 보안림을 해제한 정부의 행위에 대하여 이를 취소하라는 소송을 제기하였고, 이에 대하여 1심법원은 미사일기지 건설을 위한 보안림 해제는 평화적 생존권을 저해한다고 판결한 바 있다.

최근에도 일본과 미국간의 군사적 융합을 위한 기지재편이 강행 추진되면서 그에 수반되는 군사기지 확장과 재편에 반대하는 운동이 계속되고 있다. 2006년 5월 1일에 있었던 미일간의 기지 재편계획 합의에 따라 미국 워싱턴주에 있는 육군 제1군단 사령부는 일본의 자마기지로 이전하기로 하였는데, 2007년 미육군 전방지원사령부가 자마에 설치되었다. 일본 항공자위대 총사령부는 2012년 요코타에 있는 주일미공군 사령부로 이전하였다. 오키나와에 있는 미해병대는 괌으로 이전하고 오키나와의 항모탑재기는 2018년 야마구치현의 이와쿠니로 이전 완료하였다.

현재 진행되고 있는 일본의 미군기지 재편은 일본만의 문제가 아니라 동북아에 있어서 한미일간의 관계를 군사동맹화하고 이에 기초하여 신속기동군화하려는 것을 목표로 진행되고 있는 것이며, 이를 반대하기 위한 반기지 운동은 평화적 생존권을 지키기 위한 헌법실천운동이면서 동북아 평화운동의 지역운동으로서의 성격을 갖는다고 할 것이다.

1. 들어가는 말

전력(戰力)을 금지한 일본국 헌법 제9조에도 불구하고 자위대가 존재하고, 해외파병을 하고 이를 실적삼아 개헌을 하려하는 것도 문제이지만, 외국군이 주둔하는 것도 문제이다.

일본에 주둔하는 미군의 주둔 양태는 과거에는 적어도 명분상으로는 일본에 대한 외부로부터의 침략을 방어하기 위한 소극적인 것이었지만, 최근에는 일본을 거점으로 전세계를 상대로 군사전력을 펼치기 위한 전략으로 바뀌고 이를 위한 군사기지 재편도 한창이다.

일본 항공자위대 총사령부가 도쿄 서부의 요코타(横田)에 있는 주일미공군 사령부로 이전을 2005년 발표하고 2012년 3월 26일 이전 완료하였다. 미국 워싱턴주에 있는 육군 제1군단 사령부는 가나가와(神奈川) 현의 자마(座間)기지로 이전에 합의하였고, 2007년 12월 19일 후방지원을 담당하였던 제9전역지원사령부를 재편하여 제1군단 전방사령부로 재배치하여 자마에 이전하였다.

전력(戰力)을 금지한 일본국 헌법에도 불구하고 미국과 일본간의 군사적 융합이 진행되고 있는 것도 문제이지만, 우리의 입장에서 보면, 미국의 군사재편 및 전략적 유연성에 편승한 일본의 군사대국화가 한반도 유사시를 상정하고 있는 것도 우려의 대상이 아닐 수 없다.

세간에는 잘 알려지지 않았지만, 2006년 3월 25일부터 31일까지 '한미일연합전시증원(RSOI)및 독수리훈련(FE)'이라 불리는 대규모 전쟁연습훈련이 있었다. 아브라함 핵추진 항공모함을 비롯하여 신속 기동타격대인 스트라이커 여단이 참가하였으며, 각종 핵무기와 관련된 군사장비로 무장한 무력이 한국, 일본 그리고 괌에서 합동군사훈련을 하였다. 스트라이커 부대[1]는

1) 미국 정부가 1999년 육군의 편제 개편을 단행하면서 이듬해부터 창설하기 시작한 신속기동군을 말한다. 규모는 1개 여단 규모이며, 편제는 3개 보병대대, 1개 기갑대대, 1개

미 육군이 분쟁지역에 신속히 파견해 전쟁업무를 수행하기 위해 편성한 신속기동여단으로 구성되어 있다.

이러한 일련의 흐름은 일본의 미군기지 재편이 단순한 일본의 중무장화에 그치는 것이 아니라, 미국과 일본, 미국과 한국간의 양자적 군사 관계를 한미일간의 3각 군사동맹으로 만들기 위한 마스터 플랜 하에서 이루어지고 있는 것은 아닌가 하는 의문을 자아내고 있다.

이하 일본국 헌법에 반하여 주둔하고 있는 미군 주둔의 근거가 되는 미일안보조약의 내용, 미일안보조약에 따른 미군의 주둔과 이에 저항하는 반기지 투쟁의 역사와 현재를 살펴보고, 이에 기초하여 주일미군기지 재편의 본질을 분석하여 보며, 이를 통하여 연대의 가능성과 의의 등을 모색하여 보고자 한다.

2. 주일미군 재편과 미일안보조약

1) 미일 안보조약의 구조와 문제점

미군의 일본 주둔의 근거가 되는 것은 1960년에 성립한 「미일상호협력 및 안전보장에 관한 조약」(이하 신 안보조약)이다. 그러나 미일간의 안보에 관한 조약은 이때 처음 체결된 것이 아니다. 사실은 1951년 9월

포병대대 및 지원대대로 구성된다. 병력은 3, 600~3, 700명이며, 스트라이커 장갑차량 300대와 M198 155㎜ 곡사포, 토우(TOW)대전차미사일 등으로 무장해 유사시 세계 어떤 지역이라도 96시간 안에 배치가 가능하다. '스트라이커'라는 명칭은 제2차 세계대전과 베트남전쟁에서 전사한 두 명의 병사의 성(姓)에서 딴 것이다. 이 부대의 가장 큰 특징은 가볍고 단단한 장갑차량을 들 수 있다. 미국 육군과 해병대에서 운용하는 주력 전차인 M1A1의 경우 무게가 67t에 달해 분쟁지역에 배치할 경우 한 달 이상이 걸린다. 그러나 스트라이커부대의 장갑차량은 17.2t밖에 되지 않아 C-130 수송기에 4대를 실을 수 있고, 최고 98㎞의 시속으로 달릴 수 있어 신속한 실전 배치가 가능하다.

8일 체결된 「미일안전보장조약」(이하 구 안보조약)이 효시이며, 현재의 안보조약(신 안보조약)은 구 안보조약을 개정함으로서 성립된 것이다.

구 안보조약은 미군 주둔의 근거법을 만들기 위한 것이었다. 1945년 8월말부터 미군이 일본에 주둔하였으면서도 미군 주둔의 근거를 1951년부터 마련했던 이유는 미군의 점령상태를 종식시키는 평화조약이 1951년 9월 체결되었기 때문이다.

미군점령과 일본국 헌법의 제정

미군이 일본에 처음 주둔하기 시작한 것은 1945년 8월말이다. 제2차 세계 대전의 결과 전범국 일본을 점령한 미군은 연합군의 이름으로 일본에 대한 점령통치를 실시하였다.[2] 전범국 독일에 대한 점령통치가 미영소 3국에 의한 협정과 의정서에 기초하여 점령의 구체적 내용이 명확히 규정되었고 그 결과 연합국의 일원인 미국 · 영국 · 프랑스 · 소련에 의한 4개국 분할 점령방식으로 이루어진데 비하여, 같은 전범국인 일본의 경우는 미국에 의한 단독점령이 실시되었다. 일본 항복시 연합국 간에 '맥아더를 연합국 최고사령관으로 하며, 항복 이후 일본에 대한 통치권은 연합국 최고 사령관에 종속된다' 정도의 합의만이 존재하였기 때문이다.

점령통치기구에 대한 합의가 늦어진 것은 일본의 항복(1945년 8월 15일)이 독일(1945년 5월 7일)에 비하여 늦어진 것도 있지만, 뒤늦게 참전한 소련과 소련을 견제하려는 미국이 패전 후 질서를 둘러싼 치열한 각축을 벌였기 때문이다. 특히 동유럽과 발칸지역 그리고 극동아시아의 점

2) 연합군은 1945년 10월 미국의 맥아더를 최고사령관으로 하는 연합군 최고사령관 총사령부(GHQ/SCAP)를 도쿄에 설치되었으며, 일본 정부에 지령과 권고를 통하여 간접통치방식을 취하였다.(자세한 내용은 제2부 제1장을 참조).

령통치기구를 둘러싸고 1945년 9월 11일부터 런던에서 열린 5개국 외무장관 회의에서 합의가 이루어지지 않아[3] 미군에 의한 일본점령이 개시된 이후인 1945년 12월 모스크바 3상 회의에서야 겨우 양보와 타협이 이루어졌다. 그 결과 동구는 소련이 일본은 미군이 점령하되, 일본에 대한 점령통치구기구로서 그 권한이 다소 애매한 극동위원회가 1946년 2월 26일에 발족되게 되었다.[4]

또한 미국은 소련이 참가하는 극동위원회가 발족되기 전에 일본의 전후 질서를 미국식의 체제로 재편하기 위하여 일본 정부에 헌법 개정을 타진하였고 그 결과 극동위원회가 제기능을 발휘하기 전인 1946년 2월 초에 헌법 초안을 마련하고 같은 해 11월 3일 서둘러 일본국 헌법을 공포하였다. 공포된 헌법은 비군사화라는 연합국의 점령통치 정책을 계승하면서도 미국식의 민주화를 근간으로 하는 것이었다.

특히 비군사화 정책의 일환으로 이루어진 침략전쟁포기와 전력(戰力)을 부정한 헌법 제9조는 일본국 헌법을 평화헌법으로 특징짓는 계기가 되었다. 이로서 일본은 타국과의 군사동맹을 맺을 수 없게 되었다.

1951년의 구 안보조약

이러한 일본국 헌법 하의 비군사화 정책은 1950년의 한국전쟁 등을 계기로 재무장 정책으로 본격 변화하였다. 그러나 전범국 일본을 재무장시키기 위해서는 비군사화 정책의 유지를 강조하는 소련이 참여하는 극동위원회를 무력화시키고, 주변국을 안심시킬 필요가 있었다. 이를 위하여 강화(평화)조약이 필요하였다. 그리고 그 내용은 징벌적 내용이 완화된

---

3) 豊下楢彦, 『日本占領管理體制の形成』(岩波書店, 1992年), 34쪽 이하 참조

4) 같은 책, 343쪽 이하 참조.

것이어야 하였다. 또한 미군의 일본 주둔은 미국의 전략적 필요에 의한 것이기도 하였지만, 주변국을 안심시키는 역할도 하였다.[5)]

그리하여 1951년 9월에 체결된 미일안보조약은 미군의 일본 주둔에 대한 법적 근거가 되었다. 전쟁상태를 종식하는 강화조약의 결과 주둔의 근거가 없어진 미군으로서는 이제 안보조약이라는 외투를 입고 계속 주둔하게 되었다. 그러나 그것은 연합군의 일원이 아닌 미군으로 주둔하는 것이었다.

미일 안보조약에 따른 기지 제공은 전토(全土)기지 방식을 채택하였다. 제1조에 의하면 '미국이 육 · 해 · 공군을 일본 국내 및 그 부근에 배치할 것을 허가(許與)한다'고 하였는데, 어느 특정된 지역에 한정하여 미군을 주둔시키는 것이 아니라 미군이 원하면 일본의 국내 및 부근의 어느 곳이든 기지를 둘 수 있는 매우 굴욕적인 내용이었다.

굴욕적인 내용은 그 뿐만이 아니었다. 제1조 후단에는 '일본국에 대규모 내란 및 소요를 진압하기 위해' 미군을 사용할 수 있다고 규정하였다. 이러한 '내란조항'은 일본 사회의 자주적 변혁 또는 개혁을 막기 위해 미군이 진압군 역할을 하겠다는 의도를 명백히 한 것이었다.

또한 미일 안보조약은 미군의 배타적 주둔권을 보장하기 위한 문서이기도 하였다. 제2조에 따르면, 미군이 주둔하는 동안에는 '미국의 사전동의 없이' 제3국의 군사기지를 둘 수 없음은 물론이고 주둔은 물론 연습도 허용할 수 없으며, 심지어 통과도 허용하지 않는다는 내용으로 이루어졌다.

전토기지 방식에 의한 배타적 주둔권에도 불구하고 이 조약의 유효기

---

5) 이를 위하여 다국간 협정으로부터 양국간 협정에 이르기 까지 다양한 의견이 있었으나 결국 미일간의 양자간 조약으로 결정되었다. 豊下楢彦, 『安保條約の成立』(岩波新書, 1996年), 3쪽 이하 참조.

간은 명시되지 않았다. 제4조에 따르면 '미국과 일본' 양 당사국이 안보에 관해 충분하다고 인정하지 않는 한 조약의 효력이 인정되는 다시 말하면 경우에 따라서는 무기한 조약이었다고 할 것이다.

구 안보조약은 전토기지방식의 기지사용권에 대해서만 규정한 것이 아니었다. 구 안보조약 체결과 동시에 '요시다 · 애치슨 교환공문'(「주일 '유엔군'의 행동에 대한 일본의 협력에 관한 교환공문」)이 교환되었는데, 이를 통하여 자위대의 지휘권에 대한 밀약이 이루졌다는 강력한 분석과 주장도 있다.[6] 한국전쟁시 결성된 '유엔군'을 통하여 그 실질을 담당하는 미군이 일본의 자위대에 대하여 지휘권을 갖게 되었고 그것이 신 안보조약 이후에도 이어지고 있다는 것이다.(제1부 제2장 5. 참조)

1954년 3월 8일에는 미국과 일본은 '상호원조협정'(이른바 MSA협정)을 체결하여 상호간의 군사적 지원을 약속하였다. 미국은 일본 내에 미군을 배치하게 되었고, 일본에는 방위증진 의무가 부가되어 재군비가 가속화되었다.[7] 또한 1954년 6월 9일 방위 2법 (자위대법과 방위청 설치법)이 제정되었고, 일종의 군사 기밀보호법인 「미일 상호방위지원 협정 등에 따른 비밀보호법」이 1954년 6월 제정되었다.

1960년의 신 안보조약

구 안보조약의 이러한 문제점은 일본 국내의 보수적 세력은 물론 많은 평화애호세력들의 반발을 샀다. 그러나 일본 정부는 이러한 불만을 배경으로 헌법에 반하는 군사조약을 폐기하는 것이 아니라, 군사조약을 인정하되 이것을 개선하는 방향으로 안보조약 개정을 시도하였다. 구 안

6) 矢部宏治, 『日本はなぜ, 「戦争ができる国」になったのか』(集英社インターナショナル, 2015年), 221쪽 이하.

7) 中北浩爾, 『一九五五年体制の成立』(東京大学出版会, 2002年), 42쪽 이하.

보조약에 의하면 미국의 일본 방위의무가 불명확하기 때문에 이를 명확히 해야 하는다는 것이 당시의 기시 노부스케(岸信介)내각의 안보조약 개정의 대의명분이었다.[8)]

그럼에도 불구하고 국민의 안보조약 반대 여론은 요원의 불길처럼 전국을 강타하였다. 신 안보조약의 체결에 반대하는 데모가 연일 이어졌으며 강행 · 체결이 임박할 즈음에는 연일 3만 여명의 시위 군중들이 국회의사당 주변을 에워싼 시위를 펼쳤다. 패전후 70년의 평화운동의 역사를 보더라도 가장 고양된 대중투쟁이 전개되었으며, 평화의식의 고양을 가져왔다.

비록 신 안보조약은 강행 타결되고 말았지만, 평화운동의 영향으로 이후 일본 정부는 자의반 타의반으로 평화외교와 관련한 일련의 대원칙을 천명하였다. 첫째, 방위비를 국민총생산의 1%이하로 한다('방위비 GNP1% 틀', 1976년 미키 다케오 내각). 둘째, 자위대의 해외파병은 금지한다. 셋째, 핵은 갖지도, 만들지도, 반입하지도 않는다(비핵 3원칙, 1967년, 사토 에이사쿠 내각)[9)], 넷째, 무기수출은 금지한다('무기수출금지 3원칙', 1976년 미키 다케오 내각).

전 국민적인 안보조약 반대투쟁 덕분에 구 안보조약은 몇몇 독소조항들이 개정되었다. 말도 많던 내란조항은 삭제되었으며, 무기한 조약은 10년간은 유효하되 조약을 종료시킬 의사가 있을 때는 1년 전에 통고하는 것으로 되었다. 또한 제5조 1항에는 미국의 방위협력의무가 명기되었다. 제4조에는 안보조약의 실시와 관련하여 양국이 수시협의 할 것을 명기하였다. 조약에는 사전협의의 교환 공문이 첨부되었고 이에 따르면 미군배치에 있어서의 중요한 변경, 장비에 있어서의 주요한 변경(특히 핵

---

8) 吉岡吉田, 『米日安保体制論』(新日本出版社, 1977年), 281쪽 이하 참조.

9) 1972년에는 비핵 3원칙을 국회에서 의결하였다.

병기의 배비), 일본 영역 외에서 미군의 작전행동을 위한 기지 사용시에는 미군은 일본 정부와 사전에 협의한다고 약정되었다.[10)]

그러나 신 안보조약은 개선만 된 것은 아니었다. 제6조에 따르면, 전토기지방식의 군사기지 제공방식은 여전히 변하지 않았으며, 같은 6조에 따르면 주일미군의 역할이 일본에 대한 외부로부터의 무력공격뿐만 아니라 극동지역에서의 안전유지로 확대되었다. 뿐만 아니라 군사력을 부정하고 있는 일본국 헌법 제9조에도 불구하고 '무력공격에 저항하는 능력'을 유지 발전시키도록 하였다(제3조).

나아가 일본에 대한 외부로부터의 무력침공에 대비한 미일 방위협력을 위하여 작전지휘권을 비밀각서를 통하여 미국에 넘겨주었다.

그리고 안보조약에 반대하는 국민적 저항에 밀려 본토의 기지의 3/4을 축소하였으나 대신에 오키나와에 일본에 있는 미군기지의 3/4이 집중되었다. 오늘날 미군기지 재편과 관련한 반기지 투쟁이 오키나와를 중심으로 펼쳐지고 있는 것도 사실은 신 안보조약에 따른 결과이기도 하다.

소결

신 안보조약은 위에서 언급한 것처럼 구 안보조약에 비하여 몇 가지 차별성을 가지고 있다. 첫째, 내란조항이 삭제되었다. 둘째, 조약의 종료절차가 명확해졌다. 셋째, 미국의 방위협력 의무가 명기되었다. 넷째, 미군 주둔과 관련하여 일본과 협의하도록 명기하였다. 넷째, 지리적 범위

10) 베트남전쟁, GULF전쟁(일본에서는 灣岸戰爭)에서도 일본의 기지는 미군기의 출발기지로 사용되었으나 오늘까지 사전협의의 대상으로 된 바 없다. 사전협의제도가 각종 밀약에 의해 공동화되고 있다는 지적으로는 末浪靖司, 『対米従属の正体-9条解釈改憲から密約まで』(高文研, 2015年), 178쪽 이하를 참조.

를 일본 영토에서 극동으로 확대하였다. 하지만, 신구 안보조약은 공통점도 많다. 첫째, 기지제공을 전토기지 방식에 의하도록 함으로써 미군이 마음만 먹으면 어디든 기지를 설정할 수 있도록 하고 있다. 둘째, 일본의 방위력 증강의무를 명기하고 있다.

신 안보조약은 1953년 체결된 '한미상호방위조약'과도 많은 공통점과 차이점을 가지고 있다. 가장 두드러진 공통점은 '한미상호방위조약'과 미일 신 안보조약은 전토기지 방식의 불평등한 군사기지 제공방식에 따르고 있다는 점일 것이다. 한국과 미국에 있어서 군사기지 재편의 문제가 국민적 동의없이 진행되고 있는 것도 바로 이러한 전토기지 방식에 기인한다.

가장 두드러진 차이점은 우선 '한미상호방위조약'이 한국과 미국 영토에 대한 태평양 지역에 있어서의 외부침략에 대한 한미간 군사적 공동대응을 목적으로 하고 있다면, 미일 신 안보조약은 일본 영토상에 있어서 일본 또는 미국에 대한 외부침략에 대하여 미일간의 군사적 공동대응을 목적으로 하고 있다는 점일 것이다.

신 안보조약 제5조는 일본의 자위대와 미군의 공동행동(작전)에 대하여 "각 체약국은 일본국의 시정(施政)하에 있는 영역에 있어서 어느 한 쪽에 대한 무력공격이, 자국의 평화 및 안전을 위험에 빠지게 하는 것임을 인정하여 자국의 헌법상 규정 및 절차에 따라서 공통의 위험에 대처하도록 행동한다"고 규정하고 있다. 여기에서는 미일공동작전행동은 일본의 영역 내이어야만 된다는 점을 규정하고 있다. 이러한 점은 주일미군을 신속기동군으로 재배치하는데 걸림돌이 되고 있다. 군사조약으로서의 성격을 띠고 있지만, 온전한 쌍무적 성격이 없는 셈인데, 그것은 집단적 자위권을 부정하고 비무장평화주의를 규정한 일본국 헌법 제9조의 제약 때문이다. 신 안보조약이 집단적 자위권을 부정한 일본국 헌법에 반하는 것이 아니냐는 국내외의 비판에 대하여 일본 정부는 1968년 '국제법상 집단적 자위권은 갖지만, 헌법 제9조에 따라 헌법을 개정하지 않는 한 방위만 할 수 있다'는 어정쩡한 태도를 취하고 있었다. 2015년 '안보관련법'(중요영향사태법, 존립위기사태법 등)은 그런 의미에서 신 안보조약에도 위반된다. 2015년 '안보관련법'에 의하면, 첫째, 일본에 대한 직접적인 무력공격이 아니더라도 무력공격에 이를 위험이 있는 경우 이를 중요영향사태로 파악하여 미군 등에 대한 후방지원을 전개할 수 있고, 둘째, 일본이 아닌 일본과 밀접한 관계에 있는 나라에 대한 무력공격이 있는 경우에도 이를 존립위기사태로 파악하여 필요최소한의 실력행사 즉 제한적인 집단적 자위권을 행사할 수 있다.

결국 미일간 또는 한미일간 군사동맹이 완성되려면 즉 동맹국에 대한 공격을 자국에 대한 공격으로 간주해 반격할 수 있는 쌍무적인 집단적 자위권을 행사하려면 일본국 헌법 제9조를 개정하여야 한다. 미국이 영향력을 행사하여 만든 헌법에 대하여 오히려 개헌을 요청하고 있는 것은 바로 이와 같은 상황에 기초한다.

2) 주일미군의 군사재편과 군사융합

미일 신 안보조약의 이러한 편무적 성격에도 불구하고 최근 일본에서 전개되고 있는 일련의 군사기지 재편은 쌍무성을 띤 '한미상호방위조약'에 근접하는 양상을 띠고 있다. 주한미군과 한국군이 연합군 체제를 유지하고 있는데 비하여, 일본의 자위대는 일본 영역 밖에서의 미군의 군사행동에 대하여 공동 군사행동을 취할 수 없고, 일본 영역 밖에 파병되더라도 걸프전쟁에서처럼 분쟁 종료 후에 어뢰제거와 같은 비전투적 행동만 취할 수 있었다. 이라크 전쟁에서처럼 분쟁지역에 파견되더라도 미군의 후방지원을 하는 형태인데, 이를 질적으로 변모시켜 연합군화 하려 하고 있다. 그 대표적인 움직임이 미국의 군사변환 정책과 이에 따른 주일 미군 재배치계획이다. 지난 2006년 5월 1일 양국의 국방, 외무장관(2+2)은 미일안전보장 협의회를 열고 포괄적인 '안보전략'의 변화에 합의하였다.

이에 따르면 미국의 워싱턴주에 있는 미육군 제1군단 사령부가 도쿄에 인접한 가나가와(神奈川)현의 자마(座間)기지로 2008년까지 이전하여 거점사령부(UEX)[11] 역할을 한다는 것이다. 실제 2007년 12월 19일 그간 후방지원을 담당하였던 제9전역지원사령부를 재편하여 제1군단 전방지원사령부로 이전 설치하였다. 일본 자위대 항공 총사령부는 주일 미공군 기지가 있는 도쿄서부의 요코타(横田)로 2010년까지 이전키로 2005년 합의 한 후 2012년 3월 26일 이전완료 하였다. 오키나와의 항모탑재기는 야마구치(山口)현 이와쿠니(岩國)로 2018년 이전 완료하였다.

또한 일본자위대의 일부를 개편하여 중앙즉응사령부[12]를 만들어 자마기지에 배치한다는 것이다. 자위대 중앙즉응사령부(JGSDF Central Readiness Command)는 육상자위대 중 방위대신 직할의 기동운용부대로 2007년 3월 28일 일본의 신 방위대강에 기초하여 창설되었으며, 2018년 3월 26일부로 폐지되었다.

---

11) 미육군은 미래형 전력개념으로 광역사령부UEY(Unit of Employment-y)와 거점사령부 UEX:Unit of Employment X)'를 제시하고 있다. 이에 따르면, 미 육군의 미래 목표전력은 실제 전투부대인 UA(Unit of Action)와 이를 운영 · 지휘하는 UEX, 그리고 증강된 군단급 규모인 UEY(Unit of Employment-y)등으로 구성된다. 이 중 UEX는 군단과 사단의 중간 규모로서 최첨단 장비로 무장된다. UEX에는 기갑 UA를 비롯한 보병UA. 항공 UA. 지원UA와 스트라이커 여단 등이 소속된다. UEX는 평시에는 실전부대를 갖지 않으나 유사시 기동력을 크게 늘려 여단 규모의 실전부대로 작전을 지휘한다.

12) 1950년대 중후반 들어 극동사령부와 동북사령부는 해체되어 태평양과 대서양 사령부에 통합되었다. 대신 해군과 공군이 제각기 굴리던 사령부들 중 일부 조직이 합참 직속으로 운영되기 시작했는데, 이 사령부들이 동대서양-지중해함대(U.S. Naval Forces, Eastern Atlantic and Mediterranean), 그리고 전략공군사령부(Strategic Air Command)였다. 여기에 공격사령부(Strike Command, 이후 즉응사령부(Readiness Command)로 개편), 우주사령부(Space Command), 수송사령부(Transportation Command)등이 추가로 창설되기도 하였다.

주일미군 재편 · 재배치 확정
▪미사일방어(MD)용 미군 신형 레이더 배치(올 여름부터 운용)
수집된 정보를 일본과 공유
일 항공자위대 사리키 기지
▪항모 함재기 부대(59기 보유) 이전(2014년까지) 대신 이와쿠니 기지 공동 사용하던 일 해상자위대기(17기)를 아쓰기 미군기지로 이동
미 해군과 일 해상자위대의 정보 교환 및 가나가와현 주변 주민의 소음문제 해결
▪일 항공자위대의 항공총사령부 이전
미 공군이 일 항공자위대와 공동으로 탄도미사일 공격에 대한 대처 나서게 됨
일 본
후텐마 비행장의 공중급유기 부대(12기 보유) 이전
이와쿠니 기지
요코타 기지
야쓰기 기지
자마 기지
가노야 기지
▪미 워싱턴주의 육군 제1군단사령부 개편, 이전
▪일 육상자위대의 중앙 기동집단사령부 배치
미 육군 사령부와 육상자위대의 연대 강화
오키나와 기지
▪오키나와의 후텐마 비행장의 공중급유기 부대 훈련기지 기능 이전
중국 · 북한 겨냥한 공동 기지를 규슈 지역에도 확보
◆ 재편=조직과 시스템을 새로 구성하는 것을 말한다. 주일미군과 일본 자위대가 사실상 공동사령부를 운영하는 것이 한 예다
◆ 재배치=여기선 사령부나 부대의 이동 배치를 뜻한다. 미 서부 워싱턴 주둔 미 육군 1군단 사령부가 일본 자마 미군기지로 옮기는 것이 대표적이다.
괌
▪미 해병대 8000명 삭감 이 중 대부분은 괌으로 이전
이전비의 59%를 일본이 부담

중앙일보(2006. 5. 2.)

3. 기지 재편과 반기지 투쟁

미군의 기지재편과 이를 둘러싼 반기지 투쟁은 사실은 역사와 뿌리가 깊다. 오늘날과 같은 전면적인 군사변환의 차원은 아니지만, 기지의 확장과 이전을 둘러싼 오랜 공방의 역사를 가지고 있으며, 오늘날의 반기지 투쟁이 이러한 공방과 연속성을 가지고 있다는 측면 등을 고려하여 이하에서는 반기지 투쟁의 역사와 오늘을 주요한 반기지 투쟁을 중심으로 살펴보기로 한다.

1) 반기지 투쟁의 역사

스나가와 투쟁과 주일미군

반기지 투쟁사에 있어서의 이정표는 스나가와(砂川) 마을의 투쟁이었다. 도쿄도 서부에 위치하고 있는 다치카와(立川)에는 미군비행장이 있었다. 한국전쟁 직후인 1954년 미국은 태평양 일대에서의 공군의 제공권 제고를 위하여 다치카와 비행장을 확장하기로 하였다. 확장의 대상은 다치카와 비행장 옆의 스나가와라는 마을이었다.

하지만, 일본 군국주의 시절에는 제국군대에 기지를 제공한다는 명분에 내몰렸고, 패전 후에는 미군기지 건설 때문에 내몰렸던 스나가와 마을 주민들은 비행장 확장공사에 또다시 내몰리게 되자 이에 반대하는 투쟁에 나서게 되었다. 주민들은 일치단결하여 우선 수차례에 걸친 기지확장을 위한 측량에 반대하였다. 그런데도 도쿄도가 이를 강행하자 더욱 가열차게 항의하였다. 항의도중 일부 주민은 철책을 뚫고 들어가기도 하였다. 이에 일본 정부는 이들은 구 미일안보조약에 기초한 미일행정협정에 따른 형사특별법 제2조 위반으로 주민들을 기소하기에 이르렀다.

그러나 도쿄 지방재판소의 다테 아키오(伊達秋雄) 판사는 1959년 3월 30일 이들에 대하여 전격적으로 무죄를 선고하였다. 주일미군이 비무장 평화주의를 규정한 일본국 헌법의 평화주의에 반하는 존재이고, 주일미군으로 인하여 무력분쟁에 휩쓸릴 가능성이 높다는 것이 판결의 요지였다. 또한 미일행정협정에 따른 형사특별법 제2조의 형벌이 경범죄처벌법보다 더 무거운 것도 헌법위반이라는 것이었다.

미군 주둔에 대한 위헌판결을 염려한 미국은 주일대사를 통하여 1심 판결의 시정을 일본 정부에 요청하였고,[13] 미일안보조약 개정논의가 한

---

13) 新原昭治, 『日米「密約」外交と人民のたたかい』(新日本出版社, 2011年), 15쪽.

스나가와 투쟁(월간 코먼스, 2018. 8. 15.)

창인 때에 미군 주둔에 대한 위헌판결까지 나오게 되는 것에 대한 극도의 염려를 하였던 검찰은 고등법원 항소라는 통상의 절차를 뛰어 넘어 이례적으로 최고재판소에 비약상고 하였다. 그리고, 최고재판소는 1심의 무죄선고를 파기하여 돌려보냈다. 그 결과 도쿄지방재판소의 다른 재판부에서는 1961년 3월 27일 주민들에게 경미한 2000엔 벌금의 유죄를 내리면서 재판은 종결되었다.

하지만, 최고재판소는 파기환송 판결의 이유로, 자위권에 기초하여 외국에 안전보장을 위탁하는 것은 일본국 헌법 제9조에서 금지하고 있지 않다고 하였고, 외국의 군대 즉 주일 미군은 일본국 헌법 제9조 제2항에서 금지하고 있는 전력에 해당하지 않는다고 판시하였다. 미국은 이 재판에 지대한 관심을 가지고 임하였으며, 더글라스 맥아더 사령관의 조카인 더글라스 맥아더 II와 다나카 고타로(田中耕太郎)최고재판소장 사이의 밀담이 이러한 결과를 낳았다는 문서의 발굴과 분석이 제기되기도

하였다.[14)]

비록 최고재판소에서는 졌지만, 이후 스나가와 미군기지 확장반대투쟁은 때마침 활발해가고 있던 전국 각지의 베트남 반전운동과 맞물려 더욱더 공감대를 확산하였다. 결국 1968년 12월 19일 미공군 사령부는 다치가와시의 미군기지를 스나가와 지역으로 확장하려던 계획을 전면 중지하였다. 그 후 1977년에는 확장하려던 다치가와시의 미군기지마저도 일본 정부에 반환하게 되었다. 그 기지의 대부분이 현재 50여만 평의 평화공원이 되었다.

그러나 미국과 정부 측은 이 스나가와 판결을 아전인수격으로 활용하였다. 당시 스나가와 판결에서 개별적 자위권은 인정되고 이를 위해 외국군 즉 미군에 자국의 방위를 위탁할 수 있다는 취지로 사용하였던 다음과 같은 논리(즉 "일본이 주권국으로서 갖는 고유의 자위권은 부정되지 않으며…일본이 자국의 평화와 안전을 유지하고 그 존립을 지키기 위해 필요한 자위의 조치를 취하는 것은 국가고유의 기능으로서 당연하다")를 최고재판소도 집단적 자위권을 명시적으로 부인하지 않고 용인하였다라고 확대해석하였다.[15)]

그리고 이를 악용하여 2015년 '안보관련법'을 강행·통과할 때 유력한 근거로 삼기도 하였다.

나가누마 사건과 평화적 생존권

나가누마(長沼) 사건이란 나가누마 마을 주민들이 항공자위대의 미사일기지 설치에 반대한 운동이다. 나가누마는 일본 열도 최북단 홋카이도

14) 末浪靖司, 『機密解禁文書にみる日米同盟』(高文研, 2015年), 64~74쪽 참조.

15) 浦田一郎, 『集団的自衛権限定容認とは何か』(日本評論社, 2016年), 79쪽.

(北海道)에 위치한 인구 2만여 명의 우리의 군단위 쯤에 해당하는 조그만 시골 마을이다. 마을에는 수해방지 등을 위한 숲(保安林)의 일종인 수원(水源)함양림 마오이(馬追)산이 한켠에 버티고 있다. 그런데 이 시골 마을에 미국과 일본 정부는 대소련 방공기지로서의 책무를 맡기려고 하였다. 이에 일본 정부는 방위력 증강계획을 세우고 그 일환으로 이곳에 항공자위대의 기지를 설치, 나이키 미사일을 배치하고자 하였다.

미사일기지 건설을 위해서는 막대한 토지가 필요하였는데, 일본 정부는 이를 위하여 나가누마 내에 있는 마오이산 일대 약10만 평(35헥타르)을 제공키로 하였다. 이를 위해 보안림 지정을 해제하고자 하였고, 해제처분을 위한 법리상의 명분으로 들고 나온 것이 다름 아닌 '공공의 이익'이었다.

그러나 지역주민 173명(이후 소송인단은 359명으로 늘어났다)은 기지건설을 위한 보안림 지정해제처분이 공익을 증진시키는 것이 아니라 오히려 공익을 해칠 수 있다고 주장하면서 보안림 해제처분이 이루어진 1969년 7월 7일, 이를 취소하라는 소송을 즉각 제기하였다. '공익'을 이유로 보안림지정을 해제하는 것은 정부의 행정편의이자 정부가 생각하는 공익일뿐이지 주민들의 공익, 곧 평화적 생존에 대한 배려와는 아무런 관계가 없다는 것이다.

나가누마에서의 나이키 미사일기지 건설을 둘러싼 공방의 시작은 조촐하였지만, 같은 해인 1969년의 나리타 공항건설 예정지인 산리즈카(三里塚)에서의 투쟁, 도쿄대학의 야스다(安田) 강당 점거사태 등 여타 사회운동으로 이어지면서 일본 사회를 평화와 인권의 함성과 격랑으로 밀어 넣었다.

이 격랑의 와중에 주민들의 소박한 생각에 손을 들어 준 것은 후쿠시마 시게오(福島重雄)라는 개혁성향의 젊은 판사였다. 실제 후쿠시마 판사는 사법개혁을 추동하기 위하여 결성된 청년법률가협회의 회원이기도 하였다. 그렇다고 하여 그가 청년법률가협회의 지시나 시책에 따라 판결을 내린 것은 아니고 판사로서의 양심과 법리에 따라서 재판을 하였을 뿐이었다.

후쿠시마 판사는 1973년 9월 7일, "일본국 헌법에 비무장평화주의를 규정하고 있는데도 그 규모로 보나 장비로 보나 군대에 해당하는 자위대를 두는 것은 헌법 원리에 반하며, 따라서 자위대의 일부인 항공자위대의 미사일 기지 신설을 위한 보안림 지정해제는 공익과 무관하다"고 판결하였다. 더욱 흥미로운 것은 정부의 보안림 해제처분이 일본국 헌법 전문에서 규정하고 있는 평화적 생존권을 침해하였다고 판단했다는 점이다. 나이키 미사일기지가 설치되면 유사시 상대국의 첫 번째 공격목표가 되는 바, 이는 '주민들의 평화적 생존의 권리를 침해하는 공권력 행사'라는 점을 확인한 것이다.[16)]

용기있는 지역 주민과 헌법 원리에 충실한 재판을 하고자 했던 판사의 양식이 어우러져 헌법학자뿐만 아니라 평화애호 세력을 흥분시키고 전국민적인 센세이션을 일으켰던 나가누마 미사일기지 사건 1심판결은 유감스럽게도 이후 뒤집혔다. 특히 고등재판소는 1976년 8월 5일, 자위대와 같은 고도의 정치적 성격을 갖는 국가적 행위는 위헌무효로 명백히 확신할 수 없는 이상 사법심사의 대상이 될 수 없다고 판결하였다. 이른바 '통치행위론'이라는 논리로 평화적 생존에 대한 전국민적 기대를 뒤집은 것이다. 그후 1982년 9월 최고재판소가 상고를 기각함으로써 14년에 걸친 재판은 종결되었고, 결국 나가누마에는 항공자위대의 미사일기지가 설치되었다. 그리고 현재에는 나이키 미사일 대신 패트리어트 미사일

---

16) 「訴訟記録, 長沼ナイキ基地訴訟」, 『自衛隊裁判(法律時報臨時増刊)』(1975年), 163쪽 이하 참조.

이 배치되어 오늘도 가상의적 (아마도 북한)을 노리고 있다.

그러나 고된 반대운동에도 불구하고 미사일기지가 결국에는 설치되고 현재까지 변함없이 존재한다고 하여, 고등재판소와 최고재판소에서 패소했다고 하여 실망만 하는 사람은 많지 않았다. 왜냐하면, 그간 추상적으로만 논의되던 평화적 생존권, 평화와 인권을 연결해주는 평화적 생존권이 재판규범으로도 기능할 수 있다는 가능성을 발견하였기 때문이다.

에니와 사건과 자위대

일본 홋카이도의 에니와(恵庭)라는 마을(지금은 에니와 시)에 노자키(野崎)라는 형제가 있었다. 우리나라의 무주 구천동만큼이나 선선한 곳에 목초지도 많고 하니 목장을 하면서 지내면 딱 좋은 곳이 바로 에니와 마을이다.

그런데 그런 평화로운 곳에서 젖소를 키워 낙농업을 하면서 살던 노자키 형제에게 고민거리가 하나 생겼다. 육상자위대의 포탄연습장이 옮겨오면서 밤낮없이 쏘아대는 포탄소리 때문에 젖소의 젖이 잘 안 나오게 된 것이다. 유순한 노자키 형제를 비롯한 포탄연습장 주변의 마쓰시마 마을 낙농가들이 수차례에 걸쳐 평화적인 방법으로 자위대 측에 연습 중지 등의 대책을 강구해주도록 요청한 것은 물론이다. 그러나 자위대측은 이에 묵묵부답으로 일관했다. 이에 노자키 형제를 필두로 격분한 주민들이 1962년 12월 11일과 12일 이틀간에 걸쳐 항의의 의미로 자위대의 연습용 통신선을 절단해버린 사건이 발생하였다.

이 사건에 대해 일본 검찰은 이러한 행위가 자위대법 제121조 군용시설 손괴죄에 해당한다며 기소했다. 그러나 노자키 형제는 군용시설 손괴죄를 적용하기에 앞서 자위대가 과연 헌법에 적합한 존재인지, 군사력을 금지한 일본국 헌법의 정신에 맞는 것인지 따져보라고 주장했다. 이를 위하여 군사전문가, 헌법연구자 등을 증인으로 신청해 자위대에 대한 실태심리를 주장하기도 하였다.

결국 자위대에 대한 실태심리가 인정되어 본격적인 헌법재판이 시작되었다. 사실 그때까지만 해도 보수적인 법원의 경향에 비추어 피고인은 물론 변호인단도 이렇다 할 큰 기대를 하지 않았다. 그런데 뜻밖에도 홋카이도 지방재판소는 노자키 형제에게 무죄를 선고했다. 자위대법 제121조에 따르면 '무기, 탄약, 항공기, 그 밖의 방위에 필요한 물건을 훼손할 것'을 범죄구성요건으로 하고 있는데, 연습용 통신선은 '그 밖의 방위에 필요한 물건'에 해당하지 않는다는 것이다. 따라서 자위대법 121조 군용시설 손괴죄를 마구잡이식으로 적용하는 것은 죄형법정주의에도 반한다고 하였다.

이러한 1심판결에 대하여 검찰이 항소를 포기함으로서 사건은 노자키 형제의 무죄로 일단락되었다. 검찰로서는 1심판결에서 패소한 셈이었지만 항소를 포기했다. 판결문에서 자위대가 위헌인지 여부에 대해서는 언급을 피하고 있었고, 2심에 가서 자위대의 위헌 여부가 본격적으로 논란이 되면 정치적으로 부담이 되기 때문에 그 정도 선에서 수위를 조절한 셈이다.

2) 반기지 투쟁의 현재

현재 반기지 투쟁의 최전선은 야마구치(山口)현 이와쿠니(岩國)와 오키나와이다. 이하 주일미군재배치와 관련된 최근의 반기지 현황에 대하여 살펴보기로 한다.

이와쿠니의 반기지 운동

일본 열도 남단의 야마구치(山口)현 이와쿠니(岩國)에는 새로운 활주로 확장공사가 완료되었다. 지난 2006년 5월 1일 미일안전보장협의회에서 현재 아쓰기(厚木)기지에 있는 FA-18 등 함모함재기 57대와 미군 1600명을 이와쿠니로 2014년까지 이전하기로 최종 합의하였기 때문이다. 또한 오키나와의 후텐마기지에 있는 KC-130 공중급유기부대도 이와쿠니로 거점을 옮기기로 하였다. 이에 따라 활주로 확장은 물론 사령부와 지원시설,가족시설과 이를 위한 주택을 건설하겠다고 밝혔다. 그리고 도쿄 인근 가나가와현의 아트수지에 있는 미해군 'SS키티호크 항공수송부대'를 이와쿠니시 미해병대 항공부대로 이전 배치하기로 하였다.

이와쿠니에는 현재에도 미해병대 기지가 있다. 이와쿠니 해병부대에는 현재 약 3천 5백여명의 미해병대원이 주둔 중이다. 그리고 이 기지는 일본의 해상자위대도 공동으로 사용하고 있다. 한반도로의 출격기지의 자리를 부여받고 있으며 핵병기 조립 작업소가 현존한다.[17)]

그러나 이러한 일련의 과정은 현지주민들과 아무런 사전 상의 없이 진행되었다. 이에 평화애호 세력들은 주민투표를 실시하기고 하였고 지난 2006년 3월 12일 미군기지 이전에 대한 주민투표를 실시하였다. 총 유권자 8만 5천 명 중 58%인 4만 9천 3백여 명이 투표에 참여했다. 유권자의 58%가 참여한 이 투표에서 87%의 주민은 기지 이전에 반대표(43,433명)를 던졌다. 찬성은 10%(5천 3백 70여 명)수준이었다. 조례에 따르면, 투표율이 50%를 넘으면 유효하다.

뿐만 아니라 2006년 4월23일 진행된 이와쿠니 시장선거에서는 미군기지 이전 반대를 내건 무소속의 이하라 가쓰스케(井原勝介) 씨가 시장에 당선되었다. 자민당은 이하라 후보에 맞서 기업가 출신의 아지무라 타로(味村太郎)후보를 추천하였다. 아지무라 후보는 미군기지를 받아들

---

17) 梅林広道『在日米軍』(岩波, 2002年), 62쪽 이하; 日本共産黨出版局,『總點檢 在日米軍基地』(日本共産党, 1991年), 121쪽 이하 참조.

이는 대신 정부보조를 확대해 지역발전을 꽤하자고 유권자를 설득했다. 또 아지무라 후보를 지원하기 위해 당시 유력한 차기수상 후보였던 아베 신조 당시 관방장관이 적극적 지원유세를 진행하기도 하였다.

주민투표 결과는 법적 구속력이 없다. 하지만 조례에 따라 시장과 시의회는 투표결과를 시정에 반영해야 한다. 따라서 이와쿠니 주민투표 결과는 정부의 미군부대 이전 배치계획에 큰 걸림돌로 작용하여[18], 12년이 지난 2018년 3월 30일에 겨우 미 항공모함탑재기 부대가 주민들의 반대에도 불구하고 이와쿠니로 이전 완료하였다.

오키나와의 반기지 운동

오키나와는 류큐(琉球)제국의 후신으로 아열대 기후에 산호빛 바닷물이 넘실거리는 아름다운 섬나라이기도 하다. 그러나 일본 국토 면적의 0.6%밖에 되지 않는 곳 이 섬나라에 미군기지가 현 면적의 10.7%(오키나와섬의 19.4%)를 차지하고 있다. 미군이 일상적으로 사용할 수 있는 전용시설에 한해서 볼 때에는 일본 전국 미군기지의 74.9%가 오키나와현에 집중되어 있다. 오키나와의 공중은 100% 미군이 지배하고 있다.[19]

그 때문에 대부분의 미군기지는 주택지역 안 또는 그 주변에 있고, "기지 안에 오키나와가 있다"고 얘기될 정도이다.

오키나와는 미군을 중심으로 하는 연합국이 2차 대전 직후 점령해 식

---

18) 미군 부대 이전에 대한 반발은 이와쿠니시 뿐 아니다. 가나가와현 자마 시민 1천8백여 명도 11일 '캠프 자마' 이전 반대시위를 벌였다. 일본 정부는 워싱턴에 있는 미육군 제1사령부 본부를 '캠프 자마'로 이전키로 합의한 상태라고 강조했다. 자마시의 카수지 호시노 시장도 이날 미군기지 이전을 반대하며 도심 중앙에 있는 공원에서 캠프 자마 정문 앞까지 항의시위를 벌인 바 있다

19) 矢部宏治, 『日本はなぜ, 「基地」と「原発」を止められないのか』(集英社インターナショナル, 2015年), 28~30쪽.

민 통치를 하다가 1972년 일본에 뒤늦게 반환하고, 1952년의 '미일안보조약' 발효와 함께 연합국 군대가 아닌 주일미군으로 미군이 주둔하는 곳이기도 하다.[20)]

샌프란시스코 강화조약은 제3조에서 류큐제도(오키나와)등의 지역에 관해서는 본토와는 따로 취급하기로 하고, 이 지역들을 UN의 신탁통치 하에 들어갈 때까지 미국의 통치권을 인정하였다. 이 결과 오키나와는 1972년 5월 15일, '오키나와 반환협정'이 발효될 때까지 미국의 통치 하에 남게 되었다. 따라서 오키나와의 미군기지는 위 날짜까지 일미안보조약에 의하지 아니하고 미군이 자유롭게 쓸 수 있는 기지였다.[21)] 본토의 미군기지는 거의 다 구 일본군의 시설을 그냥 접수한 것이었는데, 오키나와에서는 제2차 대전의 지상전투로 점령된 토지 이외에 미국의 통치 하에서 '총칼과 불도저'로 미군에 접수당한 토지까지 새로이 기지가 되었다.

약 5만여 명의 주일미군의 대부분은 오키나와현에 있는 부대에 주둔하고 있다. 미군기지의 용도별 사용상황을 보면 '훈련장'이 시설 수나 면적에 있어 많아, 17개 시설 · 16,854ha(전 기지면적의 68.7%)이고, 실탄 사격훈련, 낙하산 강화훈련, 부대의 상륙훈련 등이 행해지고 있다. 다음으로 면적이 큰 것은 '창고'이며, 3개 시설 · 3,280ha(전 기지면적의 13.4%)를 차지하고 있으며 각 군이 필요로 하는 탄약의 종합 저장시설 및 군수물자의 보급시설로서의 역할을 떠맡고 있다. 셋째로 면적이 큰 것이 '비행장'시설이고 가데나(嘉手納)비행장과 후텐마 비행장의 2개 시설 · 2,479ha이다. 이 양 시설은 둘 다 오키나와 본섬의 중북지구에 있고 게다가 각각 공군 및 해병대의 중추기지로 되어 있다. 그밖에 '군인막사'시설, '통신'시설, '항만'시설 및 '의료'시설 등이 존재한다.

---

20) 矢部宏治, 같은 책, 35쪽.

21) 浦田賢治, 『沖縄米軍基地法の現在』(一粒社, 2000年), 26쪽 이하 참조.

연합뉴스(2019. 2. 14)

그러다보니 오키나와에서는 크고 작은 미군 범죄는 물론이고 반기지 투쟁이 끊임없이 전개되어 온 곳이기도 하다. 복귀 후부터 1997년 12월 말까지 미군 구성원 등에 의한 형사범 검거 인원은 4,694명이고, 검거 건수는 4,867건이다. 그 중 흉악범(살인, 강도, 방화, 강간)은 517건에 달하며 민간인에 대한 살인사건은 12건 발생하였다. 전 검거인원에서 차지하는 미군 구성원 등의 비율은 약 5.7%이다. 검거인원은 1995년에 62명, 1996년에 33명으로 복귀 직후와 비교하면 감소하고 있으나 미군 구성원 등의 범죄도 주민을 불안하게 하고 있다. 1995년에는 3명의 미 해병대원 12살 일본 소녀를 강간해 거센 사회적 반발을 샀다. 주민들은 거세게 미군철수를 주장하였으며. 2006년 1월에도 미군이 한 일본인

여성을 살해해 물의를 빚었다. 당시 주일미군 사령관이 일본 국방성 관계자에게 직접 사과를 했었다.

반기지 운동의 타겟이자 반기지운동의 상징이 된 곳은 후텐마 비행장이다. 후텐마 비행장은 기노완시(宜野灣市)의 중앙부에 위치하여 미 해병대 제3해병 원정군의 거점 비행장으로서 헬리콥터 부대를 중심으로 한 64대의 항공기가 배치되어 있으며 주일 미군기지 속에서도 유수의 헬리콥터 기지로 되어 있다. 동 시설의 면적은 480.6만㎡로 기노완시 전 면적의 25.3%을 차지하며 시설 주변은 주택 밀집지역이다. 동 시설은 항공기의 소음에 의한 주거환경이나 교육환경에 대한 악영향, 항공기의 추락이나 불시착 등의 사고 다발지역의 진흥 · 개발의 저해 등 그 폐해나 위험성이 일찍부터 지적되어 왔으며 오키나와현 및 기노완시는 그 조기 반환을 강하게 요구하여왔다. 미일 양 정부는 1996년 4월에 발표된 중간보고에서 "5년 내지 7년 이내에 충분한 대체시설이 완성된 이후에 반환한다"라고 반환 합의를 발표했으나 대체시설의 현내 이설이 조건이었다.

대체시설의 이전지에 대해서는 후보지가 나올 때마다 관계 시정촌의 반발을 초래하여, 여기 저기 헤맨 끝에 일본 정부는 1997년 11월에 나고시(名護市) 헤노코(辺野古)의 캠프 슈와부 앞바다(沿岸)의 해상 헬리포트 기지 건설을 제시하였다. 이것에 대하여 나고시에서는 건설의 찬반에 시민의 의견이 양분되어 같은 해 12월 21일에 주민투표를 실시한 결과 건설 반대표가 과반수(52.85%)를 차지하였다.

오오타(大田)당시 오키나와현 지사는 1998년 2월 ① 건설 반대표가 과반수(52.85%)를 차지한 나고시 주민투표의 결과 ② 환경의 악화 ③ 현내 각종 시민단체의 반대 등을 이유로 해상 헬리포트 기지 건설의 거부를 정식으로 표명한 바 있다.

또한 2006년 4월 23일 실시된 오키나와시 시장선거에서는 일본공산당, 사민당, 사회대중당, 민주당, 자유연합이 공동추천한 도몬 미쓰코(東門美津子) 후보가 자민당과 공명당 연립여당이 추천한 구와에 사치오(桑江朝千夫) 후보를 누르고 시장에 당선됐다.

도몬 후보는 미군기지 재편과 관련하여 '오키나와는 더 이상의 부담을 질수 없다. 일본과 미국 정부는 미군기지를 정리 축소하라'고 요구하였으며, 선거운동 기간 중 신기지 건설뿐만 아니라 가데나 기지에 항공자위대 전투기가 이전하는 것도 반대한다고 주장하였다. 2006년 실시된 나고시 시장선거에 나선 후보3인 모두 캠프 슈와브 앞바다의 해상 헬리포트 기지 건설안을 반대하였다.

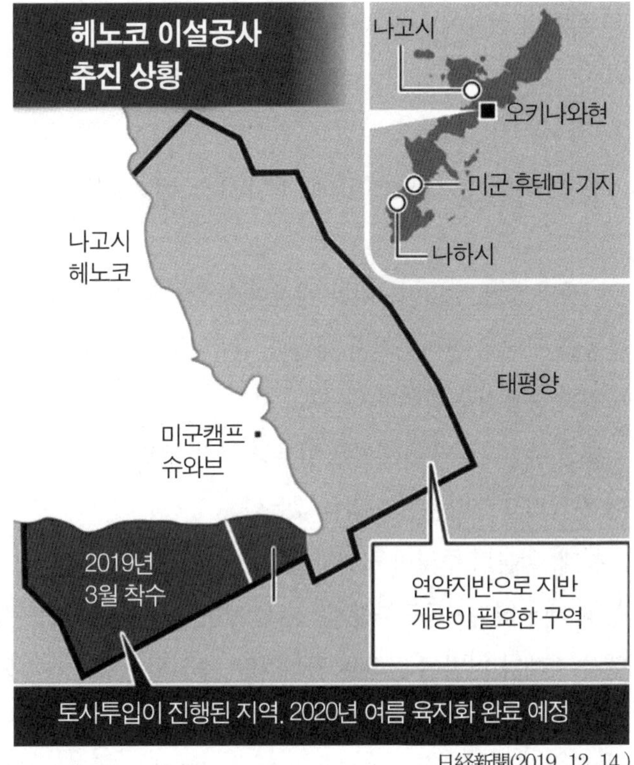

日経新聞(2019. 12. 14.)

2013년 나카이마 히로가즈(仲井眞弘多) 지사가 주민들의 반대를 무릅쓰고 매립승인을 하였으나, 새로운 지사 오나가 다케시(翁長雄志) 지사가 2015년 10월 31일 정부의 헤노코 매립공사의 승인을 취소하였으며, 이에 대해 일본 정부가 무효확인소송을 제기한 상태이다. 그럼에도 불구하고 2018년에는 매립지에 대한 일본 정부의 모래 투입이 시작되었으며, 2019년 2월 24일에는 주민들이 이 모래투입에 대한 주민투표를 실시하였는데 71.74%의 주민이 반대의사를 표명한 바 있다. 하지만 2020년 현재에도 모래투입이 실시되고 있다.

주일미군기지 재편의 성패가 달려있는 오키나와(沖縄)현 후텐마(普天間)비행장이전과 이전 대상지 캠프 슈와부 앞바다(沿岸)를 둘러싼 공방은 2020년 현재에도 진행 중이다.

4. 한미일 군사동맹화에 대항하는 반기지 연대

이상과 같은 주일미군기간 재편의 역사와 현황 및 이를 둘러싼 반기지 운동을 보면 주한미군기지 재편과 주일미군기지 재편은 다음과 같은 차이점과 공통점을 갖는다.

우선 주일미군기지 재편은 일본국 헌법 제9조와의 밀접한 상관관계 속에 진행되고 있다는 차이점을 갖는다.

첫째, 일본의 주일미군 주둔 및 기지 재편은 일본국 헌법 제9조의 제약을 풀어야 신속기동군화할 수 있다. 제한적이라 하더라도 집단적 자위권 행사 자체가 헌법에 반하는 것이지만, 주일미군이 신속기동군화하기 위해서는 헌법 제9조를 개정하여야 하기 때문이다.

둘째, 따라서 반기지 운동이 평화적 생존권을 지키기 위한 평화운동으로서의 성격과 호헌운동으로서의 성격을 동시에 갖는다.

한편, 주일미군기지 재편과 주한미군 재편은 다음과 같은 공통점을 갖는다.

첫째, 주일미군 재편은 형식적으로는 기지가 축소되는 것처럼 보이지만, 실지로는 재편 강화되고 있다는 점을 알 수 있다. 그간 미군범죄의 온상이었던 오키나와의 해병대가 괌으로 이전하는 것을 보면 미군범죄의 가능성은 줄어 들 것이고, 일부 기지가 전면 반환되지만, 항모탑재기들이 이와쿠니로 이전하여 기동력을 강화하고 있으며, 자위대 역시 행동반경을 확대하여 왔다. 나아가 자위대에 즉응사령부를 만드는 등 신속기동군화를 염두에 둔 미일간의 군사융합이 이루어지고 있다는 점에 사태의 심각성이 있다.

이는 주한미군의 일부철수, 주한 미군기지의 통폐합과 일부반환, 용산미군기지의 평택으로의 이전, 주한미군 2사단의 후방배치[22] 등이 이루어지고 있는 한국의 상황과 매우 흡사하다. 그러나 이는 한미동맹의 약화가 아니라 사실은 신속기동군으로 재편이 이루어지고 있는 것과 유사한 형태를 띠고 있다.

둘째, 한미일간의 양국간 군사협력 관계가 3국간 군사협력체계로 체계화 되어가고 있다는 점이다. 특히 일본의 경우 편무적 군사협력체제의 성격을 넘어 미일 양국 군대의 융합화를 도모하고 있다. 종래의 한미일간의 군사협력관계는 미국을 중심으로 한 양자관계가 중심이었다면, 이제는 미국을 정점으로 하는 삼국간 군사협력체제로 구체화되어 가는 것

22) 지상 전력의 주력인 미 2사단은 이미 지난해 6월 미래형 사단인 '운용부대 X(UEX · Unit of Employment X)'로 개편을 마친 상태다. 몸집을 가볍게 해 더 이상 한반도 '붙박이군(軍)'이 아니라 전 세계 분쟁지역에 기민하게 투입될 수 있는 '유동군(流動軍)'으로 탈바꿈한 것이다. 2사단 예하 1여단도 새로운 편제인 '작전부대(UA · Unit of Action)'로 바뀌었다.

이다. 이를 도식화하면, 주일미군기지가 후방에서 군사력을 비축하고 집결해두는 '전력투사허브(PPH:Power Projection Hub)'라면, 주한미군기지는 전방에서 실제로 군사작전을 하는 전진기지 역할을 하는 '주요작전기지(MOB: Main Operating Base)'라고 할 수 있다. 한일간의 '군사정보보호협정'도 그 일환이다. 한일간에는 아직 노골적인 군사조약은 없지만 군사정보 교환이라는 이름의 낮은 단계의 군사협력이 시도되고 있다. 우선 미일간 · 한미간에만 존재하였던 군사정보보호협정을 한미일간의 정보보호협정으로 만들고 그 다음 단계로 상호군수지원협정(ACSA)으로 발전시킨 뒤 (2017년 1월 18일 일본이 한국 정부에 제안) 이를 통해 한미일간 군사협력을 증대 강화하고 일본국 헌법 개정 후 언젠가는 삼각군사동맹화하려는 것이다.

셋째, 평화와 인권의 가교로서 평화적 생존권이 대항담론의 축을 형성하고 있다는 점이다. 평택 미군기지 반대투쟁의 경우도 단순한 기지이전 반대투쟁을 넘어 평화적 생존을 확보하기 위한 투쟁으로 승화되고 있음에 주목하지 않을 수 없다.

그러므로 한일 양국에서 일어나고 있는 반기지 투쟁은 단순한 님비현상이 아니라 한미일의 동북아에 있어서의 군사동맹화에 맞서는 평화적 생존권을 확보하기 헌법수호운동이자 평화운동으로 적극적으로 위치지울 수 있을 것이다. 자국민의 의지와 관계없이 전쟁에 휩쓸리는 것을 저지하는 헌법실천운동이면서, 동시에 동북아가 미국의 군사전략에 휩쓸려 군사대결이 고조되는 것을 저지하는 동북아 평화운동의 지역운동으로서의 성격을 갖는 다고도 할 수 있을 것이다.

4부

동북아 평화와 일본국 헌법

1장

동북아시아 지역공동체와 평화권

해방 70주년을 전후하여 '동아시아 평화선언', '동북아 공동의 집' 등 동아시아 평화공동체 논의가 활발히 전재되기 시작하였다. 동아시아공동체 논의는 경제공동체, 정치 · 안보공동체, 지역정체성, 대안체제담론으로 유형화할 수 있다.

초국가적 지역공동체의 대상으로 동아시아 등이 논의되고 있으나 그 실질은 동북아시아이므로 동북아시아(남북한, 일본, 중국, 몽골)를 출발대상으로 하고, 평화를 중심으로 하는 정치 · 안보공동체론을 논의할 필요가 있다. 동북아 평화공동체를 위한 평화구축 과정은 국가의 외교국방정책을 견제 감시하고, 때로는 국가로 하여금 평화적 외교안보정책을 펼칠 수 있도록 청구하여야 하며, 전쟁과 평화의 당사자인 민간인도 국경을 넘어 연대하여야 하는 거버넌스의 과정으로 보아야 하는데, 이를 위해서는 유엔인권이사회 등에서도 활발히 논의되고 있고 일본국 헌법 전문에도 규정되어 있는 평화적 생존권 등 평화권이 기초가 되어야 할 것이다.

평화권에 기초한 평화공동체는 상호간의 주권존중, 평화적 수단에 의한 분쟁해결, 동북아 비핵지대화를 필두로 하는 군축, 한반도의 평화협정체결, 열린 지역주의와 복합국가론, 인간안보를 그 내용으로 하여야 한다.

이를 위한 실천프로그램으로 국가간에는 2005년의 9 · 19 공동성명, 2000년과 2007년, 2018년의 남북정상 회담, 2018년의 북미정상회담과 그에 따른 공동선언 등이 있었으며, 민간들 사이에서도 한반도 평화와 '동북아 비핵지대화' 등을 내용으로 하는 울란바토르 프로세스, NPT재검토회의에서의 지구시민선언 등이 합의 또는 발표된 바 있다.

미-쿠바간 국교정상화 및 한반도를 둘러싼 각종 평화체제 구축을 위한 그간의 합의 등에 비추어 본다면 동북아 평화체제 구축의 가능성이 그 어느때보다도 열려 있으며, 이를 위해서는 비핵화와 평화체제구축의 병행추진, 과거사문제에 대한 반성과 진실규명 등의 필요한 때이다.

1. 들어가는 말

2015년은 일제로부터의 해방 70주년, 남북분단으로부터 70주년을 맞이한 해로 동북아 지역에서도 공동체 논의가 활발했던 시기이기도 하다. 일본의 입장에서는 패전 70주년의 역사를 어느 정도 일단락 지을 수 있는 시점이기도 하다. 이를 계기로 지난 2015년 8월 13일에는 한반도 평화체제의 수립 및 비무장 평화주의를 규정한 일본 평화헌법 제9조가 동아시아 평화의 근간이라는 내용의 '동아시아 평화선언'이 강만길, 와다 하루키(和田春樹) 등 100여명의 동아시아 지식인 및 정치인에 의해 서울에서 발표되는 등 동아시아 지역공동체론이 다방면에서 분출하고 있다.

동아시아 지역이라고 할 때의 지역개념은 매우 다층적인 개념인데, 중앙에 대비하여 지역이라고 쓰기도 하며[1], 국민국가의 틀을 넘어선 개념으로서 지역에 주목하기도 한다. 이 글에서는 후자의 개념에 착안하되 그 범위를 동북아시아 지역에 특정하여, 동북아공동체 형성에 있어서 평화권이 갖는 의미에 대하여 논하여 보고자 한다.

2. 동아시아 지역공동체론의 현황과 유형

1) 동아시아 지역공동체론의 현황

동아시아 지역공동체론을 구체적으로 제안한 것은 말레이시아의 마하

1) 한국의 경우 지역균형발전법 등에서 '지역균형발전' 등의 컨셉으로 중앙과 대비되는 지역개념이 논의되고 있으며, 일본의 경우 1999년의 지방자치법 개정으로 '지역'개념이 지방자치체의 책무를 나타내는 키워드로 법 개념화하였고 2004년 지방자치법 개정에서는 '지역자치구'제도가 도입되었다.

티르 수상이었다. 1990년 12월 마하티르 수상은 말레이시아를 방문한 중국의 리펑(李鵬) 총리에게 세계적인 블록경제화에 대응하기 위한 동아시아 국가의 블록경제화 구상으로서 동아시아 경제그룹(East Asian Economic Group)을 제안한 바 있다. 그런데 이러한 구상은 미국 등에 대항하는 아시아 국가들의 결속이라는 인상이 강해 미국이 강하게 반발하였고 이를 의식한 일본이 유보적인 태도를 취하는 등 논란이 일어 실현되지 못하였다.

그러나, 1997년~98년, 동아시아 지역에 금융위기가 닥치면서 아세안(ASEAN: Association of South-East Asian Nations)10개국(인도네시아, 필리핀, 말레이시아, 싱가폴, 태국, 베트남, 라오스, 미얀바, 캄보디아, 브로나이)이 한, 중, 일 정상들을 초청하는 형식으로 ASEAN+3 정상회의가 열리면서, 그간의 논란이 수그러들고, 현재는 동아시아 지역공동체 구축 논의의 중요한 한 축을 담당하게 되었다. 우리 정부도 이에 적극 참여하여 2001년에는 김대중 정부의 제안으로 3P(평화, 번영, 진보)를 내용으로 하는 동아시아공동체(EAC:East Asia Community)비전을 주도하는 등 적극적인 외교무대가 펼쳐지고 있다. 우리나라도 한 아세안 특별정상회의를 2009년(제주), 2014년(부산), 2019년(부산)에서 개최하는 등 아세안 10개국과의 정례 회담을 펼치고 있으며, 아세안 외교에 적극적이다.

마하티르에서 비롯한 동아시아공동체론이 주로 경제 블록화에 대응하기 위한 것이라면, 와다 하루키, 강상중(姜尙中) 등에 의해 제기된 '동북아시아 공동의 집'[2)]은 동북아 평화를 핵심으로 하는 지역공동체론이다.

---

2) 고르바초프의 '유럽공동의 집(Common European Home)'이라는 개념을 아시아 지역에 원용한 것이다.

한중일간의 역사문제와 우호협력의 오피니언 리더 중의 한 사람인 와다 하루키(도쿄대 명예교수)는 동북아시아에 있어서 평화를 구축하기 위해서는 대륙세력과 해양세력을 잇는 가교인 한반도, 즉 남북한의 역할이 중요하다고 강조한다. 이러한 관점에서 와다 하루키는 한반도를 중심으로 반경 2000km를 비핵화할 것, 동북아 개발은행, 두만강 유역의 공동개발을 비롯한 경제공동체의 건설, 군축과 인권옹호 및 민주주의를 내용으로 하는 정치와 안보의 공동체를 역설하였다.[3)]

한편, 저명한 재일한국인 정치학자 강상중 교수(전 와세다대학 교수)는 2002년 일본 중의원 헌법조사회에서의 참고인 진술에서 동북아 국가간의 공동의 이해를 근간으로 하는 '동북아시아 공동의 집(Common House)'을 마찬가지로 주창하였다. 이를 구체화하기 위하여 환경보호, 경제협력, 위기극복을 위한 지역협력 안보의 구축을 제안하였다. 그는 아시아에서도 다극적인 안전보장시스템을 만드는 것이 필요하고 이를 통해 미·중 패권 경쟁에서 어느 쪽에도 편중되지 않고 중재적 역할을 수행할 수 있는 세력이 있어야 하는데, 그 관건은 한반도라고 하였다. 한반도가 동북아에서 가장 불안정한 요인을 안고 있기 때문에 한반도 남북의 화해, 평화공존과 통일이 '동북아시아 공동의 집'의 핵심이라는 것이다. 결국 한국이 4대 강국사이에서 완충지대역할을 할 수 있으며, 2(남북한)+2(중국, 러시아)+2(일본, 미국)에 의한 국제회의를 만들고 그 기관을 서울에 두자고 하였다.[4)]

이와 같은 지역공동체론이 시민사회의 입장에서 제시된 동아시아공동체론이라고 한다면, 2009년 하토야마 유키오(鳩山由紀夫, 1947년~)전 일

3) 和田春樹, 『東北アジア共同の家一新地域主義宣言』(平凡社, 2001年)한국어 번역본은 와다 하루키(이원덕 옮김), 『동북아시아 공동의 집』(일조각, 2004년).

4) 姜尙中, 『東北アジア共同の家をめざして』(平凡社, 2001年). 한국어 번역본은 『동북아시아 공동의 집을 향하여』(뿌리와 이파리, 2002년).

본수상(제93대, 2009.9.26.~2010.6.8.)이 제시한 '동아시아공동체론'은 정치인이 정치 외교 경험을 바탕으로 제시하였다는 점에서 주목을 끈다. 하토야마는 총리는 2010년 한중일 3국에 의한 '동아시아공동체론'을 내걸었다. '아시아인들의 우애'를 현재의 국제정치의 혼란을 바로잡는 이념으로 제시하는 하토야마의 공동체론은 무역이나 투자, 금융을 비롯해 에너지, 환경보전 및 대테러대책과 같은 분야에서 기능공동체를 지향하다가 장차 가치공동체로 나아가는 방식이다. 그 후 한중일 3국은 물론 인도, 호주, 뉴질랜드까지 포함하자고 하였다.

하토야마가 동아시아공동체의 키워드로 삼은 '우애'는 그의 조부인 보수정치인 하토야마 이치로(鳩山一郎, 1883~1959, 전직 총리 1954년~1956년)의 우애 사상에 기원한다. 하토야마 이치로는 유럽연합의 아버지 중의 하나로 불리는 쿠덴호프 칼레르기(Nikolaus von Coudenhove-Kalergi)의 저서 『Totalitarian State Against Man(전체주의 국가 대 인간: 인간을 거스르는 전체주의 국가)』[5]에서 '우애(fraternity)'에 대해 깊은 인상을 받고 그 우애로부터 동아시아공동체 즉, 동아시아 지역의 부전공동체(不戰共同體=평화공동체)를 지향하고자 하였다.

하토야마 유키오는 2009년 9월 수상 취임 직후부터 메이지 유신 이후의 탈아입구(脫亜入欧, 아시아를 벗어나 서구사회를 지향한다)의 자세에서 벗어나 아시아 중시의 외교를 진행하겠다고 말하였다. 대미 추종 일변도의 외교와 아시아 경시외교를 비판하는 그의 외교노선은 미국의 자존심을 자극하는 것이기도 하였다. 중국과 미국의 균형추 역할을 하면서 동아시아인들에 의한 동아시아의 선린우호협력노선을 추진하였던 한국의 노무현 대통령의 동북아 균형자론 구상과도 일맥상통하는 것이

5) 일본에서는 하토야마 이치로에 의해 『자유와 인생』(1953년)으로 번역 출판되었다.

기도 하였다.

2) 동아시아공동체론의 유형

한중일의 역사와 문학을 전공으로 하던 이들 사이에서 제기되었던 '동아시아'라는 주제는 1990년대 말부터 동아시아를 화두로 하는 공동체론으로 전개되어, 위에서 일부 살펴본 것처럼, 지난 20여년간 우리의 학계는 물론 시민사회 그리고 정치권 안팎에 이르기 까지 뜨거운 논쟁의 대상이 되고 있다.

이들 담론은 다음 네 개로 유형화하여 살펴볼 수 있겠다.[6]

첫째, 경제공동체로서의 동아시아공동체론이다. 이는 1980년 이후의 신자유주의, 자본주의 세계화 추세의 심화와 더불어 유럽연합(EU), 북미자유무역협정(NAFTA-미국 · 캐나다 · 멕시코)등과 같은 지역주의 경향이 강화되면서 이에 대응하기 위한 성격이 강하다. 그리고 그 촉발제가 된 것은 동아시아 금융위기이었다.

1990년 말레이시아의 마하티르에 의해 동아시아 경제그룹(East Asian Economic Group)으로 제기되었다가 1997년 아시아 경제위기 후 ASEAN+3으로 정형화된 동아시아 경제공동체론이 대표적이다.[7] 동아시아 경제공동체론은 동아시아 자유무역지대 건설추진, 동아시아 경제공동체 형성추구, 세계화 및 신자유주의에 대한 동아시아의 지역적 대응을 내용으로 한다.

---

6) 동아시아공동체론의 분류와 관련하여서는 다음 논문의 분류에 의거하였다. 박승우, 「동아시아공동체 담론 리뷰」, 『아시아 리뷰』제1권 1호(2011년), 61~110쪽.

7) 변창구, 「동아시아공동체 담론의 제도화:ASEAN의 인식과 전략」, 『정치정보연구』13권 2호(한국정치정보학회, 2010년 12월), 100~115쪽 참조.

둘째, 정치 · 안보공동체로서의 동아시아공동체론이다. 예를 들면, 동북아안보협력체제론[8]과 같은 것이 대표적일 것이다. 이러한 동아시아공동체론은 경제통합에 관한 논의와 마찬가지로 1990년대에 본격 등장하기 시작하였다. 사회주의권이 붕괴하고 중국이 경제적으로뿐만 아니라 군사적으로도 급부상하는 시기와도 중복된다. 한편 이 시기는 미국의 패권이 부분적으로 축소되고 미국에 의한 중국에 대한 외곽포위가 가중되기 시작하는 시기이기도 하다. 이를 위하여 미국은 일본에 대한 군사적 가중치 두기를 실시하는데, 일본 또한 여기에 편승하여 대미 종속 하의 군사대국화를 도모하기 시작한다. 이러한 대립구도의 틈바구니에서 한국의 노무현 정부는 종래의 '동북아 안보공동체론'을 활성화시켜 '동북아 균형자론'을 제기한바 있다.

1994년 아세안(ASEAN)은 아태지역의 포괄적인 안보 현안에 대한 정부간의 솔직하고 건설적인 대화를 목표로 확대외무장관회의를 여는데 이것이 동북아 안보공동체론의 출발점이 되었다. 다자간 안보협력논의의 장이 된 아세안지역안보포럼(ARF : ASEAN Regional Forum)은 한반도와 중국의 양안(兩岸)관계, 지역안보 논의, 역내 평화와 안정 등의 문제를 주요한 의제로 삼고 있다. 이는 현실주의적 관점[9]에 기초한 세력

---

8) 동북아안보협력체제론이란 대서양 연안의 북대서양조약기구(NATO)회원국과 구 소련 국가 및 모든 유럽국가를 포괄하는 범유럽적 기구로서의 유럽안보협력기구(OSCE:the Organization for Security & Cooperation in Europe)를 모델로 한다. 유럽안보협력기구는 1975년 헬싱키에서 창설된 유럽안보협력회의(CSCE:the Conference on Security & Cooperation in Europe)가 그 전신이다.

9) 국제관계에서의 현실주의란 국가간의 관계가 무정부적 상태에 있으므로 평화란 외교와 힘에 의한 국가 간의 상호작용으로 가능하다고 보는 입장이다. 무장을 강화하고 국가간 동맹을 맺을 수 밖에 없다는 주의주장으로 이상주의와 대비되기도 한다. 홉스나 마키아벨리의 인간 및 자연상태에 대한 부정적 인식에 기초하며 전쟁이란 인간의 사악한 본성에서 비롯되는 것이라고 본다. 大芝亮,『国際政治の理論』(ミネルヴァ書房, 2016年)을 참조.

균형론[10], 미국 패권의 하락과 미일동맹 및 중국부상에 대한 상호견제의 움직임이 빚어낸 결절점이기도 하다.

한편, 한반도의 비핵화를 둘러싸고 6자회담 참여국 중심의 평화협의체 논의도 이와 관련하여 주목해야할 정치 · 안보공동체론의 하나이다. 이들은 동북아에서 안보공동체를 실현하는 방법으로 6자회담 참여국 중심의 평화협의체 구성을 제안하기도 한다.[11]

셋째, 지역정체성으로서의 동아시아공동체론이다. 예를 들면, 유교자본주의, 오리엔탈리즘, 리콴유(李光耀) 등의 동아시아 자본주의 같은 것이 대표적이다. 이는 앞의 경제 또는 정치 · 안보공동체로서의 동아시아 담론에 비하여 상대적으로 동아시아공동체의 사회문화적 측면과 깊은 관련이 있는 동아시아공동체론이다. 이 담론에 따르면 동아시아에는 서구 문명과 구별되는 동아시아만의 독특한 사회문화적 요소가 있고 이러한 문화적 공통성이나 유사성을 통하여 동아시아공동체 구성을 위한 정체성을 찾을 수 있다는 주장이다.

이러한 정체성은 크게 문화적 동질성, 동아시아 특수성, 동아시아적 정체성 담론으로 나누어 볼 수 있겠다. 동아시아의 문화적 동질성에서 그 정체성을 발견할 수 있다는 담론에 따르면 이 지역의 독특한 지역적 동질성(예, 유교 등)이 동아시아공동체론의 근간이 된다는 것이다. 동아시아가 이러한 문화적 특수성뿐만 아니라 문화외적인 속성(예, 농업기반 등)에 이르기 까지 서구사회와 다른 지역적 특수성을 가지고 있다는 점

10) 국제관계에서의 세력균형이론이란 현실주의의 한 유형으로 무정부 상태의 국가 간의 관계에서 서로 생존과 지배-복종관계를 다툴 때 이들 간 정치 군사적 제휴의 결과 거의 대등한 힘을 가진 세력군이 형성되는 것을 말한다. 다수 국가군 간에 세력의 균형관계를 유지함으로써 국가적 이익 추구가 용이하다는 입장이다. 大芝亮,『国際政治の理論』(ミネルヴァ書房, 2016年)을 참조.

11) 변창구, 앞의 논문.

에 착안하게 되면 그것은 동아시아 특수성에 기반한 동아시아공동체론이라 부를 수 있을 것이다.

한편, 동아시아의 지역정체성을 이미 자연적으로 존재하고 있는 실체로 보기보다는 사회적으로 구성되는 것으로 보는 관점도 있을 수 있는데, 이것이 바로 동아시아 정체성 담론에 기초한 동아시아공동체론이다. 이러한 관점에 서게 되면 동아시아의 정체성은 끊임없는 지적 실험[12]이나 일상적 실천[13]을 통해 만들어가는 과정으로 파악되게 되어 그 유연성이 증대되기도 한다.

이러한 논의는 동아시아발전을 설명하는 사회과학적 연구의 유행, 서구적 가치와 다른 아시아적 가치론에 착안한 논리이다. 또한 1945년 이전의 지역정체성에 기반한 동아시아공통체 담론(예, 안중근의 동양평화론 등)이 서구세력의 동아시아 침탈에 대항하는 저항적 성격이 강했던 것에 비하면, 최근의 동아시아공동체론은 1980년대 이후 동아시의 경제적 성장과 자신감을 반영하고 있다 하겠다. 뿐만 아니라 동아시아에서 특수한 정치경제체제를 추구하려 한다는 점에서 주목할 만한 동아시아공동체론이라 할 것이다.

넷째, 대안체제 담론으로서의 동아시아공동체론이다. 이는 동아시아공동체를 '대안적 사회체제'를 모색하는 수단으로 그리고 동아시공동체를 하나의 '대안적 공동체'로 바라보는 관점이다. 예를 들면, 최원식의 '대안으로서의 동아시아론'[14] 백낙청의 '대안적 발전 패러다임으로서의 동아시

12) 백영서, 『동아시아의 귀환』(창작과 비평사, 2000년).

13) 박승우, 「동아시아 지역주의 담론과 오리엔탈리즘」, 『동아연구』54호(2008년), 9~49쪽.

14) 최원식, 「탈냉전시대와 동아시아적 시각의 모색」, 『창작과 비평』21권 1호(창작과 비평사, 1993년), 204~225쪽.

아론'[15] 백영서의 '지적 실험으로서의 동아시아' 구상[16] 등을 들 수 있겠다.

이러한 동아시아공동체론은 한중일 지식인들의 교류가 증대되고, 자본주의 및 사회주의라는 서구근대를 모두 뛰어넘는 제3의 길을 모색하자는 흐름과 일정한 맥을 같이 한다.

이러한 담론은 자신들이 구상하는 대안체제를 실현하기 위한 구체적인 의제와 실천과제를 명백히 보여주고 있다고는 할 수 없으나, 복합적 정치공동체개념을 전제로 하고 있다는 점에서 동아시아공동체 담론의 가시화과정에서는 좋은 밑그림으로 작용할 것이다. 또한 이러한 담론은 우리사회의 절대적 과제의 하나인 분단체제의 극복이나 평화체제의 구축 또는 통일문제가 동아시아공동체 구축의 중요한 과제가 되고 있다는 점에도 특징이 있다.[17]

3) 동아시아공동체론의 문제점과 과제

이러한 동아시아공동체론은 동아시아 지역을 대상으로 하고 있다는 점에서 때론 1940년대의 대동아 공영권을 연상시키기도 한다. '대동아'란 동남아시아를 포함한 동아시아 전역을 가리키는 말로 1940년 7월 일본이 국책요강으로 '대동아 신질서 건설'이라는 것을 내세우면서 처음 사용한 말이다. '대동아 공영권'이란 1940년 8월 1일 마쓰오카 요스케(松岡洋右) 외무대신이 담화를 통해 발표한 것으로, 아시아 민족이 서양세력

15) 백낙청, 「새로운 전지구적 문명을 위하여」, 『창작과 비평』24권2호(창작과 비평사, 1996년), 8~17쪽.

16) 백영서, 「제국을 넘어 동아시아공동체로」, 백영서 외, 『동아시아의 지역질서:제국을 넘어 공동체로』(역사비평사, 2005년), 10~34쪽.

17) 한반도 분단체제의 극복 등이 우리에게는 절대적 명제이나 동아시아공동체 형성이 반드시 이것과 연계되어야 하고 이를 위해 복무해야 한다는 것에는 동의할 수 없다는 지적도 있다. 임우경, 「비판적 지역주의로서 한국 동아시아론의 전개」, 『중국현대문학』 40호(2007년), 1~51쪽.

의 식민지배로부터 해방되려면 일본을 중심으로 대동아 공영권을 결성하여 아시아에서 서양세력을 몰아내야 한다는 것이다.[18)]

그러나, 동아시아의 경제적 · 정치적 블록화를 통한 공영의 슬로건은 식민지 조선을 포함한 일본, 중국, 만주를 중심축으로 하여 인도차이나 등 동남아시아는 물론 호주, 뉴질랜드를 포함하는 광대한 지역의 식민화 및 영토침략을 전제로 한 것이었다. 또한 그 실질은 이들 대동아 지역의 자원과 노동력을 수탈하고 이들 지역의 철저한 독립운동 탄압으로 나타났다.

그런데 현재 대두되고 있는 각종의 동아시아공동체론은 식민지 지배를 전제로 하고 있지 않고, 독립국가간의 공존 공영을 모색하고 있다는 점에서 대동아공영권론과 본질적으로 다르다. 또한 많은 경우 한반도의 평화와 통일이 동아시아지역의 공존과 공영의 중요한 전제의 하나임을 천명하고 있다는 점에서 즉, 일종의 한반도 중심주의를 취하고 있다는 점에서 일본 중심주의를 취하여 결국은 일본의 식민지배를 정당화하였던 대동아공영권의 논리와도 다르다. 예를 들어 2015년 8월 13일 발표된 '2015년 동아시아 평화선언'의 경우, 한국전쟁을 끝내고 정전협정을 평화협정으로 바꾸는 협상이 전제되어야 동아시아 평화공동체를 상상할 수 있다고 하였다.

또한 이러한 동아시아공동체론은 일제의 식민지배에 대한 반성에 기초하고 있다는 점에서도 대동아공영권과 그 궤를 달리한다. 예를 들어 같은 '2015년 동아시아 평화선언'의 경우도 한중일간의 평화공동체 건설의 걸림돌이 되고 있는 일제의 식민지 지배와 아시아침략에 대한 반성과 진실

18) 일본은 1931년에도 일본 · 조선 · 만주 · 중국 · 몽골의 5개 민족이 서로 화합해야 한다는 '일만(日滿)블록'을 선전하고 있었는데, 만주를 점령한 후인 1933년에는 '일만지(日滿支)블록'으로 확대하고, 1938년 중일 전쟁 이후에는 일본 · 만주 · 중국이 주도하여 '동아시아 신질서'를 건설해야 한다는 주장을 내세웠다.

제주평화포럼 개막(Newsis, 2003. 10. 31.)

규명이 전제되어야 하며,[19] 일본의 평화헌법 제9조가 불행한 과거사가 반복되는 것을 방지하기 위한 안전장치임을 명기하고 있다. 또한 한반도 평화와 동북아 비핵화를 위한 6+1 민간대화 일명 울란바토르 프로세스의 경우도 일제의 식민지배에 대한 반성과 참회를 전제로 하고 있다.

그러나 동아시아공동체론은 몇 가지 문제점과 과제 또한 안고 있다고 여겨진다. 우선 첫째, 공동체론의 대상이 되는 동아시아 개념의 모호성이다. 사실 동아시아라는 개념은 한 · 중 · 일 3국을 포함하는 협의의 개념으로 시작되었고 그 실질 또한 3국을 포괄하는 것임에도 불구하고 동남아시아 각국 주로 ASEAN 각국까지도 포함하는 것으로 비추어질 여지가 있다. 둘째, 공동체론의 목표지점이 지나치게 광범위하다는 점이다. 새로운 대안체제까지를 목표에 둔 개념이라고 한다면, 동남아시아 각국은 물론이고 한 · 중 · 일 3국만을 얘기하더라도 경제는 물론

19) 하토야마 유키오(鳩山 由紀夫)전 총리는, 아베 현 총리와 달리, 서울 서대문구 서대문형무소역사관을 찾아 방명록을 작성하고 여옥사(女獄舍)를 찾아 유관순 열사가 투옥됐던 8호 감방에 헌화하는 한편 순국선열 추모비에 헌화한 뒤 무릎을 꿇고 두 손을 모은 채 묵념을 하는 등 상징적인 의미의 과거사 사죄 퍼포먼스를 2015년 동아시아 평화선언 전날인 2015년 8월12일 한 바 있다.

정치시스템이 다른 나라여서 갈길이 가깝지 않은 공동체론이기 때문이다. 차라리 최소주의적 접근에 기초하여 안보협력, 경제협력에 기초한 공동체 논의가 실질적으로 진전이 되고 나서 종합선물세트로서의 동아시아공동체론이 전개될 필요성은 없는지에 대한 진지한 고민이 필요하리라 생각된다. 셋째, 식민통치를 전제로 하지 않는 동아시아공동체론의 경우 어떤 국가상을 지향하고 있는지 등에 관한 논의가 전제가 되어야 할 것이나 이에 대한 논의가 반드시 분명한 것은 아니다. 다만, 대안체제 담론으로 동아시아공동체론의 경우 복합국가를 상정하고 있는데, 이는 향후 동아시아공동체론을 전개하는데 있어 시사하는 점이 많다고 생각된다. 넷째, 동아시아공동체가 지향해야할 목표에 권리론이 누락되어 있다는 점이다. 물론 대안체제 담론으로서의 동아시아론의 경우 평화를 하나의 지향점으로 하고 있으나, 평화를 실현하기 위한 권리론, 평화를 위한 연대의 권리론이 발견되지 않는다. 또한 예를들어 동북아안보협력체제론의 경우 그 보호법익을 무엇으로 할 것인가가 불분명하다. 동아시아공동체론이 인권보다는 국익을 보호법익으로 하게 된다면 동아시공동체론은 대동아공영권의 아류로 빠질 염려또한 없지 않다는 점에서 비전통적 안보 또는 인간안보(human security)부문의 협력과 강조가 필요하다고 생각된다.

3. 평화권에 기초한 동북아시아지역 평화공동체론

이러한 문제점을 나름 해소하기 위한 방향에서 제시할 수 있는 것이 평화권에 기초한 동북아시아 평화공동체론이다.

1) 동아시아인가 동북아인가

초국가적 지역공동체의 대상으로서 동아시아 지역에서 논의되고 있는 것은 동아시아, 동북아, 동남아시아가 있다. 동남아시아 지역공동체의 경우 ASEAN 10개국으로 구조화되고 있음에 비추어 그 밖의 아시아 지역, 예를 들면, 남・북한, 일본, 몽골, 중국의 경우, 동아시아 또는 동북아로 혼용되어 불리기도 한다.[20] 따라서 이들 지역을 일괄하는 지역공동체 개념이 필요한데, 이를 동북아시아라고 하기로 한다.[21]

동아시아공동체론의 종착지는 동북아시아에 국한될 것은 없고, 유럽연합처럼 아시아연합 또는 동아시아연합이라는 거대한 광역 정치경제 공동체일 수 있다. 그렇지만, 유럽연합과 달리 동아시아 지역은 공통의 역사도 공통의 정치 경제적인 기반도 넓지 않다는 점에서 당장에라도 추구되어야 할 공동체론의 대상은 아닐 것이다. 동시에 서구의 대립항으로 개념화하고 아시아 또는 동양이라하여 대립항의 외연을 확대화하여 개념화 할 필요도 마찬가지로 없을 것이다. 동아시아라는 포괄적 용어에도 불구하고 출발은 동북아시아일 필요가 있다.

뿐만 아니라, 우리 사회에서 오랫동안 동아시아공동체론이라는 이름으로 진행되어온 지역공동체 논의의 실질도 또한 동남아를 제외한 동북아 5개국(남・북한, 일본, 몽골, 중국)인 경우가 대부분이었다. 또한 동북아 5개국의 경우, 6자(남・북한, 미, 일, 러, 중)회담을 통한 비핵화 문

20) 동아시아공동체 구상으로 거론되는 지역협력기구로 ASEAN(동남아지역국가연합), APEC(아시아태평양 경제협력기구), ESA(동아시아정상회의) 등이 있으나 모두 북한을 배제한 동아시아공동체 구상이다.

21) 백낙청의 경우 동아시아를 동북아시아와 동남아시아를 합친 지역보다는 협소한 지난날의 한자문화권 또는 유교문명권에 해당하는 지역으로서, 베트남까지를 포함하는 개념으로 사용하기도 한다. 백낙청, 『동아시아공동체 구상과 한반도』(역사비평사, 2010년), 241쪽.

제, 식민지 침략과 반성의 문제 등 공통의 관심사를 포함하고 있는 바, 동남아 공동체와 대비되는 개념으로 사용하기로 한다. 장래 동남아공동체와 동북아공동체를 아우르는 논의가 전개되는 경우 이를 동아시아지역공동체라고 하는 것이 타당하겠다.

2) 동북아공동체론의 화두로서의 평화와 인권

동북아공동체와 평화

동북아공동체론으로 초미의 관심을 끄는 것은 정치 · 안보공동체론일 것이다. 경제공동체를 통한 지역공동체의 수립방안도 있겠지만, 일본 등의 경제적 우위를 오히려 공고화할 수 있을 수도 있는 동북아의 경제현실 등을 고려한다면, 정치 · 안보공동체의 수립이 우선이 되어 경제공동체 문제와 병행되지 않으면 안 될 것이다.

정치 · 안보공동체론의 경우도 다양한 접근방법이 있을 것인데, 우선, 패권이론의 관점에서 보면, 미국과 쌍벽을 이루는 거대 중국의 등장, 군사대국화하는 일본, 미국과 중국의 패권 하에서 경제적으로는 중국에 의존하면서도 군사적으로는 한미일 동맹관계에 있는 한국, 이들 국가간의 복잡미묘한 지역안보의 확보가 절실한 과제이다.

세력균형론의 관점에서도 정치 · 안보공동체론은 동북아 지역 공동체론으로서 관심의 대상이 아닐 수 없다. 노무현 정부의 경우, 동북아 지역에서의 분쟁 발생을 방지하기 위하여 한국이 동북아 지역의 균형자가 되어야 한다고 주장하였다. 노무현 대통령은 일본을 방문하여 국회연설(2003.6.9)에서 한국을 '동북아 평화와 협력의 허브'로 만들겠다는 구상을 밝히고, 중국 방문길의 칭화대 초청연설(2003.7.9)에서는 동북아시아가 '협력과 통합의 새로운 질서'로 나가야 한다고 강조하는 한편, 유럽 순방 중 프랑스의 소르본느 대학교 연설(2004.12.6.)에서는 '동북아에 EU

와 같은 개방적 지역통합체'를 만들고자 한다고 피력하였다. 동북아의 안보에 있어서 한국이 적극적인 역할을 할 것이라는 구상은 2005년도에 들어와 동북아균형자론으로 제시되었다.

문재인 정부는 동북아 균형자론을 승계한 '교량국가론'을 2019년 광복절 경축사에서 제시한 바 있다. 문재인 대통령은 '교량국가론'의 사상적 연원을 다음과 같이 조소앙의 삼균주의에서 찾고 있다. "일찍이 임시정부의 조소앙 선생은 사람과 사람, 민족과 민족, 국가와 국가 사이의 균등을 주창했다. (이는) 평화 · 번영을 향한 우리의 기본정신"[22]이라며, 아시아공동체는 어느 한 국가가 주도하는 공동체가 아니라 평등한 국가들의 다양한 협력이 꽃피는 공동체가 될 것이라고 하였다. 그리고 '교량국가'론의 실천 방침으로서 남북간 철도와 도로의 연결을 제시한 바 있다.

동북아균형자론은 미국에게는 미국 일변도의 정치 · 안보구상에서 탈각하려는 일종의 반미적 흐름으로 비춰지는 한편 국민들에게는 균형자 노릇을 빌미로 한 군비증강 노선으로 비추어졌다. 실제, 노무현 정부때 마련된 '국방개혁 2020'에는 2020년까지 군병력을 50만으로 줄인다는 계획을 포함하고 있으면서도 오히려 국방비는 증가하고 결국 무기현대화로 이어졌다. 군은 병력을 감축하는 대신, 육 · 해 · 공군 균형발전을 도모한다는 명분으로 전군의 정밀타격능력 강화, 기동화, 정보화, 네트워크화(C4ISR)하여 전투력을 1.7~8배 강화하고 작전범위도 확대하겠다고 밝히고 이러한 기술 강군 육성과 국방개혁에 소용되는 예산을 확보하기 위해서는 국방예산을 2016년까지 연 11% 증액해야 한다고 주장한 바 있다. 그러나 국방개혁안이 제시하는 국방비 증액 요구는 향후 늘어날 복지수요나 사회적 안전망 등과 관련된 예산수요, 잠재성장 예측 등

22) "노무현 정부 동북아균형자론 진화형?…문대통령, 교량국가론 역설" 〈한국일보〉(2019년 8월 15일).

에 비추어 턱없이 높은 수치였다.

동북아공동체론으로서의 평화는 패권주의적 관점에서 어느 일방에 줄을 서는 것도 아니고, 세력균형의 이름으로 군비증강을 추구하는 평화가 아니라, 군축을 내용으로 하는 평화이다. 또한 이때의 평화는 전쟁없는 상태를 유지하는 것(peace keeping)에 그치는 소극적 평화가 아니라 평화를 적극적으로 만들어 가기(peace building)의 의미로 이해하여야 할 것이다.

인권으로서의 평화와 동북아

동북아공동체에 있어서의 평화를 만들기 위해서는 세 가지 작업이 필요하다.

첫째는 국가의 반평화적 군사외교정책에 대한 적극적 감시와 견제이다. 예를 들면 2016년 한일간에 '한일 군사정보보호협정'이 체결되기전, 한미일 사이의 군사정보교환은 2014년 12월의 '한 · 미 · 일 정보공유약정'을 통하여 이루어졌다. 미국을 통해 한국과 일본이 북한의 핵 · 미사일 정보를 공유하는 내용을 골자로 하는 정보공유 약정이다.[23] 이에 따르면 미국을 매개로 하여 한국의 군사정보가 일본에 합법적으로 흘

---

23) 이는 1987년의 '한미 군사비밀보호협정'과 2007년의 '미일 군사비밀보호협정'을 근거로 하는데, 한 · 미 · 일 3국이 군사비밀을 공유하는 방법과 절차를 최초로 마련한 것으로, 미국을 통해 한국과 일본이 북한의 핵 · 미사일 정보를 공유하는 내용을 골자로 하고 있다. 이 협정은 한 · 미 · 일이 공유하는 군사비밀의 형태와 관련 "구두, 시각, 전자, 자기 또는 문서를 포함하는 어떤 형태로든 교환할 수 있다."고 규정하고 있다. 군사비밀 공유 방식과 관련하여서는 한국 국방부가 미국 국방부에 전달하면 미국 국방부가 우리나라의 승인을 거쳐 일본에 주고, 반대로 일본 방위성이 미국에 정보를 주면 일본의 승인을 거쳐 한국에도 전달해 주는 방식으로 이뤄지게 된다. 이 경우 3개 국가가 맺은 협정은 당사자에게 아무런 법적 의무도 부과하지 않기 때문에 가령 일본 방위성이 협정을 위반하여 우리 정부의 군사기밀을 누설하더라도 우리 국방부가 일본 방위성에 책임을 물을 근거가 없다는 문제제기가 있었다.

러들어가는 것은 물론 미국을 매개로 한 일본의 반평화적인 대북압박이 가속될 수 있을 것이다. 이때 평화를 저해하는 국가의 행위를 어떻게 견제할 것인가는 평화주의 실현에 있어서 중요한 과제이다. 하지만 국방외교와 관련된 국가의 정책결정에 대하여 사법부는 통치행위라는 이름으로 이에 대한 사법판단을 회피하여 왔을 뿐만 아니라 국회의 통제를 피하기 위하여 행정협정과 같은 형식으로 국회의 동의 없이 평화주의에 합치한다고 보기 어려운 크고 작은 조약들을 체결하여 왔다. 이를 견제하기 위한 사법적 또는 정치적 견제규범으로서 평화권이 주목받는 이유일 것이다.

둘째는 국가가 평화적인 외교안보정책을 추구하도록 청구하는 것이다. 동북아공동체에 있어서 평화가 확보되기 위해서는 정부의 적극적인 평화적 외교안보정책(peace building)이 요구된다. 예를 들어, 휴전이 아닌 정전상태에 들어가 있는 것과 다름없는 남 · 북한의 대치상태를 규율하는 평화협정을 누군가 체결할 필요가 있는데 그 주체는 일단 국가일 것이다. 또한 한반도는 한미연합으로 지구상에서 가장 큰 규모의 군사훈련[24]을 매년 수행한 바 있다. 북한 역시 이에 반발하여 전쟁위협을 구실로 핵실험을 감행하고 있는 상태이다. 이를 해소하기 위한 평화적인 외교안보정책을 국가에 청구할 수 있는 규범이 절실하다.

셋째, 동북아 지역의 평화 확립은 국가간의 일방통행에 의해서만 이

24) 예를 들어, 2018년 8월까지 실시하였던 을지 프리덤 가디언(Ulchi-Freedom Guardian, 이하UFG)훈련은 한반도 우발상황 발생시 한 · 미 연합군의 협조절차 등을 숙지하는 한 · 미 합동 군사연습을 말한다. 한 · 미 양국군이 유사시 작전수행에 필요한 협조관계, 절차, 계획, 시스템을 평가하고 개선하기 위한 목적으로 전장상황을 가정해 실시한다. 이는 1975년부터 별개로 실시돼온 전시 · 사변(事變)등 국가 비상사태에 대비한 민관군 합동훈련인 '을지'와 한 · 미연합사령부의 군사연습인 '포커스렌즈'가 1994년 통합되어 을지 포커스렌즈(UFL : Ulchi Focus Lens)연습으로 실시되었다.

루어지는 것은 아니고 국가와 시민사회의 연대를 통한 평화적 거버넌스, 국경을 넘어선 시민사회간의 연대를 통한 적극적 평화구축의 과정을 통해서 이루어진다는 점을 고려한다면, 이러한 연대의 권리를 정당화할 수 있는 인권[25]이 절실하다.

제3세대의 인권으로서의 평화권

이러한 복합적 성격의 권력감시와 국경을 넘어서는 연대를 위해서는 이를 포괄하는 인권개념이 필요한데, 자유권적 성격의 측면, 청구권적인 성격의 측면 그리고 연대권으로서의 성격을 갖는 인권에 대한 논의는 국제사회와 외국의 비교헌법학계에서도 이미 제3세대의 인권이란 틀로서 1970년대 이후 논의되고 있다.[26] 환경권, 평화권 등이 그러한 대표적인 예일 것이다.

동북아 평화공동체 논의에서 절실한 것은 그 중 평화권일 것이다. 평화권의 경우, 제2차 세계대전 이후 논의되기 시작하였다가[27] 1984년 유엔총회에서 '평화에 대한 인류의 권리선언(Declaration on the right of People to Peace)'으로 일단의 결실을 맺기 시작하였다.[28] 2006년 유엔 인권이사회 (United Nations Human Rights Council, UNHRC)가 안

25) Farooq Hassan, *Solidarity Rights*, NYL. Sch. Hum. Rts. Ann. 51, 1983, 참조.

26) John H.E. Fried, *The UN's Effort to Establish a Right of the Peoples to Peace*, *Pace* Y.B. Int'l L.21, 1990. 23쪽 이하 참조.

27) 평화적 생존이 보장되지 않는 곳에서는 인권이 존재할 수 없다는 개념은 1968년 세계인권선언대회에서부터 비롯하며, 1978년 유네스코의 '인권과 인간적 필요 및 신국제경제질서 확립을 회의'에서는 '인권과 자유가 존중되고 무력행사는 금지된다는 취지의 선언이 유엔 헌장에서 이루어짐으로써 국제법적으로도 구체화되기에 이르렀다. 그것은 다름아닌 평화에 대한 권리(right to peace)이다'고 하였다. Calos Villàn Duràn, *The Emerging Right to Peace: Its Legal Foundations, Intersentia*, 2014, 12쪽 참조.

28) Marco Macia, *Peace Human rights*, Marsilio, 2014, 참조.

전보장이사회 못지 않은 유엔의 주요 기구로 자리 잡고 난 후인 2008년부터는 '평화권 촉진에 대한 결의(Promotion of the right of people's to peace)'를 매년 해 오고 있다.[29] 급기야 2012년에는 평화권선언을 위한 초안을 마련하기에 이르렀다.[30] 2016년 12월 19일에는 유엔총회에서 '평화권선언'을 다시금 채택한 바 있다.

이에 따르면 평화권은 인간의 안전보장을 보호법익으로 하면서, 호혜평등과 주권존중, 평화적 수단에 의한 분쟁의 해결, 핵무기와 같은 대량살상무기의 감축 및 비핵지대의 창설, 인간의 안전보장 등을 내용으로 하고 있다.[31]

일본국 헌법의 경우, 전문에 공포와 결핍으로부터 벗어나[32] 평화 속에 생존할 권리(平和の内に生きる権利)를 갖는다고 하여 평화권을 명문화하고 있다. 항공자위대의 나이키 미사일 배치를 위하여 보안림을 해제한 처분에 항의하는 주민들의 운동과 소송에서 1심법원은 "나이키 미사일 기지가 설치되면 유사시 상대국의 첫 번째 공격 목표가 되는 바, 이는 주민들의 평화적 생존의 권리를 침해하는 공권력행사"라고 하여, 평화권이 재판규범으로도 기능할 수 있다는 가능성을 보여 주었다.[33]

한국의 헌법재판소도 '침략전쟁에 강제되지 않고 평화적 생존을 할 수 있도록 국가에 요청할 수 있는 권리'라고 한 바 있다. '평택으로의 미

29) John H.E. Fried, The UN's Effort to Establish a Right of the Peoples to Peace, Pace Y.B. Int'l L.21, 1990. 21쪽 이하 참조.

30) Calos Villàn Duràn, *The International Observatory of the Human Right to Peace*, Spanish Society for International Human Rights Law, 2013, 187쪽 이하 참조.

31) 이경주, 『평화권의 이해』(사회평론사, 2014년), 519쪽 이하 참조.

32) 제2차 세계대전 전후 루즈벨트는 4개의 자유(신앙의 자유, 언론의 자유, 공포로부터의 자유, 결핍으로부터의 자유)를 언급하고 있는데, 평화권의 기반이 되는 공포와 결핍으로부터의 자유는 이로부터 연유한다. 横田喜三郎, 『戦争の放棄』(国立書店, 1947年), 36쪽; 小林武, 『平和的生存権の弁証』(日本評論社, 2006年) 참조.

33) 이경주, 앞의 책, 330쪽 이하 참조.

군기지 이전협정 위헌확인소송'에서 헌법재판소는 "오늘날 전쟁과 테러 혹은 무력행위로부터 자유로워야 하는 것은 인간의 존엄과 가치를 실현하고 행복을 추구하기 위한 기본 전제가 되는 것이므로 달리 이를 보호하는 명시적 기본권이 없다면 헌법 제10조와 제37조 제1항으로부터 평화적 생존권이라는 이름으로 이를 보호하는 것이 필요하다"[34]고 한 바 있다.[35]

3) 평화권에 기초한 평화공동체의 내용

이러한 평화권에 기반한 동북아시아공동체는 다음과 같은 내용을 담아야 할 것이다.

첫째, 평화공동체는 상호간의 주권 존중에 기초하여야 한다. 주권 존중이란 한 국가가 다른 민족이나 국가의 간섭을 받지 않고 자신의 정치적 운명을 결정하는 권리를 의미한다. 일제에 의한 대동아공영권의 경우 식민지 지배를 내용으로 하고 있었다는 점에서 논리적으로도 내용적으로도 동북아시아의 공동체론이 될 수 없었으며, 식민지배를 위한 논리에 불과하였다. 따라서 동북아 평화공동체는 주권과 민족의 자결을 존중하고 영토에 대한 상호불가침을 전제로 하여야 한다.

식민지배는 주권존중에 기초한 평화권에도 반하는 것이다. 따라서 우

---

34) 헌재 2006.2.23/2005헌마268

35) 그로부터 3년 뒤 헌법재판소는 평화적 생존권의 재판규범성을 다음과 같이 부인하기도 하였다. "청구인들이 평화적 생존권이라는 이름으로 주장하고 있는 평화란 헌법의 이념 내지 목적으로서의 추상적인 개념에 지나지 아니하고, 평화적 생존권은 이를 헌법에 열거되지 아니한 기본권으로서 특별히 새롭게 인정할 필요성이 있다거나 그 권리내용이 비교적 명확해 구체적 권리로서의 실질에 부합한다고 보기 어려워 헌법상 보장된 기본권이라 할 수 없다"(헌재2009.5.28/2007헌마369). 그러나 입법 등 정치영역에서의 권리로서의 성격마저 부인당한 것은 아니라고 보아야 할 것이다. 이경주, 같은 책, 59쪽 이하.

여곡절의 과정에 있기는 하나,[36] 과거의 반평화적인 식민지배의 청산이 전제되어야 할 것이다. 한반도를 둘러싸고는 남북한과 일본간의 식민지배청산작업이 병행되어야 한다. 우선 남한과 일본간에는, 국민의 반대여론을 뒤로 한 채, 1965년 한일기본조약에 의한 총론적 과거청산의 길을 밟았다. 그러나 당시 현안이 되지 않았던 일본군 '위안부'문제 등에 의한 피해의 경우 여전히 개인청구권이 존재한다. 북한과 일본 간에는 과거청산과 국교정상화가 병행되어야 할 것이다. 중국과 일본 사이에는 1937년의 난징대학살과 같은 침략에 대한 명백한 사죄와 진실규명작업이 수반되어야 할 것이다.

둘째, 민족의 자결은 평화적 수단에 의한 것이어야 한다. 제1차, 제2차 세계대전을 거쳐 많은 식민지 국가가 독립하였다. 하지만, 전쟁을 통하여 획득한 민족의 자결은, 베트남전쟁에서처럼, 수많은 인명의 살상에 기초한 것이었다. 제2차 세계대전의 경우에도 전쟁 전체를 통틀어 인류는 8000여 만 명의 사망자 및 부상자를 내었으며, 연합국의 경우만 하더라도 1400여 만 명의 군인 사망자 및 1500여 만 명의 민간인 사망자를 내었다.[37] 이들의 사망자 및 부상자의 반수 이상이 민간인이었다는 점을 고려한다면 무력에 의한 평화는 그 기회비용 또한 적지 않다는 점에 주목하지 않을 수 없다. 더군다나 제2차 세계대전 이후에는 핵폭탄 · 수소폭탄과 같은 대량살상무기가 공전의 희생자를 낸 현실을 고려한다면, 무력에 의한 평화회복의 유효성은 이제 그 효력을 상실하지 않았는가 생각된다. 이제까지의 인류역사가 평화를 회복하는 유효한 수단으로 무력에 호소하는 방법을 생각하였다면, 동북아의 평화공동체는 무력에 의하지 않

---

36) 동아시 공동체 구상과 관련된 역사문제를 둘러싼 동아시아 지역에서의 난관 등에 대해서는 다음을 참조.磯崎典世, 「広域東アジアの安全保障構想」, 木宮正史編, 『朝鮮半島と東アジア』(岩波書店, 2015年), 220쪽 이하.

37) 山内敏弘, 『平和憲法の理論』(日本評論社, 1992年), 251~253쪽 참조.

은 평화공동체의 지향이 절실하다. 이러한 의미에서 비무장평화주의를 규정한 일본국 헌법 제9조는 동북아 평화의 근간이 될 수 있을 것이다.

셋째, 한반도의 평화가 동북아 평화공동체의 출발임을 인식하여야 한다. 한반도의 분단과 정전상태는 일제의 식민지배와 미 · 소에 의한 제2차 세계대전 전후 처리과정 그리고 냉전이 잉태한 불행한 결과물이 아닐 수 없다. 한반도의 불안정한 정전상태는 한반도 주민들에게 고통을 줄 뿐만 아니라 동아시아 평화를 불안정하게 만드는 근본원인으로 작용하고 있다. 분단된 한반도는 지구상에서 가장 많은 군비가 결집한 곳이자, 지구상에서 가장 큰 규모의 군사훈련이 매년 수행되는 곳으로서 동아시아의 화약고가 되어 왔다. 최근에는 미국의 핵우산, 북한의 핵개발, 일본의 플루토늄 과잉보유로 인한 한반도를 둘러싼 핵군비경쟁의 악순환이 야기하는 위험이 더욱 심각해졌다. 남한과 북한, 그리고 미국, 중국 등 4개 주요 교전 당사국은 정전협정을 평화협정으로 바꾸는 협상을 즉시 개시하여야 할 것이다.

넷째, 동북아 비핵지대화[38]가 동북아평화공동체의 중요한 길목이다. 비핵지대화란 일정한 범위내에서 핵무기가 배제된 상태를 만드는 것을 목적으로 하는 국제법상의 제도이다. 첫째는 지역내 국가가 핵무기의 개발 · 제조 · 배비를 금지하는 것, 둘째는 주변의 핵무기 보유국이 지역내 국가에게 핵무기에 의한 공격 · 위협을 하지않는다고 약속하는 이른바 소극적 안전보장을 내용으로 한다.[39]

---

38) 동북아 비핵지대화는 전세계 평화운동진영에서 일찍이 논의되었으나 3(남북한 · 일 비핵지대화)+3(미 · 중 · 러의 소극적 안전보장)의 형태로 구체화하고 단계화하여 동북아 지역에서 이를 널리 공론화한 것은 '피스데포'라는 평화운동단체의 설립자인 우메바야시 히로시이다. 梅林宏道, 『非核兵器地帯』(岩波書店, 2011年), 123쪽 이하.

39) 湯浅一郎, 「沖縄と東北アジアの非核化」, 原水禁, 『被爆70周年原水爆禁止世界大会』(2015年)第2分科(平和と核軍縮).

나아가 북한의 핵무기 개발과 고도화는 더 이상 방치되어서는 안된다. 이를 위해 한반도 비핵화와 평화를 위한 6자회담 또는 남북미간 비핵화 논의가 조속히 재개되어야 한다. 북한 측의 핵 개발 동기를 약화시키고 한반도의 전쟁위험을 최소한으로 줄이기 위해서는 군사력은 물론 경제적인 측면에서 우위에 있는 미국과 한국, 나아가 일본이 긴장완화를 위한 주도적인 역할을 하여야 할 것이다. 예를 들면 미국이 북미관계 정상화와 평화협정 체결을 보증하는 등의 조치를 선행하여 북한의 비핵화를 용이하게 하고 상호군축의 길을 진행하는 것도 하나의 방법일 것이다. 그에 상응하여 남과 북은 1992년 비핵화공동선언의 실현약속을 구체화할 수 있을 것이다.

핵 재앙으로부터 인간의 안전(human security)을 확보하기 위해서는 핵의 군사적 이용 이외에도 핵의 평화적 이용이 야기하는 위험에 대해서도 긴밀한 대책과 대안이 필요하다. 특히 일본의 경우, 핵무기 보유국가가 아니면서도 세계에서 유일하게 핵물질의 재처리 시설을 보유하고 있으며, 약48만 톤의 플루토늄(약 6000발의 핵무기 생산가능량에 해당)을 보유하고 있는 플루토늄 대국이다. 한미 원자력협정 개정시 우리 정부가 일본 수준의 재처리를 미국 측에 요구하였듯이, 잠재적 핵기술보유를 위한 국가 간의 경쟁과 딜레마 상태로부터 벗어나 동북아 평화공동체를 수립하기 위해서는 핵연료의 재처리를 포기하는 등의 과감한 대책이 필요하다. 나아가, 일본, 중국과 한국의 연안에서 가동 중이거나 건설 예정인 원자력발전소에 대한 공동안전대책을 수립하는 것도 절실한 문제가 되고 있다.

다섯째, 동북아 평화공동체는 평화를 위한 열린 지역주의(open regionalism)와 복합국가론을 내용으로 하여야 할 것이다. 인류역사상 명멸하였던 많은 공동체는 타자로부터 나를 지킨다는 명분으로 또는 타자를 공격하기 위한 닫힌 지역주의에 기반한 것이었다. 이를 극복하면서도 호혜평등과 주권 존중에 기초한 열린 지역공동체를 위해서는 단일의 중앙집권적인 공동체가 아닌 국가연합, 연방 등과 같은 복합적인 국가를 지역공동체 국가론의 중심에 놓아야 할 것이다.

여섯째, 동북아 평화공동체는 공동체 또는 국가의 안전을 위해 인간의 안전(human security)을 희생양으로 삼는 공동체가 아니라 인간의 안전을 보호법익의 근간에 놓는 공동체여야 한다.[40] 유엔인권이사회의 자문위원회가 2012년 내 놓은 평화권 보고서에서 모든 인간은 어떤 형태의 폭력으로부터도 표적이 되지 않고, 능력 · 신체 · 지성 · 도덕 및 정신을 전면적으로 발전시킬 수 있도록 평화 속에 살 권리(the right to live in peace)를 갖는다고 하였던 점은 시사하는 바가 크다.[41] 나아가 평화와 모순되는 구조적 폭력을 발생시키는 불평등을 배척하고 빈곤을 없애기 위한 메커니즘을 발전 강화시켜야 할 것이다.

4) 동북아시아 평화공동체의 실천론

평화권에 기초한 동북아 평화공동체론은 각 국가의 외교국방에 얽힌 문제이어서 지난하고 어려운 길이기는 하지만, 불가능한 길은 아니다. 이미 국제사회는 이에 관한 행동방식과 접근법에 대해서도 합의한 바 있거나, 합의의 과정에 있다.

동북아 평화공동체 구성과 관련하여 무엇보다 주목하여야 할 것은 '9 · 19 공동성명'이다. '9 · 19 공동성명'은 2005년 9월 19일 베이징에서 6자회담 당사국이 채택한 것으로, 동북아 평화의 시금석이 될 한반도의

40) Calos Villàn Duràn, 앞의 책, 24쪽 이하; 遠藤誠治, "共通の安全保障とは可能か", 遠藤乾外編, 『安全保障とは何か』(岩波書店, 2015年), 290頁.

41) 이경주, 앞의 책, 522쪽.

비핵화를 평화적인 방법으로 달성할 것(제1항 전단)과 북한이 핵무기를 포기하는 대가로 북한의 안전을 보장하고 에너지를 지원한다(1항 후단)는 것을 주요 내용으로 하며, '베이징 공동성명'으로도 불린다. 이 선언문에서 '조선(북한)은 모든 핵무기와 현존하는 핵 프로그램을 포기하기로 약속했고, 이른 시일 내에 핵확산금지조약과 국제원자력기구의 보장·감독으로 복귀할 것을 약속했다'고 명시되어 있다. 9·19 공동성명은 전문과 6개항의 합의사항으로 이루어져 있다. 특히 6자합의의 이행방식과 관련하여 '행동 대 행동', '공약 대 공약'의 원칙(5항)에 입각한 상호조율된 조치를 취할 것을 합의하였는데, 이는 상호적대적인 관계에 있는 당사국 사이의 합의실천 규범으로서 중대한 의미를 갖는다고 할 것이다.

'9·19 공동성명'에서는 단계적 비핵화와 행동원칙에만 합의한 것은 아니다. 회담에 참가한 6개국은 동북아시아의 항구적인 평화와 안정을 위해 공동노력을 경주할 것(4항 전단)을 공약하고 별도포럼(동북아 평화포럼)에서 한반도의 항구적 평화체제에 관한 협상을 가질 것, 동북아시아에서의 안보협력 증진을 위한 방안과 수단을 모색할 것(4항 후단)을 합의하였다.

이와 같은 구체적 합의 경험 때문에 동북아시아의 공동체 논의에 있어서는 석탄 철강공동체(European Coal and Steel Community)와 같은 에너지 및 자원관리 논의에서 시작되었던 유럽의 공동체구성 논의와 달리, 평화와 관련된 논의가 공동체구성논의의 단초가 되어야 한다는 주장이 설득력을 얻을 수 있다고 본다.

'9·19 공동성명'이 한반도를 둘러싼 관계국까지를 포함한 동북아국가의 다자간 논의 틀이라면 남북기본합의서(1992년 9월 17일)와 2000년의 6·15남북공동선언과 2007년 10월 4일의 10·4평화번영선언은 동북아평화공동체 논의의 핵심이 될 한반도 평화체제와 관련한 중요한 합

의이다.[42)]

2018년과 2019년에도 남북관계와 북미관계의 진전이 있었다. 2018년 4월 27일 남북정상은 판문점(남측 평화의 집)에서 만나 종전선언과 평화협정으로의 전환, 핵 없는 한반도, 남북미 또는 남북미중간의 4자회담의 추진, 적대행위의 전면중지, NLL의 평화수역화를 내용으로 하는 역사적인 '4 · 27 판문점 공동선언'을 발표하였으며, 이러한 선언에 기초하여 남북한 군축을 내용으로 하는 '9 · 19평양공동성명'을 발표한 바 있다. 북미간에도 2018년 6월 12일 싱가폴에서 정상회담을 갖고 북미간 관계정상화, 완전비핵화, 평화체제로의 전환, 6 · 25전사자 유해송환 등을 내용으로 하는 '6 · 12 싱가폴선언'을 발표하기도 하였다.

한편, 이상과 같은 합의가 국가에 의한 남북 양자간 또는 다자간의 합의틀이었다면, 민간차원에서도 동북아공동체 건설[43)]을 위한 내용에 대한 검토와 의견 교환들이 시작되고 있다.

지난 2015년 6월 몽골의 수도 울란바토르에서는 '울란바토르 프로세스(Ulaanbaatar Process)'가 추진되었다. 평화권의 핵심적인 내용인 평화적 수단에 의한 분쟁해결의 한 방편으로 '무장 갈등 예방을 위한 글로벌 파트너쉽(Global Partnership for the Prevention of Armed Conflict, GPPAC)'[44)]

---

42) 동북아 평화공동체 형성에 있어서 9 · 19 공동성명의 의의를 적극적으로 평가하는 입장으로는 백낙청의 동아시아공동체구상이 있다. 백낙청, 「동아시아공동체 구상과 한반도」, 『역사비평』(역사비평사, 2010년 8월호), 229~247쪽.

43) 君島東彦, 「安全保障の市民的観点」, 水島朝穂, 『立憲的ダイナミズム』(岩波書店, 2014年), 279쪽 이하.

44) GPPAC이란 코피아난 유엔 사무총장이 2001년 무장갈등 예방보고서(S.2001/574)제안27을 통해 갈등 예방과 상호협력을 위해 NGO국제회의를 개최할 것을 요청하고, 이에 국제 평화단체가 호응하면서 2003년 설립되었다. 북미, 유럽, 동북아시아 등 총 15개 지역조직(regional network)으로 구성되어 있으며, 2005년 7월에는 "무장갈등 예방을 위한 글로벌 파트너쉽 세계대회"를 개최하였다. 한국의 경우 참여연대 평화군축센터가 포컬포인트(focal point)를 담당하고 있다.

의 동북아시아판 민간대화이다.[45] 6자 회담 참가국 모두와 국교를 수립하고 있는 몽골정부의 주선으로 6자회담에 참여하고 있는 6개국의 시민사회단체와 몽골이 참가(6+1)하여 한반도 평화, 동북아 비핵지대화 등 동북아 평화공동체 건설을 위한 제반 논의를 수행하였다. 이는 유럽의 변방이지만 냉전체제의 경계에 위치했던 핀란드의 헬싱키에서 유럽의 평화공동체 실현을 위한 논의의 거점이 된 헬싱키 프로세스를 연상케 한다.[46]

또한 지난 2015년 5월 초에는 NPT재검토회의[47]가 미국의 뉴욕에서 열렸는데, 여기에서 한국의 참여연대와 '평화와 통일을 여는 사람들'(이하 평통사)은 동북아 평화공동체 실현을 위한 시금석이 될 한반도 평화 달성과 관련한 실천적 의제를 '지구시민선언'[48]의 형태로 발표하였다. 이 선언은 한반도 주변의 군사적 긴장과 핵갈등이 동북아 평화공동체 형성의 장애임을 전제로 핵갈등의 근본적이고 포괄적인 해법으로서 2005년 '9 · 19 공동성명'에 입각한 6자 회담의 즉각재개, 정전체제 종식과 새로운 평화협정 체결을 위한 남 · 북 · 미 · 중 등 관련 당사국간의 회담추진, 북미 · 북일관계의 포괄적 관계개선, 남북대화의 확대, 한미일 군사협력 및 동맹 추진의 중단, 일본의 집단적 자위권 추구 불용, 동북아 비핵지대

---

45) 磯崎典世, 앞의 논문, 231쪽 이하.

46) 박경서 외, 『헬싱키프로세스와 동북아 안보협력』(한국학술정보, 2012년)참조.

47) 핵확산금지조약(Treaty on the Non-Proliferation of Nuclear Weapons, 이하 NPT)은 1968년 7월 1일 유엔에서 채택돼 1970년 3월 5일 발효되었다. 핵무기 확산으로 인한 핵전쟁의 위험을 막기 위해 핵군비 경쟁을 중지하고 핵무기를 축소하는 데 목적이 있다. NPT 제8조 3항은 조약 발효일로부터 5년이 경과한 후, 그리고 매 5년마다 재검토회의를 개최해 조약 운용을 검토하도록 규정하고 있다. 이에 따라 1975년 제1차 재검토회의가 열린 이래 2015년까지 총 9차례의 재검토회의가 열렸으며, 2020년 NPT회의가 예정되어 있다. 秋山信将, 『NPT』(岩波書店, 2015年).

48) 한국전쟁종식과 한반도 핵 위기 해소를 위한 지구 시민선언 (Global Citizens' Declaration: A Call for an End to the Korean War and the Elimination of Nuclear Threats on the Korean Peninsula), 2015년 5월4일. 뉴욕.

의 건설, 남북이 각각 맺은 상호 적대적 군사동맹의 단계적 해소와 호혜적이고 평화적인 관계로의 전환을 제안했다.

또한 북한을 제외한 6자회담 당사국 대표부들이 모두 참석한 '동북아비핵지대'에 대한 NPT 부대행사에서는 핵없는 동북아시아를 만들기 위해 북한도 핵무기를 포기하고 다른 국가들도 적대적인 군사정책 및 핵억지력에 대한 맹목적 믿음을 버려야 한다는 주장을 펼치기도 하였다. NPT 재검토 회의는 2020년 5월에도 열릴 예정이다.

4. 가능성과 조건

평화권에 기반한 동북아의 평화공동체의 실현 가능성에 대하여 많은 의문이 있을 수 있고, 우여곡절도 많다. 북한의 6차례에 걸친 핵실험, 핵보유국임을 명시한 헌법 등 강성대국 노선의 북한, 한반도에서 매년 세계 최대규모의 군사훈련을 실시하고 있는 미국과 한국, 2018년의 세 차례에 걸친 남북정상회담, 2018년과 2019년의 북미간 정상간의 만남 등 냉탕과 온탕을 오가며 진전과 답보상태가 되풀이 되고 있다.

그러나 생각해보면, 턱 앞의 사회주의 국가 쿠바와 50년 넘게 대립하던 미국도 지난 2014년 12월 16일 쿠바와 국교 정상화 추진을 전격 선언하고 단교로부터 53년만인 2018년 관계정상화에 합의한 바 있다. 답보상태에 있기는 하나 2018년 6 · 12 북미정상회담(싱가폴)에서도 새로운 북미관계의 정상화, 한반도평화체제의 구축, 한반도의 완전한 비핵화 등에 합의한 바 있다.

결국 한반도 비핵화의 첫걸음은 관계 정상화와 신뢰이다. 한반도 평화는 미 · 중 간의 주도권 경쟁 완화에 도움이 되며, 일본 군비증강의 구실이 되고 있는 '상존하는 북한의 군사적 위협'이 완화되거나 제거되므로 일본의 개헌이나 반헌법적인 '안보관련법'[49]과 같은 유사시 법제의 개악 명분도 사라질 것이다.

그리고 앞에서도 살펴보았듯이, 남 · 북 · 미 · 중 · 러 · 일 6개국은 2015년 '9 · 19 공동성명'에서 이미 동북아에 있어서의 비핵화와 관계정상화를 통한 동북아 평화체제 구축에 이미 합의한 바 있다. 그러한 의미에서 동북아시아에 있어서 평화공통체의 실현을 위한 재출발의 가능성은 언제든 열려 있다 하겠다.

이러한 가능성이 제고되기 위해서는 몇 가지 조건이 더불어 충족되어야 할 것이다.

첫째, 비핵화와 평화체제 구축의 문제가 선후의 문제가 아니라 병행 추진되어야 할 것이다. 비핵화는 평화체제 구축 논의의 입구에서 이루어져야 하는 것은 아니고 출구에서도 이루어질 수 있는 것이며, 이러한 사고에 기초하여 '9 · 19 공동성명' 및 '2 · 13 합의' 등에서는 비핵화와 평화체제구축을 병행 추진하기로 하였던 것이다.

둘째, 동북아 지역의 경우, 대동아공영권과 같은 역사적 경험을 지니고 있는 바, 일본의 식민지 지배에서 비롯한 과거사 문제를 회피하거나 얼버무릴 것이 아니라 이에 직면하여야 할 것이다. 우선 일본은 역사수정주의적 동북아 외교, 혐한외교를 철회하고 진정한 반성과 그에 후속하

49) 최근 위헌적인 집단적 자위권 행사 논란이 되고 있는 일본의 안보관련법제는 모두 11개의 법안(자위대법 등 10개 법안의 수정과 '국제평화지원법')으로 구성되어 있는데, 자위대가 미군의 후방지원을 폭넓게 할 수 있도록 자위대의 출동범위를 주변사태뿐만 아니라 중동사태로 확장하였으며, 무력행사에 대한 대응뿐만 아니라 존립위기사태라는 모호한 상황에도 자위대가 맞대응할 수 있게 하였고, 유엔결의가 없는 미군주도의 다국적군에도 참가할 수 있도록 하였는바, 이러한 유형의 집단적 자위권 행사는 전쟁에 휩쓸릴 수 있는 가능성을 매우 높이고 있다하겠다. 일본 정부도 그간 일본국 헌법이 허용하는 자위권은 개별적 자위권에 한정한다고 수차 확인한 바 있다.

는 진실규명이 있어야 할 것이다. 또한 일본은 침략전쟁에 대한 반성의 뜻을 담은 비무장평화주의(제9조 제2항)에 반하는 '안보관련법'을 폐지하고 9조 가헌론과 같은 일체의 개헌책동을 중지하는 것이 필요하다. 그것은 일본을 평화국가로 유지하거나 거듭나게 하는 길이기도 하다.

동북아 평화공동체 논의는 국가이익만 난무하는 국가만의 주도에 의해 이루어져도 안될 것이다. 전쟁과 평화의 문제는 그 당사자인 민간도 참여하는 총체적 거버넌스의 과정이어야 할 것이다. 따라서 정부간 대화뿐만 아니라 민간대화도 병행추진되어야 할 것이다.

남북분단 74년, 일제 식민통치로부터 해방 74년, 한반도의 평화체제 구축, 비무장평화주의 하의 일본, 북미간 북일간의 관계정상화가 동북아의 평화공동체 건설에 절실한 때이다. 이는 일본의 평화헌법의 개악을 막는 길이기도 하다.

2장

동북아 평화공동체와 과거사

평화권에 기반한 동북아공동체를 논의하기 위해서는 한반도를 포함한 일제의 동북아 강점과 그로 인한 과거사 문제를 전향적으로 논의하지 않으면 안된다. 일본군 '위안부'문제와 강제동원자에 대한 배상문제는 한일청구권 협정에도 불구하고 매듭지어지지 않은 사건이며, 설사 논의되었다고 하더라도 외교보호권이 소멸한 것이지 개인청구권이 소멸한 것이 아니다. 이러한 입장은 일본 정부가 미국에 대하여 샌프란시스코 강화조약과 관련하여 취한 입장이기도 하다. 한국 사회에서는 정치권력이 민주화되고 사법권의 독립이 진전되면서 국회와 법원(대법원, 헌법재판소)에서 과거사와 관련된 전향적 입법과 판결을 내놓고 있다. 국회에서는 '반민족 행위자 재산귀속법', '반민족행위 진상규명법' 등을 제정하고 일제 강점기에 반인도적 불법행위를 한 자들의 진상과 그로 인해 취득한 재산의 귀속을 진행하고 있으며, 대법원에서는 강제동원자들에 대한 반인도적 불법행위에 대하여 배상을 하라고 판결한 바 있다. 헌법재판소는 이러한 과거사 문제와 관련하여 문제가 되고 있는 한일청구권 협정을 체결하는 과정의 자료를 공개하고 한일청구권 협정 해석과 관련하여 이견이 발생한 바 한국 정부에 적극적 외교적 노력을 하라고 촉구하고 있다. 이에 비하여 일본의 아베 정부는 이러한 움직임의 역사적 문맥과 흐름을 도외시하고 혐한외교로 내달리고 있다. 일본국 헌법의 평화주의는 식민지 책임의 규범화라는 국제법의 흐름과 배치되지 않으며 이러한 과거사 문제 해결을 통해서 그 의미를 심화할 수 있다.

1. 들어가는 말

동북아 평화공동체 구상을 실현하기 위해서는 과거사 문제를 직시하지 않으면 안 된다. 그러나 현실의 동북아 국제관계는 반드시 그런 것만 같지는 않다. 특히 한일관계는 일본군 '위안부'문제, 강제동원 배상판결을 계기로 경색국면이 계속되고 있다.

이하에서는 일본군 '위안부'문제, 일제 강점 하 강제동원자들에 대한 배상문제에 대한 대한민국 사법부(헌법재판소와 대법원)의 최근의 판결을 중심으로 살펴보고 한일관계의 해법에 대하여 살펴보기로 한다. [1)]

2. 일본군 '위안부'문제

1) 개인청구권이 소멸되었다는 일본 정부, 외교적 노력을 게을리 하는 한국 정부

일본군 '위안부'문제가 한국 사회에 공론화되기 시작한 것은 1990년대 초이다. 1991년 8월 김학순 할머니가 일본군 '위안부'였음을 공개 증언하면서 그 반인도적 불법행위의 실태가 국제적으로도 알려졌다. 조선인뿐만 아니라 중국인 등 동아시아 지역의 많은 젊은 여성이 본인의 의사에 반하여 일본군 '위안부'로 강제동원되었다는 것이 알려지면서 전시 하 여성 인권문제로 전세계적으로 관심이 고조되었다. 유엔에서는 1996년 제52차 유엔 인권위원회에서 피해자에 대한 국가배상과 일본 정부의 사죄를 권고하는 결의안을 채택하였고, 2008년에는 유엔 자유권규약 인권

---

1) 「법적 측면에서 본 한일관계」, 『한일관계 무엇이 문제이며, 어떻게 풀어야 하는가』(페이퍼로드, 2020년)를 대폭수정 가필한 것임. 게재를 허용하여 주신 경남대 극동문제연구소(소장 이관세)에 다시 한 번 감사의 말씀을 드립니다.

위원회가 국가별 인권심사보고서를 발표하고 일본 정부가 취할 조치를 명시하기도 하였다.

사실 1990년대 초반부터 일본군 '위안부' 할머니들은 오랫동안 일본 정부와 법원에 대하여 외교적 사법적 해결을 촉구하였을 뿐만 아니라 한국 정부에 대해서도 이 문제 해결을 위한 외교적 해결을 촉구하였다. 일본 정부도 1992년과 1993년 두차례에 걸쳐 진상조사 결과를 발표하였으며 1993년에는 구 일본군의 관여와 강제성을 인정하는 고노담화가 발표되기도 하였다. 한국 국회를 비롯한 정치권은 1993년 6월 「일제 하 일본군 위안부에 대한 생활안정지원법」을 제정하는 한편 일본 정부에 대하여 철저한 진상규명을 촉구하기도 하였다. 1994년 무라야마 내각에서는 사과의 담화를 발표하고 후속 조치의 하나로 민간기금을 통한 위로금 지급 구상을 발표하였다. 그러나 이러한 사과는 식민지 지배의 불법성에 대한 사죄와 동의가 아니라 군의 관여와 강제성이 있었다는 것에 대한 도의적 책임에 대한 사죄에 불과하여 많은 아쉬움과 비난에 직면하기도 하였다.

이러한 사태의 진전에 힘입어 일본군 '위안부' 할머니들이 일본의 법원을 상대로 배상청구소송을 진행하였는데, 전부 패소하였다. 일본 법원이 할머니들의 주장을 배척한 핵심논거는 한일청구권 협정 제2조 제1항에 "청구권에 관한 문제가…완전히 그리고 최종적으로 해결됨을 확인"한다는 문구가 있는데 이로 인하여 개인청구권이 소멸되었다는 것이다.

반면에 한국 정부는 한일청구권 협정에서 소멸한 것은 외교적 보호청구권이지 개개인의 일본 정부를 상대로 한 개인청구권은 소멸한 것이 아니라는 입장을 취하여 왔다. 한일청구권 협정의 해석에 대하여 한국 정부와 일본 정부간의 분쟁이 존재하게 된 것이다. 그리고 같은 한일청구권 협정 제3조에는 이와 같이 협정을 둘러싼 조약체결국간의 분쟁이 있을 경우 '외교적 경로를 통하여 해결'하거나 '중재위원회 회부'를 규정하는 등 분쟁해결절차를 규정하고 있다.

2) 일제 식민지배가 불법강점이라고 본 한일청구권 협정 제3조 부작위 위헌 결정

그럼에도 불구하고 한국 정부가 오랫동안 아무런 외교적 노력을 하지 않자, 2006년 7월 5일 일본군 '위안부' 할머니109명은 이러한 정부의 부작위가 청구인들의 인권(인간으로서의 존엄과 가치 및 재산권)을 침해한다며 헌법소원을 청구하였다.[2)]

이에 대하여 헌법재판소는 한국 정부가 청구권협정 제3조에 의한 분쟁해결절차로 나아가는 것만이 국가기관의 인권보장을 위한 합당한 재량권행사라고 보고 그러한 행동을 취하지 않은 즉 한국 정부의 부작위가 위헌이라고 판시하였다. 일본에 의해 자행된 조직적이고 지속적인 불법행위(일본군 '위안부')에 의해 피해 할머니들의 인간으로서의 존엄과 가치가 심각하게 훼손되었기 때문이다.

헌법은 이러한 인권침해행위를 막기 위하여 인권보장의무를 헌법에 규정하고 있는데, 비록 우리 정부가 직접 일본군 '위안부' 피해자들의 인권을 침해한 것은 아니지만, 일본에 대한 배상청구권의 실현 및 인간으로서의 존엄과 가치의 회복에 장애상태가 초래되고 있는 것은 우리 정부가 청구권의 내용을 명확히 하지 않고 '모든 청구권'은 해결되었다는 식으로 포괄적인 개념을 사용하여 한일청구권 협정을 체결한데도 책임이 있다는 것이다.

청구권협정 해석상의 분쟁해결절차로 한국 정부가 적극 나서야 함에도 불구하고 아무것도 하지 않는 것은 일본군 '위안부' 피해할머니들의

---

2) 대한민국과 일본 간의 재산 및 청구권에 관한 문제의 해결과 경제협력에 관한 협정 제3조 부작위 위헌확인(헌법재판소 2011.8.30, 2006헌마788).

인권을 중대하게 침해한 것이며, 피해자가 모두 고령이므로 이 이상 시간을 지체할 경우 배상청구권을 실현하지 못하게 되어 침해된 인간의 존엄과 가치가 회복불가능해질 것이라는 절박성에 공감한 것이다.

이러한 헌재의 결정은 다음과 같은 의미를 갖는다.

첫째, 일제 강점이 '합법'이라는 기본적 인식을 전제로 하고 있는 일본의 일본군 '위안부'관련 판결이 "대한민국 헌법의 핵심적 가치"와 정면충돌 한다는 인식을 대한민국 사법부의 하나인 헌법재판소가 보였다는 점이다. 일제의 식민지배가 불법이었다는 것이다.

둘째, 일본군 '위안부'문제가 인권문제임을 밝혔다. 다시 말하여 일본군 '위안부'문제는 보편적 성격을 가지는 문제이며 국제사회가 직면하고 있는 다양한 인권문제라는 점을 의미한다. 유엔은 2013년 6월 24일, 분쟁 하에서 성폭력 범죄를 용인하지 않기 위한 새로운 결의를 채택하였는데, 일본군 '위안부'문제는 이러한 결의의 연장선상에 있다. 독일과 이탈리아는 2012년 2월 국제사법재판소 판결을 계기로 나치에 의한 이탈리아 주민학살(Civitella사건)에 관한 문제해결 노력을 개시한 바 있다.[3] 2015년 12월 말의 아베 · 박근혜 정부간 '위안부' 합의에서 성노예라는 표현을 봉쇄한 부분이 있는데 전쟁 시기 성폭력문제는 국제사회가 보편적 인권문제로 해결하고자 하는 과제이며, 이에 대하여 한국의 헌법재판소도 일정한 반응을 보였다는 점에서도 주목하지 않을 수 없다.

셋째, 일본군 '위안부'문제가 중대한 인권침해이며 인권침해 구제의 절박성이 인정된다는 점을 밝혔다는 점이다. 헌재는 일본군 '위안부' 피해자는 모두 고령으로서 더 이상 시간을 지체할 경우 피해자의 배상청구권

---

3) 川上詩朗, 「韓国裁判所および大法院判決などの日韓両国に与えた影響について」, 대한변협 및 일본 변협 공동주최, 『"일제피해자 문제 이렇게 해결하자" 심포지엄』(대한변호사협회, 2013년 8월 30일), 21쪽.

을 실현하여 역사적 정의를 바로 세우고 침해된 인간의 존엄과 가치를 회복하는 것이 영원히 불가능해 질 수 있으므로 인권침해 구제의 절박성이 있다고 밝히었다.

그럼에도 불구하고 아베 수상은 제1차 아베 정부(2006년 9월 26일 ~2007년 9월 26일)때부터 "위안부는 강제의 증거가 없다"는 주장을 굽히지 않고 있으며, 2015년 12월 말 박근혜 정부와 결탁하여 일본군 '위안부'문제는 '최종적이고 불가역적으로 해결'되었다고 주장하고 있다. 피해자 중심의 문제해결을 원칙으로 하고 있는 국제사회의 흐름과도 배치되는 일이 벌어진 것이다. 심지어 피해자 중심주의에 기초하여 일본군 '위안부'문제를 유네스코 세계 기록유산으로 아시아의 8개국의 민간단체가 2016년 등록신청을 하자 이를 방해하고 적대시하고 있다.[4]

뿐만 아니라 일본 국회도 일본군 '위안부'문제와 관련한 아무런 입법조치도 취하고 있지 않아 일본의 민주주의도 도마에 오르고 있다.[5] 일본국 헌법의 평화주의는 피해의 기억에 기초한 부전결의의 의미만 있는 것이 아니라, 가해의 기억에 기초한 부전결의이기도 하다.

3. 일제 하 강제동원

1) 강제동원 배상판결

30년 권리투쟁으로서의 강제동원 판결

2018년 10월 30일 대법원은 일제하 강제동원[6] 피해자들이 신일본제

4) 安保法制違憲訴訟の会, 『私たちは戦争を許さない』(岩波書店, 2017年), 157쪽.

5) 岡野八代, 『戦争に抗する-ケアの倫理と平和の構想』(岩波書店, 2015年), 50쪽 이하.

6) 강제동원이란 1910년 한반도에 대한 식민통치를 시작하고 조선인을 때로는 노무동원 계획에 의거하여, 때로는 일본군의 명령으로 노동자와 군인 등으로 동원한 것을 말

철을 상대로 한 손해배상청구소송에서 원고 승소 판결을 하였다. 이어 2018년 11월29일에는 미쓰비시 중공업에 대한 손해배상 청구소송에서도 원고승소판결을 하였다.

강제동원에 의한 피해가 있었던 것은 1945년 이전이지만 그러한 피해에 대한 법정투쟁이 본격화된 것은 일본군 '위안부'문제와 마찬가지로 지금으로부터 30여 년 전인 1990년대이다.[7] 군사정부 시절이거나 권위주의 시절에는 한일협정 및 그에 기초한 한일청구권 협정에 이의를 제기하는 것 자체가 통제되었을 뿐만 아니라, 해외여행도 자유롭지 않아 외국에서의 소송의 길도 사실상 막혀 있었다. 그런데 한국 사회의 민주화 및 해외여행의 자유화 그리고 일본의 평화애호세력들의 일부가 가해자 책임문제에 눈뜨면서 보편적인 인권문제로서 이 문제에 대한 지원에 나서는 등 여러 가지 환경변화로 1990년대 들어 우선 일본 법정에서의 소송이 시작되었다. 미쓰비시와 일본 정부를 상대로 한 김순길재판, 일본제철 한국인 징용공 손해배상청구소송(이하 일본제철 사건)등이 그것이다. 그런데 일본에서의 법정투쟁은 여론을 환기시키는데는 일정한 성과를 거두었으나 결과 측면에서 미약하였다. 모두 원고 패소(김순길 사건- 최고재판소 2003년 3월28일 기각, 일본제철 사건 최고재판소 2007년 1월

한다. 일본은 강제동원피해자라는 말대신에 '징용공'이라는 표현을 사용하고 있는데, 1938년 국가 총동원법을 시행하고 1939년 10월부터 국민징용령에 근거하여 징용이 이루어졌는 바, 이에 근거하여 동원된 노무자를 징용공이라고 한다. 다시 말하여 합법적인 통치의 일환으로 이루어진 것이라는 인식이 있다. 하지만, 일제의 식민통치가 불법이라고 판단하는 경우 법적 근거없이 연행하여 강제노동을 시킨 것이 되므로 강제동원이 실태에도 부합하는 용어라고 할 것이다(김창록, 2019.8.2). 이하에서는 대법원 판결에 의거하여 강제동원이라 하기로 한다. 강제동원의 개념은 식민지 과거청산 관련 입법에서도 광범위하게 사용되고 있다. '일제 강점 하 강제동원 피해자 진상규명 등에 관한 법률'(2004년 제정), 이 법을 뒤 이은 '대일 항쟁기 강제동원 피해조사 및 국외 강제동원 희생자 등 지원에 관한 법률'(2010년 제정, 약칭 강제동원조사법) 등이 있다.

7) 1991년 12월 6일에는 '위안부'피해자와 군인, 군속, 유족 등 40여명이 희생자 보상청구소송을 제기하였다.

29일 기각)하거나 일부 화해(후지코시 1차소송—최고재판소 1998년 12월 25일)로 종결되었다. 그 논거는 강제동원하였더라도 국가는 면책된다는 국가면책론과 패전 전 기업과 패전 후 기업이 동일성이 없다는 논리 등이었다.

그러나 2007년의 부터는 일본 최고재판소의 기각 논리에도 일정한 변화가 발생하였다. 일본의 대표적 군수기업 중 하나인 후지코시(주)를 상대로 한 손해배상소송에서 최고재판소는 "한일청구권 협정 제2조 제3항에서 개인청구권 자체를 실체법적으로 소멸시키는 것은 아니고, 기업에 의한 자발적인 변제의 길이 남은 것은 사실이지만, 소송을 통해서는 주장할 수 없다"고 한 것이다(일본 최고재판소 2007년 4월27일 판결). 일본 정부도 종래의 입장을 바꾸어 일본인들의 대미 개인청구권 소송의 여지를 남기면서도 대일 청구권을 무력화시키기 위한 방편으로 법원의 판결을 지지하였다.[8]

일본에서의 패소는 미국에서의 손해배상소송으로 이어졌다. 1999년 미국 캘리포니아에는 주의 법률로 「전시 강제노동 손해배상 청구시효 연장법」(Alien Tort Claims Act, 일명 '헤이든법')[9]이 통과되어 제2차 대전 중의 나치와 일본의 강제노동에 대한 배상청구소송이 가능해졌기 때문이다. 2000년 5월 16일 한국인과 필리핀인들이 일본기업을 상대로 제소하였다. 정재원 vs 오노다(小野田) 시멘트(현재의 다이헤요太平洋 시멘트), 박흥복 vs 미쓰비시(三菱), 안성균 vs 미쓰이(三井)등이다.[10] 그러나 샌프란시스코 강화조약 , 한일협정 등으로 소송자체가 성립하지 않는

8) 호사카 유지, 『아베 그는 왜 한국을 무너뜨리려 하는가』(지식의 숲, 2019년), 109쪽.

9) 2003년 1월21일 샌프란시스코 연방최고법원은 헤이든법에 대하여 위헌이라고 판단함.

10) 정연진, 「일제 강제동원 피해자 미국소송 보고서」, 『여성과 사회』 제14호(창작과 비평사, 2002년 상반기), 91~106쪽 참조.

다는 일본 기업측의 주장, 헤이든법이 미국무부의 외교권 침해라는 주장 등에 밀려 패소하였다.

결국 강제동원피해자들은 2000년대 들어서는 한국의 법원에 손해배상청구소송을 하기에 이르렀다. 1980년대의 권위주의 정부 하에서는 한일협정에 토를 다는 소송제기 자체가 어려웠기 때문이지만, 1980년대 후반 해외여행자유화 조치 등으로 족쇄가 풀리자 일본(1990년대)과 미국(2000년대초)의 법정을 전전하며 재판을 통한 권리구제를 시도하였고 그러나 그것이 여의치 않았기 때문에 마지막 수단으로 지푸라기라도 잡는 심정으로 한국의 법정에서 소송이 제기된 것이다. 때마침 한국에서는 노무현 정부가 출범하여 과거사 청산작업에 진전이 있었는데, 2004년에 '일제강점하 강제동원피해 진상규명 등에 관한 특별법', '친일반민족행위자 재산의 국가귀속에 관한 특별법' 등이 제정되는 등 국가적 차원의 일제강점기에 대한 진상규명노력이 있었던 것도 큰 몫을 하였다.

2012년 5월24일 대법원은 강제동원피해자들이 미쓰비시 중공업과 일본제철을 상대로 한 소송에서 원고승소취지로 고등법원 판결을 파기환송하였다. 이에 따라 서울고등법원과 부산고등법원은 강제동원피해자들에게 승소판결을 내렸고[11], 일본제철과 미쓰비시중공업이 이에 불복하여 대법원 전원합의체에 재상고를 하게 되었다. 이 경우 보통이라면 대략 6개월도 걸리지 않을 전원합의체 판결이 이례적으로 무려 6년이 경과한 2018년 10월 30일 내려졌다. 알고 보니 박근혜 정부의 압력과 대법원이 정치적 판단에 의하여 판결이 지체된 것이었다. 일본제철과 미쓰비시 중공업도 한국의 초대형 로펌에 이 사건을 의뢰하여 각각 10여년 넘게 재

11) 이 당시 이미 판도라의 상자는 열렸는데 이 당시 일본 정부는 수출규제조치도 약속을 지키지 않는 나라라는 대대적인 비판도 하지 않았다. 이를 근거로 이번 일본 정부의 대응의 정략적 측면을 지적하는 비판도 있다.

동아일보(2018. 11. 1.)

판과 로비를 병행한 결과이기도 하다.

식민지배를 부정한 강제동원배상판결

일제 강점은 불법적이었고 강제동원 피해자들에게 위자료 즉 배상금을 지급해야 한다는 대법원 판결의 쟁점은 다양하지만, 다음과 같은 의미를 갖는다.

우선, 주목할 만한 것은 일본 법원에서 패소한 사건을 뒤집었는데, 일본 법원 판결의 효력을 부인한 것이다. 우리 나라의 1, 2심 법원이 일본 법원의 확정판결에 대하여 그 효력을 대한민국에도 인정된다고 하여 원고 패소판결을 하였던 것과 달리, 대법원 판결은 일제강점기 강제동원 자체를 대한민국 헌법의 핵심가치에 반하는 것으로 보아 일본법원의 판결은 이제 대한민국에서는 효력을 갖지 않는다고 하였다.

그리고 1, 2심판결이 징용피해자들의 배상청구권이 시효완성으로 소멸되었다고 본 것과 달리, 대법원 판결은 강제동원 피해자들의 배상청구권이 시효가 남아 있다고 하였다는 점에서도 획기적이다. 일제 강점기 강제동원피해자들은 오랜 권위주의 정권 하에서 문제제기 자체를 할 수 없었고 해외여행이 자유롭지도 못하는 등 권리를 행사할 수 없는 객관적 장애사유가 오랫동안 있었던 바, 법에서 정한 기간 내에 소송을 제기할 수 없었으므로 시효가 완성되지 않았다고 보았다.

강제동원 배상재판에서 늘 문제가 되었던 신·구회사의 동일성 문제에 대해서도 전향적인 판결을 내렸다. 이번 배상판결 사건의 하나인 신일본 제출을 상대로 한 소송의 경우 피해자들을 강제동원할 당시는 야하타(八幡)제철이었는데 소송당시에는 신일본제철주금(新日鉄住金, 현재는 일본제철)으로 기업의 변화가 있어 신·구회사가 동일하지 않다는 것도 늘 재판에서 패소하는 이유 중의 단골 메뉴였는데, 우리 나라 대법원은 신·구회사의 법적 동일성이 있다는 점을 인정했다. 예를 들어 1, 2심판결은 구 일본제철의 배상책임을 신일본제철주금이 승계했다고 인정할 근거가 없다고 하였는데, 이와 달리, 대법원 판결은 자산과 인력이 이전돼 동일한 사업을 계속하였으므로 법적으로 동일한 회사라고 하였다.

무엇보다 획기적인 것은 개인청구권이 소멸하지 않았다는 것과 일제에 의한 식민지배를 부정하였다는 점이다. 강제동원 판결과 관련한 1, 2심판결에서 1965년 한일청구권 협정으로 개인의 배상청구권이 소멸하였다고 보았는데, 이번 대법원 판결은 그와 달리 한일청구권 협정에서는 외교적 보호권을 포기한 것에 불과하며 개인의 배상청구권은 잔존한다고 보았다. 1965년 한일청구권 협정에도 불구하고 개인의 배상청구권은 소멸하지 않았다고 보았다는 점을 법원도 확인 하여 준 것이다.

무엇보다 이 사건과 관련한 대법원 판결이 평화주의에 가져다 주는 가장 커다란 의미는 한 대법원은 일제에 의한 식민지배를 부정하였다는 점이다. 일본에서의 강제동원 관련 배상소송의 판결은 식민지 지배가 합법적이라는 규범적 인식을 전제로 하여 일제의 국가총동원법과 국민징용령을 한반도와 원고에게 적용하는 것이 유효하다고 평가하고 있지만, 이번 대법원 판결은 "(이러한 판결 이유가 담긴 이 사건)일본 판결을 그대로 승인하는 것은 대한민국의 선량한 풍속이나 그 밖의 사회질서에 위반하는 것" 즉 대한민국의 헌법에 위반한다고 한 것이다.

전체적으로 보면 강제동원 문제에 대하여 한일청구권 협정에서 국가 대 국가의 논리를 취하였던 것과 달리, 인간의 안전, 피해자 중심주의에 기초한 접근법을 취하고 있다는 점에서 주목할 만한다.[12]

한일간의 과거사 뿐만 아니라 동북아의 과거사 문제는 인권의 향유주체인 개개인의 안전과 피해자의 입장이 과거사 문제의 순조로운 해결의 출발점이고 원칙일 것인데 이를 확인하였다는 점에서 동북아 평화를 위한 선구적 의미가 있다.

2) 한국사회의 민주화와 '식민지' 책임론의 대두

이러한 대법원 판결의 배경에는 1980년대부터 시작된 한국 사회의 민주화가 있다. 1980년대의 민주화는 여러 층위와 단계를 거치고 있는데, 1980년대와 90년대는 정권교체를 민주화의 당면과제로 삼았으며, 2000년대에는 정치개혁이라는 이름의 입법부 민주화가 중심이 되었으며, 2010년대를 전후하여 현재까지 사법권의 독립과 민주화가 진행되고 있다.

강제동원 문제에 대한 이러한 대법원의 판결은 일부 재판관(주심 김능환)의 우국지정에만 의존한 것도 아니고, 아베 정권이 의심하고 있듯이 특정 정부의 No Japan 선동의 결과도 아니다. 일제강점기의 식민지 책

12) 遠藤比呂通, 「2019・8・15と戦後責任」, 『法律時報』91권9호(日本評論社, 2019年).

임을 묻는 문제는 한국사회의 민주화와 더불어 진행된 것이었다. 밖으로만 눈을 돌려, 즉 일제강점기의 일본 기업의 반인도적 불법행위만 문제시 한 것이 아니었다. 안으로도 눈을 돌려 우리 사회에 잔존해 있는 친일반민족 행위자에게도 향하여 졌는데, 이들의 반민족 행위의 진상을 규명하고 반민족 행위의 결과로 얻은 재산을 환수하기 위한 입법이 이어졌고, 그러한 연장 선상에 강제동원 배상판결이 이루어진 것이다.

한일협정을 핵심쟁점으로 하고 있는 '한일협정 관련 문건공개판결'과 '한일청구권 협정 3조관련 위헌결정'을 살펴보고, 일제강점기 반민족 행위를 핵심쟁점으로 하고 있는 「일제강점 하 친일반민족행위 진상규명에 관한 특별법」(이하 '반민족행위 진상규명법') 제2조(한일합병의 공으로 작위를 받은 자 개념)에 대한 위헌제청사건과 「친일반민족 행위자 재산 귀속에 관한 특별법」(이하 '반민족 행위자 재산귀속법')제2조(친일반민족행위 관련법자 재산의 개념)에 대한 위헌제청사건을 소재로 우리 사회가 그동안 진행시켜왔던 식민지배의 불법화 움직임의 맥락을 살펴보기로 한다.

한일청구권 협정과 배상청구권

'한일협정 관련 문서공개판결'(서울행정법원, 2004.2.14. 2002구합33943)과 '대한민국과 일본국간의 재산 및 청구권에 관한 문제의 해결과 경제협력에 관한 협정(이하 '한일청구권 협정')제3조 부작위 위헌결정'(헌재, 2011.8.30. 2006헌마788)은 모두 일제의 강제동원에 의한 배상책임을 묻는 과정에서 발생한 판결이다. 다시 말하여 배상청구권이 한일청구권 협정 제2조 제1항에 의하여 소멸되었는지 여부에 대하여, 일본은 이를 소멸하였다고 하고 한국은 소멸하지 않았다고 하는 바, 이를 확인하기 위하여 한일청구권 협정 관련 문서를 공개하여 보라는 것이고, 또 하나는 해석상 분쟁이 있으니 한국 정부가 외교적 해결을 하라는 것이다.

① 한일협정 관련 문건 공개판결

앞에서도 살펴보았듯이, 일제 강제동원 피해자들은 일본 정부를 상대로 70여건의 소송을 30여년 넘게 제기하여 왔는데, 시효만료 · 국가면책론 등을 이유로 대부분 패소하였고 그래서 미국 캘리포니아주에서 '헤이든법'이 통과되면서 공소시효가 연장이 되어 미국에서도 소송을 진행하였는데, 일본 정부가 '한일협정으로 개인 청구권이 소멸되었다'는 방어논리를 펼치게 되자 한일협정문서에 대한 사실관계를 확인할 필요성이 증대하였다. 나아가 강제동원 피해자들이 2005년 미쓰비시 중공업을 상대로 부산지방법원에 낸 손해배상소송에서도 일본측이 청구권 소멸을 주장하자 담당 재판부가 외교부에 한일협정 문서에 대한 사실조회를 요청하였는데 외교부가 이를 거절하자 피해자들이 2000년 9월 외교부에 한일협정 문서공개를 요구한 사건이다.

이처럼 일본과 미국에서의 강제동원 소송 그리고 한국에서의 소송에서 패소하거나 진척이 없었던 데에는 한일협정에 의해 해결되었다는 논리가 지배적이었던 바, 강제동원 피해자들은 그 실태를 알기 위해 한일협정 관련 문건이 공개되어야 한다고 다음과 같이 주장하였다.

그간 일본과 일본 기업을 상대로 손해배상청구소송을 제기하였거나 제기하려고 준비 중인데, 일본과 일본 기업은 원고들이 입은 피해가 불법행위로 인한 것이 아니라고 한다. 그리고 우리 정부와 일본 정부가 1965년 6월 22일 체결한 한일 청구권협정에 의하여 우리 국민의 일본이나 일본 기업에 대한 손해배상청구권이 소멸되었다고 주장하고 있다. 그러므로, 손해배상청구권 소멸에 관한 그러한 주장의 타당성을 밝히는데 한일협정관련 문서의 공개가 필요하고 대한민국은 이를 공개할 의무가 있다는 것이다.

이 과정에서 우리 정부는 매우 소극적인 자세를 취하였다. 독자적으로 결정하지 못하고 우선은 일본 정부의 의견을 물었고, 일본 정부가 가급적 양국이 동시에 공개하거나 북일수교에 장애가 된다는 점을 들어 잠정 공개하지 말 것을 요청하자, 우리 정부도 이에 동조하여 정보의 공개를 거부하였다.

피해자의 인권보다는 일본 정부의 요청을 중시한 한국 정부의 태도에 반발하여 결국 일제 강점 피해자 99명(미쓰비시 중공업과 신일본제철 강제동원 피해자, 일본군 '위안부', 근로정신대 포함)은 법원에 정보공개 거부처분 취소 청구소송을 내었다. 이에 대하여 서울 행정법원은 "청구권 협정 및 합의의사록의 내용만으로는 원고들의 개인적 손해배상청구권의 소멸여부에 관한 합치된 해석이 어렵고… 청구권 협정 해석의 보충적 수단으로서 이 문서를 이용할 필요성이 크다"고 하면서, 일본을 상대로 소송을 진행 중인 원고 53명에게 한일협정 문건 가운데 손해배상 청구권 관련 5개 문건을 공개하라며 원고 일부승소 판결을 내렸다.[13)]

② 한일 청구권협정 제3조(해석 등 분쟁 외교 해결)부작위 위헌확인

앞에서도 살펴 보았듯이 '한일청구권 협정' 제3조(해석 등 분쟁시 외교해결)에도 불구하고 아무런 조치를 취하지 않은 한국 정부의 부작위가 위헌이라고 헌법소원을 청구한 사람은 일본군 '위안부' 할머니들이다. 이 사건에서 일본군에 '위안부'로 강제동원된 할머니들이 한일청구권 협정의 문제점을 다시금 제기하며 한국 정부의 적극적 외교적 노력의 필요성을

13) 2005년 한일회담 문서공개에 따라 국무총리실 산하에 민관공동위원회의 한일청구권 협정의 해석에 대한 입장도 논란이 있다. 위원회는 "일본군 위안부 문제 등 일본 정부 군 등 국가권력이 관여한 반인도적 불법행위에 해대서는 청구권협정에 의하여 해결된 것으로 볼 수 없고, 일본 정부의 법적 책임이 남아있음"이라는 입장을 밝혔으나, 일본 군위안부, 원폭피해자, 사할린 피해자를 언급하고 있는데 이를 하나의 예시에 불과한 것으로 본다면 강제동원 피해자도 포함될 수 있겠다.

제기한 사건이다. 강제동원 피해자들의 소송에서도 결국 '한일청구권 협정'의 해석이 문제가 되었는데, 일본군 '위안부'문제에서도 마찬가지로 논란이 되었던 것이다.

일본군 '위안부' 할머니들은 일본군 위안부로서 일본에 대하여 가지는 배상청구권이 '한일청구권 협정' 제2조 제1항(재산, 권리 및 이익과 청구권은 완전히 그리고 최종적으로 해결)에 의하여 소멸되었는지 여부에 대하여, 일본 정부는 소멸되었다고 주장하고, 한국 정부는 소멸되지 않았다는 입장이어서, 결국 한일간에 '한일청구권 협정'에 관한 해석상의 분쟁이 존재하므로 해석상 분쟁을 해결하기 위한 조치를 취할 의무가 한국 정부에 있는데도 불구하고 한국 정부가 적극적인 조치를 취하지 않은 것이 위헌이라는 것이다.

이에 대하여 헌법재판소는 일본국에 의해 광범위하게 자행된 반인도적 범죄행위에 대하여 일본군 위안부 피해자들이 일본에 대하여 가지는 배상청권은 인간으로서의 존엄과 차치 및 신체의 자유를 사후적으로 회복하는데 중대한 의미를 갖는데, 한국 정부가 외교적 해결 노력을 하지 않음으로 인하여 중대한 기본권 침해가 있다고 하였다.[14)]

반민족 행위자의 진상규명과 재산의 국가귀속 관련법

한일 청구권 관련 판결(정보공개, 해석상 분쟁에도 불구 외교적 부작위)이 대법원 판결에서 쟁점이 되고 있는 한일청구권 협정의 해석 등과 관련된 것이라면, 친일반민족행위 관련법에 관한 결정 즉 '반민족행위자 재산귀속법' 제2조 등 위헌소원[15)], '반민족 행위 진상규명법' 제2조 제7

14) '대한민국과 일본국 간의 재산 및 청구권에 관한 문제의 해결과 경제협력에 관한 협정 제3조 부작위 위헌확인'(헌법재판소 2011.8.30., 2006헌마788).

15) 헌법재판소, 2011.3.31., 2008헌바141.

호 등 위헌소원[16]은 식민지배의 불법성을 또다른 각도에서 확인한 결정이다.

이는 강제동원과 관련한 대법원 판결과도 일정한 맥락을 같이 한다. 강제동원 관련 대법원 판결이 일제 강점에 대한 대외적인 비판과 성찰의 표현이라고 한다면, 친일반민족행위 관련법 및 헌법재판소 결정은 일제 강점에 대한 대내적인 성찰의 표현이라고 할 수 있을 것이다. 강제동원 대법원 판결이 식민지배의 가해자인 일본 기업의 비인도적 행위에 대한 배상책임을 묻는 것이라면, 친일반민족행위 관련법은 일제 강점의 피해자인 한국 내의 책임을 묻는 것이기 때문이다.

① '반민족행위 진상규명법' 제2조 제7호 등 위헌소원[17]

ⓐ 일제 남작 후손 헌법소원 제기하다

'반민족행위 진상규명법'이 시행되자 친일 후손들의 반발이 표면화되기 시작하였다. 급기야 2008년 한일합병 직후 조선귀족령에 의하여 일본 정부로부터 남작의 직위를 받은 증손자인 이 아무개 등이 '반민족행위 진상규명법' 제2조 제7호(한일합병의 공으로 작위를 받거나 이를 계승한 행위)가 인격권을 침해하며, 연좌제 금지에 위반된다고 헌법소원을 청구한 사건이 화제가 된 적이 있다.

헌법재판소는 "'반민족행위 진상규명법'은 역사의 진실과 민족의 정통성을 확인하기 위하여 우리 사회의 민주적 숙의과정 및 공론적 토대로부터 성립되었다는 점, 이 사건 심판대상조항에서는 단순히 일제로부터 작위를 받거나 포상 또는 훈공을 받은 행위가 아니라 '한일합병의 공으로' 작위를 받거나, '일제에 현저히 협력한 행위'를 친일반민족행위로 규정함

16) 헌법재판소, 2011.3.31., 2008헌바111.

17) 헌법재판소, 2011.3.31., 2008헌바111.

으로써 입법자가 친일반민족행위를 정의함에 있어 세심한 주의를 기울였음을 알 수 있는 점, 반민규명법에는 조사대상자 등의 불이익을 최소화하기 위한 장치가 마련되어 있으며, 친일반민족행위에 대한 진상규명 외에 조사대상자나 그 후손 등에 대한 불이익처우를 규정하고 있지 않은 점 등에 비추어 보면, 이 사건 심판대상조항은 과잉금지원칙에 위배하여 인격권을 침해한다고 할 수 없다"고 하였다.

연좌제에 해당한다는 주장에 대하여서도 '반민족행위 진상규명법'이 "친일반민족행위를 정의하고 있을 뿐이고, 관련조항에서도 반민족행위 진상규명위원회(이하 '반민규명위원회')의 조사결과를 토대로 한 보고서 작성 및 그 공개를 통하여 친일반민족행위의 진상을 규명하는 것 외에 친일반민족행위자나 그 후손에게 구체적인 불이익을 규정하고 있는 것도 아니므로, 이 사건 심판대상조항이나 이에 근거한 친일반민족행위결정이 헌법 제11조 제2항에 반하여 어떠한 사회적 특수계급을 인정하거나 창설한 것으로 볼 여지가 없다"고 하였다. 나아가, "헌법 제11조 제3항의 영전1대의 원칙이나 영전세습금지원칙에 위반될 여지도 없다고 할 것이며, 헌법 제13조 제2항의 소급입법금지나 헌법 제13조 제3항이 정한 연좌제금지에 위반된다고 볼 수도 없다"고 하였다.

ⓑ 반인도적 불법행위를 개념화한 '반민족행위 진상규명법'

'반민족행위 진상규명법'은 그간 논란이 되었던 친일반민족 행위를 개념화한 법률이다. 친일반민족행위의 개념화는 진상 조사의 전제이기 때문이다. '반민족행위 진상규명법'은 이러한 개념에 따라 반민족 행위를 조사하고 그 후 그 결과를 사료로 남겨두는 것을 입법목적으로 하였다. 세계 각국은 민주화 운동의 진전 등에 따른 과거사 문제 처리의 한 방편으로 남아프리카 공화국의 선례에 따라 진상규명과 기록 보존의 방법을 채택하는 사례가 많은데, 이 법 또한 일단 진상을 밝혀 그 기록을 보존함으로서 왜곡된 역사와 민족의 정통성을 바로 세우고 이를 후세의 교훈으로 삼으려 하고 있다. 노무현 정부때인 2004년 3월 22일 법률 제7203호로 제정 · 공포되었다.

'반민족행위 진상규명법'은 친일반민족행위에 해당하는 행위를 제1호부터 제20호까지 열거하고 있고(제2조), 친일반민족행위의 진상규명에 관한 업무를 수행하기 위하여 대통령 소속으로 '반민규명위원회'를 설치한다고 규정하고 있다(제3조). '반민규명위원회'는 조사대상자를 선정하고 필요한 조사를 거쳐 조사대상자의 친일반민족행위 여부를 결정하고(제4조, 제19조 등), 위원회 활동을 조사보고서로 작성하여 매년 대통령 및 국회에 보고하며 (제25조), 친일반민족행위에 대한 사료를 편찬하고(제26조), 위 조사보고서와 사료를 공개하여야 한다(제27조)고 규정하고 있다.

이 사건에서 특히 문제가 된 것은 한일합병의 공으로 작위를 받거나, 식민통치와 침략전쟁에 협력하여 훈장과 표상을 받은 자이다.

친일반민족행위의 하나인 '한일합병의 공으로 작위를 받거나 이를 계승한 행위'란 다음과 같다. 1910년 8월 29일 한일합병과 함께 일본황실령 제14호로 조선귀족령이 공포되었는데, 이는 한일합병조약 제5조 "일본국 황제 폐하는 공로가 있는 한국인으로서 특별히 표창하는 것이 적당하다고 인정되는 경우에 대하여 영예 작위를 주는 동시에 은금을 준다."는 규정에 따른 후속조치였다. 이에 따라 1910년 10월 7일 일본 정부에 의하여 76명의 조선귀족명단이 발표되었고, 조선총독부에서 이들에 대한 작위수여식이 열렸다. 조선귀족 중 최고의 작위인 공작은 한 명도 없고, 후작은 6명, 백작은 3명, 자작은 22명, 남작은 45명이었다. 1911년 2월 23일에는 조선총독부에서 수작자에 대한 작기(爵記)수여식이 열렸다.

실제로 대한제국 시기의 유력한 문벌로서 일제의 대한제국 강점에 기여한 인물이라는 두 가지 요건을 모두 충족하는 인물들에게 작위가 수여되었다.

'반민족행위 진상규명법' 제2조 제19호는 "일본제국주의의 식민통치와 침략전쟁에 협력하여 포상 또는 훈공을 받은 자로서 일본제국주의에 현저히 협력한 행위"에 대하여 규정하였다.

② '반민족행위자 재산귀속법' 제2조 등 위헌소원

ⓐ 을사5적 민영휘 자손 헌법소원 제기하다

이 사건은 '반민족행위자 재산귀속법'에 의하여 토지 등을 국가로 귀속하라는 결정을 받은 민영휘 등 친일반민족 행위자의 후손들이 이 법 제2조(친일반민족 행위자 재산의 정의)~제5조(친일반민족행위자 재산조사위원회의 임무)가 소급입법으로서 자신들의 재산권을 침해하였다고 헌법소원을 청구한 사건이다.

헌법재판소는 이러한 친일재산귀속법이 소급입법에 해당하더라도 예외적으로 국민이 소급입법을 예상할 수 있는 경우에는 정당화될 수 있다고 하였다. 특히 이 사건 재산귀속조항은 "민족의 정기를 바로 세우고 일본제국주의에 저항한 3.1운동의 헌법이념을 구현하기 위한 것으로 입법목적이 정당하고, 민법 등 기존의 재산법 체계에 의존하는 방법으로는 친일재산 처리가 어렵기 때문에 입법목적 달성을 위한 정당한 수단"이라고 하였다.

ⓑ '반민족 행위'의 유형화와 입증책임의 전환

친일재산귀속법의 제정 필요성은 해방 후부터 줄곧 논의되어왔지만, 입법으로 이어진 데에는 2000년부터 전국적으로 확대된 '조상 땅 찾기 민원서비스'가 계기가 되었다. 이 서비스를 통하여 애초의 목적과 달리 대표적인 친일파로 알려진 이완용, 송병준, 이재극 등의 후손들도 조상 땅찾기 반환소송을 제기하였고, 법원도 "반민족행위자나 그 후손이라고 하여 법률에 의하지 아니하고 그 재산권을 박탈하거나 그 재산에 대한 법의 보호를 거부하는 것은 법치국가에서 있을 수 없는 일"이라고 판시하여 사회적으로 큰 파장을 불러일으켰던 데서 비롯된다.

친일파 후손의 조상땅 찾기 소송이 잇달아 승소하자 2005년 2월 24일 열린우리당 최용규의원 등 국회의원 169명이, 14대 국회(1992.5.30.~1996.5.29.)때부터 추진되어 오던 각종 친일파 재산 환수 관련 특별법안('민족정통성 회복 특별법') 등을 이어받아, 제16대 국회에 '친일반민족 행위자 재산의 환수에 관한 특별법안'을 발의 하였고, 마침내 2005년 12월 7일 의결되었다.

'반민족행위자 재산귀속법'은 이제까지 논란이 되었던 친일반민족 행위자의 개념을 '반민족행위자 재산귀속법'의 **규정에 의한 반민족 행위자와 위원회의 결정에 의한 반민족행위자**로 유형화하였다. '반민족행위자 재산귀속법' 규정에 의한 반민족 행위자(제2조 제1호 가목)란 을사조약, 한일합병조약 등 국권을 침해한 조약을 체결 또는 조인하거나 이를 모의한 자, 한일합병의 공으로 작위를 받거나 이를 계승한 자, 일본제국의회의 귀족원 의원 또는 중의원으로 활동한 자, 조선총독부 중추원 부의장 고문 또는 참의로 활동한 자이다. 위원회 결정에 의한 친일반민족행위자(제2조 제1호 나목)란 친일반민족행위 진상규명법 제2조 행위자 중 독립운동 또는 항일운동에 참여한 자 및 그 가족을 살상 처형 학대 또는 체포하거나 이를 지시 또는 명령하는 등 친일의 정도가 지극히 중대하다고 인정되는 자이다.

'반민족행위자 재산귀속법'의 친일재산의 요건과 관련하여서는 일제강점기를 어디서부터 어디까지로 볼 것인가가 형식적 요건에 있어서 중요한 관건이다. '반민족행위자 재산귀속법'은 친일반민족행위자가 러일전쟁 개전시인 1904년 2월 8일[18]부터 1945년 8월15일 사이에 취득한 재산이어야 한다고 규정하여 일제강점기를 폭넓게 보고 있다.

실질적 요건으로서는 '일제에 협력한 대가'일 것을 규정하였다. 문제는 대가성을 어떻게 입증할까 하는 점이다. 친일반민족행위가 있었던 시기로부터 60년 내지 100년이 지난 시점에서 이를 입증하는 것은 용이한 일이 아니기 때문이다. 이에 관하여 '반민족행위자 재산귀속법'은 친일행위의 대가로 취득한 것이 아니라고 주장하는 자가 이를 증명하여야 한다고 하여 입증책임 전환의 법리를 적용하였다.

친일행위로 인하여 취득한 재산의 경우에도 친일반민족행위가 있었던 시기로부터 60년 내지 100년이 지났으므로 그간에 일어났던 거래 등을 통하여 선의로 재산을 취득한 제3자를 어떻게 보호할 것인가도 쟁점이 아닐 수 없다.

'반민족행위자 재산귀속법'은 취득 증여 등 원인행위 시에 소급하여 러일전쟁 개전시부터 1945년 8월 15일까지 취득한 재산은 국가소유로 하고, 선의의 제3자가 친일재산을 매수하여 소유권 이전등기를 마친 경우와 관련하여서는 타인소유 부동산을 취득한 것이 되어 원칙적으로는 무효이나 선의 또는 정당한 대가를 지급하고 친일재산을 취득한 제3자의

18) 일본은 러시아의 중국진출을 견제하려는 영국 미국등과 동맹을 체결하고 양국으로부터 전쟁비용의 지원을 받으며 러시아와 전쟁을 벌이려 하였다. 전운을 감지한 대한제국 정부는 1904년 1월21일 국외중립을 선언하고 이를 열강에 통보하였으나, 일본은 이를 무시하고 2월9일 서울에 진주하고 2월23일 한일의정서 체결을 강요하였으며, 이를 계기로 일본이 전략상 필요한 거점을 사용할 수 있게 되었다. 그리고 러일전쟁에서 승리한 일본은 곧바로 대한제국의 외교권을 박탈하는 을사조약을 강요하였다. 러일전쟁을 계기로 한국은 일본의 반식민지상태로 전락하였고, 식민지화의 단초가 되었다.

권리는 보호하는 것으로 하였다.

4. 과거사 문제와 식민지 책임

1) 반인도적 불법행위에 대한 문제제기와 한일관계의 비대칭성

이상과 같이, 일본군 '위안부'문제에 대한 정부의 소극적 움직임을 질타하는 헌법재판소의 판결, 일제 강점 하 강제동원에 대해 배상하라는 대법원의 판결 등은 특정 재판부의 돌출적인 판결 또는 특정 정권의 대일정책상의 급변침에 의한 것이라기 보다는 2000년 이후 한국사회의 민주화에 따른 행정부와 입법부의 과거사 정리의 움직임, 사법부의 독립의 진전에 따른 판결의 결과임을 알 수 있다.

법적 측면에서 체계화하여 얘기하면 이는 전체적으로는 일본 패전 후 전쟁책임에 대한 문책 위주로 그것도 제한적으로 진행되어 오던 전후 책임에 대한 문제제기이며, 그간 도외시 되어 왔던 식민지 책임 즉 일제강점기의 반인도적 불법행위 문제에 대한 규범화의 요구라고 할 수 있을 것이다.

그런데도 일본 정부는 오히려 혐한외교 및 한일간 무역에 대한 규제로 맞서고 있는 실정이다. 특히 강제동원 배상문제와 관련하여서는 종래의 입장을 바꾸어 강제동원 배상문제가 한일협정으로 해결되었다(2019년 7월 19일 일본 외무대신 담화)고 강하게 맞서고 있는 형국이다. 사실 손해배상 등 개인청구권 문제라는 테마가 제기된 것은 1950년대 일본국민이 대미 개인청구권을 주장한데서 비롯한 것이고, 이때 일본 정부가 주장한 것이 바로 샌프란시스코 강화조약에서 "포기한 것은 국가의 외교보호청구권이고 개인청구권은 살아 있다"는 것이었다.

그럼에도 불구하고 일본 정부가 입장을 급히 바꾼 것은 우선은 북일 교섭을 염두에 둔 전략적 포석으로 보인다. 또 한편으로 시야를 넓혀 동아시아 정치지형 전체를 거시적으로 보면 일본의 전후 민주주의 또는 경제발전과 한국의 독재정권이라는 비대칭적 관계[19]에 의해 뒷받침되었던 1965년 한일협정체제가 위기에 봉착하고 있음을 들어내고 있는 사건이기도 하다. 독재정권에 의해 봉합되었던 문제들이 분출되게 되면서 그간 일본 경제발전 주체로 용인되었던 기업의 반인도적 불법행위도 다시금 부상하게 된 셈이다. 식민지 책임추궁 문제에 있어서 피해자를 도외시하고 정치권과 국가간 교섭으로 임시적 봉합하였었는데 그 봉인이 풀린 셈이다.

게다가 일본회의 등 극우세력들을 정치적 기반으로 삼고 있는 아베 정권으로서는 극우세력의 견제를 무릅쓰고 내린 결정 즉 '2015년 한일 위안부 합의'가 사실상 휴지가 된 부분에 대한 개인적인 배신감까지 겹쳐있어,[20] 일본 정부가 대화의 장에 당장 나서기는 쉽지 않아 보인다. 더군다나 아베 정부가 강제동원 대법원 판결을 적극적으로 활용하여 대국민 여론전에서 얻은 것도 적지 않다. 소극적 사죄외교(도의적 책임)를 공세적 혐한외교로 바꾸면서 전통적인 보수 다시 말하여 이른바 보수 본류와 달리, 한반도에 대한 부채의식을 상당히 벗어난 태도를 취하고 있다. 정치공학상 아베정부로서는 어떤 의미에서는 지금이 상황이 나쁘지 않을 수도 있겠다.

강제동원 배상은 한일청구권 협상대상이 아니라고 부정하면서도 한일

---

19) 권혁태, 「일본의 헌법 개정과 한일관계의 비대칭성」, 『창작과 비평』 제33권3호(2005년).

20) 2015년 8월 아베는 "우리 아이와 손자들에게 영원히 사죄의 숙명을 지게 할 수 없다"고 하며 더 이상 사죄 반성하지 않겠다는 담화를 발표한 바 있다. 나아가 무라야마, 고노담화에 대한 재검증에 나섰던 아베로서는 2015년 12월 한일'위안부합의'가 일본회의 등 일본 우익의 기대를 저버린 결단이었을 지도 모른다

청구권 협정으로 강제동원배상문제가 해결되었다는 일본 정부 측의 논리는 그 자체로서 모순이지만, 개인청구권이 남아 있다는 한국 측의 입장과 확연한 차이를 보이고 있어 짧은 시간 안에 좁힐 수 있어 보이지는 않는다.[21)]

2) 피해자 중심주의에 기초한 새로운 모색 필요

강제노동의 인정과 개인청구권

한일 간의 확연한 입장 차이에도 불구하고 공통된 입지점이 전혀 없는 것은 아니다. 당장의 현안이 되고 있는 강제동원 배상판결을 중심으로 살펴보면 다음과 같다. 첫째, 한일 양국 법원의 강제동원 피해자들에 대한 판결의 결론이 아닌 내용상의 공통점이 있다는 것이다. 우선 양국의 법원은 개인청구권이 소멸된 것은 아니라는 점에서는 일치한다. 다만, 일본 법원은 개인청구권이 소멸되지 않았지만 재판을 통해서 권리구제를 받을 수 없다는 것이고, 한국 법원은 개인 청구권이 소멸되지 않았을 뿐만 아니라 재판을 통해서 권리구제를 받을 수 있다는 입장이다. 나아가 일본의 법원도 입법 등 재판 이외의 방법을 통해 구제받을 수 있다는 입장(최고재판소 2007년 4월 27일 판결)이고, 한국 법원도 입법 등 재판 이외의 방법을 통해서 구제받을 수 있다는 길을 명시적으로 배제하고 있지도 않다(2018년 10월 30일 신일본제철상대 손해배상 청구소송 , 2018년 11월 29일 미쓰비시 중공업 상대 손해배상 청구소송).

둘째, 양국 법원 모두 강제노동을 부인하고 있지는 않다는 점이다. 한

---

21) 일본에서의 주장과 달리 단순한 반일 민족주의에 기초한 것이 아니라 식민지 책임의 안팎에서의 규명과 이를 통한 식민지 책임의 규범화를 위한 측면을 가지고 있다. 결국 양측의 주장과 조치의 수준과 층위가 다르다고 할 수 있겠다.

국 법원의 경우 강제노동이고 손해배상을 해야 한다는 것이고, 일본의 경우 강제노동이기는 하지만 배상책임을 물을 수 없다는 입장이다. 예를 들어 오사카 고등법원의 경우 실질적으로 강제노동에 해당하고 위법하여 손해배상 책임이 인정되나 샌프란시스코 조약 후의 각종 긴급입법('회사경리응급조치법', '기업재건정비법')으로 패전 후 회사에 책임이 승계되었다고 볼 수 없다는 것이다(2002년 11월 19일 오오사카 고등법원). 또한 일본 기업만을 상대로 한 강제동원 소송에서는 기각이 아닌 화해판결을 내리고 있다(일본제철 한국인 징용공배상청구소송–도쿄지방법원 1995년 9월 22일, 후지코시 제1차 소송–최고재판소 1998년 12월 25일 등).

셋째, 양국 정부 모두 식민지 통치문제가 한일 청구권협정의 대상이 아니라는 것이다. 한일청구권 협정의 대상이 된 것은 양국 및 국민의 재산, 권리 및 이익 그리고 양국과 국민간의 청구권에 관한 것이다. 즉 일본군 '위안부'문제와 강제 동원 배상문제는 청구권 협정에서 해결되지 않은 새로운 문제인 것이다.

물론 식민지 통치에 대한 양국의 입장차이가 없는 것은 아니다. 일본의 경우 아베 정권과 달리 전통적인 보수 정치세력의 경우 식민통치가 합법이지만 부당한 측면도 있었다는 입장이다. 그 부당성에 대해서는 법적인 책임이 아닌 도의적인 책임으로 다하려 하였는데 이것이 우리에게 널리 알려진 무라야마 담화, 고노담화가 나오게 된 배경이다. 한국의 경우 이번 대법원 판결에서도 확인이 되었지만 식민지 통치가 불법이고 부당하다는 것이다.

아무튼 이러한 입장의 차이에도 불구하고 식민지 통치 문제가 한일 청구권협정의 논의 대상이 아니었다는 점에서는 양국 정부도 일치하고 있고, 아베 정권으로서도 수출규제와 같은 대응조치로 전전하는 데에 한계가 있는 바, 1965년 한일청구권 협정 체제의 틀 밖에서 분출되는 식민통치기의 반인도적 행위(강제노동, 일본군 '위안부'문제 등)에 대한 새로운 논의가 불가피하게 되었다.

피해자 중심주의와 모색

피해자 중심주의란 범죄 사건 등에서 피해자의 진술을 우선시하는 관점에서 원용된 것인데, 유엔 인권이사회 등 국제사회도 국가간 범죄 행위에 대한 해결의 원칙으로 채택하고 있다. 2015년 한일 정부간 위안부 합의에서 많은 논란이 되어 왔고, 2018년 강제동원 판결의 경우 대법원이 이러한 입장을 견지하면서 한일간 과거사 문제 해결의 원칙론으로 주목을 받은 바 있다.

한일 정부간의 이견으로 이러한 입장이 당장 관철되기 어렵다면, 우선은 한일간의 관계를 악화시키고 있는 조치들을 거두고(수출규제의 취소 등), 정치문제와 경제문제, 그리고 역사문제와 경제문제를 분리하면서, 이러한 원칙에 기초한 다양한 협의를 진행할 필요가 있는데, 재판 이외의 해결방법들의 완성도를 높이는 노력이 필요하다. 한일관계는 역사문제로 관계가 어려워질 때마다 이러한 지혜를 발휘하여 왔다.

재판 이외의 방법 중 기금방식의 해결[22] 방법도 주목을 끈다. 1+1(양국 기업의 자발적 출연)과 그 변형으로서의 1+1+α (한국 정부의 개입) 그리고 2+2(양국 정부와 양국 기업의 자발적 출연)와 2+2+α (국민참여)등이 그것이다. 1+1의 경우 민사책임의 문제로 단순화시킨다는 점에서는 장점이 있으나 책임이 없는 한국기업이 출연금을 내는데 참여시키려 하고 있어 설득력이 높지 않을 뿐만 아니라 일본 정부가 일본기업의

22) 독일의 '기억 · 책임 · 미래'의 경우 미국에서의 소송을 계기로 반인도적 행위에 대한 책임을 지는 형태로 만들어졌으나 가해국인 독일 정부와 기업이 주요한 출연자였다.

참여를 용인하는 것이 전제가 되어야 할 것이다. 2+2는 한국변호사협회와 일본변호사연맹이 공동제안하고 2017년 6월 13일 한국국회에 '일제강제동원 피해자 인권재단 설립에 관한 법률안'으로 구체화되었다. 최근에는 '한국은 적인가'라는 성명서로 유명해진 일본의 시민단체가 개인청구권의 용인을 전제로 한 2+2가 제안하고 있다.[23] 그런데 이러한 제안은 기본적으로 대법원 확정판결 이전(패소가능성 등을 염두에 두고)에 나온 것으로 현재는 그때와 달리 판결로 그 책임자가 명확해 진 바 상황적 전제가 많이 달라졌다는 약점을 가지고 있다. 또한 아베 정권이 일본 정부 출연에 동의하기 어렵다는 점에서 현실성은 그다지 높아 보이지 않는다. 2+2+α (국민참여)의 경우 일본 정부와 기업의 책임을 면제하였을 뿐만 아니라 대법원 판결의 취지를 왜곡한다는 비판이 있다.

해결의 실마리를 한일 양국 간에서 찾지 말고 국제사회로 시야를 넓혀 보자는 의견도 있다. 예를 들어, 강제동원 대법원 판결 등의 근원에 있는 한일청구권 협정의 해석과 관련하여 중재위원회(한일청구권 협정 제3조)에 회부하고 시민사회가 이를 감시하여 가는 방안(예를 들어 동아시아 진실화해위원회)도 생각하여 볼 수 있을 것이다.[24]

그러나 강제동원 자체를 부정하는 일본을 상대로 이를 중재위원회에 붙여 강제동원문제가 청구권협정의 대상인가 여부를 묻는 것이 중재의 주제로서 적절한지 즉 중재의 주제가 불일치하여 순항할 수 있을지 의문이 아닐 수 없다.

---

23) 和田春樹ほか, 「個人請求権の日韓認容を共通の基盤に和解基金の設立を提案する」, 『現代の理論』 2019년 봄호.

24) 하종문, 「최근 한일관계와 식민지 책임의 추궁」, 『한일민족문제연구』 제28호(2015년).

3) 식민지 책임의 규범화와 일본국 헌법

일본군 '위안부' 문제에 대한 헌법재판소의 결정, 강제동원 피해자에 대해 배상하라는 대법원 판결의 공통점은 이들 두 판결 모두 일제의 식민지배가 불법적인 강점이라는 것 즉 식민지배가 불법이라는 문제제기이다. 그런데 이러한 식민지배를 불법화하려는 것은 아베의 혐한 주장과 달리 국제법의 새로운 흐름이기도 하다는 점이다.

영국 정부의 케냐 식민통치기의 비인도적 범죄행위에 대한 협상 결정(2013년), 네덜란드 법원의 식민지배기 인도에서의 민간인학살에 대한 배상판결(2011년), 이탈리아 정부의 리비아에 대한 50억달러의 식민통치 배상(2008년), 독일에 의한 나미비아 원주민족 학살에 대한 사죄(2004년), 미국에 의한 하와이 합병사죄(1993년)등 세계적으로도 식민지배 과정에서의 비인도적 행위에 대한 책임[25] 즉 식민지책임을 묻는 사례와 연구[26]가 이어지고 있다. 그런 의미에서 한국 대법원의 강제동원 판결은 "식민지배는 불법임을 규범으로 만들어가자고 권유하는 부분"[27]이 있으며, 이러한 세계사적 흐름과 일치하는 측면이 있다고 생각된다.

나아가 논란이 되고 있는 한일기본조약에 대한 새로운 접근도 병행되어야 하겠다. 이 경우 출발점은 한일기본조약 제2조에서는 "1910년 8월 22일 이전에… 이미 무효(already null & void))가 되어야 할 것이다"라고 규정하고 있는데, '이미 무효'에 대하여 일본측은 1945년 패전까지는 합법이었다고 주장하나 한국측은 '원천적으로 무효'라고 해석하여 왔다.

---

25) 清水正義,「戦争責任論から『植民地責任』へ」,『「植民地責任」論–脱植民地化の比較史』(青木書店, 2009年), 51~58쪽.

26) 永原陽子, 「『植民地責任』論とは何か」,『「植民地責任」論–脱植民地化の比較史』(青木書店, 2009年), 11쪽.

27) 정영환,「아베, 한국을 2015년으로 되돌리려 해…'타협적 화해'는 위험」,〈한겨레신문〉(2019.8.14.), http://www.hani.co.kr/arti/politics/diplomacy/905667.html

일본국 헌법의 평화주의는 세계 최초의 피폭국으로서 전쟁의 참화를 되풀이 하지 않기 위한 측면과 동시에 가해자로서의 전쟁책임 문제를 비무장평화주의 형태로 표현한 것이기도 하다. 국제법의 규범환경의 변화(식민지배 하의 반인도적 불법행위에 대한 책임추궁 움직임)그리고 한국의 대법원 판결이 시사하는 바는 일본국 헌법의 평화주의와 배치되지 않으며 오히려 일본국 헌법의 평화주의의 보편성을 확장하는 일임을 아베 정부는 기억할 필요가 있을 것이다.

3장

동북아 평화공동체에 있어서의 비핵화와 탈원전

일본과 한국의 경우

인권보장의 전제는 사람의 생존, 나아가 평화적 생존이다. 평화적 생존을 저해하는 가장 큰 주범은 주로 전쟁이었는데, 이러한 전쟁을 예방하기 위하여 제1차 세계대전 후에는 국제적 규범의 차원에서 부전조약을 체결하였다. 그러나 국가 간의 약속만으로는 전쟁 없는 평화로운 생존을 보장할 수 없어 제2차 세계대전 이후에는 국내적 규범의 차원에서 헌법에 평화주의를 규정하고 이러한 평화에 관한 헌법원리를 통하여 국가에 의한 전쟁을 견제하고자 하였다.

그러나 평화주의 원리의 보호영역은 주로 전쟁 또는 전쟁위협 없는 상태를 내용으로 하고 있어 후쿠시마 원자력 발전사고 등에서 경험하듯이 이른바 원자력의 평화적 이용에 의한 위험이나 공포가 없는 상태를 포괄하지 못한다. 그래서 원자력의 군사적 이용에 의한 핵재앙(원폭)뿐만 아니라 평화적 이용에 의한 핵재앙(원자력 발전소 사고)으로부터 자유로운 평화적 생존을 평화주의의 보호영역에 포괄할 필요가 있다.

이를 위하여 대표적인 핵재앙 국가인 일본의 경우를 사례로 살펴보면, 원자력의 군사적 이용과 평화적 이용은 한 세트이며 모두가 평화적 생존을 저해하는 것으로 보아야 함을 알 수 있다. 원자력의 이용에 의한 위험까지를 포함하는 평화주의의 관점에 서게 된다면 원자력의 일체의 이용으로부터 탈피를 위한 실천 플랜으로서 기왕에 제기된 비핵지대화운동과 더불어 비원전지대화운동 등이 국내적 국제적으로 전개될 필요가 있다.

1. 들어가는 말

동북아 평화공동체 실현을 위해서는 핵문제에 직면하지 않을 수 없는데, 핵의 군사적 이용뿐만 아니라 이른바 핵의 평화적 이용에 대한 진지한 고민과 성찰도 필요하다. 예를 들어 일본은 2014년 1월 시점으로, 55기의 원자로를 가지고 있었으며 합계 4896만 KW(한국 1, 872만 KW)의 설비용량을 갖춘 원자력 강국이다. 미국 프랑스에 이어 세계 3위의 원자력 대국이며, 발전전력량에서 차지하는 원자력발전의 비율은 30.8%(2010년도)이다.[1] 2020년 2월 현재 한국도 총27기 중 17기를 운용하고 있다.

그러나 일본은 지구상의 지진활동의 약 10%가 집중되어 있는 지진대국이기도 하다. 이 지진대국에 전 세계 상업용 원자로의 12.2%가 입지하고 있는 것이다. 위험천만한 일이다.

2011년 3월 11일 동일본대지진/후쿠시마원자력발전사고 및 그로 인한 피해는 어떻게 보면 예견된 일이었는지도 모른다. 2012년 8월 26일 일본의 경제산업성 원자력 보안원은 도쿄전력 후쿠시마 제1원전 1~3호기에서 대기 중으로 노출된 세슘 137의 방출량이 히로시마 원자폭탄의 168.5개분에 해당한다는 추산치를 내놓기도 하였다. 사망하거나 실종된 사람의 수는 모두 2만 3천여명에 이른다고 한다. 1945년 나가사키에 투하된 원자폭탄으로 3만여명이 피폭되고 1만 5천여명이 사망하였다고 하니 이는 나가사키에 투하된 원자폭탄보다도 피해가 큰 것이다.[2]

원자력을 평화적으로 이용하는 것(핵에너지) 역시 군사적으로 이용하

---

1) 長谷川公一,『脱原子力社会へ』(岩波新書, 2011), 19쪽.

2) 패전후 일본의 원자력 의존의 전력정책의 실패에 대해서는 竹内敬二,『電力の社会史』(朝日新聞出版, 2013年), 8쪽 이하를 참조.

는 것(핵무기) 못지 않은 피해를 발생시키고 있으며 또한 피해를 발생하게 할 개연성이 적지 않다는 점에 주목하게 된다.[3] 이하에서는 원자력의 이용이 침략전쟁의 부인뿐만 아니라 인간의 평화로운 생존을 보호영역으로 하는 평화주의[4]에 합치하는 것인지를 살펴보기로 한다.

이때의 평화주의란 평화에 관한 헌법 원리를 의미한다. 평화를 좁은 의미로 이해하게 되면 전쟁이나 전쟁의 공포가 없는 상태에서 살아가는 것을 의미할 수 있는데, 이 경우 원자력의 군사적 이용에 의한 전쟁과 전쟁의 공포가 없는 상태까지를 포괄할 수 있다. 그렇지만, 원자력 발전사고에서 경험하듯이 원자력의 이른바 평화적 이용에 의한 위험성이나 공포가 없는 상태를 포괄하지 못한다. 따라서 평화의 개념을 넓게 인간의 평화로운 생존까지를 의미하는 것으로 이해하고자 한다.

이러한 넓은 의미의 평화개념에 대해서는 1984년 유엔총회에서 발표된 「평화에 대한 인류의 권리선언」을 원용하고자 한다. 이 선언에서는 인류의 삶에서 전쟁을 근절하는 것뿐만 아니라, "세계적인 핵 재앙을 방지하는 것이 전 인류의 의지이자 염원이며, 지구상에 지속적인 평화를 수립하는 것은 핵 시대에 있어서 인간 문명의 보존과 인류의 생존을 위한 주된 조건을 대표한다는 것을 자각하며, 인류의 평화로운 삶을 유지하는 것이 각 국가의 신성한 의무임을 인식하며, 우리 지구상의 인류는 평화에 대한 신성한 권리(평화권)를 가짐을 엄숙히 선언"[5] 하고 있다. 원자력의 이용에 의한 위험성이나 공포로부터의 벗어난 인간의 안전과 평

3) 원자력의 군사적 이용과 평화적 이용을 준별하고 평화적 이용이 초래하는 다양한 인권 침해와 관련하여서는 이계수, 원자력발전과 인권, 『민주법학』53호, (2013년), 116쪽 이하 참조.

4) 평화주의 및 평화권의 보호영역에 대한 일반론으로서는 이경주, 「평화주의원리, 그 가능성과 한계」, 『헌법다시보기』(창비, 2007년), 326쪽 이하 참조.

5) 이경주, 『평화권의 이해』(사회평론사, 2014년 2월), 433쪽.

화적인 생존에 대해서는 2010년의 산티아고 평화권선언(제3조), 그리고 그 영향 하에 유엔인권이사회가 추진하였던 평화권선언 초안(2012년, 제2조 인간의 안전보장)의 주요한 관심사 중의 하나이기도 하다.[6] 이상과 같은 평화주의 개념에 기초하고, 평화주의의 인권론적 표현인 평화권을 개념도구로 하여, 그간의 일본의 탈핵운동, 탈원전운동의 배경과 전개를 주로 새롭게 정리하여 소개하고, 이와 대비하여 한반도 남과 북에 있어서의 원자력 관련 논의를 살펴보기로 하는데, 군사적 이용과 평화적 이용은 한 세트로 빌트인 되어 있는 것으로 모두가 위험한 것으로 보아야 한다는 관점에서 살펴보고자 한다.

2. 원자력의 군사적 이용과 일본의 반핵평화주의

원자력의 이용이 평화주의에 반한다는 것이 주목을 받기 시작한 것은 원자력의 군사적 이용이 가져온 참상과 폐해에서 비롯한다. 반핵운동으로 알려져 온 원자력의 군사적 이용에 대한 일본의 반대운동을 평화주의의 관점에서 살펴보기로 한다.

1) 원자력의 참상과 원수폭 금지 운동

1945년 8월 6일 월요일 미국 대통령 해리 트루먼은 당시 일본군 제2사령부이면서 통신 센터이자 병참 기지였던 히로시마에 원자폭탄 투하를 명령하였다. 60킬로그램의 우라늄 235가 담긴 포신형 핵분열 무기 '리틀 보이(Little boy)'는 히로시마 현지 시각 8시 15분에 투하됐다. 이로 인해 히로시마의 69%의 건물들이 파괴되었고, 히로시마의 인구 30%

6) 이경주, 같은 책, 519쪽 이하.

에 해당하는 70,000여명이 사망하였으며 70,000여명이 아직도 부상과 후유증으로 시달리고 있다.

이어 8월 9일, 나가사키에는 '팻 맨(Fat man)'이라는 원자폭탄이 투하되었다. '팻 맨'은 '리틀보이'와 달리 플루토늄 239로 만들어졌으며, 그 합성 요소는 워싱턴 주 핸포드의 핵융합로들에서 만들어졌다. 폭발지점에는 순식간에 섭씨 3,900도의 열이 달아올랐으며 후폭풍의 바람 속도는 1005km/h로 측정됐다. 원폭 투하로 인해 1만 5천여 명이 사망하고, 3만여 명이 방사능 피폭을 당하였다.

이 원자폭탄 두 개는 인류사 최초로 전쟁에서 일반 시민 학살에 쓰인 원자폭탄이었다. 이를 배경으로 일본에서는 헌법의 평화주의에 기초한 원수폭 금지운동이 대중운동화하기 시작하였다. 이러한 대중화 운동에 계기를 제공한 것은 1954년 3월 미국의 태평양 지역 원폭실험지 비키니섬 부근에서 조업 중이던 일본 어선 제5후쿠류마루(福竜丸)의 피폭사건이었다. 제5후쿠류마루의 선원들이 방사능에 노출되었을 뿐만 아니라, 이후 일본 국내에서도 일본인들이 애호하는 태평양산 참치에서 다량의 방사능이 검출되고, 방사능비가 일본에서 확인되면서, 원폭의 참상을 기억하고 있던 일본 국내에서 원수폭 반대운동이 전국적으로 광범위하게 일어났다.

야키즈(焼津)시 의회가 '원자력병기 사용금지결의'를 한 것을 시작으로 각 지역의 지방의회, 어업단체, 여성단체, 노동조합 등이 원자력병기의 사용금지를 결의하였다. 도코로자와(所沢)시에서는 전원일치로 원수폭금지 결의를 채택하였다. 일반인들도 서명운동을 전개하였는데 도코로자와시의 경우 시인구의 1/4에 해당하는 수의 서명을 모았다.[7]

---

7) 安田浩, 「戦後平和運動の特質と当面する課題」, 『講座現代日本 4 (日本社会の対抗と構造)』(大月書店, 1998年), 256~257쪽 참조.

비키니에서 방사능에 노출된 피해자뿐만 아니라 일본 전국에 걸쳐 반핵운동이 확산되어 일본 인구 1억 2천만명 가운데 3천 2백만 명이 서명에 참여했다. 도쿄의 스기나미(杉並)구에서 시작된 서명운동은 전국적으로 확산되어 1955년에는 '원수폭금지 일본협의회'(이하 원수협)이 결성되고, 같은해 제1회 원수폭금지 세계대회가 개최되기에 이르렀다. 뿐만아니라 일본 내의 반핵운동은 세계적으로도 반향을 일으켜 버틀란드 러셀, 알베르트 아인슈타인 등을 필두로 하는 세계적인 지성들이 핵실험에 반대하는 성명서를 발표하기에 이르렀다.

원수폭금지운동이 폭발적으로 확대된 데에는 몇 가지 이유가 있었다. 우선 첫째로 1952년 샌프란시스코 평화조약(1951년 9월 8일 체결, 1952년 4월 28일 발효)이후 검열이 폐지되면서 히로시마와 나가사키에서의 원폭피해의 참상이 널리 알려지고, 비무장평화주의를 규정한 일본국 헌법의 평화주의가 왜 필요한지 각광을 받게 되었기 때문이다. 둘째, 1950년대 초반 들어 더욱 불붙기 시작한 미소간의 핵병기 개발 경쟁이 대중적 위기감을 불러 일으켰기 때문이다. 1952년 미국이 수소폭탄실험에 성공하였고, 다음 해인 1953년에는 소련이 수소폭탄실험을 하였으니 원폭피해를 겪은 일본으로서는 일본 뿐만 아니라 인류가 멸망할지도 모른다는 위기의식과 평화적 생존에 대한 의식이 팽배해지기도 하였다. 셋째, 이러한 위기의식이 막연한 상상의 세계에 머문 것이 아니라 제5후쿠류마루사건에서처럼 현실화되었기 때문이다. 국적과 사회체제를 넘어 인류애 차원의 세계적인 공감대가 형성되었다. 그 결과 제1차 원수폭금지 세계대회는 보수와 혁신을 망라하는 초당파적인 모양으로 전개되었고 세계적인 반향을 불러 일으켰다.

일본의 원수폭금지운동의 또 하나의 특징은 노동조합이 이러한 반핵평화주의운동의 주요한 담당자가 되었다는 점이다. 서구사회의 노동조합이 일반적으로 경제주의적 입장에 머물러 있었던 것에 비하면 이 무렵의 일본의 노동조합은 경제투쟁의 약점을 평화와 민주주의 운동과 같은 정치투쟁을 통해서 보완해야 한다는 노선을 취하였다. 반핵평화운동의 주체로서의 노동조합의 핵심은 일본노동조합 총평의회(이하 총평)이었다.[8)]

원수협의 원수폭금지운동은 미일안보조약반대운동, 기지반대운동으로 확장되었다. 일본 정부가 제트 폭격기 발착이 가능하도록 대도시 도쿄 서부의 다치가와(立川)에 미군비행장을 확장하려 한다든지, 핵탄두 탑재 지대지 미사일인 '어네스트 죤(Honest Jhon)'을 일본의 기지에 배치하여 자위력을 강화하고, 재군비를 위한 개헌론을 전개하였기 때문이다.

초당파적인 반핵평화운동으로서의 원수폭금지운동은 1960년대 들어 혁신진영 내부에서의 분열로 고비를 맞이하게 되었다. 1960년 제6차 원수폭 세계대회를 기점으로 반제평화론[9)]이 대두되었기 때문이다. 제6차 원수폭 세계대회에서는 반제평화론이 힘을 얻어, 평화세력과 전쟁세력의 구별이 강조되고 미국을 비롯한 제국주의국과 식민주의세력이 평화의 적이라고 선언문에 명시되기에 이르렀다.

이러한 논쟁에 새로운 불씨를 제공한 것은 소련의 핵실험이었다. 소련은 1961년 8월 31일 소련이 핵무기실험 재개를 발표했다. 핵실험에 관

---

8) 총평은 온건파에 의해 1950년 7월 결성된 전국적 노동조합 조직으로 조합원이 가장 많은 철도노조(国鉄), 교직원 노동조합(日教組), 지방자치단체의 직원노조(自治労)등과 같은 관공서 노동조합, 탄광노조 등 320만명, 당시 전체 조직노동자의 52%로 출발하여 1990년대 초반까지 가장 영향력있는 노동조합이었다.

9) 반제평화론이란 핵독점과 압도적 군사력에 기초한 냉전체제 및 핵군사력 확충경쟁을 하는 미국을 제국주의라고 비판하면서 전쟁세력 미국을 반대하여야 세계평화가 찾아든다는 반미평화론으로 소련의 핵무장에 눈감았다는 비판을 받기도 하였다. 安田浩, 앞의 책, 261쪽 이하 참조.

한 소련 정부 성명서에 의하면 소련은 TNT 2천만~1억톤에 달하는 폭발력을 가진 초특급 핵폭탄을 제조할 계획이었다. 흐루시초프는 서방측이 핵실험을 하지 않는 한 소련도 핵실험을 하지 않겠다던 스스로의 약속을 깨뜨리고, 3년 동안 340번이나 거듭해 온 핵실험 회담을 한 순간에 결렬시킨 채 핵실험을 재개하겠다고 발표한 것이었다.

평화의 적이든 동지이든 어떤 나라의 핵실험도 반대한다는 원수폭운동의 출발점과 기본원칙을 강조하는 사회당계열의 노동조합인 총평 그리고 일본청년단체협의회, 전국 지역여성단체연락협의회 등은 원수협 차원에서 소련의 핵실험 재개에 항의하는 결의안을 채택할 것을 요구하였다. 그러나 이러한 요구가 관철되지 못하자, 이들은 원수협 참여를 거부하였다. 마침내 1965년 '원수폭금지 일본국민회의'(원수금)을 발족시켰다.

이러한 분열은 오늘날에도 이어져 매년 8월초에는 원폭에 반대하는 세계대회를 원수협(原水協-범공산당계열)과 원수금(原水禁-범사회당계열)이 장소와 시차를 약간씩 달리하며 개최하고 있다.

2) 비핵 4정책과 반핵평화주의의 재고양

베트남전 반대운동과 '비핵 4정책'

1960년대 후반에서 1970년대 중반으로 이어지는 베트남전쟁은 반핵운동에 새로운 전기를 제공하였다. 베트남전쟁 상황이 연일보도되고 이에 연관되어 원자력 잠수함과 원자력 항공모함의 일본 항구 정박, 일본을 출격 및 보급기지로 한미 공군의 베트남 출격 등의 소식이 이어졌다. 게다가 이러한 상황에 이어 베트남에서의 대량학살 소식이 전해지면서 많은 사람들이 미일안보체제가 핵군사동맹임을 자각하게 되었기 때문이다. 더구나, 자민당은 명문 개헌은 포기하였지만, 해석 개헌을 통하여 자위대를 본격적인 군대로 만들어가고 있고, 첨단장비로 무장하여 가고 있었다.

미국의 베트남 전쟁과 이에 동조하는 일본의 태도에 반대하는 반전평화운동은 이러한 기만적인 현실에 대한 저항운동의 성격을 띠게 되었다. 그리고 그 헌법적 기반은 평화주의였다. 이러한 평화주의 운동은 특히 일본 정부의 외교정책에 대한 강한 비판으로 이어졌다.

이러한 과정에서 자민당 정권은 '무기수출 3원칙', '비핵 4정책'을 채택하게 된다. '무기수출 3원칙'이란 1967년 사토 에이사쿠(佐藤栄作)당시 총리가 천명한 것으로 ① 공산국가, ② 유엔 결의로 무기 수출이 금지돼 있는 국가, ③ 국제분쟁 당사국 및 그 우려가 있는 국가에 대해 무기 수출을 금지한다는 것을 내용으로 하고 있다. 이어 1976년에는 미키 다케오(三木武夫)총리가 대상지역을 넓혀 '모든 지역 및 국가에 무기 수출을 삼간다'는 담화를 발표, 사실상 전면 무기수출 금지에 나서기도 하였다.[10)]

1967년 12월 당시 사토 에이사쿠 수상이 중의원 예산위원회에서 밝혔고, 10여 년이 지난 1976년 5월 21일에는 중의원이 이를 결의함으로써 일본 정부의 비핵 정책의 기본 원칙으로 자리 잡은 '비핵 3원칙'이란 핵무기를 만들지 않고(not producing), 보유하지도 않으며(not possessing), 들여오지도 않는다(not permitting the introduction of

---

10) 1986년 나카소네 야스히로(中曽根康弘)총리는 미일안보조약에 의한 동맹국인 미국에 한해 무기기술의 공여를 인정한다며 예외를 인정하기 시작하였으며, 고이즈미 준이치로(小泉純一郎)총리는 미사일방어시스템(MD)개발과 관련하여 미일 공동 개발 및 생산, 미국을 통한 제3국으로의 수출을 예외적으로 인정한 바 있다. 또한 2011년 12월 27일에는 민주당 정권의 노다 요시히코(野田佳彦)총리가 국제평화와 협력, 일본의 안보 등에 이바지하는 무기의 국제공동개발을 예외적으로 허용한다는 내용의 관방장관 담화를 발표한 것을 계기로 '무기수출 3원칙'은 급속도로 약화되기 시작하였다. 방위산업을 성장동력의 하나로 여기는 아베 정권에 들어와서는 더욱 약화되고 있는데, 아베 정권은 2013년 전차용 엔진을 공동개발하기 위한 미쓰비시 중공업과 터키기업 간 합작회사를 2014년에 터키에 세우는 방안과 수송기 등 방위장비를 외국에 민수용으로 수출하는 사업 등을 추진한 바 있다.

nuclear weapons into Japan)는 것을 내용으로 한다. 이후 일본 정부는 일본의 핵무장 가능성에 대한 비판이 대두될 때마다 이 '비핵 3원칙'이 일본 정부의 공식방침임을 재확인해 왔었다.[11)]

1968년 제58회 국회에서 방위문제를 둘러싼 격론이 이루어지고 사회당을 비롯한 야당이 비핵결의안을 제출하자 집권 자민당은 '비핵 4정책'을 내 놓았다. 그 내용은 ① 핵무기의 폐기 · 절멸을 목표로 우선 실행가능한 핵군축을 추진한다. ② 핵무기는 제조하지 않고 또한 보유하지 않으며 들여오지도 않는다는 '비핵 3원칙'을 견지한다. ③ 일본의 안전보장은 계속 미 · 일 안보조약에 기초한 미국의 핵억지력에 의존한다. ④ 핵에너지의 평화적 이용은 적극 그 개발을 추진하여 그 실익을 향수함과 동시에 세계의 과학기술 발전에 기여한다는 것이다.[12)]

하지만, '비핵 4정책'은 그 획기성에도 불구하고 여러 가지 문제점을 남겼다. 첫째, '비핵 3원칙'에도 불구하고 일본 정부가 미국의 핵우산을 유지한다는 점을 분명히 하였으며, 둘째, 핵무기를 개발하지 않겠지만, 핵의 평화적 이용에 대하여 적극적 개발을 추진한다고 하여 오늘날 문제되고 있는 원자력발전소의 문제 등에 면죄부를 제공하였다.

1982년 반핵평화주의의 재고양

1980년대는 세계적으로 반핵평화주의가 다시금 고양되었던 시기였다. 그 중심무대는 유럽이었다. 레이건 대통령이 제한적 핵전쟁을 언명하였기 때문이다. 레이건 대통령은 핵공격의 중점을 도시 등으로부터 군사시설로 이동한다는 대통령 지령(Presidential Directives:PD) 제59호를

---

11) 『2004年防衛ハンドブック』(朝雲新聞社, 2004年), 796쪽.

12) 川崎哲, 『核拡散』(岩波新書, 2003年), 168~169쪽.

발효시키고 이 지령에 근거하여 유럽을 전장으로 하는 한정된 지역에서의 핵전쟁의 가능성을 얘기하였다. 이에 반발한 나토는 1979년 퍼싱2 미사일과 순항미사일, 전역 핵무기(theater nuclear weapon)의 배치 철회를 미국에 요구하기에 이르렀다. 미국 내에서도 핵을 동결할 것, 미소간 상호핵병기를 동결할 것을 요구하고 이를 위한 주민투표가 실시되는 등의 평화운동이 고양되었다.

일본에서는 1981년 가을부터 1982년 6월에 걸쳐 개최된 제2회 유엔 군축특별총회(SSDII)를 계기로 반핵평화주의 논의와 운동이 고양되었다. 우선 핵병기 완전폐지와 군축을 요구하는 서명운동이 전개되었다. 유엔에 제출하기 위한 서명운동에 동참한 사람은 무려 8천만 명에 이르렀는데 일본 인구 1억 2천만의 2/3가 찬성한 것이다. 그리고 천개가 넘는 지방자치단체에서 핵병기 완전폐지와 군축에 대한 의견서가 제출되었고, 비핵도시선언을 하였다.[13] 나아가 각 지역에서의 다양한 반핵운동이 전개되었는데, 1982년 2월 히로시마 반핵행동에는 20만여 명이 참여하였고, 1982년 5월에는 도쿄 반핵행동 집회가 열렸는데 40여만 명이 모이는 대규모 집회가 성황리에 개최되었다.[14]

이와 같이 원자력의 군사적 이용에 반대하는 운동이 확산된 데에는 유럽에서의 반핵운동의 영향, 신냉전과 레이건 대통령의 핵전략에 대한 위기의식, 1978년 발표된 미일 방위협력 가이드 라인 아래 일본의 군사력이 확충될 것이라는 불안감이 작용하였다. 그러나 그러한 의식들의 심층심리에는 핵무기의 확충과 일본의 군비 증강에 대한 심각한 우려, 이를 통한 전쟁위기감 등이 작용하였다. 이러한 위기의식은 그간 분열되었던 원수폭금지운동이 통일되는 계기를 마련하기도 하였다.

---

13) 新護憲の三千五運動(須弥 · 久保田編), 『非核法 非核条約』(1994年), 62쪽 이하.

14) 安田浩, 앞의 책, 271~273쪽 참조.

반핵운동은 1980년대의 비핵 자치체 선언에 상징적으로 나타났다. 1982년부터 증대하기 시작한 비핵 자치체의 수는 1984년~1986년 사이에 급증하기 시작하여 1989년에는 무려 1455개의 자치체가 비핵선언을 하기에 이르렀다.[15] 이는 일본 전국의 자치단체 수의 44%에 달하는 것이었다. 이러한 일련의 움직임을 비핵자치체 운동이라고 하는데 원자력에 반대하는 풀뿌리 평화운동으로 1980년대에 시작하여 1984년에는 비핵도시선언 자치체협의회가 발족하여 현재까지 이어지고 있다.[16] 비핵자치체 운동은 국제적으로도 활동범위를 넓혀 비핵자치체 국제회의를 개최하기도 하였으며 북핵문제 등으로 동북아에서 핵무장론이 등장하면서부터는 필리핀 동남아시아 등 동아시아로 시야를 넓혀 동아시아 비핵지대화를 주창하고 있다.

동아시아 중 동북아시아에 촛점을 맞추어 비핵지대화운동의 견인차 역할을 하고 있는 우메바야시 히로미치(梅林広道)[17]는 비핵지대화운동과 동북아 평화체제 문제를 융합하여 3+3 동북아 비핵지대화를 해야 한다고 1996년부터 주창하고 있다. 남북한과 일본이 우선 비핵지대화를 하고 핵보유국인 미국, 중국, 러시아가 이를 보장하는 것을 골자로 하며, 몽골과 대만이 여기에 포함될 수 있다는 구상이다. 한반도의 핵문제와 동북아의 핵무장 도미노의 잠재성(일본과 대만의 핵무장)등 동북아 차원

15) 安田浩, 같은 책, 277쪽.

16) 安田浩, 같은 책, 276~279쪽 참조.

17) 우메바야시 히로미치(전 東京都立大学 교수)는 일본의 대표적인 반핵운동의 대부격으로 30년 넘게 반핵운동의 이론가이자 실천가로 활동하였다. 1980년대에는 일본에 토마호크 미사일이 배치되는 것에 반대하는 '토마호크반대전국운동'의 대표였으며, 1990년대에는 반핵운동의 대중적 확산을 위하여 반핵 관련 정보를 발신하고 있는 저명한 단체인 Peace Depot를 만들었다. 2008년도에는 강원도가 주최하는 DMZ평화상의 수상자(제4회, 특별상부문)이기도 하다.

의 비핵지대 조약이 긴급히 필요하다는 것이다.[18] 평화주의 헌법의 선도적 이론가인 야마우치 도시히로(山内敏弘) 교수도 동북아 비핵지대 조약의 체결을 강조하고 있다.[19] 정전협정체제를 대체할 수 있는 새로운 평화체제의 틀은 한반도라는 공간에 한정될 것이 아니라 동북아시아로 확장된 틀이어야 한다는 관점에서 보면 경청할 여지가 많은 주장이라 할 것이다.[20]

3. 원자력의 평화적 이용과 일본의 탈원전평화주의

원자력의 군사적 이용이 인류의 절멸을 가져올 수 있다는 위기감에도 불구하고 원자력 이용은 새로운 국면을 맞게 되었다. 그것은 원자력의 평화적 이용론이 대두되기 시작하면서부터이다.

1) 핵독점체제의 균열과 원자력의 평화적 이용론

히로시마 나가사키에 대한 원폭투하는 처참할 정도의 파괴력을 세계에 과시하여 원자력을 군사적으로 이용하는 것에 대한 공포심을 사람들

18) 梅林広道,『非核兵器地帯』(岩波書店, 2011), 153쪽 이하.

19) 山内敏弘,『安倍改憲論のねらいと問題点』(日本評論社, 2020年) 209쪽 이하

20) 비핵자치체 운동은 일본에만 있는 것이 아닌 전세계적인 운동이다. 미국의 경우 핵무기 개발에 주도적인 역할을 했던 UC버클리대학이 있는 버클리시가 선두에 서 있다. 버클리시는 다시는 핵 개발과 핵무기 배치, 핵 관련 물질의 이전을 거부하는 '비핵자치체'를 선언했다. 버클리뿐만 아니라 미국의 경우, 비핵자치체는 200여개에 이른다. 일본 역시 히로시마현을 시작으로 지자체의 82%가 비핵자치체를 선언했다. 그리고 이 도시들은「일본 비핵선언 자치체 협의회」를 결성하고, 2020년까지 핵무기 없는 세계를 실현하겠다는 '2020비전'을 향해 노력하고 있다. 영국은 맨체스터를 비롯한 70개의 도시가 비핵자치체이며, 벨기에의 아이프리스를 비롯한 유럽의 721개 도시가 '2020비전'을 지지하고 있다.

에게 부여하였다. 그러나 동시에 원자력=핵에너지가 인류문명에 많은 공헌을 할 것이라는 기대감과 동시에 부풀어 올랐다.

원자력의 평화이용에 대한 화두를 던진 것은 트루먼 대통령(1945~1953, 민주당)이었다. 1945년 8월 6일 미국 트루먼 대통령은 원자에너지를 해방하는 것이 가능하다는 사실은 자연의 힘에 대한 인간의 이해에 새로운 시대를 여는 것이라고 하였다. 지금까지 원자력은 석탄, 석유, 수력으로부터 얻고 있는 동력을 보충하는 것 정도로 과소평가되어 왔다고 하였다. 이를 받아 아이젠하워 대통령(1953~1961, 공화당)은 1953년 12월 유엔총회연설에서 평화를 위한 원자력(atom for peace)을 주창하였다. 평화를 위한 원자력 개념은 다목적이었다. 첫째는 원자력 이용과 관련하여 미국이 갖고 있는 저작권료와 핵연료를 다른 자본주의 진영의 국가에 팔기 위한 것이었다. 둘째는 원자력협정 등을 통하여 미국 이외 국가의 핵무장을 저지하기 위한 것이었다. 결국 소련의 원폭실험 성공 등으로 미국의 핵독점이 깨지자, 아이젠하워 대통령이 이를 받아 원자력의 평화적 이용이라는 이름으로 원자력을 산업화하고자 하였던 것이다.[21)]

원자력의 평화적 이용이 군사적 이용(핵무기)과 다른 것임을 세계만방에 알리는데 있어 일본은 가장 좋은 모델이었다. 요미우리 신문사의 사장이었으며 초대 과학기술청장관 그리고 일본 원자력위원회 위원장을 지냈던 쇼리키 마쓰타로(正力松太郎)를 타겟으로 미국이 공작을 추진했던 것은 일본 등에서는 유명하다.[22)]

미국은 히로시마에 대한 원자력 평화이용 선전공작을 시작하여, 최초

---

21) 加藤哲郎, 『原子力と冷戦』(花伝社, 2013年), 15쪽 이하, 57쪽 이하 참조.

22) 佐野真一, 『巨怪伝』(文藝春秋, 1994); 有馬哲夫, 『日本テレビとCIA』(新潮社, 2006); 長谷川, 앞의 책, 22쪽에서 재인용.

로 원자력의 파괴를 경험한 히로시마야말로 원자력의 평화적 은혜를 입을 자격이 있다고 선전하며, 히로시마시에 원자력발전소 건설을 요구하는 목소리도 내기 시작하였다.[23] 그리고 1956년 5월 27일부터 6월 17일까지 3일간, 히로시마에서는 '원자력평화이용 박람회'가 개최되었다. 이는 히로시마현, 히로시마시, 히로시마대학, 미국문화센터, 주고쿠(中國) 신문의 공동개최로 열렸는데, 히로시마 평화기념자료관이 회의장이 되고, 여기에 원자로 모형이 전시되었으며, 평화이용에 대한 장밋빛 묘사가 이루어졌다. 히로시마회의장 입장자수는 10만 9500명에 달하였고, 여론도 원자력의 평화이용이 추진되어야 한다는 일색이었다.[24]

2) 평화적 이용론의 안전판 NPT 체제

미국의 평화를 위한 원자력 구상은 미국의 핵독점체제가 깨어진 상황 타개책이었다. 미국은 히로시마 나가사키 원폭투하를 시작으로 핵독점체제를 유지하였다. 이를 위해 미국 국내적으로는 미국이 갖는 원자력정보를 기밀화하고, 대외적으로는 타국에 이를 제공하는 것을 금지하고, 핵무기 또는 핵기술의 독점을 지향하였다. 국제적으로는 유엔을 통하여 핵독점체제를 공고히 하고자 하였는데, 이를 위하여 1946년 유엔총회에 제출한 첫번째 결의가 다름아닌 유엔에 원자력위원회를 만드는 것이었다. 원자력을 관리하는 국제기구를 만들고 핵물질을 국제적 기구를 통해 관리하고 장기적으로는 핵무기를 폐지한다는 구상을 제시하였다.

이에 기초하여 미국은 1954년 국내법을 개정한다. 이제까지 원자력 기

23) 田中利幸, 「原子力平和利用と広島―宣伝工作のターゲットとされた被爆者たち」, 『世界』 850号(2011年 8月), 251쪽.

24) 田中利幸, 위의 논문, 257~259쪽.

술, 정보, 핵물질을 다른 나라에 수출하는 것을 금지하는 조문을 개정하여, 원자력의 평화이용을 위한 자료 및 자재 교환을 인정하게 되었다.

문제는 이러한 평화적 이용을 확산시키게 되면 핵무기의 확산도 이루어질 가능성이 있다는 것이다. 즉, 원자력의 평화적 이용과 군사적 이용은 개념상으로는 구별가능하더라도 실제로는 불가능하거나 매우 어렵다는 것이다. 왜냐하면 원자력발전소도 핵병기와 마찬가지로 우라늄을 채굴하여 정제하고 제조하는 과정은 마찬가지이기 때문이다.

이러한 우려 때문에 만든 안전장치가 바로 국제원자력기구(IAEA)이다. 당초 아이젠하워는 양자협정을 통하여 핵물질의 평화적 이용에 대한 국제적 사찰을 받으면 되는 것으로 생각하였다. 그러나 핵물질 공급이 가능한 나라가 미국 이외에도 소련, 영국, 프랑스, 캐나다 등으로 늘어나면서 다국간 협정이 필요하게 되었다. 이러한 사정으로 등장한 것이 핵불확산조약(NPT)이다.

핵불확산조약은 현재 190개국 이상이 가입한 조약이다. 그 내용은 3개로 구성되어 있다. 첫 번째는 핵불확산, 두 번째는 원자력의 평화적 이용, 세 번째는 핵군축이다.

핵불확산이란 이미 핵병기를 가지고 있는 미소영불중 5개국 이외에 핵보유국이 늘어나는 것을 방지하는 체제를 만들자는 것이다. 구체적으로는 위 5개국을 핵병기국가로 지정하고 이 5개국에게는 핵무기 그 밖의 핵폭발장치를 타국에 이양할 수 없다는 의무를 지웠다. 그리고 그 밖의 나라는 핵병기 그 밖의 핵폭발장치를 핵병기국가로부터 받거나 스스로 제조하여서는 안 되는 의무를 지웠다.

사실 핵불확산 체제를 제안하였던 미국과 소련의 구상은 여기까지였다. 그러나 비핵병기국가의 반발이 컸다. 이는 핵무기를 갖지 않은 국가에 대하여 일방적으로 큰 의무를 지우는 것이어서 불평등조약이라는 비난이 나올 수밖에 없었다. 실지로도 NPT 심의과정에서 개발도상국들의 반발이 거셌고 유엔총회에서는 권리의무의 평등화를 요구하는 결의안이 채택되기도 하였다. 그 결과 미국과 소련이 새로이 추가한 내용이 원자력의 평화적 이용에 대한 조항이다. 그리하여 핵불확산조약에는 조약체결국 모두가 원자력의 평화적 이용에 대한 권리를 갖는다는 명문의 규정이 들어가게 되었다.[25)]

그러나 그것은 이제 원자력의 평화적 이용 즉 원자력발전은 괜찮은 것이며 권리라고 인식되어 탈원자력발전의 걸림돌이 되고 있다.

4. 한반도 평화와 원자력

원자폭탄의 피해는 일본열도만 입은 것이 아니었다. 일본에 거주하였던 재일동포 특히 히로시마 나가사키의 재일동포들의 참상도 만만치 않았다. 이러한 참상도 잠시, 남과 북 모두 원자력의 이용 문제로부터 자유롭지 못하다. 남한의 경우, 핵무기는 없지만, 미국의 핵우산하에 있으며, 원자력발전소는 최대 24기, 세계 6위의 원자력대국인 바 있다. 2017년 문재인 정부가 '탈원전 시대'를 선언하고 원전의 단계적 감축 계획을 내세우고 있으나, 여전히 유수의 원자력대국이다. 북한의 경우, 강성대국론에 기초하여 6차례에 걸친 핵실험을 하여 세계를 놀라게 하였을 뿐만 아니라 한반도를 긴장의 와중으로 몰아넣고 있다.

1) 원자력과 남한

남한의 원자력문제의 현안 중의 하나는 한미 간의 원자력협정의 개정

25) 「原発と人権」, 全国研究・交流集会実行委員会, 『原発と人権』(2013年 1月), 186쪽.

문제이다. 원자력협정[26]이란 1956년 한미 간에 맺은 원자력 연료의 이용에 관한 상호협정으로, 한국 정부가 미국 측의 사전 동의나 허락 없이 핵연료의 농축과 재처리를 하지 못하도록 규정하고 있어 불평등조약이라는 비난이 거세다. 핵연료의 농축과 재처리가 핵무기의 개발과 연계될 수 있어 이 원자력협정이 원자력의 군사적 이용의 병뚜껑 역할을 하고 있다. 불평등조약을 감내하면서도 군사적 이용을 저지하는 것이 좋은 것인지, 평등화하여 군사적 이용의 여지를 여는 것이 좋은 것인지 복잡한 방정식이 얽혀 있다.

원자력의 평화적 이용

남한에서 원자력의 평화적 이용론에 기초해 원자력 발전이 시작된 것은 1978년 4월(고리 원전 1호기)이었다. 앞서 일본의 원자력위원회의 발족에서 언급하였듯이, 아이젠하워는 1953년 12월 8일, 유엔총회에서 원자력의 평화적 이용에 관한 연설을 하였다. 농업과 의료, 발전 등 평화분야에 원자력을 이용하고 이를 구체적으로 추진하겠다는 미국의 입장을 명확히 하고, 이후 원자력의 평화적 이용에 대한 국제적인 캠페인이 전개되었다.

이러한 영향 하에 남한의 경우도 1954년 6월 문교부에 원자력대책위원회가 처음 설치되었다. 이는 안동혁(상공부장관, 응용과학), 최규남(서울대 총장, 물리학), 이원철(인하공대 학장, 천문학), 박재철(교육부 기술과학

26) 정식명칭은 "원자력의 민간이용에 관한 대한민국 정부와 미합중국 정부 간의 협력을 위한 협정"(영어: Agreement for Cooperation between the Government of the Republic of Korea and the Government of the United States of America concerning Civil Use of Atomic Energy), 1956년 2월 3일 체결되었으며, 1974년 5월 15일 개정하여 같은 해 6월 16일 발효하였는데, 발효일로부터 41년간 효력을 갖도록 하여 2015년 6월 15일 효력이 정지될 예정이었다.

국장, 물리학)등 12명의 과학자로 구성되었다. 문교부가 이렇게 움직이게 된 직접적인 이유는 미국 정부가 원자력을 연구하는 연구자를 미국에 파견하여 달라는 요청을 하였기 때문이었다.[27] 게다가 1955년 8월 제네바에서 개최될 예정의 원자력평화이용 국제회의로부터 초대장이 도착하는 등 원자력문제에 어떤 형태로든 대응하지 않을 수 없었기 때문이다. 문교부는 1954년 12월 16일 해외파견 선발 시험을 치루고 23명의 응시자 중 16명을 선발하여 미국에 파견하였다.[28] 한국에서의 원자력연구의 거점을 만들기 위한 작업이 시작된 셈이었다. 또한 원자력평화이용 국제회의에도 박재철을 단장으로 하여 3명의 대표단을 1955년 8월 8일 파견하였다.

원자력평화이용 국제회의 후, 한미원자력협정을 위한 움직임이 가속화되었다. 1955년 9월 16일 협정안이 이승만 대통령의 재가를 받았고, 20일에 국회에 이송되었다. 정부는 이 원자력협정이 원자력 과학문명의 향상을 꾀하는 것과 동시에 원자력발전에 대한 미국의 원조를 받기 위해 필요하다고 여야 의원들을 설득, 12월 9일 국회에서 원안대로 통과되었다.[29]

1956년 2월 3일 체결된 한미 간의 최초의 원자력협정은 미일원자력협정과 달리 연구로와 연료제공이라는 매우 제한적인 협력을 내용으로 하는 것이었다. 보다 광범위한 협력을 가능케 하는 내용의 협정 개정은 1972년과 1974년에 이루어졌다.

한국 정부의 원자력에 대한 관심은 1947년 5월 15일의 북한의 남한에 대한 전력공급 중단도 한 몫을 하였다. 북한 측은 전력공급 중단을 5월

27) 김성준, 『한국원자력기술체제의 형성과 변화: 1953-1980』(서울대 박사학위논문, 2012.4), 47쪽 이하 참조.

28) "16명이 합격, 원자력 과학자 미국 파견"〈조선일보〉(1954년 12월 19일).

29) 『국회임시회의 속기록』제21회 제47호(1955년 12월 9일).

30일에 치러질 예정의 남한만의 단독선거에 대한 항의라고 하였다. 그러나 동시에 미소 간의 전력요금 지급을 둘러싼 갈등도 일조를 하였다. 한반도 전체에 필요한 전기에너지는 주로 북한지역의 발전소에서 공급되었고 미소에 의한 분할점령 후에도 북한은 남한에 전력을 공급하고 있었는데, 소련군사령부가 미군사령부에 전기요금의 지급을 요청하였던 것이다. 1947년 6월 17일에는 전기요금 지급에 합의하였으나 현물지급을 고집하는 미군사령부 측과 현금지급을 고집하는 소련사령부 사이의 대립으로 언제든지 전기가 중단될 개연성이 있었다.

1948년 8월 15일 새로이 수립된 남한 정부는 그로부터 2개월 후인 같은 해 10월 전기연구소(소장 김준식)를 통하여 화력발전소의 확충과 수력발전소의 추진 등 7가지 전력문제 해결의 방안을 제시하였는데, 그 중의 하나가 원자력 이용 연구를 개시하여야 한다는 것이었다.[30]

1950년대에는 산업용으로 석탄소비가 본격화하고 가정용으로도 연탄이 각광받기 시작하여 원자력 발전에 대한 현실적 수요는 그다지 크지 않았다. 한편 1960년대에 중동 산유국으로부터 쏟아지기 시작한 석유는 싸고 무진장한 자원처럼 보였다. 1966년 총 16%에 불과하였던 총 에너지 공급 대비 석유의 비율은 1972년 52%로 급상승하였다. 정부에 의한 석유공사 이외에도 호남정유, 경인에너지 등 정유공장이 세워지면서, 석유값도 내려가고 일상생활에서조차 석유를 흔한 에너지로 인식하기에 이르렀다.

하지만, 1970년대 두 차례(1973~74년, 1978~1980년)에 걸쳐 찾아온 석유파동은 석유일변도의 정책을 수정하지 않으면 안 되게 하였다. 에너지원으로서 석유 의존도는 1978년의 68%를 최고점으로 하여 1987년 44%까지 떨어지게 되었다.

30) 김준식, “전력문제 해결의 방안”, 〈경향신문〉(1948년 10월 1일).

원자력발전이 상업화하기 시작한 것은 이러한 '주유종탄(主油從炭)' 논리가 정점에 달하고 새로운 에너지원에 대한 탐구가 시작되던 1970년대 말이다. 1970년에 착공한 '고리 1호기'가 1978년 4월 29일 상업발전에 들어가게 되었다. 이것은 미국 웨스팅하우스사의 가압경수로형을 채택하고 있었는데, 이로서 대한민국은 세계 21번째의 원자력발전소 보유국이 되었다. 1998년과 1999년에는 한국표준형원전(KSNP)인 울진3호기와 4호기가 완공됐다. 가압중수로방식을 채택하고 있는 경주의 월성 1~4호기를 제외하면 나머지는 모두 가압경수로 방식이고, 2014년 1월 기점으로 보면 23기의 원자력발전소가 가동 중이며 전체발전량의 34.8%를 차지한 바 있다.

신월성 2호기, 신고리 3, 4호기, 신울진 1, 2호기가 건설 등 2025년까지에 6개의 발전소를 추가건설할 계획이었고, 이러한 계획이 예정대로 완료된다면, 무려 34개의 원자력발전소를 갖게 되었을 것이다.[31]

그러나 문재인 정부의 '탈원전 시대'선언에 따른 단계적 감축의 일환으로 고리 1호기가 2017년 6월 18일 가동 40년만에 정지되었고, 가동 37년 된 월성 1호기(1983년 상업운전 개시)도 2019년 12월 영구정지 결정이 내려진 바 있다. 2020년 2월 현재 24기 중 17기가 운전 중이다.[32]

원자력의 군사적 이용

남한에서의 원자력은 평화적 이용의 측면에서만 고려된 것은 아니었다. 한국전쟁 중에는 북한에 대한 원자폭탄의 사용 가능성에 대해 언급하는 등 군사적 이용의 가능성도 배제하지 않았다.

---

31) 국회입법조사처, 『원자력 안전의 현황과 정책 및 입법과제』(2012.12), 5쪽.

32) 한국수력원자력의 열린원전운영정보 (https://npp.khnp.co.kr/index.khnp), 2020년 2월 5일 열람.

두만강까지 진격하였던 유엔다국적군은 1950년 10월 19일 중국인민지원군이 참전하면서 다시 남쪽으로 퇴각을 하게 되었는데, 같은 해 11월 30일, 전황을 반전시키기 위한 방편의 하나로 트루먼 대통령은 북한과 중국에 대한 원폭사용의 가능성을 언급하였다. 이후 1953년 7월 27일 휴전협정에 이르기까지 남한의 신문들도 원폭사용의 가능성을 언급하였다. 원자폭탄 피해의 참상과 방사능 피폭에 의한 위험성보다는 공산군을 섬멸시키고 오로지 전쟁에 승리하기 위한 관점에서 원자력의 군사적 이용에 대한 관심이 고양되기도 하였다.

원자력의 군사적 이용에 대한 관심은 1970년대에 들어 새로운 국면을 맞이하였다. 미국의 베트남전 패배, 미국과 중국의 관계 개선을 염려한 박정희는 1970년에 비밀 핵무기 개발 계획에 착수했다. 미국은 이 사실을 4년 동안 알아차리지 못했다고 한다. 1975년에 미국의 압력이 거세지자, 박정희는 핵무기 개발 계획을 포기하는 척했다. 그러나 그는 미국 몰래 핵 연구 조직을 유지했고, 재처리 기술 확보 노력도 포기하지 않았다. 전 보안사령관 강창성에 따르면, 박정희는 1978년 9월에 핵무기 개발의 95%가 이미 완료됐으며 1981년 상반기부터는 핵무기를 생산할 수 있다고 말했다.[33] 군사정변으로 권력을 잡은 전두환은 미국의 지원을 확보하기 위해 미국이 지목한 핵 관련 프로그램을 모두 중단한 것으로 알려졌다.

그렇지만, 최근의 보도에 의하면, 이미 1982년에 금속우라늄 150Kg이 생산되었고, 그 가운데 3.5Kg은 2000년에 실시된 우라늄 농축실험에 쓰였다고도 한다. 비록 0.2g에 불과한 적은 양 이었고 실험 차원이었다고는 하더라도 레이저 농축법을 활용하여 우라늄 235 농축에 성공했다고 하는 것은 미국으로서도 신경이 거슬릴 수밖에 없는 일일 것이다.

---

33) 〈레프트21〉(http://www.left21.com/article/1518, 2014.1.20. 열람)

2011년 12월 8일자 조선일보에는 오바마 정부 주변에서 한국이 독자적으로 핵개발을 추구하고 있다는 의심을 하고 있다는 보도를 하기도 하였다. 이에 대하여 우리 정부는 일부 과학자에 의한 학문적 호기심 차원의 일회적 우라늄 농축 실험이었다고 해명한 바 있다.

남한의 경우 자체 핵무기는 없지만 핵우산이라는 이름으로 원자력을 사실상 군사적으로 이용되고 있다. 핵우산이란 핵무기를 보유하고 있는 우방 핵전력에 의지해 국가 안전보장을 도모하는 것을 뜻한다. 적국이 핵공격을 하면 우방이 대신 적국에 핵공격을 감행할 수 있도록 해 적국이 먼저 핵공격을 할 의지를 꺾는다는 논리이다. 핵공격에 핵공격으로 대응해 모두가 자멸한다는 '상호확증 파괴' 논리로 핵전쟁을 막는다는 것이다. NATO 가맹국들과 한국, 일본은 미국의 핵우산 밑에 있는데, 한반도에서 핵우산이 공식화된 것은 1978년 한미연례안보협의회[34]를 통해 명문화되면서부터다. 그러나 핵공격을 받았을 때 어떤 수준의 핵무기로 대응한다는 구체적 지침이나 계획이 없어 선언적 의미가 크다는 평가를 받기도 했다.

2) 원자력과 북한

원자력의 군사적 이용

2012년 4월 13일 북한은 헌법 개정을 통하여 스스로 핵보유국임을 명시하였다.[35] 그리고 2013년 2월 12일에는 국제사회의 우려에도 불구하

---

34) 미국 워싱턴에서 1968년 5월 27일과 28일에 개최된 한미국방장관회담을 시발로 연례적으로 개최되는 양국 국방장관 간의 회의. 한반도의 안보에 관한 제반문제들을 중점적으로 협의하는 이 회의의 개최 구상은 68년 '1 · 21 무장공비 남파사건'과 같은 해 1월 23일 '푸에블로호 납북사건'을 계기로 한반도에 조성된 위기에 공동대처하기 위해 1968년 2월 12일 존슨 미국대통령의 특사가 내한했을 때 발표한 공동성명에서 한미국방장관회담을 연례적으로 개최하기로 합의한 데서 비롯되었다.

35) 전문 「…김정일동지가…조국을 불패의 정치사상강국, 핵보유국, 무적의 군사강국으로 전환시켜, 강성국가건설의 찬란한 큰 길을 열었다…」.

고 제3차 핵실험을 감행하였다. 2017년 9월에 이르기까지 모두 6차례의 핵실험을 하였다.

사실, 북한이 핵문제 즉 원자력의 군사적 이용에 집착하다시피 하는 것은 김정은 체제 출범에 따른 우발적인 사안이 아니다. 1997년 노동신문을 통하여 선군정치의 국가목표로서 주체의 강성대국론을 제시하면서 2012년을 완성목표로 내건 바 있다. 북한 스스로는 목표완성년도에 소기의 목표를 이룬 셈이다.

북한이 원자력의 군사적 이용을 강성대국론과 결부시켜 제시한 것은 1990년대 초부터이다. 북한은 동구 사회주의의 몰락과 국내의 기근 등 안팎의 위기를 극복하기 위하여 선군정치를 내세웠다. 대내적으로는 김일성 체제로부터 김정일 체제로의 권력 이양 작업(1990년~1993년)을 가속화하는 한편, 대외적으로는 핵위기 극복을 명분으로 총동원체제를 전개(1994년~1995년)하였다. 군을 투입하여 기근과 경제위기의 극복도 시도하였다. 그리고 이러한 선군정치의 국가목표로서 강성대국론을 제시하고(1997년 7월 22일, 노동신문), 이를 위한 권력체제 개편작업으로 국방위원회를 중심으로 하는 권력구조를 헌법 개정을 통하여 완성하였다.

원자력의 군사적 이용이 선군정치의 핵심으로 자리 잡은 것에는 체제위기 극복의 외교적 실마리를 찾지 못한 것과도 상관관계가 깊다. 북한이 처음부터 일관되게 원자력의 군사적 이용 즉 핵무기의 개발에 집중한 것은 아니었던 것으로 보인다. 2005년 제4차 6자회담에서 핵무기와 핵개발계획의 포기 등 6항목에 합의하는 것을 내용으로 하는 '9 · 19 공동성명' 발표에 합의하는가 하면, 노무현 정부 때인 2006년 10월에는 플루토늄방식의 제1차 핵실험을 감행하기도 하였다. 남북관계가 원활치 못하였던 이명박 정부 시절인 2009년 5월 25일에도 역시 플루토늄방식의 제2차 핵실험을 감행하기도 하였다. 하지만, 2012년 2월에는 북미합의를 위하여 김계관 외무성부상과 미국의 글렌 데이비스 대북정책담당대사가 북경에서 북미대화를 시작하는가 하면 같은 해 8월에는 비밀회담까지 추진하였다.

원자력의 평화적 이용

북한은 핵무기 개발을 서두르며 강성대국을 주창하였으나 원자력의 평화적 이용에 대한 논의도 상당히 진전시킨 바 있다. 2005년의 '9 · 19 공동성명'의 목표는 다름 아니라 원자력의 군사적 이용을 배제하고 평화적 이용을 천명하는 것이었다. 이 성명에서 남북한과 미국을 비롯한 6자는 6자회담의 목표가 한반도의 검증 가능한 비핵화를 평화적인 방법으로 달성하는 것임을 내용으로 하는 다음과 같은 성명을 만장일치로 재확인하였다.

- 조선민주주의인민공화국은 모든 핵무기와 현존하는 핵계획을 포기할 것과, 조속한 시일 내에 핵불확산조약(NPT)과 국제원자력기구(IAEA)의 안전조치에 복귀할 것을 공약하였다.
- 미합중국은 한반도에 핵무기를 갖고 있지 않으며, 핵무기 또는 재래식 무기로 조선민주주의인민공화국을 공격 또는 침공할 의사가 없다는 것을 확인하였다.
- 대한민국은 자국 영토 내에 핵무기가 존재하지 않는다는 것을 확인하면서, 1992년도 「한반도의 비핵화에 관한 남 · 북 공동선언」에 따라, 핵무기를 접수 또는 배비하지 않겠다는 공약을 재확인하였다.
- 1992년도 「한반도의 비핵화에 관한 남 · 북 공동선언」은 준수, 이행되어야 한다.

– 조선민주주의인민공화국은 **핵에너지의 평화적 이용에 관한 권리**를 가지고 있다고 밝혔다. 여타 당사국들은 이에 대한 존중을 표명하였고, 적절한 시기에 조선민주주의인민공화국에 대한 경수로 제공 문제에 대해 논의하는데 동의하였다.[36)]

'9 · 19 공동성명' 이행을 위한 초기조치로 2007년 2월 13일 발표된 합의문은 '행동 대 행동'의 원칙에 따라 단계적으로 상호 조율된 조치를 취하고 그 과정에서 경수로 방식에 의한 원자력발전소 건설을 내용으로 하고 있다. 군사적 이용을 위한 핵개발 의혹의 중심무대였던 영변핵 시설을 일단 동결(freezing)하고 이어 폐쇄 봉인(shut down)하고 IAEA와의 합의에 따른 모든 필요한 감시 및 검증활동을 수행하기 위해 IAEA 요원을 복귀하도록 하였다. 신포에 경수로 방식의 새로운 원자로가 건설되는 과정에서는 단계적으로 에너지를 공급하기로 하였다. 영변핵 시설의 폐쇄 봉인의 초기 단계에서 긴급히 에너지를 지원하기로 하였으며 그 일환으로 60일 이내에 중유 5만 톤을 지원하기로 하였다. 핵시설의 불능화(disablement)단계에서는 중유 100만 톤 상당의 에너지 지원을 약속하였다.[37)]

북한의 원자력의 평화적 이용에 관한 국제적 합의의 출발점은 1994년

36) 허문영 외, 『한반도 평화체제: 자료와 해제』(통일연구원, 2007년), 24쪽.

37) 2 · 13 합의에서 말하는 비핵화에는 4단계조치가 있다. 첫 번째 단계의 동결(freezing)이란 가장 낮은 수준의 조치로 가동 중단을 의미한다. 이는 원자로의 가동을 잠시중단하는 스위치 오프(switch off)상태로 언제든지 즉시 재가동이 가능한 조치이다. 두 번째 단계의 폐쇄봉인(shut down)이란 불능화보다 한 단계 낮은 수준의 조치로 핵시설에 대한 접근과 수리를 금지하는 단계이다. 세 번째 단계는 불능화(disablement)인데, 원자로 및 핵재처리시설의 핵심부품을 제거해 핵관련활동이 불가능한 상태로 만드는 것이다. 네 번째는 해체(dismantling)인데, 이는 핵시설이 더 이상 존재하지 않는 것을 말하는 것으로 원자로에서 핵심부품을 뜯어낸 것에서 더 나아가 원자로와 그 주변 시설을 완전히 해제한 상태를 의미한다.

10월 21일의 북미 간의 제네바합의문이다. 미국은 북한의 흑연감속로와 관련시설들을 경수로형 원자력발전소로 교체하기 위하여 협조하기로 하고, 약 10년 후인 2003년까지 200만 킬로와트 발전능력의 경수로형 원자력발전소를 북한에 책임지고 건설하기로 하였다(제1항 제1호). 또한 경수로 원자력발전소가 완공될 때까지는 에너지 손실을 보상하기 위한 조치로 중유 50만 톤을 매해 공급하기로 하였다(제1항 제2호).

한국 정부는 북한이 원자력을 평화적으로만 이용하도록 하기 위해 그 모체가 될 수 있는 경수로형 원자력발전소를 지원하기로 하였다. 이를 위하여 1995년 1월 23일 통일원(지금의 통일부)에 경수로사업지원기획단을 설립하였고, 이 기획단은 1995년 3월 9일 발족한 KEDO(Korean Peninsula Energy Development Organization: 한반도에너지개발기구)의 실제적인 업무[38]를 담당한 바 있다.

경수로형 원자력발전소의 건설지로를 신포로 정하고 1997년 8월 19일 부지건설에 착공하였으며 2006년 KEDO의 활동 중단을 공식선언하기까지 10년 6개월간 지속되었다. 경수로 사업은 공사 착공 이후 15억 6200만 달러를 투입했고, 이 중 우리 정부는 70%인 11억 3700만 달러(약 1조3655억원)를 부담했고, 일본과 유럽 등이 나머지를 부담했다.[39] 북한은 경수로 공사 중지로 정치적 손실은 물론 경제적으로도 수백억 달러의 손실을 입었다며, 보상을 요구한 바 있고, 한미일 3국은 공사참여 업체들에 대한 위약금이나 피해보상금 등 청산절차에 2000억 안팎의 돈이 더 들 것으로 예상하였다.

---

38) 주요업무는 ① 경수로사업에 관한 기본대책 및 공정단계별 사업추진계획의 수립과 총괄 · 조정 ② 경수로사업에 관한 대북조치 및 남북교류협력에 관한 기본계획의 수립 … ⑦ 경수로사업 관련 기술이전계획의 수립 및 안전규제 지원에 관한 업무와 경수로 관련 기술, 핵물질, 장비 등의 평화적 이용 보장을 위한 안전조치계획의 수립 등이다.

39) 〈동아일보 디지털 뉴스〉(2006년 1월 8일).

3) 원자력과 평화권

한반도의 안전을 저해하는 원자력

남과 북의 원자력 이용은 상호적대적인 의존관계가 투영되어 있다. 북의 경우 군사적 이용을 통제하기 위한 대안으로 평화적 이용의 문제가 논의되고 있으며, 남의 경우 평화적 이용에도 불구하고 북의 핵개발에 대응하여 군사적 이용 논의가 일고 있는 실정이다.

북한은 원자력의 평화적 이용의 문제 즉 경수로 건설 등이 좌절되면서 북한의 원자력 정책은 군사적 이용으로 급격히 기울고 있다. 급기야 2016년 5월 7일 노동당 제7차 중앙위원회 사업총화보고에서 핵-경제 병진노선을 천명하면서 사실상 공식 핵보유국 선언을 하였다.

'핵을 보유한 북한'이 점점 현실화되면서 남한 사회 내에서도 독자적인 핵무장론이 고개를 들고 있다. 박정희 정부시절부터 이어져 온 핵무장론의 연장선이기도 하다. 예를 들어, 문화일보는 박영선 의원, 김동성 의원 등과의 인터뷰를 인용하며[40] '평화적 핵주권'[41]을 주장하고 있는데, 이러한 주장자들은 일본처럼 우라늄 농축과 플루토늄 재처리 시설들을 보유하고 싶어 한다. 남한은 2001년 현재 27톤의 사용 후 핵연료를 축적하고 있는데, 재처리 시설을 보유한다면 이것으로 다량의 핵탄두를 만들 수 있다고 하기도 한다.[42]

이에 대하여 평화활동가 정욱식은 한국의 독자적 핵무장은 가능성도 낮고 타당하지도 않다고 주장한다. 첫째, 핵무기를 개발하려면 우라늄

---

40) "자위수단 있어야 정치권서도 '핵주권론'", 〈문화일보〉(2009년 5월 27일).

41) "'평화적 핵주권' 여론 높아", 〈중앙일보〉(2013년 4월 1일), "'평화적 핵주권' 방향 맞지만 신중하게", 〈문화일보〉(2009일 7월 4일).

42) "한국의 핵무기 개발의혹", 〈다함께〉(2004년 9월 17일), 〈www.left21.com/7_print_popup.php?no=1518〉, 검색일: 2014.2.5.

농축이나 플루토늄을 생산하는 재처리 시설이 있어야 하는데, 재처리 시설의 입지 선정도 어렵고, 재처리공장의 입지가 선정된다고 하더라도 북한과 달리 우라늄이 생산되지 않는 남한의 경우 수입금지를 당할 것이 분명하다는 것이다. 그리고 핵의 확산을 통제하고자 하는 국제사회의 강력한 경제제재를 받을 것이라고 한다. 그 때문에 X레이, CT 등 방사성동위원소에 의존하고 있는 의료계마저도 대란이 불가피할 것이라고 한다. 둘째, 설사 모든 제약을 극복하고 엄청난 비용을 감수해서 핵무장에 성공하더라도 과연 실효가 있을지도 의문이라고 한다.[43)]

정욱식의 의견에 대체로 동의하며, 특히 두 번째 지적은 매우 중요한 지적이라고 생각한다. 몇 개의 핵무기 혹은 핵무장 잠재력을 갖춰 북한을 굴복시킬 수 있을지 의문일 뿐만 아니라 국제사회의 평화적 생존을 결정적으로 위협하여 평화주의에 반한다는 점에 주목할 필요가 있다.

한편, 2014년으로 그 효력이 만료될 예정이었으나 2016년 3월까지로 잠정연장된 한미원자력협정의 개정 문제도 평화주의에 기초한 정책판단이 필요한 사인이었다. 헌법 원리는 헌법의 각 조항을 비롯한 모든 법령 해석기준이 되며, 입법권의 범위와 한계 그리고 국가 정책결정의 방향을 제시하기 때문이다. 평화주의 역시 국가기관과 국민이 함께 존중하고 준수해야 할 최고의 가치규범이기 때문이다.

2015년 4월 22일 타결된 개정협상에 따르면, 사용 후 핵연료 관리에 대한 '포괄적 장기동의'를 받기로 하였고, 20% 미만의 우라늄 저농축이 허용되었으며, 미국과 원자력 협정을 맺은 제3국으로의 해외수출이 미국 동의 없이도 가능하게 되었다. 그간 관심의 대상이 되었던 이른바 '핵확산성이 없는' 파이로 건식처리방식(Pyro-processing)[44)]의 도입여부와 관

43) 〈탈핵신문〉(2013년 3월 4일).

44) 정부는 2008년 12월 '미래원자력시스템 개발 장기 추진계획'을 확정하고 '파이로 건식

련하여서는 초기단계까지만 가능하도록 하고 최종재처리까지는 합의에 이르지 못하였다. 다만, 최종재처리까지 합의하다고 하여 평화주의에 충실한 것은 아니라는 점이 확인될 필요가 있다.[45)]

북한의 경우 원자력의 군사적 이용이 자주권을 보장해 주는 것이 아니라 평화적 생존을 오히려 침해한다는 사실에 주목할 필요가 있다. 평화적 수단에 의한 민족자결권의 확립이 필요하다. 물론 평화적 수단에 의한 남북관계의 해결에 나설 수 있도록 국제적 환경의 정비가 필요하다. 남한 역시 핵무장론이 민족의 자주성을 보장해 주는 것이 아니라 국제적인 고립과 어려움을 초래하며, 한반도의 평화와 안전을 제고하기보다는 오히려 불안을 증폭시켜 평화적 생존을 저해할 수 있다는 사실에 주목하여야 한다. 원자력이용에 있어서도 평화주의가 관철되어야 한다.

인간의 안전을 해치는 원자력

원자력발전은 환경, 경제 등의 측면에서도 인간의 안전을 해친다. 우선, 원자력발전에 찬성하는 측은 원자력발전소의 이산화탄소 배출량은 석탄발전의 1% 수준이며, 항산화물, 질소산화물 같은 환경오염 물질을 거의 배출하지 않으므로 현실적으로 지구 온난화를 개선할 유일한 친환경적 청정에너지라고 한다. 이명박 정부는 '녹생성장' 정책의 핵심을 원자력발전에 두고 국내적으로는 2022년까지 원자력발전소 12기를 추가 건설하고 국제적으로는 아랍에미리트연합 등에 한국형 원자력 발전소 4기를 수출하는 계약을 체결하기도 하였다. 다만, 2017년 문재인 정부가 출범하면서 '탈핵시대'선언이라는 점진적 탈원전정책을 채택한 것은 불

처리 기술개발 계획'을 수립한 바 있다. "한국의 파이로 건식처리기술", 〈동아일보〉(2012년 11월 16일).

45) "'핵연료 처리 공론화 기초' 원전지역특위 띄운다", 〈연합뉴스〉(2013년 5월 14일).

행 중 다행이라 하지 않을 수 없다.

핵 발전은 발전과정뿐만 아니라 발전 전후의 과정에서도 환경을 해친다. 핵 발전에 사용할 우라늄 원료가 핵 발전에 사용되기 위해서는 여러 곳(우라늄 광산–제련공장–전환공장–우라늄 농축공장–재전환 공장–성형 가공공장–핵발전소)을 거친다. 모든 과정이 성공적으로 이루어지려면 그만큼 고도의 기술이 필요하고, 화석 연료로 얻어야 할 에너지가 집중적으로 투입되어야 하기 때문에, 그만큼 심각한 환경오염이 일어날 수밖에 없다. 또한 핵분열로 발생하는 열로 물을 끓이고 그 증기로 터빈을 돌리는 핵발전은 핵반응로의 냉각시스템을 유지하기 위해 다량의 온배수를 바다나 강에 버리는데, 이 또한 강과 바다의 생태계를 교란시킨다.

원자력발전의 가장 큰 문제점은 원자력발전에 의한 방사성 폐기물이든 사고로 인한 폐기물이든 이들 물질은 영원히 처분할 수 없다는 점이다. “방사성 폐기물은 자연에서 나와 자연으로 돌아가는 그런 쓰레기도 아니며, 소각과 매립과 방류의 방법으로 자연에 무해하게 돌려보낼 수 있는 그러한 쓰레기도 아니다. 방사성 폐기물을 아무리 재처리를 하더라도 방사성 물질은 결코 소멸되지 않는다.”[46] 또한 “핵기술로 나타난 방사성 물질(방사성 폐기물)들은 극소량의 방사선을 내는 자연 방사성 물질과 달리 생태계에 치명적이다. 유전자 물질인 DNA를 교란, 손상시킴으로써 사람뿐만 아니라 모든 생명체에 고통을 준다. 돌연변이와 기형이 대표적인 사례다. 더 치명적인 것은 먹이 사슬을 통하여 축적됨으로써 생태계 전체를 교란시킨다.”[47] 먹이사슬에 국경이 있을 리 없고 교란된 생태계의 폐해가 결국 인간에게 돌아온다는 점을 고려하면 원자력 발

46) 한국천주교 주교회의, 『핵기술과 교회의 가르침』(2013년), 59쪽.

47) 한국천주교 주교회의, 같은 책, 59쪽

전은 평화적 이용이라는 그 명칭에도 불구하고 사실은 평화주의의 또다른 보호영역인 인간의 안전을 해치는 중대한 문제점을 야기한다.

원자력발전은 수력이나 화력 등 다른 발전에 비하여 단가가 비교할 수 없을 만큼 싸기 때문에 경제적이라고도 한다. 일설에 의하면 원자력 발전의 단가는 발전소 건설, 해체 비용과 방사성 폐기물 처리 비용 등 모든 경비를 포함해도 2011년 기준 32.12원/kWh에 불과하지만, 태양광 436.5원, 석유 225.90원, 풍력 100.98원, 수력 136.1원, LNG 142.36원, 유연탄 67.12원이라고 주장한다. 그러니 원자력발전만큼 대용량의 전력을 값싸게 공급할 수 있는 길도 없다고 한다.[48)]

그러나 원자력발전의 단가가 얼마인지 우리 사회의 경우 가늠하기 쉽지 않다. 한국수력원자력이 정보를 공개하고 있지 않기 때문이라고 한다. 그래서 일본의 경우를 참고할 수밖에 없는데, 일본의 경우 2004년에 82.7원이었던 것이 2011년에는 123.8원으로 크게 상승하였다고 한다. 건설비가 증가되고, 핵연료 주기 비용이 감소하고, 입지 선정과 교부금과 연구 개발비 등 정책 비용이 증가하기 때문이라고 한다. 문제는 사후 처리비용의 천문학적 수치일 것이다. 일본 '원자력 위원회'는 사용 후 핵연료(고준위 방사성 폐기물)를 지하에 영구 격리하는데 원자력발전소 1기에 최소 3조 1400억 원 이상으로 추산하고 있다. 유럽 감사원은 2012년 1기의 원자력발전소를 해체하는데 1조 200억 원 정도가 들 것이라고 추정하였다.[49)]

또한 원자력발전소의 경제성을 평가할 때는 사고 피해까지 포함하여야 할텐데, 후쿠시마 원전 사고 이후 도쿄전력이 2년 동안 부담한 손해보상금액이 약 149조 원이었다는 분석도 있다. 일본경제연구소는 후쿠

48) 한국천주교 주교회의, 같은 책, 64쪽.

49) 한국천주교 주교회의, 같은 책, 63쪽.

시마 원전사고 수습비용을 약 279조 원으로 추산한다. 뿐만 아니라 원전사고로 인한 사회적 갈등의 비용은 추산조차도 불가능하다.[50)]

그렇다면 원자력 발전으로 인한 에너지 단가가 싼 것인지에 대해서는 심각한 의문부호를 찍을 수밖에 없다.

간 나오토 전 일본총리 '탈원전을 위해'(News1, 2015. 3. 19.)

원자력 발전은 유일한 대안이 아니다. 에너지 과다 소비형 산업에 기반을 둔 산업구조의 개편, 과잉에너지 소비의 극복 등 다양한 대안이 존재한다. 독일의 경우 원자력 발전을 전면 중단하기로 하고, 대용량 발전 대신에 중소규모의 발전, 중앙정부와 전문가 주도의 에너지 정책 대신에 주민이 참여하고 지방정부가 주도하는 에너지 정책, 수요 관리 중심의 에너지 계획을 세우고 있다. 일본의 경우도 후쿠시마 원전 사고 직후 54기의 원전을 올 스톱하였음에도 불구하고 우려하던 블랙 아웃 등의 사태

50) 한국천주교 주교회의, 같은 책, 70쪽.

가 발생하지 않았다. 대규모 전력수요처에는 '지구온난화대책보고서제도' 그리고 일반가정에는 '에너지절약진단원제도'를 실시하여 효과적인 절전대책을 실시하였으며 각 지역에서 생산된 자연에너지를 공동구매하는 '전력직거래' 등도 확산되었다.[51)]

인간의 안전을 고려하지 않는 원자력의 평화적 이용은 평화적 생존을 보호영역으로 하는 평화권 및 이를 핵심으로 하는 평화주의 원리에 반한다는 인식이 필요한 때이다. 일본과 한국 헌법 모두 평화주의를 주요한 헌법 원리로 채택하고 있는데, 한국의 경우 국방의무를 규정하고 있어 일정한 차이가 있을 수 있다. 그러나 이 경우에도 평화로운 생존을 내용으로 하는 평화개념이 원리적으로 부정되는 것이 아니라 제한의 폭이 달라질 수 있는 것으로 이해할 필요가 있다.

5. 맺음말

전세계 탈원전 운동의 진원지이자 중심지가 되고 있는 일본의 경우 원자력 이용에 대한 문제 제기의 출발은 원자력의 군사적 이용이 헌법의 평화주의에 반한다는 것이었다. 최초의 피폭국가로서의 참상은 원자력의 군사적 이용에 대한 반감을 급속히 확산시켰고, 1954년 비키니섬에서의 일본 어선 제5후쿠류마루호 사건은 원수폭반대운동의 기폭제가 되었다. 이를 계기로 활성화된 반핵평화주의는 1961년 소련이 핵무기 실험 재개를 밝히면서 어떠한 핵실험에도 적극적으로 반대한다는 입장과 그렇지 않은 입장의 차이로 분열되었다. 베트남전을 계기로 미일안보체제가 핵군사동맹임을 지적하는 거센 반대운동에 직면하여 자민당은 평

51) 〈탈핵신문〉(2013년 7월 1일) 3면.

화주의에 기반하여 '무기수출 3원칙'과 '원자력 4정책'을 채택하기도 하였고, 1982년의 제2회 유엔군축특별총회를 계기로 반핵평화주의가 사회운동과 더불어 고양되기도 하였다.

그러나 이때까지의 원자력 문제에 대한 평화주의는 주로 원자력의 군사적 이용에 대한 것에 초점이 맞추어졌을 뿐 원자력의 평화적 이용에 대한 평화주의 논의와는 거리가 있는 것이었다. 미국은 미국의 핵독점체제가 깨지자 원자력의 평화적 이용론을 제기하고 일본을 선전도구로 삼아 원자력발전을 지원하였다. 원자력의 평화적 이용은 핵무기 확산으로 이어질 수 있어 국제원자력기구(IAEA)는 이에 대한 안전판으로 기능하였다. 이러한 안전판은 핵 과점국가들의 이해관계를 대변하여 주는 것에 불과할 뿐 원자력의 안전성과는 거리가 먼 것이었다. 후쿠시마 사태 이후 원자력의 평화적 이용조차도 평화주의에 반한다는 논의가 확산되고 있는데, 이것이 바로 탈원전운동이다. 그리고 이러한 탈원전운동의 헌법적 근거는 인간의 평화로운 생존을 내용으로 하는 평화주의이다.

한반도도 원자력의 평화적 이용에 의한 평화권 침해로부터 안전하지 못하다. 남한의 경우 1978년 고리 원자력발전소 1호기의 가동을 기점으로 원자력발전을 시작하여 24기까지 운영된 바 있으나 2017년 출범한 문재인 정부의 탈원전정책의 일환 및 정비 등의 이유로 2020년 2월 현재 24기 중 17기 원전을 운영(2017년 7월 고리1호기 정지, 2019년 2월 월성1호기 정지, 월성 3호기 및 고리 3호기 등의 정비 등)하고 있다. 이 원전들은 평화적 이용이라는 미사여구에도 불구하고 안전사고의 위험에 노출되어 있다. 원자력의 군사적 이용에 대한 논의가 없었던 것은 아니나 다행히 미국의 강한 억제책으로 인하여 제대로 이루어지지 못하고 있다. 그러나 여전히 미국의 핵우산 하에 있는 등 사실상 핵의 군사적 이용범주 내에 있는 나라라고 할 것이다.

북한의 경우 체제위기 극복을 위하여 선군정치를 내세우고 선군정치의 국가목표로 강성대국을 제기하고 원자력의 군사적 이용 즉 핵무기의 개발에 박차를 가하여 사실상의 핵보유국 상태가 되었다. 이러한 사태를 예방하기 위하여 원자력의 군사적 이용(핵개발)을 포기하고 그 대가로 원자력의 평화적 이용(경수로 제공 등)을 모색하였으나 북미관계 및 남북관계의 단절 및 우여곡절로 결국 북한의 원자력 정책은 군사적 이용의 길로 경사하였다가 2020년 현재 정중동의 움직임을 보이고 있다.

북의 원자력 문제에 접근할 때도 경수로든 흑연감속로든 원자력 발전이 군사적 이용이 용이하기 때문이 아니라 그 자체가 문제라는 평화주의적 관점이 추가될 필요가 있다.

이를 위해서는 평화주의의 보호영역을 넓게 이해하고 이에 기초하여 군사적 이용과 평화적 이용은 한 세트로 빌트인 되어 있는 것에 불과하고 군사적 이용론과 평화적 이용론의 준별이 무의미하다는데 대한 법리적 자각이 필요하다. 이러한 준별론은 미국의 핵독점체제 붕괴의 산물이며, 가깝게는 후쿠시마 원전 사고를 계기로 멀리는 체르노빌 사고 등으로 거슬러 올라가 보면 더욱 그러하다.

이러한 평화주의의 관점에 서게 된다면 원자력의 일체의 이용으로부터의 탈피를 위한 새로운 실천플랜이 필요하다. 군사적 이용에 대한 반대운동의 벨트로서의 동북아 **비핵지대화운동**이 그 하나라고 생각되며,[52] 평화적 이용에 대한 반대운동 벨트로서의 동북아 **비원전지대화운동**도 제창될 필요가 있다. 우리 나라는 단 한 곳의 '비핵자치체'도 존재하지 않는다. 1997년 과천에서 '비핵자치체'를 선언하기 위해 시민 2,000여명의 서명운동에 돌입한 적은 있지만, 그 이후 10년 동안 운동적 차원에서 진

52) 山内敏弘, 「東北アジア非核地帯条約の締結に向けて」, 『周辺事態法』(法律文化社, 1999年), 243쪽 이하.

행된 경우는 없었다. 다행히 문재인 정부들어 점진전 탈원전정책이 실시되고 있으나 장기적으로는 해체를 염두에 두면서 단기적으로 탈원전을 위한 엄격한 규제가 절실하다. 원자력은 군사적 이용뿐만 아니라 평화적 이용도 평화주의에 배치되기 때문이다.

후기

책을 마치고 나니 아쉬움도 많지만 인상에 남는 점도 많다. 일본의 개헌과정이 일률적이지 않고 밀당과 역동성이 있다는 점, 한일관계가 참으로 비대칭적이라는 점이다.

개헌과정의 경우 평화애호 세력과 개헌세력의 쟁투의 과정 또는 밀당의 과정에 주목해야 아베의 개헌 그리고 아베 이후의 개헌에 시사점을 얻을 수 있다는 점이다. 그렇지 않은 경우, 간헐적으로 보도되는 우리 나라 신문의 보도를 보면 일본국 헌법은 몇 번이나 개정되었어야 하고 군사대국이 몇 번이나 되고도 남았을 것이다. 그런데도 비록 해석개헌이라는 헌법 왜곡현상이 지속되고는 있어도 적어도 명문상으로는 74년간 아직 한 글자도 고치지 못하였다. 자위대의 군사력은 증대되었지만 아직 여러 가지 규제들이 남아있다. 이러한 배경에는 평화헌법을 옹호하고자 하는 일본 시민사회의 비록 풍화되거나 모순된 부분도 없지 않으나 나름의 뿌리깊은 평화운동이 깊이 자리잡고 있다. 따라서 중앙정치와 대항하는 평화운동의 역동성도 아울러 살펴볼 필요가 있다. 그러한 역동성에 대한 배경인식을 하지 않고 매스컴의 큰 프레임에만 오랫동안 노출되어 있다 보니 정작 위기가 찾아왔을 때는 관심이 줄어드는 '양치기 소년의 우화'가 전개되는 실정이다.

이 책은 나름 그러한 역동성을 총체적으로 인식하기 위하여 아베 개헌의 현상과 본질, 일본국 헌법 개정을 둘러싼 개헌세력과 호헌세력, 정치권과 시민사회의 공방전, 일본국 헌법의 평화헌법으로서의 가능성과 한계 그리고 전제조건 등을 나름 염두에 두고 최선을 다하여 기술하였으나 이러한 의도가 얼마나 잘 표현되고 전달되었는지는 여전히 과제로 남아 있다.

다음으로 아베의 개헌으로 상징되는 일본의 헌법개악추진의 역사를 보면, 한일관계가 참으로 비대칭적이라는 것이다. 패전 직후 일본 사회는 연합국에 의한 점령으로 민주화를 위한 개혁과 비무장평화주의 헌법을 얻었다. 그러나 냉전과 더불어 민주주의가 후퇴하고 비무장평화주의를 왜곡 해석하고 급기야 명문 개헌을 시도하고 있다. 반면에 해방 직후 한국 사회는 같은 연합국에 의한 점령에도 불구하고 민주화보다는 식민지 지배체재가 재편되었으며 전수방위 하의 평화주의를 규정하였다. 그러나 정권교체 등 민주화가 진전이 되었고 우여곡절은 있지만 남북관계의 진전을 통하여 평화주의의 진전도 보이고 있다. 이러한 일본 사회의 후퇴와 한국사회의 진전은 때론 2015년 '위안부' 합의 유보, 2019년 무역규제와 같은 한일관계의 갈등으로 치닫기도 한다. 한국 사회의 진전과 일본사회의 진전이 윈-윈할 수는 없을까 생각하여 본다. 그것은 다름 아닌 일본의 평화헌법을 지키는 것이 아닐까 생각해 본다.

필자는 2016년 1년간의 연구년을 일본에서 지내면서 개헌과 관련한 시사적 쟁점에 대하여 1990년대 이후 일본의 법학잡지나 논단에 기고한 일본어 글을 묶어 『アジアの中の日本国憲法』(勁草書房, 2017年)출판한 적이 있다. 그리고 그러한 시사관련 글들의 역사적 연구에 해당하는 학위논문을 『日韓の占領管理体制の比較憲法的考察-東北アジアと日本国憲法の定位』(日本評論社, 2018年)이라는 제목으로 출판한 적이 있다. 일본국 헌법은 일본의 헌법이지만 아시아에 대한 부전결의의 표현이기도 하므로 일본 내의 논리만으로 섣불리 개헌을 할 일이 아니라는 점,

일본국 헌법은 한국 및 오키나와 등을 군사기지로 둔 덕택에 가능하였는 바 그 빚을 갚기 위해서도 군사적 국제공헌이 아니라 비무장평화주의에 입각한 평화외교 등을 통한 국제공헌이야 한다는 점 등을 부각시키고자 하였다. 그런데 그 아시아의 중요한 부분을 차지하고 있는 우리 나라에서는 일본국 헌법에 대한 관심이 '양치기 소년의 우화'처럼 되어 있고, 아베 정권의 개헌에 대한 저돌성이 여느 때와 달라 후속 작업의 일환으로 그간 기고한 일본 개헌관련 글들을 전면 증보하거나 새로이 보태고 씨줄 날줄로 새로이 엮어 출판되게 되었다. 일본에서의 출판을 별쇄본 형태로 만들어 우리나라의 선후배 지인분들게 여기 저기 인사차 드릴 기회들이 있었는데, 많은 분들이 그런 취지의 얘기라면 일본에만 출판할 것이 아니라 우리 나라에서도 출판해야 되지 않느냐고 한 말씀씩 해 주셨다. 물론 덕담이고 인사말씀 이셨겠지만, 그런 덕담에 용기를 내었고, 개인적으로는 본의 아니게 4-5년간 일본과 한국을 오가며 일본국 헌법 관련 및 비교헌정사 출판을 하게 되었는데, 이 책으로 일단락 짓고 한국 헌정 관련 글쓰기로 가기 위한 매듭짓기의 의미가 있다.

아무쪼록 이 책이 일본의 헌법개악을 저지하고 한일 시민사회의 평화를 위한 인식의 확대와 연대에 기여하였으면 하는 마음 간절하다.

2020년 4월

[부록]

자료 1. 일본국 헌법 제9조와 관련된 일본 정부의 입장

자료 2. 일본 헌정사의 주요 인물

자료 3. 일본국 헌법 주요 조문

연표: 동북아 헌정사 일지/ 헌법 개정안 대조표

[자료 1]

1. 일본국 헌법 제9조와 관련된 일본 정부의 입장

1) 9조는 일체의 전쟁을 포기한 것

〈요시다 시게루(吉田茂)수상, 일본 중의원 제국헌법 개정위원회(1946.6.26.)〉

"전쟁포기에 관한 본안의 규정은 직접적으로는 자위권을 부정하고 있지 않지만, 제9조 제2항에서 일체의 군비와 나라의 교전권을 인정하고 있지 않은 결과 자위권의 발동으로서의 전쟁도 교전권도 포기한 것입니다.[1)]

최근의 전쟁은 대부분 자위권의 이름으로 이루어지고 있습니다. 만주사변, 대동아전쟁 역시 그렇습니다. 오늘날 일본에 대한 의혹은 무엇인가하면 일본이 호전국이고 언제 재군비를 하여 복수전을 하여 세계평화를 위협할지도 모른다는 것입니다. 또 그러한 오해가 있습니다. 우선 이러한 오해를 바로잡는 것이 오늘날 우리들이 해야할 첫 번째 일이라고 생각됩니다.

또한 이러한 의혹은 오해라고 말씀드리면서도 전혀 근거가 없는 의혹이라고도 말 할 수 없는 것이 이제까지의 역사를 보면 그런 일들이 있었습니다. 그러므로 일본으로서는 어떠한 대의명분이 있더라도 교전권은 우선 첫째로 스스로 포기한다 포기함으로써 전세계 평화의 확립에 기초를 다진다. 전 세계 평화애호국의 선두에 서서 세계 평화 확립에 공헌한다는 결의를 우선 이 헌법에 표명했다고 생각합니다(박수). 이로써 일본

---

1) 개헌 당시의 일본 정부의 입장은 이와 같은 제1항 부분포기설 제2항 전면금지설의 입장이었다.

에 대한 정당한 오해를 풀어가야 한다고 생각합니다.

평화국제단체가 확립되는 경우에 만일 침략전쟁을 시작하려는 자, 침략의사를 가지고 일본을 침범하려는 자가 있다면 이는 평화에 대한 범죄자입니다. 전세계의 적이라고 해야할 것입니다. 세계의 평화애호국은 손에 손을 잡고 이러한 범죄가 이러한 적을 극복해야 할 것입니다(박수). 평화에 대한 국제적 의무가 평화애호국 또는 국제단체 사이에 자연발생할 것이라고 생각합니다(박수)."

2) 경찰예비대

(1) 경찰예비대는 군대가 아니다

〈요시다 시게루 수상, 참의원 본회의(1950.7.30.)〉

"경찰예비대의 목적은 어디까지나 치안유지를 위한 것입니다. 경찰예비대가 유엔 가입의 조건이라든가 이를 위한 준비라든가, 재군비 목적이라든가 하는 얘기는 모두 맞지 않는 얘기입니다. 일본의 치안을 어떻게 유지할 것인가에 그 목적이 있는 것이고 따라서 군대가 아닙니다."

(2) 경찰예비대 한반도 파견 안된다

〈요시다 시게루 수상, 제12회 국회 참의원 평화조약 특별위원회(1951.11.7.)〉

"일본은 독립국이므로 집단적 자위권도 개별적 자위권도 온전히 갖는다. 다만, 헌법 제9조에 의해 일본은 자발적으로 자위권을 행사하는 가장 유효한 수단인 군대를 갖지 않는다고 하고 있다. 또한 교전자의 입장에서도 서지 않는 것으로 되어 있다. 그러므로 우리는 이 헌법을 견지하는 한 이러한 현안(한반도에 경찰예비대를 파견하는 것-필자)은 결코 있을 수 없다."

3) 보안대는 전력이 아니다

〈요시다 시게루 내각의 통일 견해, 참의원 예산위원회(1952.11.25.)〉

"헌법 제9조 제2항은 침략의 목적이든 자위를 목적으로 하는 것이든 간에 이를 묻지 않고 전력의 보유를 금지하고 있다. 앞에서 말하는 전력이란 근대전쟁 수행에 도움이 되는 정도의 장비, 편성을 갖춘 것을 말한다.[2]

(중략)전력의 기준은 그 나라가 처해있는 시간적 공간적 환경에서 구체적으로 판단해야 한다. (중략)헌법 제9조 제2항에서 말하는 보유란 말할 것도 없이 일본이 보유의 주체가 된다는 것을 의미한다. 미국 주류군은 일본을 지키기 위해 미국이 보유하는 군대이기 때문에 헌법 제9조와 관련되지 않는다."[3]

4) 자위대

(1) 자위대는 필요최소한의 실력이다[4]

〈하토야마 이치로(鳩山一郎) 내각 통일 견해-오오무라 세이이치(大村清一) 방위청장관, 제21회 중의원 예산위원회(1954.12.22.)〉

"헌법 제9조는 독립국으로서의 일본이 자위권을 갖는 다는 것을 인정

2) 근대전 수행능력론으로 정당화하였으나 이러한 연장선상에서 기시 노브수케와 같은 사람은 핵병기도 보유할 수 있다는 논리로 비약하면서 이에 대한 맹비난이 이어지나 일본 정부는 나중에 이를 부인하고 필요최소한의 실력론으로 전환함.

3) 스나가와 소송 최고재판소 판결(1959.12.16.)에서도 제9조 제2항에서 "금지하고 있는 전력이란 일본이 주체가 되어 거기에 지휘권, 관리권을 행사할 수 있는 전력이고, 결국 일본 자체의 전력을 가리키며 외국의 군대는 예를 들어 일본에 주류하더라도 여기에서 말하는 전력에는 해당하지 않는다"고 하였다.

4) 9조 제1항 전쟁의 부분포기, 제2항 전력의 금지 및 (개별적)자위권 용인이라는 주장이 되겠다.

하고 있다. 따라서 자위대와 같이 **자위를 위한**[5] 임무를 띠고, 그 목적을 위해 '필요상당한 범위의 실력' [6]부대를 두는 것은 헌법에 위반되지 않는다."

⑵ 필요최소한의 실력으로서의 자위대는 전력에 해당치 않음

〈하토야마 이치로 수상, 중의원(1955.6.16.)〉

"자위를 위한 필요한 한도의 방위력 건설은 헌법위반이 아니라고 생각한다."[7]

⑶ 전력이란 자위를 위한 필요최소한도를 넘는 실력을 말한다

〈다나카 가쿠에이(田中角栄)내각 통일 견해, 요시쿠니 이치로(吉国一郎) 내각 법제국 장관, 참의원 예산위원회(1972.11.13.)〉

"전력이란 넓게 생각하면 싸우기 위한 힘이라는 말입니다. 그러한 말의 의미에 비추어 말씀 드리자면 일체의 실력조직이 전력에 해당한다고도 할 수 있겠습니다만, 헌법 제9조 제2항이 보유를 금지하고 있는 전력은 앞서 말씀드린 사전적 의미의 전력 가운데서도 자위를 위한 필요최소한도를 넘는 것을 말합니다. 그(필요최소한도) 이하의 실력을 보유하는 것은 이 조항(헌법 제9조2항)에서 금지하고 있지 않다는 것이 정부의 견해입니다."

---

5) 아베 정권의 해석과 달리 이때의 자위권은 즉 '자위를 위하여'의 의미는 당연히 개별적 자위권이라고 생각되었고 이 일환으로 집단적 자위권은 금지된다는 정부의 해석이 도출되었음.

6) 법제국에서는 이 멘트를 '필요최소한의 실력'으로 변경하여 메모하였고 이것이 자위대에 대한 공식견해로 정식화되었다.

7) 제22회 중의원 본회의 의사록 제22호 9쪽. "자위력=필요최소한의 실력, 자위전력에 해당하지 않음"이라는 일본 정부 견해의 공식이 확립되는 순간이었다.

5) 핵병기 보유 여부

(1) 핵병기는 공격적이므로 갖을 수 없다

〈기시 노부스케(岸信介) 내각 통일 견해, 참의원 예산위원회(1957.4.)〉

(2) 자위를 위해 필요최소한도라면 핵병기도 갖을 수 있다.

〈기시 노부스케 수상, 참의원 예산위원회(1957.5.7.)〉

"핵병기라는 이름만 붙이면 모든 것이 헌법위반이라는 것에 대해 나는 헌법 해석론으로서는 올바르지 못하다고 생각합니다…공격을 주된 목적으로 하는 병기는 예를 들어 원자력을 이용하지 않은 것이라 하더라도…헌법에서 금지한 것이고…(나아가) 핵병기라는 이름만 붙으면 어떠한 것도 안된다고 한다면 앞으로의 (무기)발달을 생각해보면 일률적으로 된다 안된다 얘기하기 어렵지 않을까 합니다."

6) 이른바 아시다 수정

일본국 헌법 제9조 제1항은 국제평화의 추구와 침략전쟁의 포기를 규정하고 제9조 제2항에 일체의 전력을 보유하지 않는다고 규정하고 있는데, 제9조 제2항 첫머리의 '전항의 목적 달성을 위해'라는 문구를 활용하여 일본 정부는 '침략전쟁의 포기를 위해 전력을 보유하지 않는다'는 의미로 자의적으로 해석하곤 한다. 즉 자위를 위한 전력은 보유할 수 있다는 식으로 해석하기도 한다. 그리고 이 문언은 중의원헌법 개정 소위원회에서 아시다 히토시(芦田均) 위원장이 의도를 가지고 삽입된 것으로 과장되면서 아시다 수정이라 불린다.[8)]

하지만, 나중에 공개된 아시다 히토시 자신의 일기 원문에 보면 이에 대한 기술이 없다. 1986년 도쿄신문은 "일기 원문에 없는 부분을 기자가

8) 자위를 위한 전쟁과 무력행사포기하지 않았다는 이 주장은 자위전력합헌론이라고 불린다.

첨가한 것"이라고 자백하였다. 또한 최근 공개된 중의원 헌법 개정 소위원회 비밀의사록에도 아시다 스스로 무조건적인 전력 불보유를 상정한 것이라고 명백히 밝히고 있다. 또한 당시의 가네모리 국무장관도 "제2항의 전항의 목적이란 제1항의 일본은 정의와 질서를 기조로 하는 국제평화를 성실히 추구하고…를 받는 것"이라고 하였다.

2. 일본국 헌법 제9조와 관련된 평화원칙들

1) 평화 4원칙

1951년 1월 일본 사회당 당대회에서 채택한 평화원칙이다. 1950년 4월 사회당 좌우파가 통일되면서 1949년 12월 당 중앙집행위원회에서 '전면강화 · 중립견지 · 군사기지반대'의 평화3원칙을 재확인했는데, 1951년 1월 당대회에서 '재군비 반대'를 추가하여 평화 4원칙이 확립되었다.

2) 방위비 1% 틀

방위비를 GNP의 1% 이하로 억제하는 정책을 말한다. 1976년 미키 다케오(三木武夫)내각이 '방위계획의 대강'에 따라 방위비 증액을 시도하였고 이에 대한 국민적 반발이 일자 이를 무마 또는 완화하기 위하여 결정한 것이다. 1980년대부터 미국의 방위비 증액 요구가 강해지면서 제3차 나카소네 내각(1986년 12월)이 이 틀을 철폐하고 1987년도부터는 방위비 총액을 명시하는 방식으로 전환하였다. 그렇지만 방위비가 GNP의 1%를 넘는 것은 예를 들어 1987년부터 연속 3년 정도이고 대체로 1%의 틀을 넘나들고 있다. 오늘날은 GDP를 중심으로 방위비 비율 등이 얘기되고 있는데, 2012년 제2차 아베 정권 출범 이후 일본의 방위비는 증가세이나 'GDP1% 틀'이 지금도 암묵적으로 의식되고 있는데, 예를 들어 이와야 다케시(岩屋毅) 방위성장관(2018.10.2.~2019.9.11.)은 2019년 방위비는 GDP대비 약 1.3%라고 밝힌 바 있다(〈일본경제신문〉, 2019년 4월 9일).

3) 무기수출 3원칙과 비핵 3원칙

무기수출 3원칙이란 1967년 4월 사토 에이사쿠(佐藤栄作)총리가 중의원 예산 결산위원회에서 「외국환 및 외국무역 관리법」 및 「수출무역관리령」을 어떻게 운용할 것이냐는 의원들의 질문에 답하는 형태로 제시된 것이다. 그 내용은 ①공산권 나라, ②유엔결의에 의한 무기 수출이 금지되어 있는 나라, ③무력분쟁의 당사국 또는 당사국이 될 우려가 있는 나라에 무기 수출을 인정하지 않는다는 원칙이다. 1976년 2월 27일 미키 수상이 ①3원칙 대상지역에 대해서는 무기 수출을 인정하지 않고, ② 3원칙 대상지역 이외의 지역에 대해서는 무기 수출을 자제하며, ③무기 제조관련 설비의 수출에 대해서는 무기에 준하여 취급한다고 하는 「무기 수출에 관한 정부의 통일 견해」를 표명한 바 있다. 이후 평화헌법을 가진 나라로서 국제분쟁 등을 조장하는 것을 회피하기 위해 원칙적으로 무기와 무기제조에 관한 것의 수출을 금지하는 것이 한동안 일본 정부정책으로 자리 잡았다.

비핵 3원칙이란 핵무기를 갖지 않고, 만들지 않고, 반입하지 않는다는 원칙이다. 1967년 12월 8일 중의원 본회의에서 공명당의 다케이리 요시카츠(竹入義勝), 같은 해 12월 11일 중의원 예산위원회에서 사회당의 나리타 도모미(成田知巳)등이 오가사하라 섬(小笠原諸島)등에 미국의 핵무기가 반입될 가능성이 있느냐고 추궁하였고 이에 대해 사토 에이사쿠 수상은 미국에 대하여 비핵 3원칙을 주장하겠다고 함으로써 공식화되었다. 이러한 평화원칙의 수립 등을 이유로 사토 수상은 1974년 노벨평화상을 받았다. 1979년 3월 오오히라 마사요시(大平正芳) 수상도 비핵 3원칙은 국시이며 핵은 보유할 수 없다고 하였다.

그러나 2012년 발족한 제2차 아베 내각은 이를 완화 내지는 변경하는 정책검토를 계속한 끝에 2014년 4월1일 **무기수출 3원칙**을 대체하는 새로운 방침으로서 **방위장비이전 3원칙**을 발표하였다. 이는 무기수출을 원칙적으로 금지하는 무기수출3원칙과 달리 무기 수출입을 기본적으로 인정하고 있다. 이러한 방침 위에 ①이전을 금지하는 경우를 명확히 하고, ②이전을 인정하는 경우를 한정하고 엄격히 심사함과 더불어 정보를 공개하고, ③목적 외 사용 및 제3국 이전에 관한 적정관리를 행하도록 하고 있다. 원칙과 예외를 뒤바꾸어 무기수출을 가능하게 하고 있다.

4) PKO참가 5원칙

1992년 'PKO협력법'을 제정할 때 자위대의 PKO참가가 일본국 헌법 제9조에 위반된다는 비판에 직면하여 입법과정에서 합의한 5가지 원칙으로 그 내용은 다음과 같다. ① 분쟁당사자의 정전합의(법 제3조1호), ② 활동에 대한 접수국과 분쟁당사자의 동의(법 제6조1항1호), ③ 활동의 중립성(법 제3조1호), ④ 위의 조건이 갖추어지지 않은 경우 협력업무를 종료할 것(법 제6조13항), ⑤ 자기 또는 타인의 생명 신체의 방위에 합리적으로 필요하다고 판단되는 최소한도의 무기사용(법 제24조1항).

3. 안전보장 관련

1) 샌프란시스코 강화조약

1951년 9월 8일 미국 샌프란시스코에서 체결된 강화조약. 일본과 연합국과의 아시아 태평양전쟁을 종결시켰다고 하여 샌프란시스코 평화조약이라고도 불리는데, 모든 연합국이 참가한 것이 아니고 미국을 중심으로 한 서방 48개국이 참가하고 소련 중국 등이 불참하거나 반대하여 반쪽짜리 강화조약이라고도 한다. 연합국의 주축인 미국은 이 조약에 다음과 같은 규정을 삽입하여 미일안보조약의 근거를 마련하고 계속 주둔하였다.

"연합국으로서는 일본국이 주권국으로서 유엔 헌장 제51조의 개별적 또는 집단적 자위를 위한 고유의 권리를 갖는 것 그리고 일본국이 집단적 안전보장을 위한 조약을 자발적으로 체결할 수 있음을 승인한다(제5조(c))고 규정하는 한편, "**외국군대의 일본국 영역에서의 주둔 또는 주류를 방해하지 않는다**"(제6조)는 규정을 두었다.

2) 안보조약

(1) 구 안보조약(1952년 4월28일 발효)

제1조(미군 배치 및 목적) 평화조약 및 이 조약의 효력발생과 동시에 미합중국육군, 공군 및 해군을 일본국 국내 및 그 부근에 배치(配備)하는 권리를 일본국은 이를 허여(許与)하고 미합중국은 이를 수락한다. 이 군대는 극동의 국제평화와 안전유지에 기여하고 하나 또는 둘 이상의 외국에 의한 교사 또는 간섭에 의해 발생한 일본에 있어서의 대규모 내란 및 소요를 진압하기 위한 일본 정부의 명시적 요청에 따라 제공할 수 있는 원조를 포함하여 외부로부터의 무력행사에 대한 일본의 안전에 기여하기 위해 사용할 수 있다.[9]

---

9) 이 조항은 두 가지 측면에서 논란이 되었다. 첫째, 미군의 임무를 일본의 평화유지에 한정하지 않고 극동의 국제평화라고 하여 한반도 등을 위해 주일미군이 군사적 역할을 할 수 있다는 여지를 남겼다는 점, 둘째 주일미군의 임무를 일본에 대한 외부침략뿐만 아

(2) 신 안보조약(1960년 6월 23일 발효)

제5조 각 체약국은 **일본국의 시정 하에 있는 영역에 있어서**[10] 어느 한쪽에 대한 무력공격이 자국의 평화 및 안전을 위험하게 할 수 있다는 것을 인정하고, 자국의 헌법상의 규정 및 절차에 따라 공통의 위험에 대처하기 위한 행동을 선언한다…[11]

제6조 **일본국의 안전에 기여하고 극동의 국제평화 및 안전 유지에 기여하기 위해**[12] 미국은 그 육군 공군 및 해군을 일본국의 시설 및 구역을 사용할 것이 허락된다.

제10조 … 이 조약이 10년간 효력을 존속한 후에는 어느 체약국도 다른 체약국에 대하여 이 조약을 종료시킨다는 의사를 통고할 수 있고, 이 경우 조약은 그러한 통고로부터 1년 후에 종료한다.

니라 일본 내부의 소요 등 다시 말하여 일본의 민주화 운동도 진압할 수 있는 여지를 남겼다는 점에서 헌법 위반, 불평등 조약이라는 비판이 제기되었다.

10) 2015년 안보관련법에서는 일본의 시정하에 있지 않은 이웃 나라가 공격당할 경우 이를 존립위기사태로 규정하고 필요최소한의 무력행사를 할 수 있도록 하거나 일본에 대한 직접적인 무력공격이 아닌 경우에도 이를 중요영향사태로 파악하여 미군 등에 대한 후방지원의 폭을 확장함으로써 헌법 위반의 신 안보조약의 규정마저도 위반한 것이라는 비판이 제기되고 있다.

11) 신 미일안보조약과 달리(일본 영역에 있어서 어느 한쪽에 대한 무력공격…) 한미상호방위조약은 당사국 중 어느 나라에 대한 공격이든 이에 대하여 상호대응하도록 하고 있다. "당사국 중 어느 1국의 정치적 독립 또는 안전이 외부로부터 무력공격에 의하여 위협을 받고 있다고 어느 당사국이 인정할 때는 언제든지 당사국은 협의한다." (제2조)

12) 주일 미군이 단순히 일본의 방위만을 목적으로 하는 것이 아니라 한국을 비롯한 극동의 방위를 위한 것임을 목적으로 명확히 하고 있는데, 한미상호방위조약의 태평양조항(태평양지역에 있어서의 무력공격에 대한 방위-3조 후단), 일본과 (한국전쟁)유엔군과의 주둔군 지위협정 등에 따른 주일미군기지의 유엔군 사용(7개소), 한미일 군대에 대한 '통일지휘권' 등을 고려하면 한미일간의 군사협력 및 군사동맹화의 근거가 되고 있다는 비판이 제기되고 있다.

3) 가이드라인

(1) 1978년 미일 방위협력 지침(일명 가이드라인, 1978.11.27)[13)]

침략을 미연에 방지하기 위한 태세의 확립을 목적으로 하여, 일본에 대한 무력공격이 있는 경우와 무력공격이 이루어질 위험이 있는 경우의 대처행동 등을 규정하고 있으며, 일본 이외의 극동의 유사시 일본의 안전에 중용한 영향을 주는 경우의 미일협력을 규정하고 있다.

개별적 자위권뿐만 아니라 집단적 자위권의 범위를 넘는 구상을 담은 것으로, 종래의 일본 정부의 견해(필요최소한의 실력에 의한 개별적 자위)를 뛰어 넘는 것을 내용으로 하고 있다. 이에 기초하여 일본 정부는 1981년 3월에는 해상 1000해리 방위구상을 밝힌 바 있다. 나카소네 정부는 무기수출 3원칙의 예외(미국에 대한 무기기술제공은 무기수출 3원칙에 해당하지 않음)를 정부 견해로 새로이 밝히고, GNP1%를 넘는 방위비를 편성하였다(1987년 1월 24일 각의결정).

(2) 1997년 미일 방위협력 지침(일명 신 가이드라인, 1997.9.23.)[14)]

…(중간 생략)…

일본 주변지역의 사태로 일본의 평화와 안전에 중요한 영향을 미치는 경우(주변사태)의 협력–주변사태란 일본의 평화와 안전에 중요한 영향을 미치는 사태이다. 주변사태의 개념은 지리적인 것이 아니라 사태의 성질에 착목한 것이다.[15)]

1…(중간 생략)…

---

13) 일본 유사시 대응이 중심

14) 주변사태 대응으로 확대

15) 미일안보조약이 일본에 있어서의 공동방위, 나아가 극동의 방위를 목적으로 한다고 하여 일정한 지역적 한계를 설정한 것에 비하여 주변사태는 예를 들어 극동을 벗어나더라도 사태의 성질상 일본에 영향을 미칠 수 있는 경우는 미일 군사협력이 가능하다는 것으로 해석될 수 있어 많은 비판이 제기되고 있다.

2. 주변사태에 대한 대응

협력의 대상이 되는 기능 및 분야에 협력항목의 사례는 다음과 같이 정리하고 별표에 표시하는 바와 같다.

…(중간 생략)…

② 미군의 활동에 대한 일본의 지원

❶ 시설의 사용 – 일본은 필요에 따라 새로운 시설 · 구역의 제공을 적시에 적절하게 함과 더불어 미군에 의한 자위대 시설 및 **민간공항 · 항만의 일시사용을 확보한다.**

❷ 후방지원

일본은 미군에 대하여 후방지원을 한다…후방지원이란 주로 일본 영역에서 이루어지지만 전투행위가 이루어지는 지역과 일선을 긋는(비전투지역) 일본 주위 및 공해 그리고 그 상공에서 행하는 것도 생각할 수 있다. 후방지원을 행함에 있어서 일본은 중앙정부 및 지방공공단체가 갖는 권한 및 능력 그리고 **민간이 갖는 능력을 적절히 활용한다.**[16)]

(3) 2014년 미일 방위협력 지침(일명 신신 가이드라인, 2014. 4 · 27.)[17)]

(목적) 평시에서 유사시까지 일본의 평화와 안전을 빈틈 없이 확보하며, 아시아 태평양지역 및 이를 넘는 지역이 안정되고 평화로 번영할 수 있도록(미일동맹을 글로벌화–저자)하며…양국의 협력이 원활히 이루어지도록 유사시 뿐만 아니라 평시에도 활용가능한 동맹의 조정메커니즘을 설치한다.

…(중간 생략)…

16) 민간영역까지 확대하였는데, 우리나라의 한미전시지원협정(1992년 발효)처럼 민간영역의 동원까지를 염두에 두고 있다.

17) 지리적 한정 철폐

④ 일본의 평화 및 안전의 빈틈 없는 확보(일본의 방위)

❶ 평시 – 그레이존 사태의 협력

❷ 방치하면 일본에 중요한 영향을 주는 사태에 있어서의 협력[18)]

–선박검사 등 해양안전보장

–일본으로의 난민유입에 대한 대응

❸ 일본 유사시의 협력

– 공중과 바다에서의 공동방위

– 탄도미사일, 공격에 대한 공동 대처

– 섬과 도서로부터 육상에 대한 공격에 공동대처

❹ 일본 이외의 나라에 대한 무력공격에 대응

일본과 밀접한 관계에 있는 나라에 대한 무력공격이 발생하고 이에 따라 일본의 존립이 위협받고, 국민의 생명 자유 및 행복추구권이 근저로부터 뒤집힐 명백한 위험이 있는 사태에 대처하고 일본의 존립을 지키고 일본국민을 지키기 위해 무력행사를 동반한 적절한 작전을 실시한다.[19)]

⑤ 지역 및 글로벌한 평화와 안전을 위한 협력

미일양국은 아시아태평양 지역 및 이를 넘는 지역의 평화, 안전, 안정 및 경제적 번영의 기반제공을 위해 파트너로서 협력하고 주도적인 역할을 담당한다. 미일양국정부는 각각 국제적인 활동에의 참가결정을 할 때 적절하게 상호 및 파트너로서의 긴밀히 협력한다.

❶ 미일 정부는 각가의 판단에 기초하여 국제적인 활동에 참가한다. 더불어 활동을 할 경우 자위대 및 미군은 실행가능한 한 최대한

18) 2015년 중요영향사태법으로 입법화됨.

19) 2015년 존립위기사태법으로 입법화됨.

협력한다.

❷ 미일 양국 정부는 3개국 및 다국간 안전보장 및 방위협력을 추진하고 강화한다. 특히 양국 정부는 지역 및 여타 파트너 및 국제기관과 협력하기 위한 태세를 강화하고 이를 위한 기회의 확대를 추구한다.

4. 집단적 자위권에 대한 일본 정부의 견해

1) 자위권이란 개별적 자위권

〈하토야마 이치로 수상, 오오무라 세이이치(大村清一) 방위청 장관, 제21회 중의원 예산위원회(1954.12.22.)〉

"헌법 제9조는 독립국으로서 일본이 (개별적)자위권을 갖는 것을 인정하고 있다. 따라서 자위대와 같은 자위를 위한 임무를 갖고 또한 그러한 목적을 위해 필요한 상당한 범위의 실력(必要相当な範囲の実力)부대를 두는 것은 헌법에 위반하는 것이 아니다."

2) 자위권이란 집단적 성질의 것 아님

〈하토야마 이치로 수상, 니시무라 야스오(西村熊男) 외무성 조약국장, 중의원 외무위원회(1959. 12.21.)〉

"이 집단적 자위권이 국제법상 인정되는지 여부에 대해서는 오늘날 국제법학자들 사이에서도 논의가 분분하고, 이 조문(유엔 헌장 제51조)해석에 자신이 없습니다. 대부분의 학자들은 자위권은 국가가 각기 갖는 권리이지만, 집단적으로 국가들이 무리지어 갖는 성질의 것은 아니라고 부정적으로 보는 입장이 많은 것 같습니다."

3) 집단적 자위권과 헌법과의 관계

〈요시다 시게루 수상, 제19회 중의원 외무위원회(1954. 6. 3.)〉

"현행 헌법 하에서 외국과 순수한 형태의 공동방위협정, 즉 일본이 공격당하면 상대국이 일본을 방위하고 상대국이 공격당하면 일본이 상대국을 방위하기 위해 구원하러가는 취지의 공동방위협정을 체결하는 것은 현행 헌법 하에서는 불가능하다. 집단적 자위권 이는 환언하면 공동동맹 또는 상호안전보장조약이라는 것인데, 즉 자국이 공격당하지 않고 있는데도 다른 체약국이 공격당하는 경우, 이를 마치 자국이 공격당하는 것과 마찬가지로 보고 자위의 이름으로 행동한다는 것인데 이는 일반적인 국제법으로부터 곧바로 도출되는 권리가 아니다. 아직 일반적으로 확립된 국제적인 관념도 아니다. 특별한 설명을 통하여 비로서 가능한 관념이므로 현행헌법 하에서는 집단적 자위권이라는 것은 할 수 없다."

〈다나카 가쿠에이(田中角栄) 내각 통일 견해(1972. 10. 14)〉

다음과 같은 세 가지 요건을 갖춘 경우에 한하여 개별적 자위권을 행사할 수 있을 뿐이며 집단적 자위권 행사는 허용되지 않는다.

"일본국 헌법 하에서 무력행사가 허용되는 것은 일본에 대한 급박하고 부정한 사태에 대처하기 위한 경우에 한정되며, 따라서 다른 나라에 대하여 가해진 무력공격을 저지하기 위한 것을 내용으로 하는 이른바 집단적 자위권의 행사는 헌법상 허용되지 않는다고 말하지 않을 수 없다."

4) 집단적 자위권은 행사할 수 없다

〈스즈키 젠코(鈴木善幸) 내각, 1981년 정부 답변서〉

"국제법상 국가는 집단적 자위권 즉 자국과 밀접한 관계에 있는 외국에 대한 무력공격을 실력을 가지고 저지할 권리를 가지고 있다고 할 수 있다. 일본이 국제법상 이러한 집단적 자위권을 갖고 있다는 것은 주권국가인 이상 당연하지만, 헌법 제9조 아래에서 허용될 수 있는 자위권 행사는 일본을 방위하기 위한 필요최소한도의 범위에 그쳐야하는 것으로 해석할 수 있고, 집단적 자위권을 행사하는 것은 그 범위를 넘는 것이어서 헌법상 허용되지 않는다."

5. 자위대의 무력행사

1) 자위대 발동의 3요건

(1) 자위대 발동의 요건

〈다나카 가쿠에이(田中角栄) 내각 통일 견해(1972. 10. 14)〉

"자국의 평화와 안전을 유지하고 그 존립을 지키기 위해 필요한 **'자위의 조치'**를 금지하고 있다고 해석되지 않으며, 어디까지나 외국의 **무력공격에 의해 국민의 생명, 자유 및 행복추구의 권리가 근저에서부터 뒤집힐 급박하고 부정한 사태에 대처**하고, 국민들의 이러한 권리를 지키기 위한 어쩔 수 없는 경우에 비로써 ('자위의 조치'가)용인된다. 일본국 헌법 하에서 무력행사가 허용되는 것은 일본에 대한 급박하고 부정한 사태에 대처하기 위한 경우에 한정되며, 따라서 **다른 나라에 대하여 가해진 무력공격을 저지하기 위한 것을 내용으로 하는 이른바 집단적 자위권의 행사는 헌법상 허용되지 않는다고** 말하지 않을 수 없다. 필요최소한의 실력 행사만 인정된다."

(2) 3요건

〈모리 기요시(森清)의원 제출 헌법 9조 해석에 관한 질문에 대한 정부의 답변서, 1985년 9월 27일 중의원 제출〉

① **일본에 대한** 급박하고 부정한 침해가 있을 것, ② 이를 배제할 배제할 다른 적당한 수단이 없을 것, ③ 필요최소한도의 실력행사에 머무를 것.

(3) 무력행사 일체화의 요건

〈무라야마 도미이치(村山富市) 내각 통일 견해(1996. 5. 21)〉

"각국 군대에 의한 무력행사와 일체화되는 행동에 해당되는지 여부는 첫째, 전투행위가 행해지고 있고 또한 행하여지려고 하는 지점과 당해 행동장소와의 지리적 관계, 둘째, 당해 행위의 구체적 내용, 셋째, 각국 군대의 무력행사임무와의 관계상의 밀접성, 넷째, 협력하려고 하는 상대방의 활동현황 등 제반 사정을 감안하여 개별 구체적으로 판단하여야 한다."

2) 집단적 자위권 행사에 대한 각의결정

< 아베 신조 내각, 「일본의 존립을 지키고 국민을 지키기 위한 빈틈없는 안정보장법제의 정비에 대하여」(2014.7.1.)〉

"① 일본에 대한 무력공격이 발생한 경우뿐만 아니라, **일본과 밀접한 관계에 있는 다른 나라에 대한 무력공격이 발생하고,** 이에 따라 **일본의 존립이 위협받고, 국민의 생명, 자유 및 행복추구의 권리가 근저에서부터 뒤집힐 명백한 위험이 있는 경우에,** ② 이를 배제하고 **일본의 존립을 지키고 국민을 보호하기 위한('자위의 조치로서')** 다른 적당한 수단이 없을 때, ③ **필요최소한도의 실력행사**를 하는 것은 종래의 정부 견해의 기본적 논리에 기초한 '자위의 조치'로서, 헌법상 허용되어야 한다는 판단에

이르렀다."[20)]

6. 일본국 헌법 제9조 관련 주요 판례

1) 스나가와(砂川) 소송 - 주일미군이 전력 해당하는가[21)]

한국전쟁 직후인 1954년 일본 정부와 미국 정부는 태평양지역에서의 군사적 역량강화를 위해 미군기지 확장에 착수하였고, 도쿄 서부 스나가와 지역의 토지를 수용하고자 하였다. 토지 수용위기에 처한 기지 주변 주민들이 토지측량 단계에서부터 반대하였는데 항의 도중 미군 철책선을 뚫고 들어가 미일행정협정에 따른 형사특별법 제2조 위반 혐의로 기소당한 사건이다.

1심 법원은 주일미군이 비무장평화주의를 규정한 일본국 헌법에 반하는 존재이며, 주일미군으로 인해 무력분쟁에 휩쓸릴 가능성이 높다는 요지로 1959년 3월 30일 이들에 대하여 무죄 판결을 하였다.[22)]

이에 대해 일본 검찰은 최고재판소에 비약상고를 하였고 최고재판소는 1959년 12월 16일 1심의 무죄선고를 파기환송하고, 일본국 헌법 제9조 제2항에서 금지하고 있는 전력(戰力)이란 "일본이 주체가 되어 여기에 지휘권과 관리권을 행사할 수 있는 전력을 의미하는 것이며, 결국 일본 자체의 전력을 의미하는 것으로 외국의 군대는 가령 일본에 주둔하고 있다고 하더라도 전력에는 해당하지 않는다"고 하여 미군이 포함되지 않

20) 일반적으로 개별적 자위권을 의미하는 것으로 해석해 왔으나 2014년 방위백서에서는 '고유의 자유권', '우리나라(일본)의 자위권', '자위'라는 개념을 모두 추상적인 자위를 의미하는 것으로 쓰기 시작 하였다.

21) 自由法曹団, 『憲法判例をつくる』(日本評論社, 1999年), 3~11쪽.

22) 右崎正博外, 基本判例憲法(法学書院, 1999年), 7쪽.

는다고 하였다.

이때 최고재판소는 헌법 제9조가 있더라도 “일본이 주권국으로서 갖는 고유의 자위권은 부정되는 것이 아니며, 필요한 자위를 위한 조치를 취할 수 있다”. 전력을 보유할 수 없도록 함에 따른 ‘방위력의 부족’을 보완하기 위해 “헌법 제9조는…다른 나라에 안전보장을 의탁하는 것을 금지하고 있지는 않다”고 하였다.[23]

2) 에니와(恵庭) 소송-자위대가 위헌인가[24]

일본 홋카이도의 에니와에 육상자위대의 포탄연습장이 옮겨 오면서 낙농업을 하던 노자키 형제가 젖소 유량이 감소하는 등의 피해를 입게 되어 민원을 제기하였음에도 불구하고 자위대측이 묵묵부답으로 일관하자 주민들과 합세하여 자위대의 연습용 통신선을 절단한 사건이다.

일본 검찰은 이러한 행위가 자위대법 제121조 군용시설 손괴죄에 해당한다면 기소하였으나 노자키 형제는 군용시설 손괴죄를 적용하기 앞서 자위대가 과연 헌법에 적합한 존재인가를 판단해야 하며, 자위대는 군사력을 금지한 일본국 헌법에 적합하지 않다고 주장하였다.

홋카이도 지방법원은 무죄를 선고하였는데, 그 이유는 자위대법 제121조에 따르면 “무기, 탄약, 항공기, 그 밖의 방위에 필요한 물건을 훼손할 것을 범죄요건으로 하고 있는데, 연습용 통신선은 그 밖의 방위에 필요한 물건에 해당하지 않는다”는 것이다. 법원이 자위대의 위헌여부에 대한 판단을 회피한 사건이라 할 수 있다.

---

23) 이때의 최고재판소의 ‘자위’에 대한 논리도 강조점은 역시 개별적 자위권을 의미하는 것이었다. 이는 일본 정부의 1954년도의 자위력에 대한 통일 견해에 따른 것이기도 하였다. 그러나 아베 내각의 2014년 7월 1일 각의에서는 자위권을 부정하지 않은 이상 집단적 자위권도 인정할 수 있다고 이 판결을 자의적으로 왜곡 해석하였다.

24) 自由法曹団, 『憲法判例をつくる』(日本評論社, 1999年), 12~19쪽.

3) 하쿠리(白里)기지 소송 - 국가의 군사기지 용 토지매매 계약이 위헌인가[25]

자위대 발족 2년 후인 1956년 방위청은 항공자위대 기지를 이바라기(茨城)현 히가시 이바라기(東茨城)군 하쿠리에 건설할 것을 발표하였다. 기지건설의 핵심인 관제탑 예정지의 토지 소유주 후지오카 히로시(藤岡博)로부터 군사기지 건설에 반대하던 이시즈카 쓰토무(飯塚力)라는 사람이 토지매매 계약을 체결하고 가등기를 하였다. 그런데 방위청이 후지오카를 설득하여 이시즈카와의 매매계약을 해제하고 방위청과 토지매매 계약을 체결, 이시즈카 이름으로 가등기된 토지를 일본 정부가 소유권 이전 등기를 하였다. 그리고 방위청이 이시즈카를 피고로 하여 채무불이행에 의한 토지매매 계약 해제를 이유로 가등기 말소와 소유권 이전등기를 1958년 7월 청구한 사건이다.

피고 이시즈카 측은 일본국 헌법 제9조가 전력을 금지하고 있는데, 정부가 자위대를 위한 군사기지 건설용 토지매매 계약을 체결한 것은 일본국 헌법 제98조(국무에 관한 행위가 최고법규인 헌법에 위반해서는 안된다)에 위반된다고 주장하였다.

1989년 최고재판소는 "사인과 대등한 입장에서 체결한 행위는 국무에 관한 그 밖의 행위에 해당하지 않으며, …정부가 체결하는 사법상의 계약은 특단의 사정이 없는 한 일본국 헌법 제9조의 직접적용을 받지 않는다"고 하여 원고인 정부측이 승소한 사건이다.

1심 재판에서는 누가 보더라도 명백히 위헌 무효라고 인정되지 않는 한 사법심사의 대상이 되지 않는다면서 자위대의 위헌여부에 대한 판단은 회피하였지만, 그러한 논리를 전개하는 가운데 일본국 헌법 제9조는 "자위를 위한 필요한 한도의 유효적절한 방위조치를 미리 조직하고 정비

25) 自由法曹団,『憲法判例をつくる』(日本評論社, 1999年), 28~35쪽 참조.

하는 것(자위대를 두는 것-필자)이 일본국 헌법 전문과 제9조에 반하지 않는다"는 내용을 끼워넣기도 하였다. 기지건설에 반대하는 이시즈카측이 패소하였지만, 변호인단은 적어도 최고재판소 판결문에 자위대가 합헌이라는 논지전개를 하는 것은 막아야 한다며 적극적으로 2심, 3심 변론과 재판운동을 전개하여, 최고재판소는 결국 이에 대한 언급을 하지 못하게 되었다.

4) 나가누마(長沼) 소송 - 자위대는 전력에 해당하는가[26]

홋카이도 나가누마에 항공자위대의 나이키 미사일기지 건설을 위해 농림대신이 국유보안림 지정을 해제하였다. 이에 지역주민 173명이 일본국 헌법 제9조에 위반하는 존재인 자위대를 위한 기지건설을 위해 보안림 지정을 해제하는 것은 공익상의 이유가 없다며 보안림 지정 해제처분을 취소하라고 1969년 7월 7일 제소한 사건이다.

이에 대하여 1973년 9월 7일, 홋카이도 지방법원은 다음과 같이 판시하였다. 일본국 헌법 제9조의 전력이란 "…필요한 경우 전쟁목적에 전화시킬 수 있는 인적, 물적 수단으로서의 조직체를 말하며, …일본국 헌법에 비무장평화주의를 규정하고 있는데도 그 규모로 보나 장비로 보나 군대에 해당하는 자위대를 두는 것은 헌법 원리에 반하며, 따라서 자위대의 일부인 항공자위대의 미사일기지 건설을 위한 보안림지정 해제는 공익과 무관하다." 그리고 "…자위권을 보유하고 이를 행사한다는 것은 군사력에 의한 자위와 직결되지 않으며… 외교교섭, 경찰, 군민봉기 등 자위권 행사방법은 다양하며, …일본국민은…군사력을 포기하여 영구 평

26) 右崎正博外, 基本判例憲法(法学書院, 1999年), 5쪽.

화주의를 국가의 기본방침으로 하고 있다…"[27)]

나가누마 미사일기지 사건 1심판결은 이후 뒤집혔다. 우리의 고등법원에 해당하는 일본의 고등재판소는 1976년 8월 5일, 자위대와 같은 고도의 정치적 성격을 갖는 국가적 행위는 위헌무효로 명백히 확신할 수 없는 이상 사법심사의 대상이 될 수 없다('통치행위론')고 하며 자위대가 전력에 해당하는가에 대한 직접적인 판단을 회피하였다. 1982년 9월 최고재판소도 상고를 기각하면서 자위대가 일본국 헌법에서 금지하고 있는가에 대한 직접적인 판단을 회피하였다.

---

27) 이경주, 평화권의 이해(사회평론사, 2014년), 333쪽.

[자료 2]

〈일본 헌정사 주요 인물〉

시데하라 기주로(幣原喜重郎, 1872.9.13.~1951.3.10.)

오오사카 출신, 1895년 도쿄제국대학 법학부 졸업, 1896년 외교관 시험 합격 후 외무성 관료 등 역임. 1945년 8월 15일 패전 직후 **제44대 총리**(1945.10.9.~1946.5.22.)가 되었으며, 이 기간 헌법제정과정에 깊이 관여하였다. 1946년 2월 맥아더를 방문하여 전력포기를 제안하였다는 시데하라 제안설의 주인공이기도 하다. 그 후 제40대 중의원 의장(1949.2.11~1951.3.10)을 역임하였다.

요시다 시게루(吉田茂, 1878.9.22~1967.10.20)

도쿄 출신, 학습원대학의 전신인 구제 학습원고등학교를 1901년 졸업하였고, 1906년 도쿄제국대학 정치과를 졸업하고, 1906년 7월 외교관 시험에 합격. 1945년 8월 15일 일본 패전 전후의 가장 주요한 정치인, 히가시 구니노미야(東久邇宮) 내각(제43대 총리, 1945.8.17.~1945.10.9.)과 시데하라 기주로(幣原喜重郎) 내각(제44대 총리, 1946.10.9.~1946.5.22.)에서 외무장관을 지낸 후, 1946년 5월 22일 **제45대 총리**가 되었으며, 1947년 5월 25일부터1947년 10월 14일까지를 제외하고 1954년 12월 10일까지 수상을 지냈다. 아베 이전까지 역대 최장수 총리(2248일 약 6.2년)중 한명이다. [28] 제1차 요시다 내각(1946.5.22~1947.5.24.), 제2차 요시다내각(1948.10.15~1949.2.16.),

28) 사토 에이사쿠 2798일

제3차 요시다 내각(1949.2.16.~1952.10.30.), 제4차 내각 (1952.10.30~1953.5.21.), 제5차 내각(1953.5.21~1954.12.10.) 요시다 재임시 이른바 경무장 평화주의라는 일본 정치의 틀이 만들어 졌다.

기시 노부스케(岸 信介, 1896.11.13.~1987.8.7.)

야마구치 현 출신, 도쿄제국대학 졸업 후 농상무성 등에서 관료 생활을 하였으며, 만주국 국무원 고관을 지냈다. 만주산업개발 5개년 계획(박정희 시절 경제개발 5개년 계획의 아이디어를 제공한 것으로 회자되는)을 입안하였다. 제2차 세계대전 발발시의 도조 히데키 내각에서 중요 각료를 역임하여 극동군사재판에서 전범으로 3년반 구속되었다가 불기소 무죄방면되었으나 공직추방되었다. 그러나 샌프란시스코 강화조약 체결 후 공직추방에서 해제되었으며 요시다의 자유당으로 정계에 복귀하였다. 요시다 정권 하에서 헌법조사회 회장을 맡기도 하였으나, 일본국 헌법이 강요된 헌법이므로 자주적인 헌법을 제정하여야 한다고 주장하는 등의 복고적 개헌을 주장하다가 요시다와 결별하였다. 그 후 일본민주당을 결성하였다가 1955년 자유당과 합당하여 자유민주당을 창당하였다. 1957년 2월 25일부터 1960년 7월 19일까지 총리를 역임하였다. 1960년 총리 사임 후는 고텐바에 머무르며 유유자적 하는 한편 '자주헌법제정국민회의'를 설립 자주헌법제정론을 전개하였다. 이 무렵 외가에 머물렀던 아베 신조의 사상 형성에도 많은 영향을 미쳤다고 함. 사토 에이사쿠는 친동생.

하토야마 이치로(鳩山 一郎, 1883.1.1.~1959.3.7.)

도쿄 출신, 도쿄제국대학 졸업 후 변호사, 1912년 도쿄 시의회 의원으로 당선되었고, 1931년 이누카이(犬養) 내각에서 문부성 장관, 1943년에는 도조 내각을 비판하고 은신하기도 하였으며 1945년 일본 자유당을 결성하였다. 1946년 공직추방되었으나 1951년 추방해제되었다. 1954년에는 일본 민주당을 결성하였으며, 1945년 11월 자유당과 합당하여 자유민주당을 창당하고, 1945년 11월 제52대 총리(1954.12.10~1955.3.19.), 제53대(1955.3.19.~1955.11.22.) 총리, 제54대 총리(1955.11.22~1956.12.23)를 역임하였다. 소련과의 국교회복, 독립체제의 정비, 경제자립등을 내걸어 이른바 하토야마 붐을 일으키기고 재군비를 주장하며 개헌을 공약하고 내각에 헌법조사회를 설치하기도 하였으나 개헌에 필요한 2/3석 확보에 실패하였다.

이케다 하야토(池田 勇人, 1899.12.3.~1965.8.13.)

히로시마 출신, 교토제국대학 법학부 졸업, 고등고시 합격, 제58대~제59대 수상(1960.7.19.~1964.11.9.)을 역임하였다. 개헌에 반대하는 국민여론에 부딪혀 명문 개헌보다는 해석개헌으로 자위대를 운영하고 소득증대계획을 내세우며 경제발전에 치중하였다. 경무장 평화주의라는 보수노선을 확고히 하였다는 평가를 받기도 한다.

미키 다케오(三木 武夫, 1907.3.17.~1988.11.14.)

도쿠시마(德島)현 출신, 메이지대학 법학부 졸업, 1937년 제20회 중의원 선거에서 당선되어 국회에 진출 한 후 사망시까지 무려 51년간 국회의원으로 재임하였다. 미일관계 개선에 협조하였다는 이유 등으로 A급 전범에서 제외되었으며 정치적으로 승승장구, 제66대 총리(1974.12.9.~1976.12.24.)가 되었다. 1975년 10월에는 방위력을 증강하기 위한 방위계획 대강을 각의에서 결정하는 한편, 국민적 반발을 의식하여 방위비 예산을 GNP 1%로 할 것을 같은 해 11월 각의에서 결정하였다. 나카소네 내각에서 이 방위비 GNP 1% 틀을 철회하였으며, 아베 정권은 2012년부터 방위비를 증액하고 있는 실정이다. 다만, GDP의 1%를 대체로 유지되고 있는 형편이다.

나카소네 요시히로(中曽根 康弘, 1918.5.27.~2019.11.29.)

일본 군마현 출신, 도쿄대학 법학부 졸업, 1947년부터 2003년까지 중의원 연속 20회 당선되었으며, 제71대(1982.11.27.~1983.12.27.), 제72대(1983.12.27.~1986.7.22.), 제73대(1986.7.22.~1987.11.6.) 수상을 지내었다. 수상 재임 중 개헌안을 직접 만들지는 않았지만, '전후총결산'이라는 슬로건 하에 교육기본법, 전후역사교육의 재검토를 주장하고, 야스쿠니 공식 참배를 하였으며, 방위비 1% 틀을 철회하고 방위비 총액명시방식을 도입하여 방위비의 점진적 증액의 길로 들어서는 등 강한 복고적 자세로 정치에 임하였다. 일본국 헌법의 개정을 일생의 소임으로 하였으며, 정계 은퇴 후에도 '신헌법제정 의원동맹회'를 만들어 회장을 역임하였다.

아베 신조(安倍晋三, 1954.9.21.~)

본적은 야마구치현이며, 도쿄에서 외무부장관을 역임한 아베 신타로(安倍晋太郎)의 차남으로 태어났다. 부유층 자제들이 다니는 세이케이(成蹊大学)대학 법학부를 졸업하였다. 할아버지는 중의원 의원을 지낸 아베 칸(安倍 寛)이며 외할아버지는 수상을 지낸 기시 노부스케(岸信介)이다. 사토 에이사쿠 수상도 외가쪽 할아버지이다. 1982년 외무장관에 취임한 아버지의 비서를 시작으로 정계에 입문하였으며, 1993년 아버지의 지역구를 물려받아 야마구치 제1선거구에서 당선되었으며 현재까지 중의원 의원에 9차례 당선되었다.

제90대(2006.9.26~2007.9.26), 제96대(2012.12.26~2014.12.24),

第97대(2014.12.24~2017.11.1) 수상을 지내었으며, 현재 98대 (2017.11.1~ 2020년 4월 현재) 수상에 재임하고 있는데 역대 최장수 가쓰라 다로(2886일), 요시다 시게루(2616일)를 추월하여 역대 최장수 총리를 지내고 있다(2020년 2월 28일 현재 2985일).

[자료 3]

일본국 헌법(10장 99개조, 부칙4개) 주요 조문

전문

일본국민은 정당하게 선출된 국회의 대표자를 통하여 행동하고, 우리와 우리의 자손들을 위하여 모든 국민과의 평화적 협력에 의한 성과와 국가 전체에 걸쳐 자유가 가져오는 혜택을 확보하며, **정부의 행위로 다시는 전쟁의 참화가 일어나지 않도록 할 것을 결의**하고, 이에 주권이 국민에게 있음을 선언하며 이 헌법을 확정한다. 본래 국정이란 국민의 엄숙한 신탁에 의한 것으로서 그 권위는 국민으로부터 나오고, 그 권력은 국민의 대표자가 행사하며, 그 복리는 국민이 향유한다. 이는 인류보편의 원리이며, 이 헌법은 이러한 원리에 기초한 것이다. 우리는 이에 반하는 모든 헌법, 법령 및 조칙(詔勅)을 배제한다.

일본국민은 **항구평화를 염원**하고, 인간상호관계를 지배하는 숭고한 이상을 깊이 자각하며, 평화를 사랑하는 모든 국민의 공정과 신의를 신뢰하여 우리의 안전과 생존을 온전하게 지키기로 결의하였다. 우리는 평화를 유지하고, 전제와 복종, 압박과 편협을 지상에서 영원히 제거하고자 노력하는 국제사회에서 명예로운 지위를 차지하기를 염원한다. 우리는 **전 세계 국민이** 다 같이 공포와 빈곤에서 벗어나 **평화 속에 생존할 권리**를 갖는다. 우리는 어떠한 국가도 자국의 사정만 중시하여 다른 국가를 무시하여서는 아니 되며, 정치 도덕의 법칙은 보편적인 것으로서 이 법칙을 따르는 것은 자국의 주권을 유지하고 다른 국가와 대등한 관계에 서고자 하는 각 국의 책무라고 믿는다. 일본국민은 국가의 명예를 걸고 전력을 다하여 이 숭고한 이상과 목적을 달성할 것을 서약한다.

제1장 천황

제1조: 천황은 일본국의 **상징이자 일본국민 통합의 상징**이며, 이 지위는 **주권이 존재하는 일본국민의 총의에 근거한다.**

제2조: 황위는 세습되며, 국회가 의결한 황실전범이 정하는 바에 의하여 이를 계승한다.

제3조: 천황의 국사에 관한 모든 행위는 내각의 조언과 승인을 필요로 하며, 내각이 그 책임을 진다.

제4조: ① 천황은 이 헌법이 정한 국사에 관한 행위만을 행하며, 국정에 관한 권능을 가지지 아니한다.

② 천황은 법률이 정하는 바에 의하여 그 국사에 관한 행위를 위임할 수 있다.

제5조: 황실전범이 정하는 바에 의하여 섭정을 둘 때는, 섭정은 천황의 이름으로 그 국사에 관한 행위를 한다. 이 경우에는 전조 제1항의 규정을 준용한다.

제6조: ① 천황은 국회의 지명에 의거하여 내각총리대신을 임명한다.

② 천황은 내각의 지명에 의거하여 최고재판소의 장인 재판관을 임명한다.

제7조: 천황은 내각의 조언과 승인에 의하여, 국민을 위하여 다음의 국사에 관한 행위를 행한다.

1. 헌법 개정, 법률, 정령 및 조약을 공포하는 일.
2. 국회를 소집하는 일.
3. 중의원을 해산하는 일.
4. 국회의원 총선거의 시행을 공시하는 일.
5. 국무대신 및 법률이 정하는 기타 관리의 임면과 전권위임장 및 대사 및 공사의 신임장을 인증하는 일.

6. 대사(大赦), 특사, 감형, 형의 집행 면제 및 복권을 인증하는 일.

7. 영전을 수여하는 일.

8. 비준서 및 법률이 정하는 기타 외교 문서를 인증하는 일.

9. 외국의 대사 및 공사를 접수하는 일.

10 의식을 행하는 일.

제8조: 황실에 재산을 양도하거나, 또는 황실이 재산을 양도받거나 혹은 사여(賜與)하는 것은 국회의 의결에 의거하여야 한다.

제2장 전쟁의 포기

제9조: ① **일본국민은 정의와 질서를 기조로 하는 국제 평화를 성실히 희구하며, 국권의 발동인 전쟁과 무력에 의한 위협 또는 무력의 행사는 국제 분쟁을 해결하는 수단으로서는 영구히 이를 포기한다.**

② 전항의 목적을 달성하기 위하여, 육해공군 그 외 전력(戰力)은 이를 보유하지 아니한다. 국가의 교전권은 이를 인정하지 아니한다.

제9장 개정

제96조: ① **이 헌법의 개정은 각 의원의 총 의원의 3분의 2 이상의 찬성으로 국회가 이를 발의하여, 국민에게 제안하여 그 승인을 거쳐야 한다. 이 승인에는 특별한 국민 투표 또는 국회가 정하는 선거 때 함께 시행되는 투표에 있어서 그 과반수의 찬성을 필요로 한다.**

② 헌법 개정에 대해 전항의 승인을 거친 때에는, 천황은 국민의 이름으로, 이 헌법과 일체를 이루는 자로서 즉시 이를 공포한다.

동북아 헌정사 일지

	동북아시아 및 한일관계	일본 및 미일관계	한반도 및 한미관계
	1894. 청일전쟁－대만 점령, 한반도에서 중국배제		
	1879. 류쿠 처분－오키나와 식민지화		
	1895. 시모노세키조약-대만 식민지화		
			1905.11.17 한일교섭조약 (을사늑약－외교권 박탈)
			1910.8.29 한일합병조약
			1910.9.30 조선총독부관제(칙령319호), 총독 데라우치 마사다케(寺内正毅)
	1919.6.28 베르사이유조약 조인		1919.3.1 3.1독립운동
			1919.4.13 대한민국임시정부(상해)
	1928. 브리앙 · 켈로그조약(파리부전조약)		
	1931.9 만주사변		
	1932~1945 만주국		
	1933.3.4~1945.4.11 루즈벨트 대통령	1936.10~1939.3 기시 노부스케(岸信介) 만주국 국무원 실업부 총무부장 및 총무청차장	
	1941. 일본 마카오 점령		
	1941.12.7 일본 진주만 공격	1941.12.8 미국의 대일 선전포고	
	1942~1945.9.3 일본 필리핀 점령	1942.8. 미국 국무성 내 아시아 연구반	
	1943.9. 이탈리아 항복		
	1943.10 미국무성내 극동지역위원회, 국가 · 지역위원회(CAC)		

	1943.9.29 휴전협정으로 이탈리아 점령 (연합국 이사회)		
	1943.11.27 카이로 선언		
	1944.2.18 육군성 민정부, 일본 · 조선점령의 문제제시		
	1944.2. 국무성에 극동지역위원회 설치		
	1944.12~1945.1.20 휴전협정으로 독일점령 (연합국관리위원회)		
	1944.12 삼성조정위원회(SWNCC)설치		
1945	2.4 얄타 회담	스즈키 간타로(鈴木貫太郎) 내각	
	4.12~1953.1.20 투르먼 대통령		
	7.~1947.1 미국 번즈(J.F. Byrnes) 국무장관		
	6.26 유엔헌장 제정	7. 고노에 후미마로(近衛文麿) 모스크바 파견(대소 종전공작)	
	7.26 포츠담 회담	8.6 히로시마 원폭, 8.9 나가사키 원폭	
		8.10 천황 어전회의, 포츠담선언 수락통고	
		8.14 천황 최후의 어전회의	
		8.15 포츠담선언 수락방송	8.15 남한, 건국준비위원회 발족(이하 건준)
		8.17 히가시 구니노미야(東久迩宮) 내각 일억총참회론 제창	
		8.30 연합국최고사령관 맥아더 아쓰기 기지 도착	8.20 소련군 원산 상륙
		9.2 항복문서조인 맥아더(SCAPIN)지령 제1호	

1945			9.2 맥아더 사령부, 38선경계 남북분할점령 (일반명령 제1호)
			9.6 전국인민대표자대회 '조선인민공화국' 임시조직법시안 의결
			9.7 포고 제1호
			9.8 제24군단 인천도착(하지 중장)
		9.10 대본영(大本営) 폐지 SCAPIN 제17호	9.9 항복문서조인 (하지 제24군단사령관과 아베(阿部) 조선총독)
		9.13 고노에의 맥아더 방문(제1회)	9.14「조선인민공화국(이하 인공)」의 정강과 시정방침 발표
	9.22 SWNCC150「초기 대일방침」		
		9.27천황 · 맥아더 회견	9.19「재조 미육군사령부 군정청」 (이하, 미군정청)이라 명칭 발표
		10.4 자유의 지령, 고노에 맥아더 방문(제2회))	
		10.5 특고폐지, 히가시 구니노미야 내각 와해	
		10.9 시데하라(幣原喜重郎)내각 성립	
		10.10 정치범 석방	
		10.11 시데하라, 맥아더 방문, 맥아더 5대 개혁지령	
	10.13 SWNCC176/8 「남한에 대한 초기 기본훈련」	10.13 시데하라 내각 헌법문제조사위원회설치 위원장(松本烝治)	
	10.17 SWNCC176/8 맥아더에 전달		
	11.1 SWNCC52-7=JCS1380-15 「초기 기본지령」	11.1 GHQ성명 (고노에에게 헌법개정 임무 부여한 적 없음)	
		11.2 일본 사회당 결성	11.2 남한, 군정법령 제21호(일본법령의 효력)

		11.5 헌법연구회 활동개시(다카노, 스즈키 등)	11.13 남한, 군정법령 제28호 (국방사령부, 군무국, 육해군부)
		11.9 일본 자유당 결성, 하토야마 이치로(鳩山一郎)	
		11.11 공산당 「신헌법의 골자」 발표	11. 남한, 주둔군 병력수 약 7만명(24군단)
			12.5 남한, 군사영어학교 개설
	12.16 모스크바 3상회담	12.18 제89회 제국의회 해산	
		11.21 헌법연구회 「신헌법제정 근본요강」	
	12.27 일본: 극동위원회 · 대일위원회 설치 결정 한반도: 미소공동위원회 설치, 신탁통치 결정		
1946	1.7 SWNCC228 「일본 통치체제의 개혁」	1.1 천황 '인간선언'	1.4 남한, 미군정 일반명령 제1호 (모든 결정권 미군정에)
			1.19 남한, 「민주주의 민족전선」 준비위원회
	1.30 미소공동위원회, 제1차 성명 발표	1.24 시데하라 맥아더 방문	1.28 남한, 비상국민회의 (의장 이승만, 부의장 김구)
		2.1 마이니치 신문 특종(일본 정부측 개헌안). 1차 농지개혁	
		2. 이와노 다카사부로(高野岩三郎)헌법안공표 (『신생』2월호)	
		2.3 맥아더 3원칙 GHQ헌법작성 작업반 설치(민정국 행정부)	
	1946 필리핀, 마닐라 조약으로 독립	2.8 헌법개정요강(헌법문제조사위)의 GHQ제출	2.8 북한, 「임시인민위원회」 설치(위원장, 김일성)

1946		2.13 GHQ안을 일본정부에 전달	
		2.14 일본 진보당 헌법개정안 발표	2.14 「대한민국 대표민주의원」(이승만)
		2.19 천황 수도권 지역 순행	2.14~15 「민주주의 민족전선」 (여운형, 허헌, 박헌영, 김원봉)
		2.21 시데라하 · 맥아더 회담	
		2.22 시데하라 천황방문, 마츠모토 · 요시다GHQ(휫트니) 방문	
		2.23 사회당 「신헌법요강」 발표	2.23 남한, 군정법령 제55호(정당등록법)
	2.26 「극동위원회(FEC)」 제1차 회의(워싱턴 DC)	2.26 GHQ초안지지를 각의에서 결정	
	2.28 일본 비핵화 4개국 조약안	2.27 일본정부 헌법초안 착수 (법제국, 入江 · 佐藤)	
		3.2 일본정부 헌법초안 완성	
		3.4 일본정부 헌법초안의 GHQ제출	
		3.6 「헌법개정초안 요강」 발표	3.5 북한, 「토지개혁에 관한 법령」
	3.20 FEC, 일본 총선 연기요구, 사태 설명요구		3.20 제1차 미소공동위원회(서울)
		4.5 「대일이사회」 제1차 회의	3.23 북한, 「20개조 정령」(일제 강점기 법률 폐지)
		4.10 제22회 중의원 총선 (하토야마의 자유당이 제1당)	
		4.17 히라가나 구어체 헌법초안 발표	
		5. 미야자와(宮沢) 「8월 혁명의 헌법사적 의미」 『세계문화』	
			5.6 제1차 미소공동위원회 결렬 (임시정부 참가범위)
			5.8 미소 공동위원회 무기한 연기

	5.15 애치슨 대일이사회에서 「반공연설」	5.22~1947. 5.24 제1차 요시다 내각	
		6.3 추밀원 본회의에서 헌법초안 가결	
		6.12 점령목적 유해행위 처벌칙령(勅令311号)	6. 남한, 버치에 의한 좌우합작 추진
		6.20 제국의회에 일본 정부 헌법개정안 공산당 「신헌법(초안)」 발표	
	6. 중국, 국공내전 시작	6.25 헌법안, 중의원 상정	
	6. 이탈리아 왕제 폐지, 공화제 선포	6.22 제국헌법 개정특별위원회	6.30 남한, 남조선과도정부
	7.20 이탈리아 헌법위원회(75인)	6.26 9조는 일체의 전쟁을 포기하는 것 (요시다)	
	7.4 필리핀 제3공화국	7.29 「아시다(芦田)수정」	
		8.19 전일본 산별노조(산별회의) 결성	
		8.24 일본국 헌법 중의원 가결	8.28 북한, 조선노동당 결성(김일성, 김원봉)
		9.21 FEC26회 회의, 문민조항(소) 등에 대해 언급	
		10. 산별노조 10월 투쟁	
		10.6 일본국 헌법 귀족원 수정 가결, 추밀원 자문	
		10.7 일본국 헌법 중의원에서 최종 가결	
			10. 이승만, 유엔총회에 대표 파견하여 신탁통치 파기와 남한단독정부 수립 주장
		11.3 일본국 헌법제정 공포	
	12. 이탈리아 신헌법제정	12.1 헌법보급회(제국 의회 내)	12.7 남한, 남조선과도입법의원 (–)48.5.19, 민선45명, 관선 45명, 김규식)
1947	1.~1949.1 마샬(G. Marshall) 국무장관		
		1.18 전국 관공서 노조, '2 · 1총파업' 선언 1.31 맥아더 '2 · 1총파업' 중지명령	2.5 미군정청에 한인 체제 강화 (안재홍을 민정장관에)
			2.21 북한 「인민회의」 설치와 제1차 회의
	3.12 트루만 독트린(공산주의 봉쇄)선언	3.10 전국 노동조합연락협의회 (全労連)발족	

1947		4.25 제23회 중의원 총선(사회당 제1당)	
	5.7 애치슨 국무차관 클리브랜드연설 (독일과 일본 재건)	5.3 일본국 헌법 시행	5.21(->10월까지)제2차 미소공동위원회(덕수궁) 제10호 성명, 제5호와 제6호 자문안 발표
		5.24~1948.3.10 가타야마 테쓰(片山哲, 사회당) 내각	
	6.5 마샬플랜(일본 경제부흥과 재군비)		
	6.19 극동위원회 「항복후의 대일 기본정책」		6.30 남조선 과도정부
	7. SWNCC(육 · 해 · 국무)-> SANACC(육 · 해 · 공 · 국무)로 개칭		7.5 미소 공동위 결의 5호에 대한 정당 및 사회 단체의 답신안
	7.26 미,국가안전보장법 (National Security Act of 1947)		
		8.10 전국 관공청 노조연락협의회 결성	
	9.12 중국인민해방군,국민군에 총반격		
	9.18 NSC, CIA 발족		
	9.25 웨드마이어 보고서, 트르만 대통령에게		
	10.14 PPS10 케넌 각서(일본 국내경찰력 창설)	10.21 국가공무원법 공포(1948년 시행)	10.17 유엔 총회에 한국문제 상정, 제2차 미소공위 실질적 결렬
			10.21 미소공동위의 소련 대표단 철수
	11.14 유엔총회, 한반도의 총선거 실시 가결		11.14 유엔 임시한국위원회
	12. 중국 국민당(蔣介石)과 공산당(毛澤東) 세력관계 역전 시작		설립안 가결
	1.1 이탈리아 신헌법 시행	1.6 로얄(K.C.Royall) 미육군장관, 일본을 반공군사기지로 연설	
	2.12 극동위, 일본비무장화 지령채택 권고 발표	1948.3.10~1948.10.15 아시다 히토시(芦田 均, 민주당) 내각(제47대)	2.10 북한, 조선민주주의 인민공화국 헌법초안
	2.26 유엔 소총회, 남한만의 단독선거 의결		3.1 남한, 하지 중장 5월 10일 총선 발표

1948	2.24 미, 육군성 계획작전국 「(일본)소규모방위군 창설안」		
	3.21 맥아더 · 드레이퍼 · 캐넌3자 회담		
	3.26 PPS28「미국의 대일정책에 대한 보고」		
	4.2 NSC8「조선에 관한 미국의 입장」 (남한만의 정부, 경제군사지원,조기철군)		
	4.23 중국, 국민당 수도 남경 몰락		4.22~23 남북한 정당연석회의
	4.28 대일 이사회, 무장군 부활 위험있다고 비판	4.27 해상보안청 설치법	4.28 북한, 헌법안 가결
			5.10 남한, 총선거
			5.30 남한, 국회개원
	6.2 NSC13「대일정책」		6.3 남한, 헌법초안(권승렬안 등)
			7.12~17 대한민국 헌법 가결 및 공포
		7.31 공무원 스트라이크금지령 (政令201号)	
	8.10~23 독일, 헤렌킴제 전문위원회(헌법준비)	8. FEC결정관련,천황제 존폐문제 언급 (스즈키 법무상)	8.15 대한민국 정부수립, 미군정 폐지
	1948.9.1~1949. 5.8 독일, 의회 평의회		9.8 북한, 헌법 제정, 최고인민회의(김두봉), 수상(김일성)
			9.9 북한, 조선 민주주의 인민공화국 수립
			9.15 주한 미군 일부 철수 시작
	10.7 NSC13-2「신 대일정책(한정적 재군비)」	10. 국가공무원법 개정(쟁의행위금지)	
		1948.10.15~1954.12.10 제2~5차 요시다 내각	11.30 한국, 국군조직법, 육군본부 · 해군본부 설치
			12.1 한국, 국가보안법 공포
	12.10 세계인권선언		12.10 한미 군사원조협정

1949	1949.1.~1953.1 애치슨(D.Acheson) 국무장관	1.23 제24회 중의원 총선	
	4. NATO조약	4.4 단체 등 규제령(政令64号)	
	5.6 서독, 독일연방공화국 수립		
	5.8 독일연방공화국 기본법 채택(5.24시행)		
	5.12 베를린 봉쇄 해제		6.29 주한미군 철수완료 발표, 군사고문단 500인 잔류
	6.10 NSC48「아시아에 대한 미국의 입장」 (일본 소규모 재군비)		
	6.14 NSC49「일본의 안전보장」		7.1 주한미군 군사고문단(KMAG) 공식 발족
			7.12「재한 미군의 관할권에 관한 한미협정」 (대전협정)
			7.13 제25군단 한국도착
		7.18 요시다 수상, 무력 이외의 자위권 행사 발언	7.14 작전지휘권 이양의 서한(16일 수락 답신)
	1949.8 소련, 핵실험 성공		
	9.28 미국, 상호방위원조(MDA)법 성립		
	10.1 중화인민공화국 성립		
	10.7 독일 민주공화국 헌법		
	12.23 NSC48-1「아시아에 대한 미국의 입장」 (일본 재군비, 한국 지원)		
	12.30 NSC48-2「아시아에 대한 미국의 입장」 (지역통합 군사화)		12.17 로버츠 주한미군 군사고문단장, 대한원조 증액 요청
	1.10 NSC68-1 「극동지역에서의 미국의 경제원조」		1.26 한미상호방위원조협정 체결 주한미군사고문단설치에 관한 협정 체결
	1.12 애치슨 미국무장관「불후퇴방위선」연설		
	2.10 오키나와에 항구적 기지건설공사 개시(GHQ)		
	2.14 중소 우호협약 체결		2.26 미국 군관계자(통합, 육, 해군 등) 38선 시찰

1950	4.14 NSC68「안보를 위한 미국의 목적과 계획」(대규모 군확)	4.26 야당 외교대책위, 평화 · 영구중립 · 전면강화 성명	
		5.30 맥아더, 공산당 중앙위원 추방지령	
		6.2 동경의 집회 · 데모금지 (16일, 전국확대)	6.25 한국전쟁
	6.30 투르만, 주일 지상군의 한국출동 명령	6.29 맥아더 한국전선시찰, 주일미군 즉시투입요청	6.27 한국 전선 사령부(ADCOM, 사령관 맥아더), 한미군사고문단도 그 휘하에, 극동 제5공군을 한국전선으로
	7.1 맥아더, 제8군에 군수지원 명령	7.4 각의, 한반도 미군 군사행동 협력승인	
	7.7 유엔 안보리, 유엔군사령부 설치 및 사령관 맥아더	7.7 안보리 결의84호, 통일지휘권 (a unified command)	7.7.한국군 유엔군에 편입
		7.8 맥아더, 경찰예비대 7만5천명 창설 지시, 해상보안대 8000명 증원지령	7.8 제24사단(1만5천 W.F.딘)이 한국 상륙
			7.9 주한 미8군 사령부(W.H.워커 중장), 대구에 개설
			7.14 작전지휘권 이양 서한(16일 수락, 답신)
			7.17 이승만, 맥아더에게 작전지휘권 (Operational Command)이양
		8.10 경찰예비대령 공포 및 즉시실시	7.24 유엔군사령부 동경에
		8.15 경찰예비대 발족(정원 7만5천)	8.5 북한군, 낙동강 전선에서 8개월간 공세
	9.1 ANZUS 조인	8.23 경찰예비대 제1진 7000명 입대	
	9. 8 NSC60/1「Japanes Peace Treaty (대일강화조약)」	9.11 미10군단, 인천상륙작전위해 일본기지 출발	9.15 인천상륙 작전
	9.19 유엔총회에서「대일 강화7원칙」	10.20 미 극동해군사령부 해상자위대 한국전 파견 요청	9.26 서울 탈환
		10.30 점령목적 저해행위 처벌령	10.21 미 제1군단 군정부 평양에 설치

	11.25 중국인민지원병, 한국전쟁 참가	11.10 구 군인 추방해제	1.4 한국정부, 부산으로 재이전
1951		1.25 덜레스(맥아더) · 요시다 회담	1.5 공산군 서울 재점령
	2.14 대일 이사회, 일본군사화 문제로 미소간 논쟁	2.2 집단안전보장 · 미군주둔 등 강화방침 표명	
		2.21 사회당, 평화3원칙 · 재군비 반대	
		3.1 경찰예비대, 구 군인 특별모집	
		3.10 총평, 평화4원칙 결정 (재군비반대, 전면 강화, 중립, 군사기지 반대)	3.18 미,3사단 서울 재탈환
	4.11 맥아더 해임(연합군최고사령관 겸 유엔군 최고사령관 겸 미극동군총사령관 겸 미극동 육군사령관)해임		3.23 맥아더 중국본토 공략 시사
	6.10 소련, 전면강화회의 개최 제안	6.7 국철 노조, 평화3원칙 확인	
		6.12 경찰법 개정	
		6.16 하토야마 이치로(鳩山一郎) 등 73명 공직추방 철회	
		6.20 제1차 추방해제(재계2958명)	
		7.28 총평, 평화추진국민운동본부 결성	
		7.30 경찰예비대는 군대 아님(요시다)	
		8.16 구 육 · 해군 장교 1,1185명 추방해제	
		9.8 미일 강화조약 체결, 구 미일안보조약 체결, 요시다 애치슨 공문	
			9.15 인천상륙작전
		2.03 오카자키 · 러스크교환공문, 기지사용권	
	1951 미 · 필리핀 상호방위조약		
		11.8 미일안보조약 일본 국회승인	

		12.15 재군비반대 · 생활방위국민대회	
1952		1.29 미일행정협정 제1회 공식교섭	
		2.28 미일행정협정조인(국회조인 밟지 않음)	
		4.27 샌프란시스코 강화조약, 일 주권회복	
	1952.4 중(국민당정부) · 일간 평화조약	4.28 대일 강화조약 · 미일안보조약 · 미일행정 협정 발효, 일본 주권 회복	
		7.21 파괴활동방지법, 공안조사위 설치법	
		7.23 요시다-클라크 극동군대장 1차 지휘권 구두밀약	
		7.31 보안청법	5.24 주한 미군 주둔군 지위협정
		8.4 요시다, 보안청 창설목적은 신국군건설	
		10.1 제25회 중의원 총선 (자민당 과반, 공산 전원 낙선)	
		10.8 최고재판소 경찰예비대 위헌소송 각하	
		10.15 보안대발족(11만명으로 증가)	
		11.25 전력이란 근대전 수행 능력, 미군은 전력 아님(요시다 내각)	
		11.26 각의, 보안청 · 경비대는 군대 아님	
		11.28 일본 평화회의	

1953	1953.1.20~1961.1.20 아이젠하워 대통령		
	1.~1959.3 덜레스(J.F.Dulles) 미 국무장관		
	3.5 소련 스탈린 사망	4.8 최고재판소, 공무원 파업부인령(政令201号)은 합헌	5.8 이승만, 미국에 휴전회담 거부의사 전달
	4.18 덜레스, 「미 외교는 극동문제 최우선시해야」 발언		
			6.6 아이젠하워 이승만에게 상호방위조약 체결 협상 용의
			6.9 남한 내 휴전반대 데모
			6.18 이승만, 미국과 협의 없이 반공포로 석방
	7.2 NSC157「휴전 후 한국에 관한 미국의 입장」		6.22 미국, 한미상호방위조약체결 등 제시
			7.4 미8군 사령부, 용산으로 이전
		8.5 스트라이크 규제법	7.27 정전협정
			8.4 덜래스 미국무장관,조약체결 위해 방한
			8.8 한미상호방위조약 가조인(서울)
	9.12 소련, 후르시쵸프 선임		10.1 한미상호방위조약, 합의의사록 (작전통제권Operational Control)
1954		1.15 헌법옹호 국민대회	1.19 미상원 외교위,한미상호방위조약 승인
			1.24 미8군사령관, 미40/45사단의 철수발표(2.15부터)
			1.26 미상원이 한미상호방위조약 비준
		2.8 요시다 · 앨리슨(J.M.Allison)대사 제2차 지휘권 밀약	2.28 미8군 사령부, 한국군 2개사단 신설발표(총20개사단)
		2.19 일–유엔군지위협정	
		3.8 MSA협정 및 비밀보호협	

		5.1 주일미군 원조 고문단 발족(MSA협정)	
	6. 주은래 · 네루 평화5원칙 공동성명	6.7 일본 평화 집회	
		6.9 자위대법 제정	
		7.1 자위대법 시행 및 자위대 발족	
			8.19 미국방성, 미군군사고문단의 잔류 발표
	9. 동남아시아 집단방위조약		9.4 미국, 미8군사령부, 미군4개사단의 철퇴와 2개사단 잔류 표명
	10. 중화인민공화국 헌법 공포	12.10~1956.12.23 하토야마 이치로(鳩山 一郎) 내각	11.17 한미상호방위조약 발효
1955 ~		1955.11.15 자민당 결성	
		1955.6.31 내각에 헌법조사회 설치	
		1956. 일본 유엔 가입	1957. 유엔군 사령부 용산으로, 후방사령부는 도쿄에
		1958. 중의원 선거 사회당 약진(166석) 개헌저지선 확보	
		1960.1.19 신안보조약 서명 주둔군 지위협정(3조1항–기지권) –미일합동위원회	1960.4.19 민주화운동
		1960.7.19~1964.11.9 이케다 하야토(池田勇人) 내각	
		1962.5.28 개헌신중론 표명	1961.5.16 쿠데타
			1961. 작전통제권을 유엔군에 반환
			1962.3.24~1979.10.26 박정희 정권
			1962.10.23 북한, 남북평화협정 체결 주장

	1964.8 베트남 통킹만 사건, 미국 베트남 개입 시작	1964.11.9~1972.7. 사토 에이사쿠(佐藤 栄作) 내각	1966. 한미주둔군지위협정
	1964.9.11 한국군 베트남 파병	1964. 내각 헌법조사회 「헌법조사보고서」	1966. 7 .한미행정협종 조인, 대전협정폐지 지휘권 이양에 관한 한미합의의사록 조인
	1965.6.22 한일협정, 한일청구권 협정 서명		
		1967. 무기수출 3원칙(사토 내각)	
		1972.10.14 참의원 결산위원회 일본 정부 집단적 자위권 부인	
	1973.1 파리협정(베트남 전쟁 종식)	1972.11.13 9조 금지는 필요최소한도를 넘는 실력(법제국)	1972.12.27 유신헌법 시행
		1974.12.9~1976.12.24 미키 다케오(三木 武夫)내각	
		1976. 방위비 1%(미키 내각)	
	1978. 미일 안보협력 지침(가이드라인)		1978.11 한국군 작전통제권 유엔군사령부에서 연합군사령부로
	1978.8.12. 중일평화우호조약–중일수교	1981. 집단적 자위권 행사부인 (일본 정부답변)	1980.5.18 광주민주화운동
	1982.8 일본 역사교과서 파동 (침략과 탄압–>진출과 진압으로 표기)		
	1984.11.12 유엔총회에서 평화권 선언 결의 채택		1987.6. 6월 민주화운동, 10.29 헌법개정
			1988.2.25~1993.2.24 노태우 정부
	1991.1 제1차 북일국교정상화 교섭	1992.6.19 PKO협력법 공포 및 8월 실시	1991.12.13 남북기본합의서
	1991.8.14. 김학순할머니 일본군 '위안부' 공개증언		1992. 1.20 한반도 비핵화 공동선언
		1993.5 '9조의 회' 발족	

			1993.2.25~1998.2.24 김영삼 정부
	1993~1994 북핵위기(미국 북한 공습 검토)	1993.7.19. 아베 중의원 의원 당선 (야마구치 4구),이후 9회 당선	
			1994.7.8 김일성 사망
	1994.9.24 북미 제네바 합의(핵사찰,경수로), 북한 선군정치/강성대국 노선 주창		1994.12.1 평시작전통제권 반환
		1995..8.15 무라야마 담화	
		1996.10.20. 제41회 중의원 총선 자민 승리, 사회당 참패	
	1997.9.23 미일 안보협력 지침(신 가이드라인)		
	1998.8.31 북한 대포동 미사일 발사	1999.5.24 주변사태법	1998.2.25~2003.2.24. 김대중 정부
		1999.7.29 국회법개정(헌법조사회 설치근거)	1999.6.15 북한 연평도 포격(제1차)
		2000.2.28. 국회 헌법조사회(전후 최초)	
		2000.4.5~2001.4.26 모리 요시로(森喜朗) 내각	
	2000.10 북한 조명록, 클린턴과 회담 (국교정상화타진)		
	2001.9.11 9.11 테러	2000.6.25. 제42회 중의원 총선 자민 233, 민주 123(480석 중)	2000.6.15 김대중 · 김정은 정상회담 및 6.15 공동선언
	2001.4 일본, '새로운 역사 교과서 만드는 모임' 교과서 검정 통과	2001.1 테러특별법	
	2002.1 미국 악의 축(이라크,이란,북한) 발언	2002.9.17 제1차 북일 정상회담 및 평양성언 (국교정상화교섭 재개)	
	2003.1.10 북한 NPT탈퇴선언	2003.6 무력공격사태법 등 유사시 관련 3법	2003.2.25~2008.2.24 노무현 정부
	2003.3.20~4.14 미 이라크 전쟁	2003.8 이라크특별법	2003.4.2 이라크 파병 동의안 의결

		2003.11.9. 제43회 중의원 총선 자민 237(480석 중)	2003.4.30 이라크 파병(서희부대) 제1진 파병
			2004.2. 이라크 추가파병(자이툰부대) 동의안 국회 의결 8.3~28 자이툰부대 3000명 파병
		2005.4.15. 헌법조사회 보고서 (다수의견, 소수의견)	
	2005. 2.10 북한 핵보유국 선언	2005.9.11. 제44회 중의원 총선 개헌세력 2/3 초과	
	2005.5 일본 '새역모' 교과서 검정 통과	2005.10.28. 자민당 '신헌법초안' (창당50주년 최초 개헌안)	
	2005.9.19 6자회담 9.19공동성명	2005.10.31.~2006.9.26. 제3차 고이즈미내각, 관방장관 아베신조	
	2005.9.20 미국 북한 BDA자금동결		
	2006.10.9 북 제1차 핵실험	2006.9.26.~2007.9.26. 제1차 아베 내각	
	2007.2.13 6자회담 2.13합의	2007.1.25. 참의원 헌법조사특별위원회	2007. 유엔군 사령부 후방사령부 도쿄 요코다 기지로
		2007.8.7 중의원 헌법심사회 설치	2007.10.4 노무현 · 김정은 정상회담 및 남북공동선언
	2009.5.25 북한, 제2차 핵실험	2009.9.16~2010.6.8 하토야마 내각	2008.2.25~2013.2.24 이명박 정부
		2010.5.18 국민투표법 의결	2010.3.26 천안함 침몰
		2011.12. 테러특별법, '9조의 회' 전국 7500여개로 확대	2011.12.17 김정일 사망
		2012.4.28. 자민당 헌법 '개정초안'(강화60주년)	2012.4 김정은 체제 출범 북한 헌법개정(핵보유국 선언)

	2012.5.24 대법원 강제동원 판결 원고승소취지 파기환송	2012.~2016.7 육상자위대 남 수단 파견 (현지재건)	
		2012.12.16. 제46회 중의원 선거 자민 등 개헌세력이 80%	
		2012.12.26.~2020.4 현재, 제2차 아베 내각	2013.2.25~2017.3.10 박근혜 정부
	2014.4.27 미일 안보협력 지침 (신신 가이드라인)	2014.5.15 안보간담회(자위전력론은 일단 배제)	2013.10.16 이라크 파병 1진(350명) 귀국
		2014.7.1 (제한적)집단적 자위권 용인 각의 결정	
		2015.6.17. 안보관련법 중의원 강행통과	
	2015.12.28 박근혜-아베 정부 위안부 합의		
		2015.9.16. 안보관련법 참의원 강행통과 2016.7.10. 제24회 참의원 선거 (개헌세력 2/3 초과)	
	2016.7.13 한반도에 싸드 배치		2016.3.2 테러방지법 (개인정보, 위치정보,통신이용 정보수집 등)
	2016.9.9 북한, 제5차 핵실험		
	2016.11.18 유엔총회 평화권 선언		
	2016.11.23 한일군사정보보호협정(GSOMIA)	2017.5.3. 일본회의 집회 영상메시지 2020년을 신헌법 시행의 해로, 9조 가헌론 제기	2017.5.10 문재인 정부 출범
		2017.2.9. 아사히신문 모리토모 학원 문제보도	
		2017.5.17. 아시히신문 가케(加計) 학원 문제보도	
	2017.9.3 북한, 제6차 핵실험(추정)	2017.10.22. 제48회 중의원 선거 (개헌세력이 2/3 초과) 자민당총재 연속3선금지 규정 개정	

		2018.3.13. 모리토모학원 문제로 개헌안(9조+긴급사태조항) 유보	2018.4.27 남북정상회담(문재인 · 김정은, 판문점남측)4.27공동선언
		2018.3.15 자민당 개헌추진 본부 제9조 개헌 조문안	2018.5.26 남북정상회담(문재인 · 김정은, 판문점 북측)
	2018.6.12 북미정상회담(트럼프 · 김정은, 싱가폴)		
	2018.10.30 대법원 강제동원 최종 판결	2018.9.20.~2022.9 자민당 총재선거(아베-9조 가헌 vs 이시바-9조2항 삭제)	2018.9.19 남북정상회담(문재인 · 김정은, 평양) 9 · 19평양공동선언
		2019.7 제25회 참의원 선거 자민 승리	2019.2.27 북미정상회담(트럼프 · 김정은, 하노이)
	2019.6.30 북미정상 만남(트럼프 · 김정은, 판문점)		
		2021.9 아베 제3기 자민당 총재 임기 종료 예정일	

헌법 개정안 대조표

1987년 대한민국 헌법	일본국 헌법(1946.11.3)	2005년 자민당 신헌법초안	2012년 자민당 일본국헌법개정초안	헌법개정추진본부(2019.3.25) 제9조 조문안 주) 자민당은 2018년 3월 25일 당 대회에 맞추어 다음과 같이 개헌4항목(자위대 명기, 긴급사태조항, 참의원선거 합구해소,교육충실)을 조문안으로 제시하였다. 이 중 핵심은 제9조의2 또는 제9조 제3항에 자위대를 명기하는 것이다.		
전문	전문	전문	전문	제9조2항 유지안(아베의 개헌)		제9조2항 삭제안 (이시바 시게루)
				원안(주류안)	대체안(절충안)	
유구한 역사와 전통에 빛나는 우리 대한민국은 3 · 1운동으로 건립된 대한민국임시정부의 법통과 불의에 항거한 4 · 19 민주이념을 계승하고, 조국의 민주개혁과 평화적 통일의 사명에 입각하여 정의 인도와 동포애로써 민족의 단결을 공고히 하고, 모든 사회적 폐습과 불의를 타파하며, 자율과 조화를 바탕으로 자유민주적 기본질서를 더욱 확고히 하여 정치 경제 사회 문화의 모든 영역에 있어서 각인의 기회를 균등히 하고, 능력을 최고도로 발휘하게 하며, 자유와 권리에 따르는 책임과 의무를 완수하게 하여, 안으로는 국민생활의 균등한 향상을 기하고 밖으로는 항구적인 세계평화와 인류공영에 이바지함으로써 우리들과 자손의 안전과 자유와 행복을 영원히 확보할 것을 다짐하면서 1948년 7월 12일에 제정되고 8차에 걸쳐 개정된 헌법을 이제 국회의 의결을 거쳐 국민투표에 의하여 개정한다. 1987년 10월 29일	일본국민은 정당하게 선거된 국회의 대표자를 통하여 행동하고, 우리들의 자손을 위해 여러 국민들간의 화애와 협조에 의한 성과, 우리 나라 전국토에 걸쳐 자유가 가져다주는 혜택을 확보하고, **정부의 행위에 의해 다시금 전쟁의 참화가 일어나지 않도록 할 것을 결의하고** 여기에 주권이 국민에게 있음을 선언하고 이 헌법을 확정한다. 원래 국정은 국민의 엄숙한 신탁에 의한 것이며, 그 권위는 국민으로부터 유해하고 그 권력은 국민의 대표자가 이를 행사하고, 그 복리는 국민이 이를 향수한다. 이는 인류보편의 원리이고 이 헌법은 그러한 원리에 기초한 것이다. 우리들은 이에 반하는 일체의 헌법, 법령 및 칙령 등(詔勅)을 배제한다. 일본국민은 항구 평화를 염원하고 인간상호관계를 지배하는 숭고한 이상을 깊히 자각하며 평화를 사랑하는 여러 국민들의 공정과 신의를 신뢰하는 것을 통하여 우리들 안전과 생존을 보유하고자 결의했다. 우리들은 평화를 유지하고 전제와 예종 압박과 편협을 지상으로부터 영원히 제거하려고 노력하고 있는 국제사회에서 명예로운 지위를 차지하고 싶다. 우리들은 전세계의 국민이 하나같이 공포와 결핍으로부터 벗어나 **평화 속에 생존할 권리를 갖는다**는 것을 확인한다.	일본국민은 스스로의 의사와 결의에 기초하여 주권자로서 여기에 새로운 헌법을 제정한다. 상징천황제는 이를 유지한다. 또한 국민주권과 민주주의, 자유주의와 기본적 인권의 존중 및 평화주의와 국제협조주의의 기본원칙은 불변의 가치로서 계승한다. 일본국민은 정의와 질서를 기조로하는 국제평화를 성실히 원하고 다른 나라와더불어 그 실현을 위해 서로 협력한다. 국제사회에서 가치관의 다양성을 인정하면서, 압정과 인권침해를 근절하기 위해 부단히 노력한다.	일본국민은 긴 역사와 고유한 문화를 갖고 국민통합의 상징인 천황을 받드는 국가이며 국민주권 하에 입법과 행정 및 3권분립에 터잡아 통치한다. 우리 나라는 앞선 큰 전쟁에 의한 황폐와수많은 커다란 재해를 극복하고 발전하고, 지금 그리고 국제사회에서 중요한 지위를 차지하고 있고, 평화주의 하에, 외국과의 관계를 증진하고 세계 평화와 번영에 공헌한다.			
	우리들은 어떤 나라도 자국의 일에만 전념하고 다른 나라를 무시하여서는 안되며, 도덕정치의 법칙은 보편적이며, 이러한 법칙에 따르는 것이 자국의 주권을 유지하는 것이고 다른 나라와 대등한 관계를 수립하는 것이 각 나라의 책임라고 믿는다.	일본국민은 자연과의 공생을 신조로 자국뿐만 아니라 하나뿐인 지구의 환경을 지키기 위해 온 힘을 쏟는다.	일본국민은 나라와 향토를 자부심과 기개를 가지고 스스로 지키며, 기본적 인권을 존중함과 더불어 화목(和) 등을 존중하며 가족과 사회 전체가 서로 도와 국가를 형성한다. 우리들은 자유와 규율을 존중하고, 아름다운 국토와 자연환경을 지키면서 교육과 과학기술을 진흥하고 활력있는 경제생활을 통하여 나라를 성장시킨다. 일본국민은 좋은 전통과 우리나라를 영구히 자손에게 계승하기 위해 이 헌법을 제정한다.			

제1장 총강	제1장 천황	제1장 천황	제1장 천황			
제1조 대한민국은 민주공화국이다. 대한민국의 주권은 국민에게 있고 모든 권력은 국민으로부터 나온다.	제1조(천황)천황은 일본국의 상징이자 일본국민 통합의 상징이며, 이 지위는 주권이 존재하는 일본국민의 총의에 근거한다.	제1조(천황)천황은 일본국의 상징이자 일본국민 통합의 상징이며, 이 지위는 주권이 존재하는 일본국민의 총의에 근거한다.	제1조(천황)천황은 일본국의 원수이며, 일본및 일본국민통합의 상징이며, 그 지위는 주권이 존재하는 일본국민의 총의에 기초한다.			
	제2조(황위의 계승)황위는 세습이며 국회가 의결한 황실전범이 정하는 바에 따라 이를 승계한다.	제2조(황위의 계승)황위는 세습이며 국회가 의결한 황실전범이 정하는 바에 따라 이를 승계한다.				
			제3조(국기 및 국가)국기는 일장기로 하고 국가는 기미가요로 한다. 일본국민은 국기 및 국가를 존중해야 한다.			
			제4조(원호)원호는 법률이 정하는 바에 따라 황위계승이 있을 때 이를 제정한다.			
	제2항 전쟁의 포기	제2항 안전보장	제2항 안전보장			
제5조① 대한민국은 국제평화의 유지에 노력하고 침략적 전쟁을 부인한다.	제9조① 일본국민은 정의와 질서를 기조로 하는 국제 평화를 성실히 희구하며, 국권의 발동인 전쟁과 무력에 의한 위협 또는 무력의 행사는 국제 분쟁을 해결하는 수단으로서는 영구히 이를 포기한다.	제9조 일본국민은 정의와 질서를 기조로 하는 국제평화를 성실히 희구하고, 국권의 발동인 전쟁과 무력에 의한 위협 또는 무력 행사는 국제분쟁을 해결하는 수단으로서는 영구히 이를 포기한다.	제9조 일본국민은 정의와 질서를 기조로 하는 국제 평화를 성실히 희구하며, 국권의 발동인 전쟁을 포기하고, 무력에 의한 위협 및 무력의 행사는 국제 분쟁을 해결하는 수단으로서는 사용하지 않는다.	제9조① 일본국민은 정의와 질서를 기조로 하는 국제 평화를 성실히 희구하며, 국권의 발동인 전쟁과 무력에 의한 위협 또는 무력의 행사는 국제 분쟁을 해결하는 수단으로서는 영구히 이를 포기한다.(현행 유지)	제9조① 일본국민은 정의와 질서를 기조로 하는 국제 평화를 성실히 희구하며, 국권의 발동인 전쟁과 무력에 의한 위협 또는 무력의 행사는 국제 분쟁을 해결하는 수단으로서는 영구히 이를 포기한다.(현행 유지)	제9조① 일본국민은 정의와 질서를 기조로 하는 국제 평화를 성실히 희구하며, 국권의 발동인 전쟁과 무력에 의한 위협 또는 무력의 행사는 국제 분쟁을 해결하는 수단으로서는 영구히 이를 포기한다.
② 국군은 국가의 안전보장과 국토방위의 신성한 의무를 수행함을 사명으로 하며, 그 정치적 중립성은 준수된다.	② 전항의 목적을 달성하기 위하여, 육해공군 그 외 전력은 이를 보유하지 아니한다. 국가의 교전권은 이를 인정하지 아니한다.	제9조의2(자위군)①우리 나라의 평화와독립 및 국민의 안전을 확보하기 위해 내각총리대신을 최고지휘자로 하는 자위군을 보유한다.	제9조2(국방군)①우리 나라의 평화와 독립 및 국민의 안전을 확보하기 위해 내각총리대신을 최고지휘관으로 하는 국방군을 보유한다. ④제2항에서 규정하는 것 외에 국방군의 조직, 통수 및 기밀의 보유에 관한 사항은 법률로 정한다. ⑤국방군에 속한 군인과 그 밖의 공무원이 직무실시에 따른 죄 또는 국방군의 기밀에 관한 죄를 범한 경우의 재판을 위해 법률이 정하는 바에 따라 국방군에 심사소를 둔다. 이 경우 피고인이 재판소에 상소할 권리는 보되어야 한다.	② 전항의 목적을 달성하기 위하여, 육해공군 그 외 전력은 이를 보유하지 아니한다. 국가의 교전권은 이를 인정하지 아니한다.(현행 유지)	② 전항의 목적을 달성하기 위하여, 육해공군 그 외 전력은 이를 보유하지 아니한다. 국가의 교전권은 이를 인정하지 아니한다.(현행 유지)	삭제
		②자위군은 전항의 규정에 의한 임무를 수행하기 위한 활동을 할 때 법률이 정하는 바에 따라 국회 승인 그 밖의 통제에 따른다.	②국방군은 전항의 규정에 의한 임무를 수행할 때는 법률이 정하는 바에 의해 국회 승인 그 밖의 통제에 따른다.	제9조의2(자위대)① 우리나라의 평화와 독립을 지키고 국 및 국민의 안전을 위해 필요최소한도의 실력조직으로서 법률이 정하는 바에 따라 내각의 수장인 내각총리대신을 최고의 지휘감독자로 하는 자위대를 보유한다.(신설)	제9조의2(자위대)① 전항의 규정은 우리나라의 평화와 독립을 지키고, 국가 및 국민의 안전을 위해 필요한 자위의 조치를 취하는 것을 방해하지 않고 이를 위한 실력조직으로서, 법률이 정하는 바에 따라, 내각의 수장인 내각총리대신을 최고지휘감독자로 하는 자위대를 보유한다.(신설)	
		③자위군은 제1항의 규정에 의한 임무를 수행하기 위한 활동 외에 법률의 정하는 바에 의해 국제사회의 평화와 안전을 확보하기 위해 국제적으로 협조하여 이루어지는 활동 및 긴급사태에 있어서의 공공의 질서를 유지하고 또는 국민의 생명 또는 자유를 지키기 위한 활동을 할 수 있다.	③국방군은 제1항에서 규정하는 임무를 수행하기 위한 활동 외에 법률이 정하는 바에 따라 국제사회의 평화와 안전을 확보하기 위해 국제적으로 협조하여 이루어지는 활동 및 공적 질서를 유지하고 또는 국민의 생명 또는 자유를 지키기 위한 활동을 할 수 있다.	②자위대의 행동은 법률이 정하는 바에 따라 국회 승인과 그 밖의 통제에 따른다.	②왼쪽과 같음	② 국방군은 전항의 규정에 의한 임무를 수행할 때 법률이 정한 바에 따라 국회의 승인 그 밖의 통제에 따른다.

		④전2항에 규정된 것 이외에 자위군의 조직 및 통제에 관한 사항은 법률로 정한다.	④제2항에서 규정하는 것 외에 국방군의 조직, 통수 및 기밀의 보유에 관한 사항은 법률로 정한다. ⑤국방군에 속한 군인과 그 밖의 공무원이 직무실시에 따른죄 또는 국방군의 기밀에 관한 죄를 범한 경우의 재판을 위해 법률이 정하는 바에 따라 **국방군에 심판소를 둔다.** 이 경우 피고인이 재판소에 상소할 권리는 보되어야 한다.			
			9조의3(영토 등의 안전 등) 국가는 주권과 독립을 지키기 위해 국민과 협력하여 영토, 영해 및 영공을 보전하고 그 자원을 확보해야 한다.			
			제3장 국민의 권리 및 의무			
	제12조 이 헌법이 국민에게 보장하는 자유 및 권리는 국민의 부단한 노력에 의해 이를 보유 및 유지하해야한다. 또한 국민은 이를 남용해서는 아니되면 늘 공공의 복지를 위해 이를 이용할 책임을 진다.	제13조(국민의 책무)이 헌법이 국민에게 보장하는 자유 및 권리는 국민의 부단의 노력에 의해 보유 및 유지되어야 한다. 국민은 이를 남용하여서는 아니되며, 자유 및 권리에는 책임 및 의무가 수반됨을 자각하고 항시 공익 및 공적 질서에 반하지 않도록 자유를 향유하고 권리를 행사할 책무를 진다.	제12조(국민의 책무) 이 헌법이 국민에게 보장하는 자유 및 권리는 국민의 부단한 노력에 의해 보유 및 유지되어야 한다. 국민은 이를 남용해서는 아니되며, 자유 및 권리에는 책임 및 의무가 수반됨을 자각하고 항시 공익 및 공적 질서에 반해서는 아니된다.			
			제13조(인간으로서의 존중 등) 모든 인간은 사람으로서 존중된다. 생명 자유 및 행복추구에 대한 국민의 권리에 대해서는 공익 및 공적 질서에 반하지 않는 범위에서, 입법 그 밖의 국정상 최대한 존중되어야 한다.			
			제26조(교육의 권리,교육의무) 모든 국민은 법률이 정하는 바에 따라 능력에 따라 평등하게 교육을 받을 권리를 갖는다. ②모든 국민은 법률이 정하는 바에 따라 보호하는 자녀에 보통교육을 받게할 의무를 진다. 의무교육은 무상으로 한다.	③(교육 무상화 및 충실)정부는 교육이 국민 한사람 한사람의 인격완성을 지향하고 그 행복추구에 불가결하며, 나라의 미래를 여는데 있어 매우 중요한 역할을 담당한다는 점에 비추어, 각 개인에게 경제적 이유와 관계없이 교육을 받을 기회를 확보하는 것을 포함하여 교육환경의 정비에 노력하여야 한다.(교육충실 관련 제89조는 생략)		
			제47조(선거에 관한 사항의 법정주의) 선거구 선거 방법 그 밖의 양의원 의원 선거에 관한 사항은 법률로 이를 정한다.	제47조(참의원선거구의 합구) 양의원의 의원선거에서 선거구를 획정할 때는 인구를 기준으로 하고 행정구역,지역적 일체성,지세 등을 종합적으로 감안하여 선거구 및 각 선거구에서 선거해야할 의원 수를 정한다. 참의원 의원의 전부 또는 일부 선거에 대하여 광역 지방공공단체의 각각의 구역을 선거구로 할 때에는 선거할때마다 각 선거구에서 적어도 1인을 선거할 수 있도록 정할 수 있다.		

				②전항에서 정하는 것 이외에 선거구 투표방법 과 그 밖의 양의원 선거에 관한 사항은 법률로 이를 정한다.(선거구 합구 관련한 제92조는 생략)		
		제73조(내각의 직무) 내각은 일반행정사무 이외에 다음 사무를 행한다. 1.법률을 성실히 집행하고 국무를 총리할 것. 2.외교관계를 처리할 것. 3. 조약을 체결할 것. 단 사전에 필요한 때에는 사후에 국회의 승인을 얻을 것을 필요로 한다. 4.법률이 정한 기준에 따라 관리에 관한 사무를 담당할 것. 5. 예산을 작성하여 국회에 제출할 것. 6. 헌법 및 법률 규정을 실시하기 위한 정령을 제정할 것. 단 정령에는 특히 법률에 위임이 있는 경우를 제외하고는 벌칙을 정할 수 없다. 대사면, 특사, 감형, 형의 집행 및 면제 및 복권에 관해 결정할 것.		제73조의2(긴급사태)대지진 그 밖의 이상하고 규모가 큰 재해로 국회에 의한 법률제정을 기다릴 수 없다고 인정되는 특별한 사정이 있을 때에는, 내각은 법률에 정하는 바에 따라 국민의 생명 신체 및 재산을 보호하기 위한 정령을 제정할 수 있다. ②내각은 전항의 정령을 정할 때 법률에 정하는 바에 따라 신속하게 국회의 승인을 얻어야 한다.(긴급사태관련 제64조의2는 생략)		
	제8장 지방자치		제8장 지방자치			
제117조①지방자치단체는 주민의 복리에 관한 사무를 처리하고 재산을 관리하며, 법령의 범위 안에서 자치에 관한 규정을 제정할 수 있다. ②지방자치단체의 종류는 법률로 정한다.	제92조 지방자치단체의 조직 및 운영에 관한 사항은 지방자치의 본지에 기초하여 법률로 이를 정한다.	제91조2(지방자치의 본지) ①지방자치는 주민 참가를 기본으로 하고 주민에 친근한 행정을 자주적 또는 자주적이고 종합적으로 실시할 것을 취지로 한다. ②주민은 자신이 속하는 지방자치체의 서비스 제공을 평등하게 받을 권리를 갖으며 그 부담을 공평히 분담할 의무를 진다.	제92조(지방자치의 본지) ①지방자치는 주민 참가를 기본으로 하고 주민에 친근한 행정을 자주적 또는 자주적이고 종합적으로 실시할 것을 취지로 한다. ②주민은 자신이 속하는 지방자치체의 서비스 제공을 평등하게 받을 권리를 갖으며 그 부담을 공평히 분담할 의무를 진다.			
제118조①지방자치단체에 의회를 둔다. ②지방의회의 조직 권한 의원선거와 지방자치단체의 장의 선임방법 기타 지방자치단체의 조직과 운영에 관한 사항은 법률로 정한다.	제93조 ①지방공공단체에는 법률이 정하는 바에 따라 그 의사기관으로서 의회를 설치한다. ②지방공공단체의 장, 그 의회의 의원 및 법률이 정하는 그 밖의 관리는 지방공공단체의 주민이 직접 이를 선거한다.	제91조3(지방자치의 종류 등) ①지방자치체는 기초지방자치체 및 이를 포괄하고 보완하는 광역자치체로 한다. 지방자치체의 조직 및 운영에 관한 기본적인 사항은 지방자치의 본지에 기초하여 법률로 정한다. ②중앙정부 및 지방자치체는 법률이 정하는 역할 분담에 기초하여 협력하여야만 한다. 지방자치체는 상호협력해야만 한다.	제93조(지방자치의 종류 등) ①지방자치체는 기초지방자치체 및 이를 포괄하는 광역자치체로 하는 것을 기본으로 하고 그 종류는 법률에서 정한다. 지방자치체의 조직 및 운영에 관한 기본적인 사항은 지방자치의 본지에 기초하여 법률로 정한다. ②중앙정부 및 지방자치체는 법률이 정하는 역할 분담에 기초하여 협력하여야만 한다. 지방자치체는 상호 협력해야만 한다.			
		제92조(중앙정부 및 지방자치체의 상호협력)중앙정부 및 지방자치체는 법률이 정하는 역할 분담에 기초하여 상호 협력하여야만 한다.	제94조(지방자치체 의회 및 공무원 직선) ①지방자치체에는 법률이 정하는 바에 따라 조례 그 밖의 중요사항을 의결할 기관으로 의회를 설치한다. ②지방자치체의 장, 의회의 의원 및 법률이 정하는 그 밖의 공무원은 당해 지방자치체의 주민이며 일본국적을 갖는 자가 직접선거한다.			

			제95조			
제4장 정부			제9장 긴급사태			
제76조①대통령은 내우 외환 천재 지변 또는 중대한 재정 경제상의 위기에 있어서 국가의 안전보장 또는 공공의 안녕질서를 유지하기 위하여 긴급한 조치가 필요하고 국회의 집회를 기다릴 여유가 없을 때에 한하여 최소한으로 필요한 재정경제상의 처분을 하거나 이에 관하여 법률의 효력을 가지는 명령을 발할 수 있다. ②대통령은 국가의 안위에 관계되는 중대한 교전상태에 있어서 국가를 보위하기 위하여 긴급한 조치가 필요하고 국회의 집회가 불가능한 때에 한하여 법률의 효력을 가지는 명령을 발할 수 있다. ③대통령은 제1항과 제2항의 처분 또는 명령을 할 때에는 지체없이 국회에 보고하여 그 승인을 얻어야 한다. ④제3항의 승인을 얻지 못한 때에는 그 처분 또는 명령은 그때부터 효력을 상실한다. 이 경우 그 명령에 의하여 개정 또는 폐지되었던 법률은 그 명령이 승인을 얻지 못한 때부터 당연히 효력을 회복한다. ⑤대통령은 제3항과 제4항의 사유를 지체없이 공포하여야 한다.			제98조(긴급사태의 선언)①내각총리대신은 우리나라에 대한 외부로부터의 무력공격, 내란 등에 의한 사회질서의 혼란, 지진 등에 의한 대규모 자연재해 그 밖에 법률로 정하는 긴급사태의 경우, 특별히 필요가 있다고 인정될 때에는 법률이 정하는 바에 따라 각의(閣議)를 거쳐 긴급사태을 선언할 수 있다. ②긴급사태 선언은 법률이 정하는 바에 따르고 각의를 거쳐 사전 또는 사후에 국회의 승인을 얻어야 한다. ③내각총리대신은 전항의 겨우 불승인 의결이 있는 경우, 국회가 긴급사태 선언을 해제해야 한다고 의결한 경우, 또는 사태의 추의에 따라서는 당해 선언을 계속할 필요가 없다고 인정되는 경우에는 법률이 정하는 바에 따라 각의를 거쳐 당해 선언을 신속히 해제하여야 한다. 또한 100일을 넘어 긴급사태 선언을 계속해야할 때는 100일을 넘을 때마다 사전에 국회의 승인을 거쳐야 한다. ④제2항 및 전항 후단의 국회 승인에 대해서는 제60조 제2항의 규정을 준용하다. 이겨우 동 항 중 '30일 이내'라고 하는 것은 '50일 이내'로 대체할 수 있다.			
제77조①대통령은 전시 사변 또는 이에 준하는 국가비상사태에 있어서 병력으로써 군사상의 필요에 응하거나 공공의 안정질서를 유지할 필요가 있을 때에는 법률이 정하는 바에 의하여 계엄을 선포할 수 있다. ②계엄은 비상계엄과 경비계엄으로 한다. ③비상계엄이 선포된 때에는 법률이 정하는 바에 의하여 영장제도, 언론출판 집회 결사의 자유, 정부나 법원의 권한에 관하여 특별한 조치를 할 수 있다. ④계엄을 선포한 때에는 대통령은 지체없이 국회에 통고하여야 한다. ⑤국회가 재적의원 과반수의 찬성으로 계엄의 해제를 요구한 때에는 대통령은 이를 해제하여야 한다.			제99조(긴급사태 선언의 효과) ①긴급사태가 선언되면 법률이 정하는 바에 따라 내각은 법률과 동일한 효력을 갖는 정령(政令)을 제정할 수 있으며 그 밖에 내각총리대신은 재정상 필요한 지출 그 밖의 처분을 행하고, 지방자치단체 장에 대하여 필요한 지시를 할 수 있다. ②전항의 정령 제정 및 처분에 대해서는 법률의 정하는 바에 따라 사후에 국회승인을 얻어야 한다. ③ 긴급사태선언이 발령된 경우에는 누구도 법률이 정하는 바에 의해 당해 선언과 관련한 사태에 있어서 국민의 생명, 신체 및 재산을 지키기 위한 조치에 관하여 발령된 국가 또는 공적 기관의 지시에 따라야 한다.이 경우에도 제14조(법앞의 평등), 제18조(신체의 자유 및 고역으로부터의 자유), 제21조(표현의 자유) 그 밖의 기본적 인권에 관한 규정은 최대한 존중하여야 한다.			

			④긴급사태 선언이 발령되면 법률이 정하는 바에 따라 그 선언이 효력을 갖는 기간 중의원은 해산되지 않으며, 양의원의 임기 및 선거기일의 특례를 정할 수 있다.			
제5장 법원						
제110조 ①군사재판을 관할하기 위하여 특별법원으로서 군사법원을 둘 수 있다. ②군사법원의 상고심은 대법원에서 관할한다. ③군사법원의 조직 권한 및 재판관의 자격은 법률로 정한다. ④비상계엄 하의 군사재판은 군인 군무원의 범죄나 군사에 관한 간첩죄의 경우와 초병·초소·유독음식물공급·포로에 관한 죄 중 법률이 정한 경우에 한하여 단심으로 할 수 있다. 다만, 사형을 선고한 경우에는 그러하지 아니하다.						
제10장 헌법개정	제9장 개정					
제130조 ①국회는 헌법개정안이 공고된 날로부터 60일 이내에 의결하여야 하며, 국회의 의결은 재적의원 3분의2 이상의 찬성을 얻어야 한다. ②헌법개정안은 국회가 의결한 후 30일 이내에 국민투표에 부쳐 국회의원 선거권자 과반수의 투표와 투표자 과반수의 찬성을 얻어야 한다. ③헌법개정안이 제2항의 찬성을 얻은 때에는 헌법개정은 확정되며, 대통령은 즉시 이를 공포하여야 한다.	제96조① 이 헌법의 개정은 각 의원의 총 의원의 3분의 2 이상의 찬성으로 국회가 이를 발의하여, 국민에게 제안하여 그 승인을 거쳐야 한다. 이 승인에는 특별한 국민 투표 또는 국회가 정하는 선거 때 함께 시행되는 투표에 있어서 그 과반수의 찬성을 필요로 한다.	제96조① 이 헌법의 개정은 중의원 또는 참의원의 의원의 발의에 기초하면 **각의원의 총의원의 과반수의 찬성으로 국회가 의결하고,** 국민에게 제안하여 그 승인을 거쳐야 한다. 이 승인에는 특별한 국민 투표에 있어서 그 과반수 찬성을 필요로 한다.	제100조(헌법개정)① 이 헌법의 개정은 중의원 또는 참의원의 의원발의에 의해, **양의원 각각의 총의원의 과반수의 찬성으로 국회가 의결하고** 국민에게 제한하여 그 승인을 얻어야 한다.이 승인에는 법률이 정하는 바에 의해 이루어지는 국민투표에서 유효투표의 과반수 찬성을 필요로 한다.			
③헌법개정안이 제2항의 찬성을 얻은 때에는 헌법개정은 확정되며, 대통령은 즉시 이를 공포하여야 한다.	② 헌법 개정에 대해 전항의 승인을 거친 때에는, 천황은 국민의 이름으로, 이 헌법과 일체를 이루는 입장으로서 즉시 이를 공포한다.	②헌법개정에 대한 전항의 승인을 거친 때에는 천황은 국민의 이름으로 이 헌법과 일체되는 것으로서 곧바로 헌법개정을 공포한다.	②헌법개정에 대한 전항의 승인을 거치면 천황은 곧바로 헌법개정을 공포한다.			

참고문헌

[제1부]

〈제1장〉

길윤형, 『아베는 누구인가—아베 정권의 심층과 동아시아』(돌베개, 2017년).

김창록 외, 『2015 '위안부' 합의 이대로는 안된다』(경인문화사, 2016년).

남기정 엮음, 『일본 정치의 구조변동과 보수화』(박문사, 2017년).

박진우, 『천황의 전쟁책임』(제이앤씨, 2013년).

오구라 기조(한정선 역), 『일본의 혐한파는 무엇을 주장하는가』(제이앤씨, 2015년).

호사카 유지, 『아베, 그는 왜 한국을 무너뜨리려 하는가』(지식의 숲, 2019년).

조경희, 「일본의 역사수정주의 · 국가주의 · 백래시의 연동」, 『황해문화』 105호 (2019년 겨울).

권혁태, 「역사와 안보는 분리 가능한가: 일본의 우경화와 한일관계」, 『창작과 비평』 42권1호(2014.3).

_____, 「일본 우경화 기행, 2006년」, 『황해문화』 54권(2007.3).

_____, 「(서평)일국사를 넘어 교착의 한일관계」, 『역사 비평』 42권 1호(2010.8).

君島東彦ほか, 『戦争と平和を問いなおす: 平和学のフロンティア』(法律文化社, 2014年).

9条の会, 『ブックレット—安倍9条改憲は戦争への道』(9条の会, 2017年).

纐纈厚, 『自衛隊加憲論とは何か—日米同盟の深化と文民統制の崩壊の果てに』(日本機関紙出版センター, 2020年).

梓澤和幸, 『改憲』(同時代社, 2017年).

_____, 『前夜』(現代書館, 2017年).

安保法制違憲訴訟の会, 『私たちは戦争を許さない』(岩波書店, 2017年).

伊勢賢治ほか, 『9条「加憲」案への対抗軸を探る』(かもがわ出版, 2018年).

稲正樹ほか, 『メディアで見聞きする改憲の論理』(かもがわ書店, 2016年).

岩見隆夫, 『昭和の妖怪 岸信介』(中公文庫, 2012年).

浦田一郎, 『自衛隊加憲論の展開と構造』(日本評論社, 2019年).

_____,『集団的自衛権限定容認とは何か-憲法的,批判的分析』(日本評論社, 2016年).
_____,『自衛力論の論理と歴史』(日本評論社, 2012年).
遠藤誠治,『日米安保と自衛隊』(岩波書店, 2015年).
杉原泰雄,『試練にたつ日本国憲法』(勁草書房, 2016年).
_____,『日本国憲法と共に生きる』(勁草書房, 2016年).
澤宗男編,『日本会議と神社本庁』(週刊金曜日, 2016年).
自由法曹団,『有事法制のすべて』(新日本出版社, 2002年).
俵義文,『日本会議の全貌』(花伝社, 2016年).
中村明,『戦後せいじにゆれた憲法9条-内閣法制局の自信と強さ』(中央経済社, 1997年).
和田進,『戦後日本の平和意識』(青木書店, 1997年).
渡辺治편,『憲法改正問題資料集(上)』(旬報社, 2015年).
渡辺治,『現代史の中の安倍政権』(かもかわ出版, 2016年).
_____,『日本国憲法「改正」史』(日本評論社, 1991年).
_____,『戦後史のなかの安倍改憲』(新日本出版社, 2018年).
山内敏弘,『平和憲法の理論』(日本評論社, 1992年).
_____,『有事法制を検証する』(法律文化社, 2002年).
_____,『改憲問題と立憲平和主義』(成文堂, 2012年).
_____,『安倍改憲論のねらいと問題点』(日本評論社, 2020年)
山本晴太,『徴用工裁判と日韓請求権協定』(現代人文社, 2019年).

〈제2장〉
문정인,『협력적 자주국방과 국방개혁』(오름, 2004년).
백영철,『한반도 평화프로세스』(건대출판부, 2005년).
심지연,『한미동맹 50년-법적 쟁점과 미래의 전망』(백산서당, 2004년).
조민,『한반도 평화체제와 통일전망』(해남, 2007년).
정욱식,『동맹의 덫』(삼인, 2005년).
_____,『2003년 한반도의 전쟁과 평화』(이후, 2003년).
조성렬,『한반도 평화체제』(푸른나무, 2007년).
_____,『주한미군-역사, 쟁점, 전망』(한울아카데미, 2003년).

蟻川恒正,「国際法の支配」,『法律時報』, 2015年 11月号(日本評論社).
田岡良一,『国際法上の自衛権』(勁草書房, 1981年).
浦田一郎,『現代の平和主義と立憲主義』(日本評論社, 1995年).
_____,『自衛力論の論理と歴史』(日本評論社, 2012年).
遠藤誠治,『日米安保と自衛隊』(岩波書店, 2015年).
_____,『安全保障とは何か』(岩波書店, 2014年).
右崎正博ほか,『基本判例憲法』(法学書院, 1999年).
飯田泰士,『集団的自衛権』(彩流社, 2014年).
木宮正史,『朝鮮半島と東アジア』(岩波書店, 2015年).
君島東彦外,『戦争と平和を問いなおす』(法律文化社, 2014年).
楠綾子,『吉田茂と安全保障政策の形成』(ミネルヴァ書房, 2009年).
杉原泰雄,『日本国憲法と共に生きる』(勁草書房, 2016年).
_____,『試練にたつ日本国憲法』(勁草書房, 2016年).
水島朝穂,『集団的自衛権』(岩波書店, 2015年).
_____,『世界の有事法制を診る』(法律文化社, 2003年).
全国憲法研究会,『日本国憲法の継承と発展』(三省堂, 2015年).
李京柱,「朝鮮(韓)半島の平和体制と日米安保」,『法律時報』, 2010年 6月号(日本評論社).
吉岡吉典,『日米安保体制論』(新日本出版社, 1978年).
渡辺治,『日本国憲法「改正」史』(日本評論社, 1991年).
山本草二,『国際法』(有斐閣, 1994年).
山内敏弘,『平和憲法の理論』(日本評論社, 1992年).
_____,『改憲問題と立憲平和主義』(敬文堂, 2012年).
_____,『安全保障法制と改憲を問う』(法律文化社, 2015年).
山内敏弘編,『日米新ガイドラインと周辺事態法』(法律文化社, 1999年).
_____,『有事法制を検証する』(法律文化社, 2002年).
矢部宏治,『日本はなぜ,「戦争ができる国」になったのか』(集英社インターナショナル, 2015年).
鹿島平和研究所編,『日本外交主要文書・年表』(原書房, 1893年).
参議院事務局編,『帝国憲法改正審議録戦争放棄』(新日本法規出版, 1952年).

第7回 国会 衆議院 外務委員会 会議録 第1号(1949.12.21.).
第12回 国会 参議院 平和条約等特別委員会 会議録 第12号(1951.11.7.).
第19回 国会 衆議院外務委員会 議事録 第57号(1954.6.3.)
第34回 国会 参議院 会議録 第 6 号(1960.2.10.).
防衛省,『平成24年(2012年)防衛白書』.
_____ ,『平成26年(2014年)防衛白書』.

〈제3장〉

강상중 외,『동아시아와의 인터뷰—공존의 길을 묻다』(서해문집, 2013년).
박진우,『천황의 전쟁책임』(제이앤씨, 2013년).
서보혁 외,『헬싱키 프로세스와 동북아 안보협력』(한국학술정보, 2012년).
참여연대 평화군축센터,『동북아 신냉전과 평화운동—안보에서 안전으로』(참여연대, 2012년).
정욱식,『동맹의 덫』(삼인, 2005년).
동아시아평화국제회의 조직위원회,『동아시아평화 국제회의』(2015년).
권혁태,「일본의 헌법 개정과 한일관계의 비대칭성」,『창작과 비평』 제33호(창비, 2005.9).
이경주,「전쟁책임과 일본국헌법」,『법사학연구』 제19호(한국법사학회, 1998년).
_____ ,「자위대 해외파병과 일본국헌법」,『헌법학연구』 제7권 4호(헌법학회,2001년).
_____ ,「일본의 군사대국주의와 평화헌법 개정논의」,『역사비평』 제55호(역비, 2005년).
飯田泰士,『集団的自衛権』(彩流社, 2014年).
浦部法穂ほか,『註解日本國憲法・上巻』(青林書院, 1984年).
浦田一郎,『自衛力論の論理と歴史』(日本評論社, 2012年).
_____ ,『集団的自衛権限定容認論とは何か』(日本評論社, 2016年).
遠藤乾,『グロバル・コモンズ』(岩波書店, 2015).
岡野八代,『戦争に抗する』(岩波書店, 2015年).年
鹿島平和研究所編,『日本外交主要文書・年表』第1巻(原書房, 1893).
加藤典洋,『戦後入門』(ちくま新書, 2015年).
君島東彦外,『戦争と平和を問いなおす』(法律文化社, 2014年).

木宮正史,『朝鮮半島と東アジア』(岩波書店, 2015年).
古関彰一,「日本安保条約の締結と日本の自衛権」,『獨協法学』34号.
_____ ,『新憲法の誕生』(中公文庫, 1995年).
杉原泰雄,『試練にたつ日本国憲法』(勁草書房, 2016年).
_____ ,『憲法II』(有斐閣, 1989年).
田中英夫,『日本国憲法制定過程の覚え書き』(有斐閣, 1979年).
深瀬忠一,『戰爭抛棄と平和的生存權』(岩波書店, 1987年).
宮澤俊義,『あたらしい憲法のはなし』(朝日新聞社, 1947年).
山内敏弘,『平和憲法の理論』(日本評論社, 1992年).
山内敏弘,『日本国憲法の継承と発展』(全国憲法研究会, 2015年).
山極晃・中村政紀編,『資料日本占領1天皇制』(大月書店, 1990年).
渡辺治,『日本国憲法「改正」史』(日本評論社, 1987年).
_____ ,『現代史の中の安倍政権』(かもがわ出版, 2016年).
矢部宏治,『日本はなぜ基地と原発を止められないのか』(集英社, 2014年).
蟻川恒正,「国際法の支配」,『法律時報』2015年 11月』(日本評論社, 2015.11.).
安部浩己,「安保関連法の成立と国際法」,『法律時報』2015年 11月号(日本評論社).
君島東彦,「国連と市民社会の現在」『日本の科学者』2015年号(本の泉社, 2015年).
鄭栄桓,「在日朝鮮人の戦争責任要求」,『日本植民地研究』28号(日本植民地研究会, 2016年).
三輪隆,「日本非武装条約構想とマッカーサー・ノート第2項」,『埼玉大学紀要(教育学部)』47巻 第1号(埼玉大学, 1988年).
閣議決定,「国の存立を全うし国民を守るため切れ目のない安全保障法制の整備について」(2015.7.1.) 출처, www.cas.go.jp.
参議院事務局編,『帝国憲法改正審議録-戦争放棄編』(新日本法規出版, 1952年).
第7回 国会 衆議院外務委員会 会議録 第1号(1949.12.21).
第19回 国会 参議院 会議録 第57号(1954.6.2).
第34回 国会 参議院 会議録 第6号(1960.2.10).
最判 1982. 9. 9, 民集 36巻 9号.
『判例時報』712号(1973. 9. 7.)

[제2부]

〈제1장〉

管英輝,『米ソ冷戰とアメリカのアジア政策』(ミネルヴァ書房, 1992年).
憲法制定の經過に關する小委員會,『日本國憲法制定の由來』(時事通信社, 1961年).
古関彰一,「日米安保条約の締結と日本の自衛権」,『獨協法学』第34号.
______,『新憲法の誕生』(中央公論社, 1989年).
浦田一郎,『自衛力論の論理と歴史』(日本評論社, 2012年),
______,『現代平和主義と立憲主義』(日本評論社, 1995年).
浦部法穂ほか,『註解日本國憲法・上巻』(青林書院, 1984年).
佐藤達夫編,『日本國憲法成立史』第1巻(有斐閣, 1962年).
杉原泰雄,『憲法II』(有斐閣, 1989年).
鈴木昭典,『日本国憲法を生んだ密室の9日間』(創元社, 1995年).
田中英夫,『日本國憲法制定過程の覺え書』(有斐閣, 1979年).
高柳賢三 外,「一九四六年二月一三日, 最高司令官に代わり, 外務大臣吉田茂氏に新しい日本國憲法草案を手交した 際の出來事の記錄」,『日本國憲法制定の過程』第1巻(有斐閣, 1972年).
豊下楢彦,『日本占領管理體制の成立』(岩波書店, 1992年).
深瀬忠一,『戰爭抛棄と平和的生存權』(岩波書店, 1987年).
宮澤俊義,『あたらしい憲法のはなし』(朝日新聞社, 1947年).
______,「八月革命と国民主権主義」(『世界文化』第1巻 第4号(1946年5月).
三輪隆,「日本非武装化条約構想とマッカーサー・野と第二項」,『埼玉大学紀要(教育学部人文社会科学編)』第47巻 第1号(1998年).
リチャード・B・フィン,『マッアーサーと吉田茂』上(同文書院インアーナショナル, 1993年).
横田喜三郎,『戦争の放棄』(国立書店, 1947年).
山内敏弘,『改憲問題と立憲平和主義』(成文堂, 2012年).
Douglas · MacAthur, *Reminiscences*, New York: McGraw-Hill, 1964,
Views of General of the Army Douglas MacArthur on Rearmament of Japan (Annex B of JCS 1380/48) April 16, 1948, U.S. National Archives.
Theodore H · McNelly, "General MacAther's Pacifism", *International Jounal on*

World Peace 6(1), 1989,

______, "Conversation between MacAther and Kennan" March 5, *Foreign Relations of the United States 1948* VI,

最判 1982. 9. 9, 民集 36券 9号.

『判例時報』 712号(1973. 9. 7.).

〈제2장〉

色川大吉, 『自由民權』(岩波新書, 1981年).

栗屋憲太郎編, 『資料日本現代史2』(大月書店, 1980年).

幸徳秋水, 山本正美 解題, 『帝國主義論』(岩波文庫, 1952年).

古関彰一, 『新憲法の誕生』(中央公論社, 1989年).

後藤道夫ほか, 『日本社会の対抗と構造』(大月書店, 1998年).

NHK放送世論調査所編, 『図説戦後世論史』(日本放送出版協会, 1975年).

鈴木範久, 『平和の道-内村鑑三目録7』(教文館, 1995年).

鈴木正, 『時代に反する思想』(北樹出版, 1997年).

中江兆民, 『三酔人經綸論』(岩波文庫, 1997年).

平田清明ほか, 『現代市民社会と企業国家』(お茶の水書房, 1994年).

藤原彰ほか, 『天皇の昭和史』(新日本出版社, 1984年).

藤原彰 , 『天皇制と軍隊』(青木現代叢書, 1975年).

深瀬忠一, 『戰争抛棄と平和的生存權』(岩波, 1988年).

ベアテ・シロタ ゴードン, 『1945年のクリスマス: 日本国憲法に「男女平等」を書いた女性の自伝』(柏書房, 1995年).

布施辰治, 「朝鮮建国憲法草案私草」, 『世界評論』 Vol.1 No.3(1946年4月).

和田進, 『戦後日本の平和意識』(青木書店, 1997年).

渡辺治, 『企業支配と国家』(青木書店, 1992年).

______, 『「豊かな社会」日本の構造』(労働旬報社, 1990年).

吉田裕, 『日本軍兵士-アジア・太平洋戦争の現実』(中公親書2465, 2018年).

______, 『日本人の戦争観』(岩波書店, 1995年).

이경주, 「후세 다쓰지와 박열의 헌법의식」, 『한일민족문제연구』(2019년6월호).

〈제3장〉
大嶽秀夫,『戦後日本防衛問題資料集』第2巻(講和再軍備本格化),(三一書房, 1992年).
姜尚中,『アジアから讀む日本國憲法』(かもがわ出版, 1993年).
姜徹,『在日朝鮮人の人權と日本の法律』(雄山出版社, 1994年).
福岡安則,『在日韓國人・朝鮮人』(中公新書, 1993年).
內海愛子,『朝鮮人BC級戰犯の記錄』(勁草書房, 1982年).
高柳賢三ほか,『日本國憲法制定の過程』(有斐閣, 1972年).
佐藤達夫,『日本國憲法成立史』第3卷(有斐閣, 1994年).
在日本大韓民国民団中央民族教育委員会,『歴史教科書−在日コリアンの歴史(第2版)』(明石書店, 2013年).
杉原泰雄,『憲法と資本主義』(勁草書房, 2010年).
水島朝穂,『改憲論を診る』(法律文化社, 2005年).
吉岡增雄ほか,『在日外國人と日本社會』(社會評論社, 1984年).
和田進,『戦後日本の平和意識』(青木書店, 1997年).
吉田裕,『日本人の戦争観』(岩波書店, 1995年).
安田浩,「戦後平和運動の特質と当面する課題」,『日本社会の対抗と構想』(大月書店, 1998年).
김창록,『일본에서의 서양헌법사상의 수용에 관한 연구』(서울대학교 박사학위논문, 1994년).
防衛廳,『防衛白書』(1998年).
"韓国に「親しみを感じる」過去最低26%, 政府世論調査"〈朝日新聞〉(2019年12月20日).
https://www.sipri.org/databases/milex (2020년 1월 22일 열람).
https://www.mod.go.jp/j/profile/mod_sdf/index.html (2020년 1월 22일 열람).
https://survey.gov-online.go.jp/h29/h29-bouei/zh/z05.html (2020년 1월 22일 열람).

[제3부]

〈제1장〉
梓澤和幸,『改憲』(同時代社, 2017年).

______,『前夜』(現代書舘, 2017年).
稲正樹ほか『深瀬忠一の人と学問, 平和憲法とともに』(新教出版社, 2020年).
浦田一郎,『現代平和主義と立憲主義』(日本評論社, 1995年).
岡野八代,『戦争に抗する－ケアの倫理と平和の構想』(岩波書店, 2015年).
澤野義一,「PKO改定とPKO協力の問題点」, 山内敏弘 編,『有事法制を検証する』(法律文化社, 2002年).
杉原泰雄,『日本国憲法と共に生きる』(勁草書房, 2016年).
______,『試練にたつ日本国憲法』(勁草書房, 2016年).
______,『憲法と資本主義』(勁草書房, 2010年).
三輪隆ほか,『憲法改正批判』(勞動旬報社, 1994年).
水島朝穂ほか,『改憲論を診る』(法律文化社, 2005年).
法律時報臨時增刊,『憲法調査會報告書』(日本評論社, 1964年).
渡辺治,『企業支配と国家』(青木書店, 1982年).
______,『日本國憲法「改正」史』(日本評論社, 1987年).
______,『豊かな社会日本の構造』(労働旬報社, 1990年).
______,『現代日本社會論』(勞動旬報社, 1996年).
渡辺治編,『「憲法改正」批判』(労働旬報社, 1990年).
緑風出判編輯部編,『PKO問題の爭點(分析と資料)』(增補版)(緑風出版, 1992年).
「북한 이용해 족쇄 풀려는 자위대」,『한겨레21』(2010년 12월 24일).
"日 헌법조사회, 전쟁포기 개정도 검토대상", 〈연합뉴스〉(2002년 7월 24일).
"日 개헌가능성 첫 시사 '2008년 초안'"〈동아일보〉(2000년 1월 18일).
http://www.9-jo.jp.

〈제2장〉
美濃部達吉,『憲法撮要』(1929년판).
山田郎ほか,『日本の戰爭犯罪』(雄山閣, 1995年).
笹川紀勝,『自由と天皇制』(弘文堂, 1995년).
信夫清三郎,『戰後日本政治史』I(勁草書房, 1965年).
杉原泰雄,『憲法II』(有斐閣, 1989年).
田中英夫,『日本國憲法制定過程의 覺書』(有斐閣, 1979年).

中村明,『戦後政治にゆれた憲法9条』(中央経済社, 1997年).
深瀬忠一,『戰爭抛棄と平和主義』(岩波書店, 1987年).
法學協會,『註解日本國憲法・上卷』, (1953年, 有斐閣).
樋口=佐藤=中村=浦部,『註解日本國憲法・上卷』(青林書院, 1984年).
三輪隆ほか,『憲法改正批判』(勞動旬報社, 1994年).
山内敏弘 編,『日米新ガイドラインと周辺事態法』(法律文化社, 1999年).
_____ ,『有事法制を検証する』(法律文化社, 2002年).
_____ ,『有事法制を検証する』(法律文化社, 2002年).
_____ ,『改憲問題と立憲平和主義』(敬文堂, 2012年).

〈제3장〉
右崎正博ほか,『基本判例憲法』(法学書院, 1999年).
植村秀樹,『再軍事と五五年体制』(木鐸社, 1995年).
豊下楢彦,『日本占領管理體制の形成』(岩波書店, 1992年).
_____ ,『安保條約の成立』(岩波新書, 1996年).
「訴訟記録, 長沼ナイキ基地訴訟」,『自衛隊裁判(法律時報臨時増刊)』(1975年).
梅林広道,『在日米軍』(岩波, 2002年).
日本共産黨出版局,『總點檢 在日米軍基地』(日本共産党, 1991年).
浦田賢治,『沖縄米軍基地法の現在』(一粒社, 2000年).
浦田一郎,『集団的自衛権限定容認とは何か』(日本評論社, 2016年).
石村修ほか,『時代を刻んだ憲法判例』(尚学社, 2012年).
自由法曹団,『憲法判例をつくる』(日本評論社, 1999年).
末浪靖司,『機密解禁文書にみる日米同盟』(高文研, 2015年).
_____ ,『対米従属の正体−9条解釈改憲から密約まで』(高文研, 2015年).
中北浩爾,『一九五五年体制の成立』(東京大学出版会, 2002年).
新原昭治,『日米「密約」外交と人民のたたかい』(新日本出版社, 2011年).
星紀市編,『(写真集)砂川闘争の記録』(けやき出版, 1996年).
矢部宏治,『日本はなぜ,「基地」と「原発」を止められないのか』(集英社インターナショナル, 2015年).
_____ ,『日本はなぜ,「戦争ができる国」になったのか』(集英社インターナショナル, 2015年).
吉岡吉田,『米日安保体制論』(新日本出版社, 1977年).

[제4부]

〈제1장〉

강상중,『동북아시아 공동의 집을 향하여』(뿌리와 이파리, 2002년).
구갑우,『비판적 평화연구와 한반도』(후마니타스, 2007년).
김종대,『노무현 시대의 문턱을 넘다』(나무의 숲, 2010년).
박경서 외,『헬싱키프로세스와 동북아 안보협력』(한국학술정보, 2012년).
백낙청,『흔들리는 분단체제』(창작과 비평사, 1998년).
_____,『동아시아공동체 구상과 한반도』(역사비평사, 2010년).
백영서,『동아시아의 귀환』(창작과 비평, 2000년).
요한 갈퉁,『평화적 수단에 의한 평화』(들녘, 2000년).
이경주,『평화권의 이해』(사회평론사, 2014년).
와다 하루키(이원덕 옮김),『동북아시아 공동의 집』(일조각, 2004년).
이삼성 외,『동북아 비핵지대』(살림, 2005년).
이종석,『분단시대의 통일학』(한울, 1998년).
_____,『칼날 위의 평화』(개마고원, 2014년).
조민,『평화통일의 이상과 현실』(백산서당, 2004년).
정욱식,『동맹의 덫』(삼인, 2005년).
조성렬,『한반도 평화체제』(푸른나무, 2007년).
박승우,「동아시아공동체 담론 리뷰」,『아시아 리뷰』 제1권 1호(2011년).
변창구,「동아시아공동체 담론의 제도화: ASEAN의 인식과 전략」,『정치정보연구』 13권 2호(2010년 12월).
백낙청,「새로운 전지구적 문명을 위하여」,『창작과 비평』 24권 2호(역사비평사, 1996년).
백영서,「제국을 넘어 동아시아공동체로」, 백영서 외,『동아시아의 지역질서:제국을 넘어 공동체로』(역사비평사, 2005년).
박승우,「동아시아 지역주의 담론과 오리엔탈리즘」,『동아연구』 54호(2008년).

임우경, 「비판적 지역주의로서 한국 동아시아론의 전개」, 『중국현대문학』 40호(2007년).

최원식, 「탈냉전시대와 동아시아적 시각의 모색」, 『창작과 비평』 21권 1호(창작과 비평사, 1993년).

Calos Villàn Duràn, *The Emerging Right to Peace: Its Legal Foundations*, Intersentia, 2014..

Calos Villàn Duràn, *The International Observatory of the Human Right to Peace*, Spanish Society for International Human Rights Law, 2013.

Farooq Hassan, *Solidarity Rights:Progresssive Evolution of International Human Rights Law*, NYL. Sch. Hum. Rts. Ann. 51, 1983.

John H.E. Fried, *The UN's Effort to Establish a Right of the Peoples to Peace*, Pace Y.B. Int'l L.21, 1990.

Marco Macia, *Peace Human rights*, Marsilio, 2014.

Teena Moorhouse, *The Right to Peace or the Right to live in Peace*, Holdworth L. Rew. 120, 1981.

Ved P. Nanda, *Nuclea Weapons and the Right to Peace under International Law*, Brook. J. Int'l L. 283, 1983.

飯田泰士, 『集団的自衛権』(彩流社, 2014年).

磯崎典世, 「広域東アジアの安全保障構想」, 木宮正史編, 『朝鮮半島と東アジア』(岩波書店, 2015年).

遠藤誠治, 「共通の安全保障とは可能か」, 遠藤乾外編, 『安全保障とは何か』(岩波書店, 2015年).

大芝亮, 『国際政治の理論』(ミネルヴァ書房, 2016年).

姜尙中, 『東北アジア共同の家をめざして』(平凡社, 2001年).

君島東彦, 「安全保障の市民的観点」, 水島朝穂, 『立憲的ダイナミズム』(岩波書店, 2015年).

小林武, 『平和的生存権の弁証』(日本評論社, 2006年).

小林正弥, 『非戦の哲学』(ちくま親書, 2003年).

千葉真, 『平和憲法と公共哲学』(晃洋書房, 2007年).

水島朝穂, 『集団的自衛権』(岩波書店, 2015年).

山内敏弘,『平和憲法の理論』(日本評論社, 1992年).
_____,『安全保障法制と改憲を問う』(法律文化社, 2015年).
和田春樹,『東北アジア共同の家一新地域主義宣言』(平凡社, 2001年).
湯浅一郎,「沖縄と東北アジアの非核化」, 原水禁,『被爆70周年原水爆禁止世界大会』第2分科(平和と核軍縮)(2015年).
横田喜三郎,『戦争の放棄』(国立書店, 1947年).

〈제2장〉
정보공개거부처분취소(서울행정법원 2004.2 · 13. 선고 2002구합33943).
일제 강제동원 피해자의 일본기업을 상대로 한 손해배상 청구사건
(대법원 2018.10.30. 선고 2013다61381).
일제 강제징용사건(대법원 2012.5.24. 선고2009다22549).
(대법원 2012.5.24. 선고 2009다6862).
친일반민족행위자 재산의 귀속에 관한 특별법 제1조 등 위헌확인
(헌재 2008.7.1.2008헌마383).
친일반민족행위자 재산의 귀속에 관한 특별법 제2조 등 위헌소원 등
(헌재 2011.3.31. 2008헌마141 등).
일제강점하 반민족행위 진상규명에 관한 특별법 제2조 제7호 등 위헌소원
(헌재 2011.3.31. 2008헌바111).
대한민국과 일본국 간의 재산 및 청구권에 관한 문제의 해결과 경제협력에 관한 협정 제3조 부작위 위헌확인
(헌재 2011.8.30. 2006헌마788).
민주사회를 위한 변호사 모임/한국정신대문제대책협의회
『일본군 '위안부'-헌법재판소 결정의 의미 및 향후 대응방안 모색-』
(서울: 민주사회를 위한 변호사 모임, 2011).
대한변호사협회/일본변호사연합회
『일제피해자 문제 이렇게 해결하자 심포지엄-헌법재판소 부작위 위헌확인 결정 2주년을 기념-』
(서울: 대한변호사 협회, 2013.8.30.).
安保法制違憲訴訟の会,『私たちは戦争を許さない』(岩波書店, 2017年).

岡野八代,『戦争に抗する-ケアの倫理と平和の構想』(岩波書店, 2015年).
林博史,「本軍慰安婦問題の阻んできた東アジアの冷戦構造」,『동아시아 시각에서 본 일본군 위안부 문제-그 뿌리와 속성-』(일본군위안부연구회 한일심포지엄, 2017.6.22.).
永原陽子,「『植民地責任』論とは何か」,『「植民地責任」論-脱植民地化の比較史』(青木書店, 2009年).
清水正義,「戦争責任論から『植民地責任』へ」,『「植民地責任」論-脱植民地化の比較史』(青木書店, 2009年).
遠藤比呂通,「2019・8・15と戦後責任」,『法律時報』 91권 9호(日本評論社, 2019年).
和田春樹ほか,「個人請求権の日韓認容を共通の基盤に和解基金の設立を提案する」,『現代の理論』 2019년 봄호.
신희석,「2011년 8월30일 헌법재판소 결정 준수를 위한 정부의 대일외교-헌법상 인권보호 의무 이행을 위한 중재제도를 비롯한 국제법적 조치의 활용 가능성 고찰-」, 연세대학교 법학연구소『법학연구』 22권 3호(2012년).
김창록,「일본군위안부 문제, 지금 어디에 있는가?」,『황해문화』 2018년 6월호.
김창록,「한일청구권 협정에 의해 해결된 권리」, 경북대학교 법학연구원『법학논고』 49호(2015년 2월).
김창록,「한국에서의 한일과거청산소송」, 경북대학교 법학연구원『법학논고』 27호(2007년 12월).
길윤형,『아베는 누구인가』(돌배게, 2017년).
권혁태,「일본의 헌법 개정과 한일관계의 비대칭성」,『창작과 비평』 제33권 3호(2005년).
남기정 엮음,『일본 정치의 구조변동과 보수화』(박문사, 2017년).
호사카 유지,『아베 그는 왜 한국을 무너뜨리려 하는가』(지식의 숲, 2019년).
주진열,「1965년 한일 청구권협정과 개인청구권 사건의 국제법적 쟁점에 대한 고찰-대법원 2018.10.30.선고 2013다61381 전원합의체 판결을 중심으로-」,『서울국제법연구』 25권 2호(2018년 12월).
강병근,「심각한 인권 침해를 이유로 제기된 불법행위청구소송과 국제법의 발전방향」, 대한국제법학회『국제법학회논총』 58권 1호(2013년 3월).
최영호,「한국대법원의 개인청구권 판결과 한일관계」,『한일시평』 제270호(2015년

5월 26일).
하종문, 「최근 한일관계와 식민지 책임의 추궁」, 『한일민족문제연구』 제28호 (2015년).
경남대 극동문제연구소 제64차 통일전략포럼(이하 경남대 제64차 통일전략포럼), 『한일관계 어떻게 풀어야 하나?』(2009년 8월 8일).
정영환, 「아베, 한국을 2015년으로 되돌리려 해…'타협적 화해'는 위험」, 〈한겨레신문〉(2019.8.14.), http://www.hani.co.kr/arti/politics/diplomacy/905667.html.
김창록, 2019.8.2., "'강제징용'이 아니다, '강제동원'이다", 오마이뉴스, http://www.ohmynews.com/NWS_Web/View/at_pg.aspx?CNTN_CD=A0002558272.
김창록, 2019.8.4., "청구권협정, 파탄 직전이다", 한겨레, http://www.ohmynews.com/NWS_Web/View/at_pg.aspx?CNTN_CD=A0002558594&CMPT_CD=P0010&utm_source=naver&utm_medium=newsearch&utm_campaign=naver_news.
우쓰노미야 겐지, 2019.7.22., "전 일본변협회장 '강제징용 대법원 판결은 폭거 아닌 상식", 한겨레신문, http://www.hani.co.kr/arti/international/japan/902800.html.

〈제3장〉
이계수, 「원자력발전과 인권」, 『민주법학』 53호(2013년).
이경주, 「평화주의원리 그 가능성과 한계」, 『 헌법다시보기』(창비, 2007년).
_____, 『평화권의 이해』(사회평론사, 2014년).
김성준, 『한국원자력기술체제의 형성과 변화: 1953-1980』(서울대 박사학위논문, 2012년).
『국회임시회의 속기록』 제21회, 제47호(1955년 12월 9일).
국회입법조사처, 『원자력 안전의 현황과 정책 및 입법과제』(국회입법조사처, 2012년).
한국천주교 주교회의, 『핵기술과 교회의 가르침』(한국천주교 주교회의, 2013년).
허문영 외, 『한반도 평화체제: 자료와 해제』(통일연구원, 2007년).
長谷川公一, 『脱原子力社会へ』(岩波新書, 2011年).

竹内敬二,『電力の社会史』(朝日新聞出版, 2013年).
新護憲の三千五運動(須弥・久保田編),『非核法 非核条約』(1994年).
加藤哲郎,『 原子力と冷戦』(花伝社, 2013年).
梅林広道,『非核兵器地帯』(岩波書店, 2011年).
佐野真一,『 巨怪伝』(文藝春秋, 1994年).
有馬哲夫,『 日本テレビとCIA』(新潮社, 2006年).
高木仁三郎,『 原発事故はなぜくりかえすのか』(岩波新書, 2000年).
安田浩,『戦後平和運動の特質と当面する課題』,『講座現代日本 4 (日本社会の対抗と構造)』(大月書店, 1998年).
澤野義一,『原發と憲法」,『大阪経済法科大学21世紀社会研究所紀要』 第4号(2013年).
山内敏弘,『安倍改憲論のねらいと問題点』(日本評論社, 2020年).
"16명이 합격, 원자력 과학자 미국 파견", 〈조선일보〉, (1954.12.19).
"북 영변 흑연감속로, 핵폭탄보다 더 위험", 〈서울신문〉 (2014.1.20).
"'자위수단 있어야' 정치권서도 '핵주권론'", 〈문화일보〉 (2009.5.27).
"'평화적 핵주권' 여론 높아", 〈문화일보〉(2013.4.1.).
"'평화적 핵주권' 방향 맞지만 신중하게", 〈중앙일보〉 (2009.7.4.).
"한국의 핵무장론, 어떻게 볼 것인가'", 〈탈핵신문〉(2013.3.4.).
"한국의 파이로 건식처리기술", 〈동아일보〉(2012.11.16.).
"핵연료 처리 공론화 기초' 원전지역특위 띄운다", 〈연합뉴스〉(2013.5.14.).

초출일람

이 책의 바탕이 되었던 것은 다음과 같은 논문들이며, 이들을 수정가필한 것이다. 해당 학술지에 다시 한 번 깊은 감사의 뜻을 표한다.

* 「일본 안보관련법의 위헌성과 한반도 평화」, 『안암법학』(2016년), (제1부 제2장)
* 「일본 평화헌법의 아시아적 문맥」, 『헌법학연구』 제22권 제2호(2016년)을 공저자인 기미지마 아키히코 교수의 동의를 얻어 수정 가필한 후 게재한 것임.(제1부 제3장)
* 「자위대 해외파병과 일본국 헌법」, 『헌법학연구』 7권4호(2001년12월), (제3부 제2장)
* 「일본의 기지재편과 반기지투쟁」, 『민주법학』 32권(2006년) (제3부 제3장)
* 「동북아시아 지역공동체와 평화권」, 『법학연구』 제18권 제3호(2015년) (제4부 제1장)
* 「법적 측면에서 본 한일관계」 경남대 극동문제연구소 국제관계연구 시리즈 35 『한일관계- 무엇이 문제이고 어떻게 풀어야 하나』(페이퍼로드, 2020년) (제4부 제2장)
* 「원자력과 평화주의」, 『민주법학』 54권(2014년) (제4부 제3장)

색인

(ㅇ)

(ㅎ)